15-16세기 유럽의 마술사들

15-16세기
유럽의 마술사들

앤서니 그래프턴 지음 | 조행복 옮김

책과함께

마술사 루이즈 그래프턴에게 바친다.

일러두기

- 이 책은 Anthony Grafton의 MAGUS(The Belknap Press, 2023)를 우리말로 옮긴 것이다.
- 옮긴이가 덧붙인 짧은 설명은 〔 〕로 표시하고, 긴 설명은 각주로 표시했다.

차례

서론

마구스에 대한 개괄

파우스트의 사례

1520년대나 1530년대 어느 때쯤 필리프 멜란히톤이 루터파의 요새와도 같은 비텐베르크의 자기 집에서 아래층으로 내려와 파우스트 박사와 함께 음식을 들었다. 멜란히톤은 독일의 다른 프로테스탄트 교수들처럼 결혼해서 네 자녀를 두었지만 집안일에 대해서는 최대한 멀찍이 거리를 두었다.[1] 그랬어도 저녁식사 자리에서는 보통 가정과 학문이 뒤섞이기 마련이다. 여자의 솜씨와 수고 덕분에 남자 교수는 손님으로 찾아온 학자들을 접대할 수 있었다.[2] 그렇지만 그 저녁식사 때 멜란히톤은 손님을 정중하게 대하지 않았다. 그는 마르틴 루터의 오른팔이라는 지위에 걸맞게 파우스트를 비난하며 악행을 그만두고 회개하라고, 그렇게 하지 않으면 천벌을 받을 것이라고 강하게 말했다. 저녁을 먹으러 온 그 마술사는 똑같이 거칠게 응대했지만, 그의 위협은 세속적이었다. "선생, 당신은 계속 욕설을 퍼부으며 나를 비난하는구려. 조만간 언제든지 당신이 성찬을 받는 날이 있으면, 나는 이집 부엌의 모든 냄비를 굴뚝을 통해 밖으로 날려버려 당신과 당신의 손님들이 아무것도 먹지 못하게 할 거요." 멜란히톤은 당대와 후대의 독일인 학자들이 갖추었다고 널리 알려진 온갖 풍자와 기지로써 대꾸했다. "그러지 않는 것이 좋을 거요. 아니면 내가 당신의 기예를 박살 낼 테니까Das soltu wol lassen, ich schiesse dir in deine kunst." 냄비들은 부엌에 원래 있던 자리에 그대로 있었다. 그 성가신 손님은 '거룩한 인간'(성직자)에게 결코 해를 끼칠 수 없었기 때문이다.[3]

이 이야기가 사실인지 아닌지 평가하기는 쉽지 않다. 이 일화가 실린 책의 저자는 마술에 관한 그 책에 아우구스틴 레르하이머라는 가명을 썼지만 실제로는 비텐베르크에서 공부한 하이델베르크대학교 교수 헤르만 비테킨트였다. 그는 1587년에 출간되어 파우스트의 행적을 처음으로 한 권 분량의 책으로 설명한 《파우스트 책Historia von D. Johann Fausten》 속의 이야기들을 공격했다.• 그는 단지 그 일부를 비판하는 데 그치지 않고 자신만의 교훈적인 의견을 제시했다. 비텐베르크의 종교개혁가인 루터와 멜란히톤은 파우스트의 일화에서 적절하게도 영웅적인 역할을 수행했다.[4] 이 특이한 이야기가 만일 사실이라면 분명히 현지의 구전 전승에서 나왔을 것이다.[5] 멜란히톤은 강의 중에 파우스트를 포함해 마술사에 관해 이야기하기를 좋아했다. 그러나 그는 마술에 관한 일화를 창의적으로 자유롭게 확대해 설명했으며, 멜란히톤의 강의를 모아 책으로 발표한 요한 만리우스(만리우스 야노

• 독일의 출판인 요한 슈피스(Johann Spies)가 악마와 계약을 맺었다는 파우스트 박사에 관한 전설적인 이야기를 담아 출간했다. 간략히 파우스트 책(Faustbuch)이라고 한다.

시) 같은 제자들은 추가로 윤색하기도 했다.[6] 우리는 멜란히톤이 정말로 파우스트를 만났는지 알지 못한다. 게다가 이 경우에 레르하이머에게 정보를 제공한 사람들이 그 이야기의 실제 발언을 온건하게 바꾸었다고 해도 이상할 것은 없다. 멜란히톤은 친구 루터처럼 저속하게 분변에 관심이 있었으므로, 실제로는 "당신의 기예에 똥을 쌀 거요Ich scheisse dir in deine kunst"라고 말했을지도 모른다. 충분히 가능한 일이다.[7]

그러나 한 가지는 분명하다. 우리에게 역사적 실존 인물 파우스트로 알려진, 멜란히톤의 대화 상대는 마구스, 즉 학구적인 마술사[이런 의미의 magus(복수형 마기magi)는 '마구스'로 옮긴다]였다. 르네상스 시대 독일의 선술집과 시장에서 행상인들이 진실로 다채로웠던 그의 모험을 과장한 《파우스트 책》을 팔기 시작했을 때는 파우스트가 마술사라는 직업에 힘을 쏟은 지 수십 년이 지난 후였다.[8] 파우스트는 바람을 불러일으켜 멜란히톤의 부엌에 있는 냄비를 모조리 없애버리겠다고 위협했을 때, 그의 적수가 말했듯이 일종의 '기예kunst'에 의지했다. 그에게 자연의 비밀스러운 힘이나 천사나 악마의 도움, 아니면 동시에 그 모든 것에 닿을 수 있는 특별한 능력을 준 지식 체계를 말한다. 멜란히톤은 파우스트를 그렇게 경멸했으면서도 그의 마술이 지닌 힘을 인정했다. 실제로 그는 학생들에게 마구스의 놀라운 행위에 관해 이야기했다. 파우스트는 빈에서 다른 마술사와 대결했을 때 인상적이지만 비교적 단순한 속임수로 자신의 우월함을 증명했다. 경쟁자를 "꿀꺽 삼키고" 며칠 뒤 그가 어느 동굴에 멀쩡하게 나타나게 한 것이다.[9] 점성술과 자연적 형태의 마술에 관한 전문가였던 멜란히

톤은 자신의 적이 그 분야에서 제법 실력 있는 자라고 인정했다.[10]

많은 역사가가 밝혀냈듯이, 15세기 말과 16세기에는 새로운 분야의 한 가지 기예, 아니 일련의 새로운 기예가 발전했다. 당대에 그 기예를 닦아 실행한 사람들은 그것이 심오하면서도 무해하다는 점을 강조하고자 때로 '자연마술'이나 '신비한 원리'라고 불렀는데, 비판자들은 단순하게 '마술'이라 부르며 그것이 악마의 도움에 의존한다고 주장하곤 했다. 영향력 있는 마술사들은 남자였다. 그들은 학문의 언어인 라틴어로 전문적인 책자를 썼다. 몇몇은 유명인사가 되었다. 1593년 유럽을 널리 여행하던 스위스의 젊은 학자 카스파르 바저는 나폴리를 방문했다. 그는 시빌라의 동굴에서부터 포추올리의 화산지대까지 여러 곳을 구경했다.[11] 그러나 그의 마음을 강력히 사로잡은 것은 나폴리에서 만난 두 남자였다. 박식하기로 유명한 약제사 페란테 임페라토는 바저를 따뜻하게 맞이해 자신의 자료관을 보여주었는데, 바저는 자료관이 '황제imperator'에 어울리는 수준이라고 생각했다.[12] 자연철학에 관한 논문뿐만 아니라 희극도 쓴 귀족 조반니 바티스타(잠바티스타) 델라 포르타는 비록 시연은 거부했지만 날씨를 조종하는 법을 안다고 귀띔했으며, 앞선 시대의 작가 요하네스 트리테미우스의 암호를 논했다.[13]

취리히 출신의 이 젊은 프로테스탄트는 이 두 사람, 특히 델라 포르타를 만나면서 마술의 영역에 입문했다. 1558년 델라 포르타는 마술에 관한 전문적인 책을 썼고, 이는 1589년 그가 증보판을 내기 전에도 여러 쇄를 찍었다(라틴어로 15쇄, 이탈리아어로 6쇄). 그는 마술을 고대의 기예, 그리스와 로마뿐만 아니라 고대 페르시아와 이집트에서

페란테 임페라토, 〈자료관〉, 1599.

도 번창했던 기예라고 주장했다. 그 기예의 실행자, 즉 마구스는 자연의 신비로운 힘을 끌어와 증폭하는 법을 알았다. "말하건대 이 기예는 많은 효력과 신비로운 수수께끼로 가득하다. 감추어진 것들의 특성과 속성을, 자연의 전 과정에 대한 지식을 우리에게 알려준다."[14] 그들은 연금술부터 점성술까지 일련의 기예에서 전문가가 되어야 했다. 그래야만 보통의 무지한 사람들이 기적이라고 생각하는 행위를 수행할 수 있었기 때문이다. 그의 책은 마구스가 수행할 수 있는 불가사의한 행위의 목록을 제시했다.

델라 포르타의 시각에서, 그리고 바저의 시각에서도 임페라토의 자료관은 자연과 기예가 기적 같은 행위를 낳는 방법을 보여주는 엄청난 공간이었다. 자료관은 그의 책, 특히 나중에 나온 증보판을 시각적으로 보여주었다. 델라 포르타는 직접적인 자연 연구가 갖는 힘을 믿었고, 말년에는 형식적인 논증뿐만 아니라 자신의 경험까지도 이용해 아리스토텔레스 같은 고대의 권위자들이 틀렸음을 입증하는 데서 즐거움을 찾았다. 그는 대기 현상에 주목해 그것이 지하 현상과 동일한 원리를 따른다고 주장했다. 천둥과 지진은 각각 하늘과 지하에서 발생한다는 점만 다를 뿐 같은 원리라는 것이다.[15] 다행스럽게도 맹렬한 자연 현상에 대한 그의 비판적 연구는 새로운 형태의 자연 마술을 낳았다. 델라 포르타는 해롭지는 않지만 무시무시한 소리를 내는 인공 천둥을 만들어낼 방법을 알아가는 것에 자부심을 느꼈다.[16] 비록 그는 시간이 훨씬 지난 뒤에야 공개했지만, 1593년 바저가 듣고 싶어하고 시연을 보고 싶어했던 것이 바로 이러한 실험이었다. 달리 말하자면 마술은 최첨단 자연철학의 실행이라는 형태를 띠었다.

앞으로 보겠지만 이 새로운 마술은 다양한 형태로 등장했다. 모든 종합은 논란의 여지가 있었고, 적대적인 비판을 받으면 불안정하다는 점이 드러났다. 이 이야기의 주인공들이 대부분 그렇듯이, 델라 포르타도 마술에 관한 책의 초판에서 마술을 두 가지 형태로 구분했다. 자연의 힘을 이용하는 선한 마술과 악마의 힘에 의존하는 사악한 마술이다.[17] 그러나 그는 또한 행성의 힘을 끌어올 수 있는 부적을 만드는 법도 설명했다. 부적이 올바른 물질로 만들어지고 올바른 형상을 띠고 있다면 그럴 수 있었다. 이러한 권고는 그 스스로 했던 경고에 반하는 것처럼 보였고 종교재판소의 주목을 끌었다.[18] 나중에 나온 판본에서 그는 완전히 자연적인 마술로 제시할 수 있는 다른 행위를 위해 이와 같이 논란의 여지가 있는 행위를 제거했다.[19]

그러나 학구적인 마구스는 몇 가지 점에서 의견이 일치했다. 델라 포르타는 그의 책 초판에서 그 대부분을 분명하게 요약했다. 마구스는 우주를 단일한 실체로 보았다. 우주는 행성에서 방사되어 지구상의 생명 대부분을 형성하는 광선에 의해 모든 부분이 서로 연결되어 있었다. 행성들이 특정한 날, 특정한 시각에 특정한 위치의 지구에 빛을 비추는 각도를 추적하는 학문인 점성술은 개인과 민족의 성격 및 기질에 관한 정보를 줄 수 있으며, 그들이 삶을 계획하고 어떤 사업을 추진할지 결정하고 자녀를 교육시키고 더 나아가 세계의 역사 과정을 이해하는 데 도움을 줄 수 있었다. 지구상의 돌과 식물, 동물, 물고기도 힘이 있었고, 그 힘의 상당수는 한 번 보고는 인지할 수 없는 '신비로운' 것이었다. 유사점과 차이점은 이 연결망의 열쇠 역할을 할 수 있었다. 유사점과 차이점을 이해함으로써 마구스는 우주가 전달하는 힘을 파악하고 이용할 수 있었다. 이러한 물질들의 속성에 통달하는 것도 힘의 원천이 될 수 있었다. 특히 연금술은 그것을 공부하는 사람들에게 특별히 강력한 형태의 지식, 즉 물질 자체를 변화시킬 수 있는 지식을 제공했다. 마지막으로, 앞으로 보겠지만 파우스트는 아니었으나 많은 마구스가 자신의 기예가 몸을 치료할 수 있고 더 나아가 영혼이 신과의 합일을 이루도록 도울 수 있다고 장담했다. 르네상스 시대의 마구스는 추종자들에게 금욕적인 삶을 살라고 촉구했으며, 최고로 높은 차원의 지식을 얻게 해주겠다고 약속했다.

모든 마구스가 정확히 동일한 기술을 가르치고 알리지는 않았다.

두 마구스 사이에서 어느 기술이 더 타당한지에 관해 의견이 일치하는 경우도 없었다. 은혜를 베푸는 존재와의 소통 방법으로서 부적 같은 마술을 기꺼이 용인하는 작가가 있었는가 하면, 그것은 악마와의 교섭을 통해 지옥으로 곧장 떨어지는 길이나 다름없다고 주장하는 작가도 있었다. 점성술이 지닌 예지의 힘을 찬미하는 이론가가 있는가 하면, 그것은 무의미한 속임수라고 비난하는 이론가도 있었다. 이탈리아 르네상스의 대표적인 인문주의자 조반니 피코 델라 미란돌라는 학구적 마술learned magic이 출현할 때 살았으며, 그가 제공한 자료와 논거는 오래도록 유익한 것으로 판명되었다. 그러나 그는 원칙적으로 점성술을 거부했다. 또한 그는 자신과 경쟁한 마구스 중 일부는 가짜 기술과 비법을 퍼뜨리는 협잡꾼이라고 주장했다. 그렇지만 17세기에 이르기까지 도서 시장과 궁정, 수도원에 학구적 마술이 꾸준히 등장했기에 명민한 후원자들과 실행자들에게 마구스의 전망이 매력적이었음은 분명하다.

이 책은 학구적 마술의 등장을, 이미 시험을 거친 중세의 그 기원부터 1533년 독일의 뛰어난 학자 하인리히 코르넬리우스 아그리파가 내놓은 종합에 이르기까지 추적한다. 완벽을 기한다는 목표는 없다. 델라 포르타처럼 이에 관여한 몇몇 학자와 사상가는 연금술을 자연을 지배할 힘을 얻게 해줄 기예로 받아들였다. 최근의 연구로 중세와 르네상스 시대에 연금술이 얼마나 널리 실행되었는지, 그 기술적 내용이 얼마나 효과적이었는지, 그 실행자들의 주장이 얼마나 합리적이었는지가 분명해졌다. 연금술은 마술보다 더 큰 어떤 것, 다시 말해 자연계에 영향력을 행사해 그 형태를 바꿀 수 있다는 인간의 환상이 출현하는 데 결정적인 역할을 했다.[20] 그러나 이 책에서 나의 목적은 마술의 역사에 등장하는 주역들의 인도를 받는 것이다. 앞으로 보겠지만, 그중 몇몇은 연금술에 진지한 관심을 보였다. 연금술 서적이 때로 마술 서적에 중요한 요소를 제공했기 때문이다. 그러나 이러한 마구스들은 자신을 연금술사로 보지 않거나 연금술 서적에서 필수적인 개념을 가져다 쓰면서도 연금술을 다른 기예만큼 상세하게 다루지는 않는다.

이 책의 각 장은 이러한 과정이 전개되는 단계를 따라간다. 중세의 일부 철학자들은 학구적 마술을 추구한 반면, 다른 이들은 그것을 금지했다. 왜 그랬는지 이유를 추적할 것이다. 자연과 사회를 지배할 수 있는 힘을 얻는 자신만의 새로운 방법을 개발하고 신비화한 발명가들에 주목할 것이며, 기술과 마술의 복잡한 상호작용을 추적할 것이다. 마술의 힘을 추구하는 정당한 이유를 새롭게 정립하고 이미 수용된 다양한 관행에 새로운 것을 더한 이탈리아와 신성로마제국의 학자들을 따라갈 것이다. 아그리파가 이렇게 많은 요소를 토대로 공들여 내놓은 유력한 종합을 검토할 것이다.

이것이 내가 하려는 이야기다. 그런데 그 기예 자체는 어떤 것인가? 마술을 실행한 학자는 그것을 어떤 식으로 인식하고 어떻게 받아들였는가? 이를 알아낼 한 가지 방법은 르네상스 시대의 인기 있던 구경거리 하나를 살펴보는 것이다. 한 개인의 공개 해부다. 이 글을 시작하며 언급한 마구스 파우스트는 이 시대극에 더할 나위 없이 잘 어울리는 거물이다. 당대의 많은 사람이 그의 모험을 기록으로 남겼고, 이는 훗날 크리스토퍼 말로와 요한 볼프강 폰 괴테의 직접적이거나 간접적인 생생한 설명을 통해 문학적으로 크게 비상했다.[21] 학구적이고 논쟁적인 파우스트 연구의 풍부한 전통은 카를 크리스티안 키르히너가 비텐베르크대학교에서 라틴어로 쓴 박사학위 논문 《사기꾼 파우스트에 관하여Disquisitio historica de Fausto praestigiatore. Vulgo von Doctor Faust》의 구술시험을 치를 때인 1693년까지 거슬러 올라간다.[22] 논문의 옹호자들은 독창적인 증거를 낱낱이 판단하고 비교하고 평가했다. 기본적인 사항에서는 불확실성이 남아 있었지만, 파우스트에 관한 집중적인 전기적 고찰인 이 논문으로 그가 어떤 사람이었고 무엇을 했는지, 그를 관찰한 자들이 그가 한 일을 어떻게 이용했는지에 관해 유용한 핵심 정보가 만들어졌다. 그의 생애 복원뿐만 아니라 그것이 파우스트 자신과 그를 알았던 사람들에게 어떤 의미였는지 그 해석도 뒷받침하기에 충분한 자료였다.[23]

최근의 학자, 특히 귄터 마할과 프랭크 배런은 이 증거를 면밀히 검토했다. 특히 배런은 파우스트의 생애를 시대적 맥락 속에서 이해할 수 있도록 많은 노력을 기울였다. 이들의 연구와 논쟁은 이 탐구의 기본적인 틀을 제공한다.[24] 역사적 실존 인물 파우스트의 인생이 출발한 곳은 하이델베르크에서 멀지 않은 헬름슈타트이거나 지금도 파우스트 박물관이 있는 슈바르츠발트 인근의 작은 도시 크니틀링엔으로 추정된다.[25] 공식 문서에 따르면 파우스트와 동일인일 가능성이 매우 높은 실존 인물 중 한 사람인 게오르크 폰 헬름슈타트는 1483년 하이델베르크대학교에 입학했다. 그가 1460년대 어느 때에 태어났다는 뜻이다.[26] 게오르크는 1484년에 학사학위를 받았고, 1487년에 기본적인 교과를 가르칠 수 있는 석사학위를 받았다. 열

명 중 차석으로 졸업했다.[27] 당대의 어느 악의적인 평에 따르면, 그는 프란츠 폰 지킹엔 남작의 후원 덕분에 바트크로이츠나흐에서 교사가 되었다가 1507년 8월 이전 어느 때인가 그 지위를 잃었다. 학생들과 동성애 관계를 맺었다는 혐의로 고발된 뒤 도망친 것이었다.[28]

일련의 기록에서 신성로마제국 도시들을 돌아다닌 파우스트의 행적을 알 수 있다. 1520년의 어느 문서는 밤베르크의 주교 게오르크 솅크가 그에게 "출생 천궁도나 심판 천궁도"의 대가로 10굴덴을 주었다고 기록한다. 둘 다 의뢰인의 미래에 관해 조언하는 점성술의 해석도다.[29] 점성술사는 신성로마제국의 모든 도시에서 활동했다. 그러나 파우스트는 유달리 성가신 존재로 드러났다. 그의 행위는 끊임없이 불쾌함을 안겨주었다. 1528년 잉골슈타트 시참사회는 그에게 "어디 다른 곳으로 꺼지라"고 명령했다.[30] 1532년 뉘른베르크의 유사한 문서도 행정관이 "대단한 남색가이자 강령술사인 파우스트 박사"에게 안전통행증 발급을 거부했다고 기록한다.[31] 이러한 기록은 파우스트가 어째서 특별한 평판을 얻었는지 알려준다. 파우스트가 실행한 마술에는 점성술의 전문적인 기예와 좀더 무서운 형태의 요술과 점술이 다 포함되었던 것 같다. 분명한 것은 당국이 그를 최소한 범죄자로 보았다는 사실이다. 그는 여러 도시에서 추방당했지만, 당시에 중범죄였던 남색이나 강령술 혐의로 처형되기는커녕 투옥되지도 않았다.[32] 파우스트는 저급한 인격에 약간의 능력을 지녔다는 이중의 명성을 누렸다. 파우스트에게 도시를 떠난 후 복수하지 않겠다고 맹세하게 한 잉골슈타트 시참사회 위원들의 조치가 이러한 인상을 확인해준다.[33]

사사로운 편지와 다른 비공식적 출처를 통해 더 상세한 내막을 알 수 있다. 1506년 베네딕트회 대수도원장인 요하네스 트리테미우스는 여행 중에 겔른하우젠의 여인숙에 묵었다. 그곳에서 그는 "마기스터 게오르크 사벨리쿠스Magister Georg Sabellicus, 파우스트 유니오르Faustus iunior"라는 남자가 자신을 홍보하는 전단을 나누어주는 것을 보았다. 그 명함에서 그는 자신을 "강령술사의 우두머리, 점성술사, 젊은 마구스, 손금 보는 자, 흙과 불의 점술사, 물 점의 이인자"로 소개했다.[34] 당대의 문서에 거론된 여러 기예를 종합해 놀랍도록 자랑스럽게 제시했다. 현지의 사제들은 트리테미우스에게 게오르크가 훨씬 더 엉뚱한 주장을 했다고 말했다. 그는 만일 "플라톤과 아리스토텔레스의 모든 저작이 그 철학과 함께" 사라진다면 자신이 "히브리인 에스라•처럼 그 모든 것을 더욱 아름답게 복원할 수 있다"고 허풍을 떨었다.[35]

파우스트가 여러 도시를 떠돌 때 필시 선술집도 돌아다녔을 텐데, 돈을 받고 점을 봐준 것은 분명하다. 알브레히트 뒤러가 그림을 팔려고 똑같이 돌아다녔던 시절이니 반드시 부도덕한 행위라고는 할 수 없다. 파우스트는 명성을 얻었다. 트리테미우스는 1507년 8월 20일에 유명한 수학자이자 점성술사인 요하네스 비르둥에게 편지를 보냈다. 파우스트의 방문을 기대하고 있던 비르둥은 트리테미우스에게 편지를 보내 정보를 요청했으며, 트리테미우스는 친구에게 파우스트가 "헛소리를 지껄이는 방랑자요 불량배이니 두들겨 패야 마땅한 자"

• 구약성서 〈에스라서〉의 저자인 에스라는 바빌론 유수에서 돌아온 후 예루살렘 성전이 파괴될 때 망실된 유대교 경전을 복구했다.

라는 점을 납득시키려 했다. 그는 이렇게 편지를 끝맺었다. "그가 찾아오면, 당신은 그가 철학자가 아니라 지나치게 경솔한 바보라는 사실을 알게 될 거요."[36] 트리테미우스는 여러 도시의 수많은 사람이 비슷한 경험을 했음을 자신에게 알려주었다고 말했다. 파우스트의 마술 행위가 널리 관심을 끌었음을 보여주는 또다른 증거였다.

트리테미우스의 편지에서 중요한 것은, 파우스트가 어떤 서비스를 제공했는지 적어도 핵심적인 것은 확인해준다는 점이다. 그는 천궁도를 그리고 납을 녹여 물에 떨어뜨린 뒤 나타나는 형태를 해석하는 등 다양한 방법으로 미래를 점쳤다. 또한 자신이 주변 세계에 영향을 미칠 수 있는 특별한 힘을 지녔다고 주장했다. 트리테미우스가 적은 바에 따르면, 파우스트는 자신을 "지식이 없어서 솔직히 말하자면 마기스터가 아니라 바보를 자처해야 마땅한데도 강령술의 근본"이라고 칭했다.[37] 파우스트는 '강령술사'이자 '마구스'로서 기적을 행할 수 있다고, 다시 말해 미래를 예견할 수 있을 뿐만 아니라 사람과 동물, 사물이 자연의 질서에서 완전히 벗어나게 할 수 있다고 주장했다. 어쩌면 파우스트는 여기서 더 나아가 병자를 고치고 죽은 사람을 살릴 수 있다고 허풍을 떨었을지도 모른다. 그래서 트리테미우스는 확실히 파우스트를 쉽게 분간할 수 있는 특이한 나쁜 마술사로 분류했다. 파우스트는 미래를 내다보고 현재에 기적을 행한, 적어도 그렇게 할 수 있다고 주장한 마술 서비스 제공자였다.

1530년대 이후 파우스트에 관한 많은 설명의 진원지는 비텐베르크였다. 루터와 현지 대학교를 지배한 그의 추종자들은 어디에나 있는 악마의 편재성을, 그리고 죄 많은 인간이 자신의 영혼을 악마에게 손

쉽게 넘길 수 있음을 강조했다. 파우스트에 관한 그들의 일화는 그가 악마와 정식으로 계약했다는 믿음을 반영했으며, 파우스트가 지닌 힘의 악마적 기원을 강조했다. 마녀사냥이 횡행하던 16세기 말에 이러한 관념은 파우스트의 이야기에서 중심적인 주제가 된다.[38] 예를 들면 루터는 제자들에게 파우스트가 악마를 '처남'이라고 불렀다고 말했다.[39] 또다른 이들은 그가 두 심부름 정령, 즉 개와 말과 함께 여행했고 악마의 손에 목이 졸려 죽었다고 썼다.[40] 어느 기록에 따르면 그의 종자들이 시신을 관대棺臺 위에 얼굴이 위를 향하도록 두었는데도 얼굴이 아래쪽으로 돌아갔다고 한다.[41] 이 송장체조necrogymnastics는 그와 동행한 기괴한 동물들처럼 파우스트가 지닌 힘의 원천이 무엇인지 분명하게 드러내주었다.

또 어떤 기록은 그를 단순한 사기꾼으로 치부했다. 마녀사냥의 반대자로 유명한 요한 비어에 따르면, 파우스트는 포도주가 다 떨어졌다고 주장한 감옥의 교회사教誨師에게 면도칼을 쓰지 않고도 수염을 깎을 수 있게 해준다는 기적의 고약을 주어 복수했다. 희생자가 분개하며 회상했듯이, 그 고약은 비소로 만들어져 수염뿐만 아니라 "피부와 살까지도" 벗겨냈다.[42] 파우스트와 동시대에 살았던 뉘른베르크의 그리스 연구자 요아힘 카메라리우스는 박학한 점성술사요 자연마술의 애호가였는데, 친구에게 파우스트가 "관객에게 어처구니없는 미신을 주입하려고" "곡예사의 속임수"를 쓴다고 경고했다.[43] 이들은 파우스트를 고대의 기예를 실행하는 건전한 사람이 아니라 인간의 약점을 이용해 먹잇감으로 삼는 사기꾼으로 취급했다.

그러나 평가는 다양했고, 카메라리우스를 포함해 몇몇 증인은 파우스트의 마술에 관해 한 가지 기조에서만 이야기하지는 않았다. 적대적이고 회의적이었던 요한 비어조차도 돌발적으로 자기모순을 드러내 파우스트가 "그 공허한 허풍과 호언장담으로 뭔가 중요한 것을 확실하게 달성할 수 있었다"고 인정했다.[44] 파우스트에 관한 이야기는 하나같이 학구적 마술의 다른 일면을 드러낸다. 멜란히톤은 파우스트를 비판하면서 그 마술사의 초자연적 후원자에 관해 거의 칭찬에 가까운 발언을 덧붙였다. "악마는 놀라운 장인匠人이다. 그는 특정한 기예로써 자연적인 것, 우리가 모르는 것을 성취할 수 있기 때문이다. 그는 인간보다 더 많은 것을 할 수 있다."[45] 여기서 멜란히톤은 악마의 기예를 최고로 창의적인 장인의 기예로 설명했다. 그 '놀라운 장인mirabilis artifex'은 자연의 '신비로운 힘'을 끌어낼 수 있다. 인간은 할 수 없는 일이었다.

파우스트가 실제로 행한 마술은 대부분 기록에 남아 있지 않다. 그러나 한 가지 일화가 그를 놀라운 기예의 세계에 연결해준다. 그는 에르푸르트에서 잠시 대학에 자리를 잡았을 때 호메로스에 관해 공개 강연을 했다. 그는 호메로스 서사시의 영웅인 프리아모스와 헥토르, 아킬레우스, 아이아스, 아가멤논을 "각각 과거의 모습 그대로" 생생하게 묘사했다. 흥분한 학생들은 놀라운 일을 더 많이 원했다. 파우스트는 다음 강의 시간에 그 바람을 들어주겠다고 약속했다. 열광적인 청중이 떼로 몰려들었을 때, 다수는 등록하지 않은 사람이었는데, 파우스트는 호메로스 서사시의 등장인물을 "한 명씩 차례로" 불러냈다. 각각의 영웅은 "마치 트로이 앞의 벌판에서 전투를 벌이고 있는 것처럼 그들을 바라보고 고개를 흔들었다." 마지막으로 그는 빨간 머리에 턱수염이 덥수룩한 포악한 키클롭스를 소개했다. 덜렁거리는 인간의 다리를 입에 문 키클롭스가 등장하자 학생들은 겁에 질렸고, 키클롭스는 처음에는 떠나기를 거부하면서 "그의 거대한 쇠창으로 바닥을 내리쳤다."[46]

이 마구스는 공연을 펼치는 법을 알았다. 이 경우에 그는 특별한 볼거리를 무대에 올렸다. 레온 바티스타 알베르티가 1438~1439년 페라라-피렌체 공의회에서 속임수를 통해 바다에서 움직이는 배들과 하나둘 떠오르는 별들의 이미지로 참석자들의 눈을 현혹한 이래로 여러 사람들이 100년 넘게 발전시켜온 유용한 기술이었다.[47] 15세기의 자연철학자이자 발명가인 파도바의 조반니 폰타나는 형상을, 무시무시한 형상까지 포함해 투사하는 법을 설명했다. 정확하지 않은 부분도 있지만 대체로 생생한 삽화가 지위를 나타내는 예복을 입고 투명한 램프를 든 학자를 표현하고 있다. 천구를 들고 있는 램프 안의 자그마한 악마의 모습을 양초의 불빛이 소름 끼치는 거대한 형상으로 바꿔놓는다. 폰타나의 말을 빌리자면 "공포를 불러일으키기 위해 만들어낸 밤의 망령"이었다. 그러한 장치는 은밀히 사용하기는 어려웠겠지만 잘 작동했을 것이다. 폰타나는 "자신의 두 손과 자신의 창의력으로" 그 장치를 만들었다고 강력하게 주장했으며, 당대의 문헌 중 적어도 하나는 비슷한 기술을 설명한다.[48] 파우스트는 광학과 빛, 그림자에 관한 전문적인 지식을 이용해 종이 위에 그리스와 트로이의 형상들을 대축적으로 투사했고, 공모자가 이를 움직여 그 형상들에 생기가 있는 것 같은 느낌을 주었다. 이와 같은 속임수가 멜란히톤이 파우스트를 악마의 기술과 연결한 이유를 설명해준다.

이 이야기는 파우스트가 행한 기예의 또다른 측면을 보여주는데, 당대의 증인들이 화제로 삼지 않은 것이다. 그는 고대의 영웅들을 되살리면서 다른 지적 영역으로 들어갔다. 르네상스 인문주의자들의 영역인데, 그는 필시 하이델베르크에서 처음으로 맞닥뜨렸을 것이다. 이 학자들은 더는 유포되지 않는 고전 문헌을 찾아 필사 과정에서 생긴 오류를 제거했다. 르네상스 인문주의자들은 문헌 비평 덕분에 고대 작가들을 자세히 알게 되면서 자신들이 그들을 가장 잘 알고 있고 그들과 직접 연결되어 있다고 느꼈다. 단적인 예로, 프란체스코 페트라르카는 자신이 매우 좋아한 로마 작가 키케로와 베르길리우스, 리비우스에게 편지를 쓸 정도였다.[49] 몇몇 인문주의자는 자신의 성姓을 라틴어나 그리스어로 바꾸었다. 루터의 친구이자 파우스트의 적인 멜란히톤은 원래 이름이 슈바르체르트Schwartzerdt('검은 땅')였지만 이를 그리스어로 바꾸어 썼다.[50] 오늘날 '골동품 연구자'로 알려진 다른 이들은 고대 작가들과 그들의 특성이 어땠는지 보여줄 수 있는 조각상과 모자이크를, 다시 말해 그들을 근대인과 구분해주는 의복과 갑주, 기타 특징적인 물건들을 찾아다녔다.[51]

파우스트도 자신의 이름과 정체성을 선택한 것으로 보인다. 로마 주교 클레멘스가 썼다는 2세기 문헌에 나오는 시몬 마구스의 옛 이야기에서 가져왔을 수도 있고, 프랑스에서 활동했던 이탈리아의 유명한 인문주의자 파우스토 안드렐리니에게서 따왔을 수도 있다. 트리테미우스에 따르면 파우스트는 자신을 사벨리쿠스라고 불렀다.[52] 만약 그렇다면, 그는 저명한 이탈리아 학자 마르코 안토니오 사벨리코의 이름을 차용한 것이다. 사벨리코도 안드렐리니처럼 로마에서 영

조반니 폰타나. 악마의 형상을 투사하는 마술 랜턴.

향력 있는 교사이자 골동품 연구자인 폼포니오 레토와 함께 공부했다. 파우스트는 자신을 마기스터이자 마구스라고 부를 때와 마찬가지로 이러한 이름을 선택하면서 고전 문화를 애호한다는 점을 강조했다.[53]

인문주의자들은 전와된 필사본을 연구해 키케로와 리비우스의 원문을 완벽하게 되살리고 무지한 사제들의 기괴한 의식으로부터 초기 기독교의 품격 있는 예배 의식을 복원하려고 노력했다. 네덜란드의 인문주의자 데시데리위스 에라스뮈스가 전하는 유명한 이야기에 나오듯이, 그들은 20년 동안 기도문에서 '숨프시무스sumpsimus'라고 해야 할 것을 '뭄프시무스mumpsimus'라고 한 사제에게 그것이 잘못임을 납득시키려는 것이 한심하다고 생각했다.[54]• 이들은 수백 년 동안 잃어버렸던 것의 이러한 복원이 갖는 신비로운 성격을, 증거를 토대로 한 일반적인 추론이 불가능한 경우에 '점divination'(직관적 이해)이라는 이름을 붙여줌으로써 인정했다. 파우스트가 점성술에 쓴 것과 같은 용어다. 마구스가 미래를 점쳤던 것과 똑같이, 인문주의자도 때때로 과거를, 적어도 고대 문헌의 필사본이 확실히 밝혀주지는 못하고 어렴풋이 보여주는 과거의 일부를 점쳤다. 토스카나 출신의 인문주의자 포조 브라촐리니가 말했듯이, 이는 필사자를 비난하는 것이다. "그 책들을 필사한 자는 오늘날 살아 있는 사람 중에 가장 무식한 자였다. 나는 [글을] 읽는 것이 아니라 점을 쳐야 했다."[55] 고대의 영웅을

• sumpsimus는 '받다', '잡다'라는 뜻의 동사 sumo의 1인칭 복수 직설법 완료형인데 mumpsimus는 없는 단어다. 잘 배우지 못한 사제가 미사를 드릴 때 라틴어를 틀리게 말한 이야기에서 나왔다. 오류인 줄 알면서도 이를 완고하게 고수하는 습성을 가리키는 말로 쓰인다.

되살리는 것은 인문주의의 마술, 그 시대에 고유한 학문의 특징을 덧입은 마술이었다. 마술사는 수백 년 동안 죽은 자를 살려내고 있었다. 그러나 15세기와 16세기에 와서야 그들은 고대의 유명한 인사들을 되살려냈다.

게다가 파우스트는 마술이라는 학문의 더 놀라운 묘기를 보여주겠다고 했다. 그는 석사과정 학생 몇 명의 졸업을 축하하는 학부 연회에서 로마 공화정 말기의 작가 플라우투스와 테렌티우스의 소실된 희곡에 나오는 화려한 글귀를 암송했다. 현존하는 작품들이 인용할 만한 문구가 매우 많아서 인기 있는 작가들이다. 그다음 파우스트는 한두 시간 안에 두 저자의 모든 희곡 작품을 가져와 필사하고 이용할 수 있게 해주겠다고 말했다. 신학자도 몇 명 포함된 청중은 악마가 텍스트에 "온갖 추잡한 것"을 끼워 넣을 수 있다는 이유로 그의 통 큰 제안을 거부했다.[56] 그러나 이는 당대의 기준으로 볼 때 완전히 기이한 짓은 아니었다. 도미니크회 수사이자 교황령의 신학자인 비테르보의 조반니 난니(안니오 다 비테르보)는 고대 이집트와 칼데아, 에트루리아의 역사를 날조해 일련의 책으로 출간했다.[57] 트리테미우스는 키루스가 유대인들을 팔레스타인으로 돌려보낸 뒤 히브리인 제사장 에스라가 기억에 의존해 경전을 복원했다고 믿었으며, 자신이 직접 소실된 텍스트를 다시 써서 게르만족의 초기 역사를 되살렸다.[58] 소실된 텍스트를 복원할 능력이 있다는 파우스트의 허풍이 트리테미우스에게 특별히 거슬리지 않았던 것도 놀랄 일은 아니다.

이제부터는 학구적인 마구스와 그 새로운 지식 형성 방식이 이 시대, 이러한 장소들에서 어떻게 등장했는지 더 자세히 추적하겠다. 이 탐구는 다른 많은 학문적 연구처럼 원래 위대한 역사가 프랜시스 예이츠로부터 영감을 받았다. 바르부르크 연구소에서 가르친 예이츠는 그 전통을 매우 독창적으로 이어갔다. 그녀는 점성술사요 신플라톤주의의 부활을 이끈 인문주의자 마르실리오 피치노와 피코 델라 미란돌라 같은 사람들의 작품을 르네상스 시대의 세련된 새로운 마술이라고 보고 이를 되살려냈다. 그들은 평판이 나쁜 중세 마법사들의 옛 마술을 새로운 형태의 신체적·정신적 치료법은 물론 자연을 지배하는 진정한 힘도 제공한 기예로 대체했다. 예이츠는 고대 문헌, 특히 이집트의 현인 헤르메스 트리스메기스토스의 저작으로 잘못 알려진 문헌이 새롭게 발견되어 이 운동의 출범이 촉발되었다고 주장했다. 고대 문헌과의 만남은 과거를 돌아본 혁명이자 16세기와 17세기의 새로운 과학을 불러일으키는 데 일조한 혁명이었다. 예이츠는 방대한 지식과 매혹적인 문체로 이야기를 풀어냈다.[59]

예이츠의 연구는 뛰어난 연구가 종종 맞닥뜨리는 운명을 맞이했다. 그녀는 마술과 그것이 다른 분야와 맺는 관계의 역사를 여는 데 일조했다. 예이츠의 많은 동시대인이, 특히 에우제니오 가린과 파올로 로시가 나름의 방식으로 르네상스 시대의 마술이 근대 과학과 철학의 탄생에 매우 중요한 역할을 했다고 주장했다.[60] 이들 때문에 그 분야에 매력을 느낀 수십 명의 유능한 연구자들이 예이츠가 처음 제시한 테제를 거의 알아볼 수 없을 만큼 확장하고 수정했다.[61] 중세 연구자들과 르네상스 연구자들은 똑같이 파우스트 시대의 가장 혁신적인 마구스조차도 앞선 시대의 스콜라 철학자들로부터 이론과 실행을 배웠음을 밝혔다.[62] 기술사가들은 중세와 르네상스 시대에 '기술자'로 알려진 발명가들이 어떻게 비범한 장치들을 만들었는지, 그리고 연금술사처럼 그들도 자신이 특별한 능력을 지녔으며 이를 다른 사람들에게 제공할 수 있다고 주장했음을 분명하게 밝혀냈다.[63] 르네상스 시대의 가장 독창적이고 영향력 있는 마구스들을 연구한 이들은 그들의 활동에 관한 예이츠의 설명을 수정하여, 마구스들이 매우 다양한 문헌에 의지했으며 능력뿐만 아니라 특별한 형태의 지식까지 약속했음을 보여주었다.[64] 헤르메스 문헌은 결코 예이츠가 생각한 것만큼 중요하지는 않았다. 그렇지만 예이츠가 완전히 틀리지는 않았다. 언제나 선견지명이 있던 그녀는 막연하게나마 이러한 점을 알고 있었다. 특히 기술 혁신과 마구스들이 의지한 자료의 범위가 갖는 중요성을 어렴풋이 감지하고 있었다.

예이츠가 르네상스 시대 마술을 고전에 뿌리가 있고, 미학적으로 순수한, 대학교의 견실한 학문으로 보았다면, 마술의 비판자와 실행자 둘 다 그 시대의 마술에 대해 많은 의심을 품었다. 마술은 공식적으로 인정된 표준 텍스트가 없었고 교과과정에 고정적으로 포함되지도 않았다. 마술의 실행과 가정의 직접적인 뿌리는 중세의 자료다. 그중 일부는 이론상으로는 마술을 비난했음에도 마술을 실행한 종사자들이 써낸 텍스트였다. 교회 당국은 주기적으로 마술을 감시하고 비난했다. 마구스로 추정되는 자들을 제일 먼저 사기꾼으로 무시한 사람 중에는 동료 마구스들이 있었다.[65]

파우스트가 트리테미우스를 격분하게 만든 유일한 사기꾼은 아니었다. 트리테미우스는 매우 적대적인 글에서 빈정거리면서도 이 점을 분명히 했다.

악마를 모방하고 따르는 그 바보 같은 수학자는 왕들과 제후들에게 가는 길을 연다. 첫째, 그는 호기심 많은 하인들에게 접근하고, 조심스럽게 책을 꺼내 위대한 저자라는 사람들의 이름을 거론하고, 행성들의 형상을 보여준다. 악마의 특성을 보여주는 것들, 반지와 홀笏, 왕관, 악마적 마술의 모든 도구는 말할 것도 없다. 이러한 것들로써 그는 인간이 생각할 수 있는 모든 것, 지옥이 감출 수 있는 모든 것을 행하고 보여주겠다고 장담한다. 그는 죽은 자들과 고대의 영웅들을 모조리 일으키겠다고 장담하고 숨겨진 보물을 약속하고 적군을 포로로 잡지 않고도 항복을 받아내겠다고 장담한다. 더 말할 필요가 없다. 그의 능력으로 바라는 결과를 얻지 못할 만큼 어렵고 불가사의한 일은 없다. 그는 요청을 받으면 하늘을 날아 아라비아로 가서 헤라클레스와 위대한 알렉산드로스를 저승에서 데려오며, 누가 원한다면 아베르노 호수[로마 신화에서 지옥의 입구로 여겨지던 곳]에서 그의 아버지나 어머니를 불러올 것이다. 그는 예언자로서 과거와 현재, 미래의 모든 일을 환히 꿰고 있다.[66]

파우스트의 장담은 그 기예의 심오함뿐만 아니라 그가 고객을 속일 때 보여주는 깊은 냉소적 태도도 반영했다.

때때로 선량한 이와 훌륭한 이도 마술 텍스트와 서비스를 열렬히 소비했다. 그러나 그들도 의심을 품었다. 신성로마제국 황제 막시밀리안 1세는 점성술에 대한 관심을 숨기지 않았다. 그는 오스트리아의 빈대학교와 궁정에서 점성술을 장려했다. 실제로 그는 총애하는 점성술사와 마구스를 교수 자리에 앉혔으며 그들에게 그 분야의 연구 결과를 발표하라고 적극적으로 권고했다.[67] 그는 마술에 대한 관심도 숨기지 않았다. 막시밀리안 1세는 죽어 땅에 묻힐 때까지 적절하게도 '악마der Teufel'라는 이름을 얻은 마술 반지를 끼고 있었고, 절실히 필요할 때 이를 이용해 재정을 보충하려 했다. 그는 심지어 슈탐스 대수도원 원장에게 영혼을 불러내는 법을 아는 수도사를 보내달라고 요청하기도 했다. 물론 대수도원장은 조심스럽게, 황제에게는 실망스럽게도, 그들이 모두 죽었다고 답했다. 막시밀리안 1세가 베네치아 대사와 환담을 나누었을 때, 그들의 대화 주제는 근자에 슈타이어마르크에서 소생한 망자들이었다.[68]

그뿐만이 아니었다. 막시밀리안 1세는 후세를 위한 기념물로서 이러한 관심사를 기록하여 문서로 남겼다. 그가 서기들에게 구술하여 쓰게 한 3인칭 시점의 라틴어 자서전과 자신의 젊은 시절과 말년의 승리를 화보를 곁들여 소설처럼 각색한 독일어 전기 《흰색 왕Weisskunig》이다. 자서전에서 그는 이렇게 회상한다. "세상의 비밀을 캐고 싶은 그는 강령술을 배웠다. 그는 강령술을 실행할 생각이 전혀 없었다. 교회가 그것을 비난했거니와 그것이 인간의 몸과 영혼에 매우 위험했기 때문이다. 그리고 그는 아버지로부터 이 세상에서 찾을 수 없는 종류의 책들을 물려받았다." 이는 이보 전진 일보 후퇴의 세련된 춤으로, 그 젊은 군주의 도덕관념이 그의 호기심을 물리치지 못했다는 인상을 분명하게 남겼다.[69] 《흰색 왕》에서 그는 아버지의 바람을 무시하고 마술을 공부한 것은 그 사악함을 폭로하기 위해서였다고 주장했다.[70] 달리 말하자면 마술의 실행은 왕국의 열쇠를, 최소한 황제가 은행가나 적의 압박을 심하게 느낄 때 그를 구해줄 도움의 열쇠를 입수할 수 있게 해주었다. 그러나 마술은 또한 의심을 자극할 수도 있었고, 더 나아가 재앙을 초래할 수도 있었다. 사기꾼으로 드러나 교수대에서 생을 마감한 연금술사와 마구스가 한둘이 아니었다.[71] 게다가 앞으로 보겠지만, 15세기와 16세기에 많은 형태의 마술이, 도미니크회의 악마 연구자들이 분석한 마술뿐만 아니라 중요한 스콜라 학자들을 매혹한 학구적 마술도 악마로부터 영감을 받고 악마와 연합한 자들이 실행했다는 의구심이 널리 퍼졌다. 훌륭한 학자들이 이러한 의심의 논리를 분석했다.[72] 15세기와 16세기에 많은 유럽인이 이 상상의 세계를 재현하고 인정했을 뿐만 아니라 그것을 직접적인 경험을 통해, 자신들의 경험은 아니고 자신들이 붙잡아 심문한 마녀들의 경험을 통해 알게 되었다고 주장했다. 이는 파우스트와 동시대를 살았던 많은 사람이 그가 편안하게 거했다고 믿은 다른 정신 세계였다. 너무도 편안하게 머물러서 시간이 지나면서 파우스트는 소급적으로 마녀들과 연합하게 되었으며 마녀들이 악마와 맺은 것과 비슷한 계약을 맺었다고 비난을 받았다. 달리 말하자면, 학구적인 마술이 점점 더 많은 신봉자를 얻어 명성이 높아졌는데도, 마구스들은 자신의 직업이 이른바 악마의 앞잡이들이 실행하는 근본적으로 다른 마술과 혼동되지 않도록 정신을 바짝 차려야 했다.

1500년에 즈음하여 새로운 성격의 사상가, 즉 가톨릭과 프로테스탄트 양쪽의 종교개혁가와 여성 신비주의자, '살아 있는 성인', 인쇄업자 등이 마침내 공적 영역에 진입했다. 공개적으로, 그리고 책자로 솜씨 좋게 마술을 보여준 자들은 명성을 쌓았고 논의의 경계를 확장했다. 편지(많은 편지가 널리 유포되었다)도 새로운 연합의 수립을 가능하게 했다. 몇몇은 오랫동안 인정된 신념과 관행에 도전했으며, 또다른 이들은 과거를 토대로 삼아 현실을 개혁하려 했다. 모두 강도 높게 경계 확정 작업을 수행했다. 자신이 도전한 전통적인 힘과 방식으로부터, 또한 마찬가지로 중요한 것인바 자신이 모방할 수 있을 것 같은, 그렇지만 무능하고 부정직하고 악마의 손아귀에 잡혀 있는 것 같은 동료 혁신자들로부터도 멀어지려 한 것이다. 그리고 모두 공들여 새로운 장르를 만들어냈고, 그로써 자신의 새로운 사업을 널리 알리고 제자는 물론이고 독자들에게도 자신의 기술을 가르칠 수 있었다. 마구스는 자신과 더 가까운 관심사를 가진 다른 이들의 존재에 대해 그랬던 것처럼 이들의 존재에 대응했다. 결국 데버라 하크니스가 놀라운 연구에서 보여주었듯이, 일부 마구스는 파우스트가 방문한, 멜란히톤이 살았던 것과 비슷한 성격의 가정을 꾸리기도 했다.[73] 그러나 그들의 기예가 형성되던 시기에 후원을 받아 그렇게 안락한 조건에서 생활한 마구스는 한두 명에 불과했다.

마구스는, 적어도 파우스트가 체현한 마구스는 1500년 전후 몇십 년 동안의 전형적인 인물이었다. 전통적으로 르네상스 성기盛期라고 부른 그 시기에, 오래전에 에르빈 파노프스키가 지적했듯이, 직업과 기예를 구분한 과거의 장벽이 무너졌다. 그런 일이 처음은 아니었지만 그 어느 때보다도 더 극적이었다. 레오나르도 다빈치와 의사 안드레아스 베살리우스(안드리스 판 베젤) 같은 사람들은 텍스트 연구와 최고 수준의 기예 실행을 결합함으로써 전통적인 기예와 지식 형태를 변형시켰다.[74] 마구스는 예술가나 과학자, 프로테스탄트 개혁가만큼 존경받는 인물은 아니었지만, 멋진 태피스트리의 어두운 한구석을 장식했다. 그리고 마구스의 기예는 몇 가지 점에서, 예를 들면 고대와 중세, 근대의 요소를 창조적으로 결합했다는 점에서, 해부학과 자연사처럼 같은 시기에 형성되었으나 좀더 크게 인정받은 다른 기예와 학문을 닮았다. 여러 분야에서 활동한 동시대인들처럼 마구스도 중세의 선배들로부터 배웠고 또 그들을 거부했다. 이제 마구스 이야기를 해보자.

제1장

비판과 실험

중세의 마구스

1431년 1월 6일 구세주 공현 축일에 사제이자 철학자요 훗날 추기경이 되는 니콜라우스 폰 쿠스(니콜라우스 쿠사누스)는 세 명의 동방박사에 관해 설교를 했다. 그는 그날의 찬송가인 〈이반트 마기Ibant Magi〉(동방박사들이 따라갔다)를 텍스트로 삼았다.

동방박사들이 멀리서부터 보고
인도하는 별을 따라갔다.
그들은 빛에 의지하여 주님을 향해 걸어갔고
준비한 선물로 자신들의 신께 신앙을 고백했다.
Iblant magi quum viderant
Sellam sequentes praeviam,
Lumen requirunt lumine,
Deum fatentur munere.[1]

구세주 공현 축일은 15세기 종교 생활의 대표적인 행사였다. 기독교 사회는 구세주 공현 축일을 설교뿐만 아니라 동방박사의 도착을 재현하는 화려한 축제로도 축하했다. 이러한 의식의 필수적인 부분인 이 찬송가는 복음서의 여러 장면과 인물에 대한 깊은 이해를 촉진했다. 성모자聖母子에게 바치는 찬송가, 성가족聖家族과 성인들의 등신대 조각상을 갖춘 길가의 예배당, 경건한 명상을 위한 전례서처럼, 이 찬송가도 구체적이면서도 지역색이 강한, 특정한 형태의 영적 생활에 속했는데 곧 종교개혁의 혼란과 가톨릭 반종교개혁의 새로운 관행이 제기한 도전 때문에 부분적으로 변형된다.[2]

그러나 니콜라우스 폰 쿠스가 한 설교는 결코 판에 박힌 내용이 아니었다. 초기 기독교 시대 이래로 신학자들은 동방박사를 기렸다. 그들은 이 찬송가가 암시하듯 점성술을 이용해 유대인의 새로운 왕이 온다고 예언했다. 이를 믿은 작가들이 전부 정통 기독교 신앙에서 벗어날 위험에 처했던 것은 아니다. 깊은 명상을 통해 예수의 삶을 살아서 특히 제수이트회 설립자 이그나티우스 로욜라에게 영감을 준 카트투시오회 수도사 루돌프 폰 작센은 이렇게 설명했다. "지혜로운 사람을 그리스인들은 철학자라고 부르며, 히브리인들은 율법학자라고, 로마인들은 현인이라고, 페르시아인들은 특히 그들이 천문학에서 거둔 위대한 업적을 기려 마구스라고 부른다."[3] 기독교도가 아닌 외국인의 지혜가 동방박사들을 새로 태어난 왕에게 데려왔다.

니콜라우스 폰 쿠스는 루돌프의 저작을 인용했다. 그러나 그의 설교는 그 페르시아 마구스들의 지혜를 거론하지 않았다(하물며 칭송했겠는가). 니콜라우스는 동방박사들을 우주에 관한 지식을 얻는 방법에 관심이 많은 수학자요 형이상학자, 신학자이자 교회와 사회의 개혁에 진심으로 관여한 개혁가라고 불렸다.[4] 그는 "마구스, 즉 마술사"로만 처신한 자, 자신의 지적 능력에만 의지하여 빛을 찾으려 한 자를 전부 신의 적이라고 표현했다. 타고난 학자였던 그들은 평생을 온전히 배움에 몰두했지만 결코 목적을 달성하지 못한다. 대신 그들은 "영광의 빛으로부터 영원히 분리되어 어둠의 제왕과 함께" 있는 자신의 모습을 본다.[5] 니콜라우스는 동방박사들이 천문학이나 점성술에 재주가 있어서 예수의 탄생에 관해 안 것이 아니라고 역설했다. "머리에 십자가 형상을 지닌 채 태어난 아이의 모습을 보여준"[6] 그 별 자체가 기적적인 출현으로써 메시아가 왔음을 알렸으며, 동방박사들을 미신에서 참된 종교로 개종시켰다. 니콜라우스는 널리 알려진 전거로부터 이러한 설명을 도출했다. 그리스의 교부 오리게네스의 저작으로 잘못 알려진 〈마태복음〉에 관한 고대 말기의 라틴어 주석서다.[7]

니콜라우스 폰 쿠스는 전적으로 '포풀라레스populares', 즉 보통 사람들을 겨냥한 설교의 두 번째 부분에서 메시지를 한층 더 분명하게 전하려 애썼다. 그는 동방박사들을 인도한 별을 〈요한계시록〉에 나오는 '쓴 쑥Absinth'이라는, 하늘에서 떨어지는 별과 같은 것으로 보았다. 그 '쓴 쑥'은 바다로 떨어져 바닷물을 쓰게 만든다(〈요한계시록〉 8장 10~11절). 동방박사들의 별을 적그리스도의 출현과 연결하는 것 같은 소름 끼치는 곡해다. 니콜라우스는 동방박사들을 비난했다. 그들은 신으로부터 깨우침을 얻기에 앞서 악마적인 마술에 몰두하여 미래를 예언하려 했고, 더 나아가 조종하려고 했다. 그는 다른 많은 사람도 여전히 그들처럼 미신에 사로잡혀 있다고 경고했다. 니콜라우스는 당대에 점성술사들이 별을 보고 미래를 예측하려 한다고 슬픔에 잠겨 설명했다. 점성술사는 '아폴론의 거울'과 빛나는 돌, 녹여서 뜨거운 물에 집어넣은 납, 어린 소년의 손톱으로, 심지어 동물의 창자로도 미래를 읽어냈다. 태양과 초승달을 숭배하고 '부적'과 '미지의 악마적인 주문', '매듭 고리'를 이용해 자연이나 동료 인간을 지배할 힘을 얻으려 한 자들도 있었다.

이 근대 마술사 몇몇은 심지어 교회의 의식과 소품도 가져와 사용했다. 이들은 마술의 목적에 "성 스테파노스 축일의 돌이나 성 세바스티아누스 축일의 화살같이• 제단에 봉헌된 공물"은 물론 성수聖水나 축성된 양초도 이용했다. 또다른 마술사들은 한층 더 어리석게도 영적 힘을 독점한 교회에 도전하려 했다. 니콜라우스 폰 쿠스에 따르면 마술사들은 사제를 청해 마귀를 쫓아내는 의식을 수행하게 하는 대신 바보같이 자신의 힘으로 악마를 몰아내려 했다. "오직 하느님과 천사, 그리고 하느님의 은총을 받은 인간만이 악마를 누를 힘을 지닌다. 인간은 하느님으로부터 그러한 힘을 부여받은 경우가 아니면 스스로 그런 능력을 갖지 못한다. 따라서 부적과 특정한 주문으로 악마를 쫓으려는, 부적의 힘에 의존하는 농민들은 잘못 생각한 것이다."[8]

니콜라우스 폰 쿠스는 마술 실행을 겨냥한 이 마구잡이 비난에서 단 한 가지 예외를 두었다. 그는 자연마술사들이 13세기 철학자 기욤

• 기독교 최초의 순교자인 스테파노스는 〈사도행전〉에 따르면 예루살렘 교회의 부제였는데 유대교를 비난하다가 돌에 맞아 죽었다. 3세기 후반의 순교자 세바스티아누스는 기둥에 묶인 채 화살을 맞았으나 회복된 뒤 디오클레티아누스 황제를 찾아가 죄를 꾸짖다가 곤봉에 맞아 죽었다.

도베르뉴를 따라 약초와 돌의 힘으로 일견 설명하기 어려운 신비로운 효과를 내는 데 성공했다고 인정했다.[9] 니콜라우스는 이러한 행위가 명확히 한정된 조건에서는 정당하다고 인정했다. "우선 우리는 의학과 몇 가지 형태의 점성술의 경우와 마찬가지로, 달의 운동을 작물의 식재와 수액 받기, 파종에[그 시기를 정하는 데] 이용하는 것과 관련된 것처럼 경험으로 드러난 명확한 자연적 원인에 관해서 알아야 한다. 어떠한 형태의 미신과도 관련이 없다면, 이러한 것들은 전부 허용된다."[10] 이렇게 매우 제한적인 범위에서만 마술은 기독교 사회의 일상적인 기술이 될 수 있었다.

그렇지만 니콜라우스 폰 쿠스는 자신에 앞서 다른 철학자들과 신학자들이 허용한 폭넓은 범위의 행위를 거세게 비난했다. 수백 년 동안 학구적인 작가들은 별이 지구상의 돌과 식물과 동물이 신비롭고 놀라운 효과를 내도록 유도한다고 주장했는데, 니콜라우스는 인간이 그러한 '감추어진 힘'을 정당하게 이용할 수 있다는 점을 부정했다. 학구적인 마술사들은 하늘에서 발산되는 힘을 부적으로써 손에 넣을 수 있다고 주장했는데, 9세기의 알킨디부터 13세기의 토마스 아퀴나스까지 많은 저술가가 그러한 부적의 힘에 관해 논쟁했다. 찰스 버넛이 입증했듯이, 이전 시대 작가들의 견해를 채택한 알베르투스 마그누스는 부적을 사용하는 세 가지 형태의 마술을 구분했다. 그는 각각 이름과 구마驅魔 의식뿐만 아니라 훈증(특정 물질을 태우는 마술 의식)과 주문까지 이용하는, 다시 말해서 이러저러한 방식에 의한 영혼과의 소통을 이용하는 두 가지 형태를 거부했고, 천구天球의 힘에 의지하는 세 번째 형태만 수용했다.[11] 그는 또한 부적의 형태가, 거기에 새겨진 형상과 낱말이 그것을 구성하는 물질에 천구의 힘을 나누어줄 수 있다고 주장했다. 반면 이와 대조적으로 토마스 아퀴나스는 자연 물체에 부여된 형태가 그것에 새로운 힘을 줄 수 있다는 관념을 거부했다. 그가 《대對이교도 대전Summa contra gentiles》에서 인공 물체가 그 형상 덕분에 천체의 영향력을 받아들일 수 있다고 인정한 것은 사실이지만, 결국 《신학대전Summa theologica》에서는 그 견해를 부정하며 자신의 입장을 뒷받침하고자 아우구스티누스를 인용했다.[12] 니콜라우스 폰 쿠스는 부적을 단호히 거부했다. "이러한 물체들이 동인이 될 수 있다고 해도, 기독교도가 이를 이용하는 것은 적절하지 않다. 악마가 [우리를] 현혹시키려고 종종 이러한 비결 안으로 숨어들기 때문이다."[13]

요컨대 니콜라우스 폰 쿠스는 '감추어진 힘'이라는 관념이 중심적인 역할을 수행하는 자연마술의 전통 전체를 거부했다. 그의 마술 비판은 때때로 이전 시대의 가장 통렬한 비판까지도 뛰어넘었다. 니콜라우스가 인용한 14세기의 마술과 점성술 비판자 니콜 오렘은 "불가사의처럼 보이는 몇몇 효과의 원인"을 설명하고 "그 효과가 우리가 보통은 경이롭게 바라보지 않는 다른 효과들처럼 자연적으로 발생한다는 사실을 보여주고자" 긴 글을 썼다. 그는 이렇게 결론 내렸다. 자연 속의 기이한 현상을 설명하려고 "약자들의 마지막 피신처인 하늘이나 악마, 우리의 영광스러운 하느님에게 의지할 이유는 없다."[14] 니콜라우스처럼 오렘도 모든 형태의 점성술을 거부했다. 그러나 니콜라우스에게는 초자연적 현상을 자연적으로 설명하려는 오렘의 냉정하고 학구적인 노력도 만족스럽지 않았다. 악마는 침실과 교회 마당

뿐만 아니라 학자가 분별력과 엄밀함을 갖춰 쓴 자연철학에 관한 저술에도 숨어 있었다.

그렇지만 한층 더 돋보이는 것은 니콜라우스 폰 쿠스가 이전의 권위자들이 학구적인 행위와 통속적인 행위 사이에, 정당한 행위와 미신적인 행위 사이에 그은 경계선을 지우려 했다는 사실이다. 다른 사람들은 저차원의 실용적 마술과 이론적으로 정교한 고차원의 점성술을 구분한 반면, 니콜라우스는 둘 다 똑같다고 보고 비난했다. "손톱이나 유리잔에 영혼을 가두기를 원하는 마법사는 바보다. 영혼을 육신에 가둘 수는 없기 때문이다. 상상에 빠진 점성술사는 바보다. '물질적인 것은 결코 영적인 것에 작용할 수 없다.'"[15] 따라서 그는 전문적 지식이 필요하지 않은 통속적 형태의 주술과 점술, 그리고 심오한 철학적·수학적 토대에 근거한 최고로 학구적이고 전문적인 형태의 점술을 하나로 뭉뚱그려 취급했다. 한바탕 심한 욕설을 퍼부어 둘을 한꺼번에 무너뜨린 것이다.

니콜라우스 폰 쿠스는 이러한 일과 관련된 기술적 문제를, 이를테면 섭리와 예지력의 문제를 한 번의 설교로 전부 다 상세히 다룰 수 없다는 사실을 인정했다. 그러나 그는 또한 마술의 세계 전체가 악마의 영감을 받아 통합되었다고 생각한다는 점을 분명히 했다.

기독교의 마술

지난 두 세대의 사회사가들처럼, 니콜라우스 폰 쿠스도 행위와 신념에서 고차원의 것과 저차원의 것, 속인의 것과 성직자의 것 사이의 연관성을 강조했다. 역사가들처럼 그도 교회 자체가 이러저러한 방식으로 마술이라는 문화에 연결되어 있다고 보았다. 교회의 예배와 행렬, 성찬식에는 마술사 등이 자신의 악마적 목적에 끌어와 쓸 수 있는 행위가 여럿 포함되어 있었다. 공식적인 형태의 종교 생활이 불법적인 대용 의식儀式의 창출에 기본적인 틀을 제공했다.[16] 마지막으로 니콜라우스는 현대의 종교사가들처럼 경험과 행위의 차원에서(신학의 차원과는 대조적으로) 마술과 종교를 구분할 필요를 느끼지 못했다. 《황금가지The Golden Bough》의 저자 J. G. 프레이저는 종교는 간청하는 반면 마술은 못 견디게 한다고 주장했다.[17] 앤드루 랭부터 20세기 영국의 사회인류학자들까지 후대의 학자들은 이러한 구분이 유효하지 않다는 점을 분명히 했다.[18] 기독교 신도들은 마치 성인들이 자신을 돕지 않을 수 없게 만들 수 있다는 듯이 행동했고, 마술사들은 단 한 번의 실수만으로도 악마가 자신들을 없앨 수 있음을 알기에 천사에게 또는 악마에게 도와달라고 간청했다. 니콜라우스는 각각 목적 달성을 위해 서로 경쟁하는 두 교회, 즉 신의 교회와 악마의 교회가 사용한 수단들이 유사하다는 점을 알아보았다.

14세기 말과 15세기의 교회는 니콜라우스 폰 쿠스와 여타 개혁가들로부터 날카로운 비판을 받았다. 교구에서 봉사한 재속 사제 다수가 훈련이 부족했으며, 수도회와 탁발수도회는 혹독한 신학적 다툼으로 분열했다. 그러나 교회는 또한 강력한 호소력을 지녔다. 미사의 규칙과 질서, 아름다움, 축일의 화려함, 전례력의 정연한 주기는 수백 년 동안 그래왔듯이 대다수 유럽인의 마음을 사로잡았으며, 그들이 훨씬 더 높은 영적 힘을 갖고 있다고 주장하는 자들에게 기꺼이 순종할 수 있게 만들었다.[19] 스웨덴의 성 비르기타와 시에나의 카타리나 같은 신비주의자들, 프란체스카 로마나 같은 성녀들, 잔 다르크와 같이 논란의 여지가 있는 환상가들, 이탈리아의 군주들이 성체를 먹고 살며 병자를 치유하는 그 극적인 삶의 영향력을 차지하기 위해 경쟁한 '살아 있는 성자들'이 유럽 전역에 나타났다. 그들을 직접적으로 인도한 하느님은 그들이 환자 치료부터 내전의 종결, 미래 예측까지 무엇이든 할 수 있게 했다.[20] 마술의 실행자들은 그 소품과 의식에 힘이 들어 있다고 주장했는데, 교회의 관행은 여러 점에서 그러한 주장이 더욱 그럴듯하게 보이게 했다(그 반대가 아니다).

종교개혁에 이르는 100년 동안 영적 힘은 점차 현저히 물질적 형태를 띠었다. 기독교도는 천 년 넘는 세월 동안 유물을 수집했다. 그들은 성인의 유해와 성스러운 물건의 일부를 만졌다. 성인의 유해는 부패하지 않게 방향제로 처리한 다음 영구적인 보존 장소에 안치하면 그가 살아 있을 때 보여준 것보다 더 많은 기적을 행했다.[21] 15세기에 신성로마제국의 황제들과 여타 군주들은 새로운 규모로 유물을 수집하기 시작했다. 예수의 옆구리를 찌른 성창聖槍/Holy Lance이 포함된 황실의 수집품은 뉘른베르크로 갔다. 그곳에서 1년에 한 번 임시로 가설한 커다란 연단에 전시되었다. 3층 높이의 연단은 머리 위의 성골함을 넋이 나간 듯 올려다보는 대중으로부터 보호하고자 경비병들이 엄히 지켰다.[22] 반면 밤베르크 대성당의 인상적인 수집품은 7년에 한 번씩만 전시되었다. 그러한 조건에서 바젤 시의회는 모든 방문객은 5년 200일의 연옥 체류를 면제받는다고 결정했다.[23] 인쇄물 덕분에 이러한 수집물과 사람들이 그 은총을 누릴 수 있게 한 의식이 유럽 전역에서 유명세를 치렀다.

성골함은 그 안의 유해가 지닌 힘을 극적으로 표현했다. 흉부와 팔, 다리를 새긴 조각은 참배객이 수정 창을 통해 살짝 볼 수 있는 성인의 유해와 일치했다. 대 위에 타조 알과 조개껍데기를 올려놓기도 했다. 제작 솜씨가 매우 뛰어나 참배객은 어디까지가 자연이고 어디서부터 예술인지 분간하기 힘들었다. 필사본과 인쇄본의 소장품 목록에는 성체 안치대와 두개골, 여타 성인 유해의 화상과 조각상 수백여 개가 재료나 형태 등 적절한 범주에 따라 질서 있게 제시되어 있었다. 어떤 경우에는 예수의 유물, 성모 마리아의 유물, 열두 사도의 유물, 순교자의 유물 등으로, 또다른 경우에는 십자가와 흉상, 기타 형태의 유골함으로 정리되었다.[24] 작센 선제후 프리드리히 3세의 엄청난 수집품은 1년에 한 차례 전시되었고, 루카스 크라나흐의 목판화가 곁들여진 카탈로그가 인쇄되어 널리 알려졌다.[25] 새로운 유물도 계속 도착했다. 일부는 베네치아를 중심으로 하는 지중해 무역을 통해, 일부는 그리스나 오스만제국 통치자들의 선물로 들어왔고, 현지에서 찾아낸 것도 있었다.[26] 그것들도 여전히 힘을 지녔다. 1430년 아우구스티누스회 수사들이 성 아우구스티누스의 어머니 모니카의 유해를 오스티아에서 로마로 가져왔다. 모니카 연구에 몰두한 인문주의자 마페오 베조에 따르면, 그녀의 시신이 종려 주일에 로마에 도착했을 때, 귀신들린 자에게서 악마가 떠났고 나병 환자는 깨끗이 나았다. 군중이 모여 즐거워했다.[27] 모니카는 포스테룰라에 있는 아우구스티누스회 소속의 산 트리포네 교회에 잠시 안치되었다. 기적은 계

작센 선제후 프리드리히 3세 소장 유물의 카탈로그. 루카스 크라나흐의 그림(1510).

속되었다. 그녀의 납골소를 위해 철공 작업을 한 대장장이는 시력을 되찾았으며, 그의 아내는 납골소에서 기도한 뒤 아이를 임신했다.[28] 이러한 물체에 그런 힘이 있다면, 부적과 반지도 그런 힘을 가질 수 있지 않을까?

학구적 마술: 점성술의 경우

니콜라우스 폰 쿠스는 원칙적으로는 학구적 마술을 대체로 거부했다. 그는 종종 앞선 시대의 권위자들을 참조했다. 설교의 많은 부분을 그들의 말에 의지했다고 그는 주장했다. "이 악마적 종파가 태초에 시작되어 책을 통해 후대에 전해진 방식을 알려면 로저 베이컨을 보라."[29] 한 가지 학구적인 기예가 특별히 그를 걱정시켰다. 점성술이다. 니콜라우스가 쓴 바에 따르면, 점성술사들이 그 설명과 예언의 체계에 일상생활의 사건뿐만 아니라 성육신까지 포함시키려 했기 때문이다. "다른 이들은 이에 관해, 아랍인 마샬라흐 등이 했던 것처럼 점성술을 이용해, 육신을 입어야 했던 하느님의 아들이 처녀에게서 태어나야만 했다고 매우 열성적으로 썼다. 그래야만 성육신과 그 탄생이 자연의 정상적인 범위 밖에 있을 것이기 때문이다. 그래서 그는 이렇게 말했다. '처녀자리의 첫 번째 십분각十分角[황도대 처녀자리의 첫 10도]에서 처녀가 떠올라 아기에게 젖을 먹일 것이다.' 오비디우스가 《마녀에 관하여De vetula》(중세의 가짜 오비디우스 작품)에서 이야기하듯이, 다른 이들은 또 다른 합合[행성이 태양과 같은 황경에 놓이는 상태]을 통해서 이와 같이 말했다."[30]

니콜라우스 폰 쿠스가 이렇게, 또다른 곳에서 점성술을 논하면서 얘기한 것은 중세 유럽이 그리스와 이슬람의 학문을 수용하는 과정에서 매우 극적인 일화에 속했다. 중세 초기에 서쪽 라틴어 세계에서는 종종 단순한 형태의 점성술을 볼 수 있었다. 대개 성직자가 교회력의 확정이나 조정, 방혈, 심지어 가까운 미래의 예언에도 점성술을 이용했다.[31] 그러나 12세기 이후로 이전에는 교회력과 치료력이 지배하던 소소한 생태학적 분야에 근본적으로 새로운 지적 경향이 침투하여 이를 확대했다. 번역가들이 방대한 점성술 문헌을 라틴어로 옮겼다. 원래 그리스어로 쓰인 것도 있었고, 더 늦은 시기에 유대인과 아랍인이 쓴 것도 있었다.[32] 이 중에는 2세기에 프톨레마이오스가 쓴 《테트라비블로스Tetrabiblos》도 있다. 정연하고 명쾌하여 교과서의 모범이라 할 만한 이 책은 점성술의 작동 원리를 대체로 아리스토텔레스 이론에 따라 간명하게 설명했으며 각 행성의 특성과 영향력을 지루할 정도로 상세히 묘사했다. 프톨레마이오스의 저작으로 잘못 알려진 《켄틸로퀴움Centiloquium》 같은 책처럼 이와 관련된 많은 저작들이 함께 등장했다. 이러한 여러 텍스트는 점성술의 방법과 활용에 관해 더 직접적으로 알 수 있는 기회를 주었고, 때때로 점성술을 견갑골점• 같은 마술적 예언 형태와 무비판적으로 비교했다.[33]

이러한 책들은 다수가 매력적이지만 골칫거리였다. 제목이 근사했고 독자에게 상당한 힘을 약속하는 이 책들은 대개 저자의 이름을 밝히지 않거나 저자일 가망성이 전혀 없는 사람의 저작으로 둔갑했다. 책을 이용하려면 철저한 검토와 분류, 평가에 엄청난 노력이 필요했다. 기욤 도베르뉴와 알베르투스 마그누스, 로저 베이컨 같은 13세기의 마술 전문가들은 너무 막연해서 이해하기 어려운 전문적 문헌의 바다에 빠졌음을 깨달았다. 어떤 책의 기원과 성격을 밝히는 것은 대서양 해류를 해도에 그리는 것만큼이나 어려웠다. 이들은 파리에서, 인근 아미앵에 있는 리샤르 드 푸르니발••의 장서에서 수많은 텍스트를 위작과 진본, 당대의 것과 고대의 것으로 분류했다. 예를 들면 프톨레마이오스는 동시에 진본 《테트라비블로스》와 위작 《켄틸로퀴움》의 저자로 알려졌으며, 어느 정도 진짜로 인정된 《아스클레피우스Asclepius》와 좀더 뒤에 나온 많은 기술 관련 서적들은 헤르메스 트

• 동물을 죽인 뒤 견갑골을 살피거나 열을 가하거나 불에 태워 결과를 판독하는 점술의 일종.

•• 아미앵 대성당의 부제, 성당참사회장을 역임한 의사. 많은 필사본을 모았는데 이는 나중에 대부분 소르본대학 도서관에 기증된다.

sine auctorибꝰ eorundē. Spiritꝰ eñi meꝰ nunquā requiescebat
in eis: bñ tamē valebūt trāseundo vidisse vt saltē nō ignorarē:
qualiter esset miseris eorū secutoribꝰ irridendū. Et haberē de
suo vsu repellerē excusationes eoꝝ. Et qd potissimū est vt sup
consimilibꝰ decetero non tentarer: ac persuasiones suas inua-
lidas: nō admittēs censerē. Et libros qdē tales qs possum ad
memoriā reuocare. sūt Ex libris hermetis libu pstigioꝝ: q sic in-
cipit q geometrie aut phie peritꝰ expers astronomie fuerit ꝛc.
Et lib q sic icipit pbaui tres libros. Cui adiūgit lib abolomi-
tē de ope horaꝝ q sic icipit. Dixit abolomitē qui et Apollo df
imago pma. Et liber eiusdē de qtuor imaginibꝰ ab his sepatis
q sic incipit. Dria in q fuerit ex libris q3 hermetis ē liber imagi
nū mercurij in q sūt multi tractatꝰ: vnꝰ de imaginibꝰ mercurij
aliꝰ de sigillis quoꝝ inceptionū nō recolo nisi de sigillis qui sic
incipit dixit expositor hꝰ libri oportet qrentē substātiā hāc: pꝰ
illos ē liber veneris hñs silr pl'es tractatꝰ de imaginibus ꝛ ca-
racteribꝰ de annulis qui est talis: mentio. 10. capituloꝝ at3 an-
nuloꝝ veneris. Et hos sequit liber Solis qui sic incipit lustra
ui: imaginū sciētias: de isto nō vidi nisi simplicē tractatū: de ca
racteribꝰ fortassis sunt in superioribꝰ. Sūt alij sed nō trāslati:
triū etiā supiorū nō vidi nisi simplices tractatꝰ libroꝝ scil3 ima
ginū martis: qui sic incipit hic est liber martis quē tractat ꝛc.
Et librū iouis qui sic incipit hic ē liber iouis quē tractat ꝛ Sa-
turni qui sic icipit: hic est liber Satni quē tractat hermes hos
septē libros sequit quidā: liber q incipit tractatꝰ octauꝰ in ma-
gisterio imaginū. Et ipsi sunt de his qui referunt ad hermetē
Et etiā vnus liber de septē annulis septē planetaꝝ qui sic inci-
pit diuisio lune qñ semiplena fuerit ꝛc. Ex libris Tor greci ē li
ber de stationibꝰ ad cultū veneris qui sic incipit cōmemoratio
historiaꝝ: liber de quatuor speculis eiusdē qui incipit: obserua
venerē cū peruenerit ad plyades. Et aliꝰ de imagine veneris.
Obserua venerē Cū intrabit thaurū ꝛc. ꝛ ex libris Salomōis
est liber de qtuor annulis: quē intitulauit nominibus quatuor
discipuloꝝ: qui incipit de arte Eutonica ydoyca ꝛ liber de no-
nē candarijs qui sic incipit locꝰ qui mouet vt dicamꝰ. Et liber
de tribus figuris spirituū qui incipit Sunt de celestibꝰ et liber
de figura abuēdrial: qui incipit capl'm in figura almendrial; ꝛ
alius paruus de sigillis ad demoniacos qui incipit. Capitulū
b

어느 독자가 알베르투스 마그누스의 부적에 관한 책 목록에 확인 표시를 해놓았다. 그는 부적을 이용한 자들을 조롱할 방법을 알아내고자 그 책들을 읽었다고 주장했다.

리스메기스토스의 저작으로 분류되었다.

박학다식한 도미니크회 수사인 알베르투스 마그누스(가능성은 적지만 그가 아니라면 당대의 어떤 사람일 것이다)는 《천문학의 거울Speculum Astronomiae》에 일종의 서지학적 논문을 정성들여 써넣었다. 어느 저작이 오래 두고 볼 가치가 있고 어느 저작이 무용지물인지, 또는 위험한지를 분류하는 지극히 중요한 과제에 바쳐진 글이다.[34] 마그누스는 마지못해 논한 주제에 관해서도 전거의 목록을 상세히 제시했다. 제목뿐만 아니라 텍스트의 첫 줄까지도 적었다. 책이 속표지나 표준화된 서지정보 없이 유포되던 필사본의 시대에 이는 텍스트를 분간하기 위한 필수적인 수단이었다. 그는 부적을 만드는 법을 설명한 뒤 그 주제에 다소 당황했다고 인정했다. "이것들이 강령술에 쓰는 두 종류의 형상인데, (내가 말했듯이) 뻔뻔스럽게도 자격 없이 점성술이라는 고상한 이름을 차용한다. 오래전에 나는 그러한 책을 많이 조사했다. 그러나 겁이 나서 물러났기에 그 숫자와 제목, 첫마디, 내용, 저자에 관해서는 완벽하게 기억하지 못한다." 그럼에도 그는 수십 권의 제목을 열거했다. 마침내 힘이 달리자 그는 이렇게 말했다. "다른 책도 많이 보았겠지만, 내가 지금 기억할 수 있는 책들은 이것뿐이다." 그가 공식적으로 인정하려던 것보다 훨씬 더 많은 마술 문헌을 알고 있었다는 명백한 증거다.[35]

프란체스코회 수사 로저 베이컨도 점성술에 세심한 관심을 보였다. 그는 그 주제에 비판적으로 접근했다. 학생들에게 원전에만 의지하고 그 신빙성을 철저히 조사하라고 주의를 주었다. 베이컨이 좋아하는 텍스트 중에는 아리스토텔레스가 쓴 것으로 추정되는 《비밀의 비밀Secretum Secretorum》이 있는데, 그는 이에 관해 주석을 남겼다. 베이컨은 수많은 필사본을 비교했다. 그는 자신이 옥스퍼드에서 본 네 개의 필사본 중에 행성의 힘을 이용해 한 민족의 성격을 바꾸는 방법에 관해 지면을 할애한 것은 없다고 썼다. 그러나 "나는 파리에서 완전한 필사본을 찾아냈다."[36] 그리고 그는 많은 마술 텍스트가 거짓 문서를, 일견 신뢰할 만한 유명한 저자들의 이름을 사취한 덕에 명성을 얻어 살아남고 국경을 넘어 전파되었다고 경고했다. "그들이 말하는 것은 무엇이든, 솔로몬이나 다른 현자들이 이러저러한 글을 썼다는 말은 믿지 말아야 한다. 교회나 현자의 권위는 이와 같은 책들을 인정하지 않지만, 세상을 속여 현혹시키는 자들도 있다. 그들은 새로운 책을 만들어내며, 우리가 경험으로 알고 있듯이 새로운 이야기를 수없이 꾸며낸다. 그들은 한층 더 집요하게 사람들의 마음을 빼앗으려고 책에 유명한 제목을 붙이며 뻔뻔스럽게도 그것이 위대한 저자의 작품이라고 거짓말을 한다."[37] 뒤에서 보겠지만, 니콜라우스는 이렇게 매서운 비판을 내놓은 베이컨조차도 악마의 속임수에 희생양이 되었다고 걱정했다.

알베르투스 마그누스와 로저 베이컨, 시칠리아와 로마 등지의 그 동료들은 자신들이 고전 학문과 이슬람 학문의 위대한 전통을 정화하고 일신한다고 생각했다. 그들은 프톨레마이오스의 점성술 원리에 자신만의 전문용어와 개념적 장치를 적용했다. 프톨레마이오스는 천문학과 점성술을 구분했다. 천문학은 행성의 운동을 정밀하고 엄밀하게 예측했지만, 점성술은 행성의 운동이 달 아래 영역의 혼란스러운 물질계에 미치는 영향을 대략적으로만 알려줄 수 있었다. 알베르투스 마그누스는 프톨레마이오스의 주장을 일신했다. 그는 점성술을 중간지식scientia media•으로, 자연철학에 수학을 적용한 혼종 지식으로 분류했다. 이로써 두 가지 독특한 형태의 논증지식demonstrative knowledge을 단일한 학문으로 결합했다. 알베르투스 마그누스는 그렇게 수학적 학문의 하나였던 점성술을 학문의 지도에서 중심이 되게 바꿔놓았다. 이제 점성술이 우주의 여러 상이한 부분을 연결하는 유일한 학문이 된 것이다.[38]

니콜라우스 폰 쿠스는 이를 오류로 보고 교정하는 데 착수했다. 그는 고대의 위대한 천문학자 프톨레마이오스가 점성술에 의한 예언은 필연적으로 부정확할 수밖에 없다는 점을 직접 인정했다고 믿었다. 니콜라우스는 이 문구를 저자의 뜻에 반해 인용했다(그가 인용한 것은 아랍의 원전을 번역한 가짜 프톨레마이오스 저작 《켄틸로퀴움》이다). "미래에 대해 말하는 것은 예지에 관여하는 일이다. 왜냐하면 그것은 오직 하느님에게만 어울리기 때문이다. 천문학자들은 자신의 영역을 벗어나 사악한 감각에 빠진다. 그들은 악마의 유혹에 빠져 판단을 그르친다. 프톨레마이오스는 이렇게 말한다. '현명한 인간은 별을 지배할 것이다. 모든 판단은 필연적인 것과 가능한 것 사이에 있다.' 상상력과 육감 등 많은 것이 작용한다. (…) 종종 사람들에게 크게 참회하라고 종용하거나 사람들을 위해 설교하는 악마를 볼 수 있는데, 이는 그들을 죽이기 위한 것이다. 왜냐하면 '그는 거짓말쟁이'이기 때문

• 하느님이 미래의 사건에 관해 아는 특별한 방법으로, 피조물이 자유의지로써 어떻게 행동할 것인지를 인지할 수 있는 능력.

이다."[39] 고대 최고의 천문학자들조차도 자기모순의 거미줄에 걸렸다. 니콜라우스에 따르면, 더욱 나쁜 것은 그들이 악마가 일하고 있다는 사실을 보지 못한 것이다.

흔히 그렇듯이 니콜라우스 폰 쿠스는 2차 자료에서 정보를 끌어왔다. 그러나 그는 이를 자신의 목적에 이용했다. 니콜라우스가 그의 설교를 들은 자들이 생각할 수 있는 것과는 근본적으로 다른 맥락에서 인용한 가짜 프톨레마이오스 저작의 자료는 그가 존경심을 표하며 언급한 베이컨으로부터 얻은 것이다. 베이컨은 행성이 인체에만 직접적으로 영향을 미친다고 역설했다.[40] 행성은 합리적인 영혼의 자유로운 의사 결정에 영향을 주지만 그것을 결정할 수는 없다. 따라서 점성술의 예측은 결코 확실함을 주장할 수 없다. "이른바 이 문제에 관한 철학자들의 견해를 검토할 때, 요컨대 우리는 프톨레마이오스가 《켄틸로퀴움》의 서두에서 '천문학자는 멀리 떨어진 곳에서 사물을 보는 사람처럼 어떤 일을 구체적으로 말하지 말고 막연하게 이야기해야 한다'고 말하고 '나의 판단은 필연적인 것과 불가능한 것 사이에 있다'고 덧붙이는 것에 주목한다."[41] 베이컨은 진정한 점성술은 결정론적이지 않다는 점을 보여주기 위해 가짜 프톨레마이오스 저작을, 그리고 중세 아랍 주석가 알리를 인용했다. 베이컨의 진짜 목적은 신학자들과 교회법학자들의 공격으로부터 점성술을 보호하는 것이었다. 그들이 그 기예를 제대로 연구하지도 않고 비난했기 때문이다. "그들[점성술사들]을 향한 가장 중대한 비난은 판단의 오류에서 비롯했다. 보통 사람들의 고발대로 마치 그들이 절대적으로 옳은 방식으로 신의 확실성과 다투기를 원하기라도 한 것처럼 그들을 비난하기 때문이다. 따라서 더 훌륭한 철학자들의 말을 들어봐야 한다."[42] 달리 말하자면 니콜라우스는 스콜라 철학의 점성술에 대한 주된 방법론적 주장을 마치 그것이 점성술 수행 전체를 비난하는 것처럼 잘못 전했다. 그는 예배에 참석한 신도들에게 베이컨의 분석조차도 왕겨 더미에서 밀 알갱이를 찾으려는 고집스러운 노력이라고 말했다. 어쨌거나 니콜라우스의 시각에서 볼 때 베이컨이 별들이 간접적으로라도 영혼에 영향을 미칠 수 있다고 주장한 것은 틀렸다.

통찰력이 뛰어난 정력적인 학자였던 니콜라우스 폰 쿠스는 그 놀라운 서가에 꽂힌 많은 책의 여백을 신중하게 생각해서 쓴 주석으로 채웠다. 그는 《쿠란》과 《콘스탄티누스 대제의 기진장Donatio Constantini》을 비롯한 여러 텍스트를 비록 편견에 사로잡혔을망정 훌륭한 역사 비평의 연습장으로 삼았다.[43] 그는 점성술을 비난하고 로저 베이컨을 틀리게 전했지만 나름의 정당한 이유가 있었다. 니콜라우스는 점성술이 자신이 읽은 학술 문헌에서 묘사되고 자신이 아는 사람들의 실행에서 응용된 방식에 심히 불편했다. 그 정도까지는, 원칙적으로는 아닐지라도, 점성술에 대한 니콜라우스의 비난은 그 본질에 대한 명료한 인식에서 비롯했다고 할 수 있다.

고대 이래로 점성술사들은 미래를 예언할 수 있을 뿐만 아니라 과거의 사건도 설명할 수 있음을 증명하려 했다. 그리스어와 라틴어 텍스트에 나오는 천궁도 중 가장 오래된 것으로는 기원전 1세기 점술가 루키우스 타루티우스 피르마누스가 로마 학자 마르쿠스 테렌티우스 바로의 요청을 받고 작성한 로물루스와 로마의 천궁도가 있다.[44] 사산조 페르시아와 비잔티움, 아랍 세계의 유대인 사회, 이슬람 세계에

MESSAHALAH DE SCI
ENTIA MOTVS ORBIS

Aeris Ignis Aque & telluris qualis imago
Quis numerus ſpheris ſideribuſq; modus
Aurea cur totiẽs cõmutat delia vultus
Hic Meſſala meus rite docere parat

알브레히트 뒤러, 〈천구의를 연구하는 마샬라흐〉(1504).

서 점성술사들은 이러한 노력을 확대해 개인은 물론 도시와 제국의 천궁도도 그렸다.[45] 그러나 점성술사들은 또한 두 가지 독특한 방식으로 예수의 탄생을 분명하게 밝혔다고 주장했다. 앞서 보았듯이 한편으로 그들은 황도대 처녀자리 첫 십분각에 아기에게 젖을 먹이는 처녀가 나타났다고 말했다. 여기서 그들은 일련의 복잡한 학설과 형상을 언급했는데, 근원을 따져보면 고대 이집트의 전통에서 유래한 것이다. 이집트인들은 밤에 시각을 알기 위해 밤하늘을 황도대를 따라 여러 성군星群으로 나누고 이를 관 뚜껑 위에 지도로 그렸다. 이 성군들은 헬레니즘 세계에서 '데카노스dekanos'라고 부르는 개별 성위星位로 재편된다. 각각의 데카노스는 황도대 별자리의 십분각과 더불어 떠오르고 그것을 지배한다. 이러한 성신성星神性은 헬레니즘의 자료에서 고대 인도와 페르시아, 바빌로니아의 현인들이 만들어냈다고 전해지는, 다소 의인화한 다양한 형태로 그리스와 로마의 점성술에서 중요한 역할을 수행했다. 실제로 처녀자리의 첫 번째 십분각은 젊은 여자였다. 9세기의 아랍 천문학자 아부 마샤르는 그녀를 성육신과 연관 지었다. "처녀자리의 첫 번째 국면[십분각]에서 처녀가 떠오른다. (…) 그녀는 풍성한 머리카락과 예쁜 얼굴을 지닌 아름답고 고결하며 매력적인 처녀다. 그녀는 식물 줄기 두 가닥을 손에 쥐고 있다. 그녀는 아브릴Abril이라는 곳에서 자리에 앉아 아기에게 젖을 물려 영양분을 준다. 어떤 사람들은 그를 예수라고 부른다."[46] 알베르투스 마그누스, 리샤르 드 푸르니발, 로저 베이컨 모두 신이 성계星界에 예수의 탄생을 써넣었음을 보이고자 이 구절을 이용했다. 니콜라우스 폰 쿠스(앞서 그가 이러한 주장을 개괄했음을 보았다)는 성모 마리아를 찬미하는 데 악마적인 수단이 쓰인 것을 보고 얼굴을 찌푸렸다.

점성술의 다른 학설도 니콜라우스 폰 쿠스에게는 똑같이 곤란한 것이었다. 로저 베이컨이 훨씬 더 많은 관심을 보인 학설이다. 토성과 목성은 황도대를 한 차례 도는 데 각각 대략 30년과 12년이 걸리기 때문에 약 20년마다 한 번 합合을 이룬다(서로 간에 8도 이내에서). 20년이 지나면 황도대를 따라 여덟 번째 별자리, 즉 240도에서 다시 만나며, 20년이 더 지나면 황도대를 따라 여덟 번째 별자리에서 다시 만난다. 이러한 각각의 만남을 '대합great conjunction'이라고 한다. 보통 200년에서 240년으로 정해진 오랜 기간 동안 이러한 합은 '삼궁三宮/triplicity'으로 발생한다. 황도대의 세 별자리가 하나의 무리를 이루는 것이다. 이후 또다른 삼궁이 나타나는데, 이 사건을 '차대합greater conjunction'이라고 부른다. 800년에서 960년이 지나면 전 과정이 '최대합greatest conjunction'으로 반복된다. 고대의 학설에 따르면, 각각의 삼궁은 지상에 존재하는 4대 자연 원소, 즉 흙, 공기, 불, 물 중 하나에 상응한다. 그러므로 합의 움직임은 일정한 수학적 리듬을 따르며 심오한 우주론적 의미를 담고 있다.[47]

중세가 지나면서 이슬람 사상가들과 기독교도 사상가들은 이 메마른 수량적 뼈대에 역사적이고 인간적인 살을 많이 붙였다. 아부 마샤르와 알킨디, 로저 베이컨, 피에르 다이이는 철학자이자 신학자로서 여러 점에서 의견이 달랐다. 그러나 행성의 합이 인류 역사의 전환점을 가리킨다는 주된 관념에서는 의견이 일치했다. 또한 시인처럼 모순되는 생각을 품고도 정상적으로 활동하는 것이 가능하다고 보았다. 말하자면 그들은 신앙은, 최소한 참된 신앙은 별의 지배에서 벗어나 독립적이라고 주장했다. 그러면서도 여전히 자기 종교의 인물들의 출생 별자리를 그렸다. 이들은 일련의 과감한 관계 짓기와 추론을 통해 주요 종교의 기원을 행성의 합에서 찾았다.

로저 베이컨은 큰 종교를 여섯 개로 한정하고 목성과 다른 행성의 합이 각각의 종교를 주재한다고 주장했다. 예를 들면 유대교는 토성의 종교였다. 목성과의 합으로 예수의 탄생을 알린 행성인 수성은 베이컨이 보기에 그 지극히 중요한 임무에 분명히 적합했다. 프톨레마이오스와 후대의 다른 천문학자들에게 끝없는 골칫거리였던 수성의 복잡한 운동은 "그들의 말에 따르면, 까다로운 조항과 숨겨진 진실을 담고 있는 법칙과 관계가 있다. 기독교의 원리가 그런 종류에 속한다. 그러나 수성은 글쓰기와 작가, 심오한 서적에 담긴 깊은 지식, 연설과 말의 풍부함과 감미로움, 웅변과 그 거침없는 흐름, 문장의 해석을 의미한다. 그러므로 수성은 그 법칙이 진정한 경전과 수많은 심오한 학문, 능변가의 옹호로 언제나 굳건히 힘을 유지할 것임을 가리킨다."[48] 달도 비슷하다. 마지막 교회, 즉 적그리스도의 교회를 주재하는 달은 "강령술 및 속임수와 관계가 있다. 그러므로 달의 법칙은 강령술에 바쳐질 것이다." 베이컨은 신성한 역사와 천체의 이와 같은 상관관계가 선량한 기독교도에게 '큰 위안'이 될 것이라고 주장했다.

로저 베이컨은 실로 점성술과 종교의 역사를 연결한 상징적 형태들의 풍부한 관계망을 해명하는 데 그치지 않았다. 다른 대다수 점성술사처럼 그도 조밀하게 겹겹이 쌓인, 행성들의 복잡한 언어를 해석하는 데 힘을 쏟았다. 천체의 해석학, 다시 말해 인간사의 모든 영역에 미치는 영향력을 추적해 기하학적 도형으로 표현한 합리주의라고 하겠다. 천체의 모든 사건은 지구의 표면과 그 위에 사는 사람들에게 내리쬐어 변화를 만들어내는 원뿔형 광선의 꼭짓점이었다. 베이컨이 이러한 길을 따라간 유일한 사람은 아니다. 이 경우에 그 프란체스코회 학자는 방대한 《연대기 개요Summa de temporibus》에서 역사적 사건과 천문학 자료 간의 연관성을 지적으로 매우 엄밀하게 연구한 도미니크회 수사 질 드 레신에게서 배웠다.[49] 베이컨은 질 드 레신의 연구를 활용하고 때로는 제 것인 양 가져다 쓰면서 자료에 기록된 합合과 식蝕으로 예수의 탄생을 포함해 고대의 사건들이 발생한 날짜를 확정할 수 있음을 보여주었다. 역사는 더욱 정확해졌다. 그러나 그 교훈은 의문에 휩싸이게 되었으며 그 지위는 불안정해졌다. 알렉산드로스가 다리우스를 무찌를 때, 그리고 페르시아에서 그리스로 제국의 권력이 이동translatio imperii했을 때 대합大合이 동반되었다. 그후 토성이 열 번 공전하고 예수가 태어났으며, 다시 열 번 공전한 뒤 마니교의 창시자 마니가 등장했다. 대합은 우주시계의 손으로 드러났다. 그러나 그것은 또한 지구상의 사건들을 일으킨 천체의 원인이었다. 영감을 받은 베이컨은 과거로부터 모든 가능한 상관관계를 끌어내 이를 미래에 투사하려는 원대한 계획을 제안했다.

> 우리는 과거의 역사를 조사할 수 있으며, 홍수와 지진, 역병, 기근, 혜성, 기괴한 일, 기타 인간사와 자연에서 일어난 수많은 일처럼 태초부터 하늘이 끼친 영향을 연구할 수 있다. 이러한 사실들을 모은 뒤에는 천문학의 계산표와 규범을 참고할 수 있다. 그러면 각각의 경우에 현상에 상응하는 특정한 별자리가 있음을 알게 될 것이다. 그다음에는

계산표의 도움으로 원하는 바에서 가깝든 멀든 차후에 유사한 별자리를 관찰해야 한다. 그러면 현상에 대해 판단을 내릴 수 있을 것이다. 그 현상이 과거의 현상과 비슷할 것이기 때문이다. 하나의 원인을 가정한다면 그 현상은 당연한 것으로 여겨지기 때문이다.[50]

달리 말하면, 베이컨은 점성술에서 과거와 현재, 미래의 비밀을 풀 수 있는 열쇠를 발견했다. 점성술은 정확하고 확고부동한 연대기를, 그리고 중세 연대기에 나타난 일견 혼란스러운 사건들의 인과관계에 대한 단일한 논리적 설명을 제공했다.[51]

로저 베이컨은 적그리스도가 곧 출현하리라고 확신하고(예언자 무함마드의 율법이 그 끝에 다가가고 곡Gog과 마곡Magog의 종족인 몽골인들이 속박에서 풀려났기 때문이다) 교회는 시간 속의 행성운동을 알아내는 데 이용할 수 있는 완전하고 정확한 안내자가 필요하다고 선언했다. 그는 직접 이를 실현하려 했다. "달력에서 성자의 축일을 보는 것과 똑같이, 매일 하늘에서 일어나는 모든 일을 조사할 수 있도록 세상의 시작부터 끝까지" 행성의 운동을 보여주는 계산표를 만들려 한 것이다. "그다음 매일 우리는 지구상에서 변하는 모든 것의 원인을 하늘에서 고찰할 수 있을 것이고, 과거의 하늘에서 유사한 배열을 찾아볼 수 있을 것이며 유사한 현상을 발견할 수 있을 것이다. 미래에서도 똑같이 할 수 있을 것이다."[52] 그의 노력은 실행상의 이유로 실패했다. 그는 여느 때처럼 교황 클레멘스 4세에게 쓰라린 마음으로 보고했듯이 그 일을 수행할 연구팀이 필요하다고 생각했다. "저는 종종 그러한 계산표를 작성하는 데 착수했지만 자금의 부족과 불가피하게 함께해야 할 자들의 어리석음 때문에 일을 완수할 수 없었습니다. 적절히 수행하려면 천문학의 일반적인 원리와 계산표를 공부한 사람이 열 명에서 열두 명은 필요합니다. 그들은 올바로 일하는 법을 알고 난 다음, 꼬박 1년 동안 매일 매시간 개별 행성의 운동을 찾아내야 할 것입니다."[53] 로저 베이컨은 비록 좌절했지만 천문학과 점성술의 타당성을 계속 신뢰했으며, 그것을 바탕으로 자신의 실험과학scientia experimentalis의 새로운 구조를 세울 수 있다고 보았다. 실험과학이란 신학을 대신해 어떤 연구가 정당하고 어떤 것이 그렇지 않은지를 결정할 새로운 형태의 자연 탐구를 가리키는 말이었다.[54]

로저 베이컨이 제공할 수 없었던 것을 다른 사람들이 제공했다. 조잡했지만 준비되어 있었다. 니콜 오렘과 스콜라 철학자 하인리히 폰 랑엔슈타인이 점성술사들의 주장을 논박하려 했지만, 그들의 기예는 중세 말기에 더욱 큰 관심을 받았다. 흑사병은 점성술에 대한 관심에 불을 붙였다. 잉글랜드의 점성술사 존 오브 아셴든 등이 흑사병에 관한 예언을 퍼뜨렸다. 그들은 역병의 발생을 미리 내다보았다고 주장했으며, 1345년에 나타난 대합을 그 근거로 들었다. 많은 사람에게 적그리스도가 오고 있다는 믿음을 심어준 교회의 대분열Great Schism•도 유사한 효과를 냈다. 따라서 14세기 중엽 이래로 계속 앤서니 오브 마운트 엄 같은 점성술사들과 피에르 다이이 같은 신학자들이 점성술로 세계의 역사를 되짚으며 고찰했으며 이를 토대로 미래를 내다

• 1378년 각각 로마와 아비뇽에서 두 명이 교황 지위를 주장하고 1407년 피사에서 교황 지위를 주장한 사람이 더 등장한 뒤 1417년 콘스탄츠 공의회에서 문제가 해결될 때까지 이어진 로마가톨릭 내부의 분열.

보았다. 그들은 때로는 천지창조부터 시작했고 때로는 천문학자에게 중세의 표준적인 참고서인 《알폰소 표Tablas Alfonsiés》〔항성들을 기준으로 태양과 달, 행성들의 위치를 계산한 표〕에서 홍수를 예고했다는(그리고 실제로 인도의 칼리유가 시대인 기원전 3102년을 표시한) 합合부터 시작했다. 이들은 큰 사건들을 이 표와 연결했다. 일치하지 않으면, 합이 나타나기까지 때때로 오랜 시간이 걸리고 상이한 민족들과 장소들에 상이한 영향을 미쳤다는 이유로 이를 자연스럽게 설명하고 넘어갔다. 예를 들면 예수의 죽음 전에 나타난 합은 최대합이 아니었다.[55]

니콜라우스 폰 쿠스는 앞선 200년간의 점성술 문헌을 살펴보고는 점성술사들이 이론적으로 받아들인 정확한 한계뿐만 아니라 그들의 실제적인 종교 연구에 짙게 밴 결정론적 수사법까지도 알아보았다. 더 중요한 것은 이러한 수사법이 교회의 최고위층까지 침투했음을 그가 알고 있었다는 사실이다. 니콜라우스는 일찍이 공의회운동•에 헌신했는데, 그에게 그럴 마음을 불러일으킨 콘스탄츠 공의회의 유명한 참석자 중에 피에르 다이이가 있었다. 다이이는 공의회에서 행성운동과 과거 및 미래의 역사적 사건 간의 상관관계를 한층 더 상세하게 보여주는 자료를 모으는 데 힘을 쏟았다. 다이이는 적어도 한 가지 목적은 달성했다. 적그리스도가 필시 1789년에 나타날 것이라고, 프랑스 가톨릭으로서는 더할 나위 없이 정확하게 예언한 것이다. 로라 스몰러가 입증했듯이, 그의 연구는 원칙적으로 로저 베이컨

• 14세기부터 16세기까지 이어진 가톨릭교회의 개혁 운동으로, 교회의 최고 권위는 교황이 아니라 공의회에 있다고 주장했다.

의 《오푸스 마유스Opus Majus》를 토대로 삼았다. 베이컨처럼 다이이도 대합이 시간이라는 음악의 기초 모티프라고 확고히 믿었다. 다이이는 《신학과 천문학의 일치에 관한 논문Tractatus de concordantia theologie et astronomie》에서 대략적인 요점을 더없이 분명하게 제시했다. "모든 천문학자는 지구상에 주목할 만한 큰 변화를 일으키지 않은 대합은 하나도 없었다는 점에 동의한다."[56] 베이컨처럼 다이이도 점성술이, 적어도 기독교적 의미에서는 위안을 준다고 생각했다. 다이이는 말년에 콘스탄츠에서 교회의 재통합을 이끌어낸 데 고무되어 적그리스도가 역사라는 무대의 옆에 이미 기다리고 있는 것이 아니라고 믿게 되었는데, 점성술은 이러한 믿음을 확고하게 해주었다.

'쓴 쑥'의 별이 최초의 마구스들에게 더 좋은 생각과 믿음의 길을 가도록 변화시켰다면, 니콜라우스 폰 쿠스 시대의 기독교도 마구스들은 일견 권위 있는 텍스트들에 의해 오도되었다. 그중 일부는 교회에서 높은 자리를 차지했다. 달리 말하자면 니콜라우스는 과거의 텍스트만이 아니라 현재의 관행까지도 공격했다. 하찮은 인물만이 아니라 중요한 자리에 있는 자들도 공격했다. 니콜라우스는 점성술에 반대하는 슐레지엔 태생의 신학자 니콜라우스 마그니의 글(1416년 크리스마스 직전에 완성되었는데 콘스탄츠에서 끝마쳤을 가능성이 아주 높다)을 읽고는 내부 논쟁에서 다이이에 맞서 프랑스 학자 장 제르송과 니콜라우스 마그니 편을 들었다.[57] 니콜라우스는 로저 베이컨의 테제를 비난하면서 다이이가 베이컨의 테제를 활용한 것도 비난했으며 그 추기경을 마구스라고 확인했다.

점성술의 실행

니콜라우스 폰 쿠스가 당대의 점성술사들에게 총구를 들이댔을 때 염두에 두었던 것은 점성술의 역사만이 아니었다. 그는 점성술의 기예가 이를테면 행성들에 기도하고 향을 피워 바치는 것처럼 당시 실행 중인 마술의 관행과 긴밀하게, 더 나아가 유기적으로 연결되어 있다고 강조했다. 놀랍게도 로저 베이컨의 경우는 니콜라우스가 완전히 옳았음을 암시한다(그는 베이컨에 대해 잘 알고 있었다). 베이컨은 원칙적으로 마술을 경멸했다. 그도 니콜라우스만큼이나 격하게 주장했다. "피해야 할 책이 많다. 그 시구詩句와 부적, 기도문, 주문, 제사, 기타 그러한 것들 때문이다. 그것들이 순전히 마술적이기 때문이다." 기독교도가 점성술을 비난한 이유는 실제로 마구스들이 진실로 부정한 실행으로써 점성술을 더럽혔기 때문이다. "그러나 비난받은 마술사들은 이 학문 분야에 매우 큰 불신을 초래했다. 그들이 그 사악한 실행으로써 현자들이 해로운 것을 막기 위해 쓴 부적과 주문을 남용했을 뿐만 아니라 틀린 주문과 쓸모없는 가짜 부적을 더해 사람들을 유혹에 빠뜨렸기 때문이다."[58] 베이컨의 주장에 따르면, 마술사들과 노파들이 주문을 외는 낮은 차원에서만 점성술은 마술에 오염되었다.

그러나 로저 베이컨은 직접 '현자들'이 주문을 만들고 부적을 고안해냈다고 인정했다. 실제로 12세기와 13세기에 이베리아반도에서 북쪽으로, 때로는 십자군 왕국들에서 서쪽으로 전파된 아랍의 텍스트에는 이론에 관한 교과서만 있는 것이 아니었다. 《피카트릭스Picatrix》를 예로 들 수 있다. 이 책은 9세기나 10세기에 만들어졌을 그리스와 페르시아, 시리아, 아랍의 자료는 물론 인도의 자료까지 참고한, 의식 마술ceremonial magic〔마술 실행자가 다양한 의식과 장식품을 사용하는 마술. 학구적 마술과 같은 뜻〕의 교범이다. 이 책도 학문 저작으로 제시되었다. 저자는 "선배인 고대 현인들의 저작 224권을 한 마디도 빼놓지 않고" 연구했다. "나는 그 모든 저작을 토대로 꼬박 6년 동안 이 과제를 수행하여 이 책을 이를테면 그들의 꽃이요 백합으로서 써냈다."[59] 책은 마술의 실행을 정합한 우주론 안에 집어넣어 별의 힘을 그것을 만들어낸 창조주까지 추적했다. 그러므로 《피카트릭스》는 라틴 세계 독자들에게 흥미진진한 것을 제공했다. 점성술사들의 엄밀한 우주론을 마술의 세세한 실행과 연결한 천상계 형태의 마술이다. 그 마술을 실행한 금욕적이고 학구적인 사람들은 "행성들의 영혼이, 별들의 뒤섞임이, 그리고 일반적으로 말하자면 하나의 형상이 행성의 효력을 받아들이는 데 필요한 것들(예를 들면 향 피우기나 실행자가 그 활동의 완성을 촉진하기 위해 삼가야 하는 음식 같은 것들)의 집합이 가져오는 효과를 배울 수 있었다."[60] 《피카트릭스》는 단지 별과 행성의 힘을 이용할 수 있는 부적을 만드는 방법뿐만 아니라 그 힘을 학구적이고 우주론적으로 엄밀하게 설명하는 법도 이야기했다.

그러한 마술의 실행에 대한 베이컨의 열렬한 반응은 니콜라우스 폰 쿠스가 왜 그의 저작에 두려움을 느꼈는지 이해하는 데 도움이 된다. 로저 베이컨은 주기적으로 '마술'과 '마술사'를 비난했다. 그는 특히 '거짓 수학'을, 다시 말해 "부적과 시구, 주술, 미신적인 제사, 온갖 종류의 속임수"를 이용해 별에 영향력을 행사하고 그 힘을 끌어오려는 점성술 실행 형태를 심히 경멸했다.[61] 베이컨은 그것을 점술 등의 수행과 나란히 마술과 연결되어 있다고 규정하고 그 실행자들을 비난했다. 그 실행자들이 "기독교도가 백성을 유혹한 수학자요 마구스라고 말하면서, 기독교 신앙을 입증한 놀라운 책들이 수학에 속한다고 보았기" 때문이다.[62] 그리고 베이컨은 이와 같은 거짓말이 이른바 '마술 책'에 가득하다는 인상을 남겼다.[63] 그렇지만 베이컨은 그러한 성격의 수학에 관한 가장 인기 있는 책 중 하나에 매혹되었다. 아리스토텔레스가 썼다고 전해지는 《비밀의 비밀》이다.[64] 군주들의 거울이요 점성술사들의 편람이었던 이 편지 형식의 복잡한 논문은 점성술이 일상생활의 모든 측면과 모든 상황에 지침을 제공할 수 있음을 분명히 했다. 적어도 한 명의 왕은 베이컨처럼 이 책을 좋아했다. 프랑스의 샤를 5세다. 프랑스어 번역본은 샤를 5세를 위한 필사본으로 나왔다.[65] 아리스토텔레스는 잠시 자신의 제자였던 알렉산드로스 대왕에게 점성술의 부적이 엄청난 정치적 권력을 약속한다고 확실하게 밝혔다. 베이컨은, 그리고 《비밀의 비밀》의 저자는 점성술이 개인보다 나라에 관해 더욱 엄밀한 지식을 제공한다는 데 동의했다. 이 점은 단지 이론에만 그치지 않고 중요한 실제적 함의를 지녔다. 《비밀의 비밀》에서 알렉산드로스는 아리스토텔레스에게 사악한 종족을 절멸해야 하는지 물었다. 그 철학자는 아니라고 했다. 그러면서 알렉산드로스에게 부적을 이용해 그들을 만든 천계의 영향력을 바꿔놓으라고 대답했다. 베이컨은 그 대목에 이러한 주석을 써넣었다. "그는 엄청난 비밀을 말한다. 그는 알렉산드로스가 그 지역의 흙과 공기의 나쁜 속성을 좋은 것으로 바꾸기를, 그럼으로써 그들의 사악한 성격이 좋은 것으로 변하기를 원하기 때문이다."[66]

로저 베이컨은 여기서 자신이 위험한 영역에 발을 들였음을 의식하고 있었다. 그는 《비밀의 비밀》의 많은 필사본에 부적에 관한 절이 나오지 않는다는 것을 알았다. 그는 신학자들의 점성술에 대한 공격을 설명할 때 그 필사본들에 부적에 관한 내용이 없는 것을 무지와 악의의 결과라고 말했다. "그러나 바보들은 여기에 들어 있는 훌륭한 지혜 때문에, 그 언어의 성격 때문에 이를 거부한다. 내가 앞서 설명했듯이 번역가가 마술사들이 쓰는 몇몇 용어를 보여주고 있기 때문이다. 많은 필사본에 이 부분이 누락되어 있는데, 바보들이 그것을 쓰고 싶지 않아서 자신의 책에서 지워버렸기 때문이다."[67] 몇몇 필사자와 저자가 이 대목을 생략했다는 사실 자체가 그 중요성을 돋보이게 했다.

로저 베이컨에게 점성술의 부적이 교회의 가까운 장래에 지극히 중요한 역할을 할 수 있다는 생각을 불어넣어준 것이 학문적인 텍스트의 권위만은 아니었다. 그것이 주된 요인은 아니었을 것이다. 그는 1250년 직후 몇 년 동안 《비밀의 비밀》의 주해뿐만 아니라 체계적인 연구서 《오푸스 마유스》도 편집했다. 유라시아를 지배한 광대한 몽골 제국이 서쪽으로 팽창하고 있었다. 아만다 파워가 설명했듯이, 베이컨은 적에 맞서 기독교 세계를 지키는 방법을 알아내는 데 힘을 쏟았다.[68] 그는 몽골이 점성술을 이용해 더욱 커지고 있다고 걱정했다. 그는 교회의 적을 살피고 그들의 힘에 관한 보고서를 읽으면서, 우주 지배를 겨냥한 최초의 군비경쟁이라 할 만한 것에서 그들이 이미 기독교도를 앞서고 있다는 사실이 두려웠다.

로저 베이컨은 몽골이 적을 조종하는 정교한 방법을 알고 있는 밀정을 이미 유럽에 보냈다고 믿었는데, 그가 생각하기에는 이것이 더 나빴다. 예를 들면 1212년에 어떤 사람이 프랑스의 아이들을 파멸로 이끌었다.* 1251년에 베이컨은 다른 몽골 밀정이 점성술의 도구를 이용해 무서운 효과를 내는 것을 직접 목격했다.

> 우리 시대에 그 목부가 독일과 프랑스를 온통 뒤흔들어 많은 사람을 끌어모았고 그 속인들이 보는 가운데 성직자를 모욕하고 교회를 당황하게 했다. 그는 국왕의 모후 블랑슈 드 카스티유에게 아주 현명한 여인도 속일 수 있는 말로써 바다 저편의 그녀의 아들에게 가겠다고 말했다. 현명한 자는 그들이 타타르인과 사라센인의 밀정이며 백성을 미혹할 수단을 갖고 있음을 의심하지 말아야 한다. 나는 그가 손에 마치 성스러운 물건인 듯 드러내놓고 뭔가 들고 다니는 것을 두 눈으로 직접 보았다. 성유물을 들고 다니는 사람 같았다. 그는 맨발로 다녔다. 늘 한 무리의 무장한 사람들이 그를 에워싸고 있었지만 벌판에서는 넓게 흩어져서 마주치는 사람마다 그를 볼 수 있었고, 그는 손에 들고 다니는 것을 자랑하듯 보여주었다.[69]

베이컨의 책에서 이 대목은 두드러진다. 묘사가 생생한 데다 그가 고집스럽게도 자신이 직접 본 것처럼 말하기 때문이다.

베이컨이 목격한 것은 '헝가리 지도자'의 설교로 시작된 목부牧夫십자군Pastoureaux이었다. 이 운동은 포로가 된 루이 9세를 구출하기 위

* 무슬림의 평화적인 개종을 목표로 성지로 떠난 어린이들이 결국 노예로 팔려갔다는 이른바 어린이 십자군을 말한다.

해 시작되었으나 결국 지리멸렬해진 뒤 군사 활동에 의해 무너졌다.[70] 잉글랜드의 베네딕트회 수도사였던 당대의 역사가 매슈 패리스는 목부십자군을 다소 상세히 묘사했다. 그는 그 지도자가 늘 손에 무언가를 꽉 쥐고 다녔다는 말에 동의한다. 그는 그것을 "성모 마리아가 준 편지이자 명령서"라고 설명했다.[71] 베이컨은 얼핏 본 그 문서를 꽤나 다르게 해석했는데, 점성술의 도구라고 보았다. 어쨌든 그는 타타르인들이 숫자에서 압도적으로 우세한 튀르크인의 군대를 무찔렀다고 지적했다. "그들은 알다시피 전투력만으로는 그렇게 할 수 없었다. 따라서 그들은 지식을, 특히 점성술을 이용했다. 그들은 모든 일에서 점성술의 지배와 인도를 받는다고 고백한다."[72] 마찬가지로 사라센인도 점성술을 아주 많이 이용했다. 사라센의 현자들은 점성술을 실행하는 법을 알고 있었다.[73] 기독교도 현인들은 그들이 사람을 미혹하는 재주를 갖고 있다고 확신했다.[74] 그들의 '밀정', 즉 목부십자군의 지도자는 어떤 물건을 마치 성스러운 유물인 듯 경건하게 지니고 다녔다. 베이컨은 은연중에 이것이 《비밀의 비밀》에서 설명한 엄청나게 강력한 점성술의 부적이라고 암시했다. 그는 적그리스도가 기독교 교회를 공격하는 데 쓸 천계 마술의 시범을 목격했다고 믿었으며, 비슷한 조치로써 스스로 방어하도록 당국을 설득하고자 최선을 다했다. 경험과 독서의 결합으로 베이컨은 부적이 힘을 얻을 수 있고 덕망 있는 통치자가 선한 목적에 부적을 이용할 수 있다고 납득하게 되었다.

로저 베이컨이 아리스토텔레스가 《비밀의 비밀》에서 제안한 '최대의 비밀maximum secretum', 다시 말해 인간을 복종시킬 수 있을 뿐만 아니라 그 성격을 더 좋게 바꿀 수도 있는 부적에 그토록 열광적으로 반응한 것은 조금도 놀랍지 않다. 니콜라우스 폰 쿠스가 베이컨과 그 추종자들의 저작을 읽고 공포에 몸을 움츠린 것도 역시 놀랍지 않다. 이들은 깊은 지식을 지녔고 이론적으로 마술을 거부했지만 점성술이 세계의 역사를 이해하기 위한 열쇠를 제공했으며 일상생활을 실제로 인도했고 마술로써 교회를 도왔다고 진심으로 믿었다. 이들은 그 이론과 실천으로써 기독교 세계를 전복시킬 것 같았다. 그 위협은 그들의 동기가 너무도 이타적이었기에 더욱 무서워 보였다. 점성술과 점성술사는 중세 말부터 어디서든 볼 수 있었고, 보통 사람은 물론 선량한 자들과 훌륭한 자들에게도 조언을 제공했다. 그들은 대부분 경청했다. 마이클 라이언은 아라곤이 초자연적인 것에 관심을 가졌는데도 어려움 없이 큰 영향력을 행사한 '점성가들의 왕국'이었음을 밝혀냈다. 모니카 아촐리니는 기록보관소에서 스포르차 가문의 밀라노 공작들을 추적해 그들이 크고 작은 온갖 정치적 결정과 의학적 결정을 내릴 때 궁정 점성술사의 조언을 따랐음을 밝혀냈다. 로런 카셀은 16세기부터 점성술이 일상생활에서 얼마나 중요했는지를 모범적인 사례 연구를 통해 증명했다.[75] 니콜라우스 폰 쿠스의 시각에서 보면, 최고로 학문이 깊은 점성술사들조차도 기독교도가 발을 들여놓아서는 안 될 영적 암흑지대에 살았다. 그러나 그들의 견지에서는, 베이컨의 경우와 더 간략히 살펴본 다른 사람들의 경우가 확인시켜주듯이, 일이 매우 다르게 보였다. 베이컨과 그 동료들은 대학교와 궁정에서 유력한 지위를 차지했다. 그들은 특정 형태의 점성술을, 니콜라우스를 두려움에 떨게 만든 것까지도, 자연계와 신의 세계를 이해하려는 지속적인 노력으로서 가치가 있고 합리적이라고 보았다. 더 나아가 이를 적들에 맞서 기독교를 수호하는 데 이용할 수 있다고 믿었다. 니콜라우스 폰 쿠스의 확신을 공유한 어느 평자가 지난 200년 동안 학구적 마구스들의 실행과 주장을 살펴보니 걱정할 이유가 많았다.

일상의 마술

니콜라우스 폰 쿠스는 조사를, 아니 비판을 스스로 마술사임을 부정한 학구적 점성술사들에 국한하지 않았다. 그는 낮은 차원의 마술도 세세하게 비난했다. 고차원의 마술처럼 저차원의 마술도 책과 관련이 있었지만 또한 납을 녹여 물그릇에 빠뜨리는 것부터 보물찾기에 쓰는 바퀴까지(때로는 마술적 힘을 갖는 글이 쓰인 책과 종이까지) 온갖 종류의 소도구와도 관련이 있었다. 점성술과 마찬가지로, 마술적인 점술도 분석해 구성 요소들로 분류할 수 있었다. 그러나 그 구성 부분은 전부 비난받아 마땅한 것이었다. "악마가 제공하는 점술의 형태는 많다. 공기 점, 불 점, 물 점, 흙 점 등등. (…) 전부 금지된 것이다."[76]

니콜라우스 폰 쿠스가 이러한 성격의 마술을 얼마나 많이, 그리고 얼마나 상세히 알았는지는 그의 설교에 분명하게 나타나 있지 않다. 니콜라우스와 마그니 같은 초기 신학자들과 교회법학자들은 모든 마술의 실행을 비난했다. 마술 전통을 비판한 15세기 의사 요하네스 하르틀리프는 니콜라우스가 간략하게 언급한 것과 놀랍도록 닮은 반半학구적 마술 관행을 상세히 묘사했다. 대단한 책 수집가였던 하르틀리프는 1400년경부터 1468년까지 살면서 여러 곳을 돌아다녔는데 독일과 이탈리아의 대학교에서 공부한 뒤 바이에른 통치자들을 위해 일했다. 그는 바이에른 공작 알브레히트 3세의 조언자이자 주치의였다. 하르틀리프는 또한 수상술手相術에 관한 그의 논문이 보여주듯이 점술에 손을 댔다. 그는 말년인 1460년 무렵 브란덴부르크 변경백 요한의 요청에 따라 《모든 금지된 기예에 관한 책Das Buch aller verbotenen Kunst》을 썼다. 책에서 그는 중세의 자유학예 7과를 모델로 한 엄밀한 분류법에 따라 일곱 가지 금단의 기예를 제시했는데, 다음과 같다. 강령술(즉 악마적 마술), 흙 점(즉 주사위를 던져 행하는 예언), 물 점(즉 물을 살펴 행하는 예언), 공기 점(즉 바람의 방향과 재채기의 검토), 불 점(즉 특별한 날에 자른 나무로 지핀 불 속에서 환상을 보는 것), 수상술(즉 손금 읽기), 견갑골 점(즉 날갯죽지 뼈나 기타 뼈를 이용해 점을 치는 것).[77]

하르틀리프의 분류 체계는 완전히 새로운 것은 아니었다. 니콜라우스 폰 쿠스를 비롯해 많은 사람이 7세기에 세비야 대주교를 지낸 신학자 이시도루스 히스팔렌시스를 따라 공기 점, 흙 점, 물 점, 불 점으로 네 가지 점술을 이야기했다. 그러나 하르틀리프는 마술을 비난한 법률 텍스트와 신학 텍스트만이 아니라 자신이 직접 면담하고 '그 기예의 거장'이라고 언급한 마술 실행자들까지 전거로 삼았다고 거듭 이야기했다. 그 거장들, 특히 불 점의 거장 다수가 여성이었다. 독일의 도시들에서 여성이 여전히 많은 공예 직종에 종사하던 시절에 이는 무모한 주장이 아니었고 꼭 여성 혐오적인 주장도 아니었다. 하르틀리프는 먼 곳까지 여행하면서 그들을 찾아 질문을 던지려고 노력했다. 그는 그들 중 일부가 악마와 계약을 맺었으며 나머지는 그저

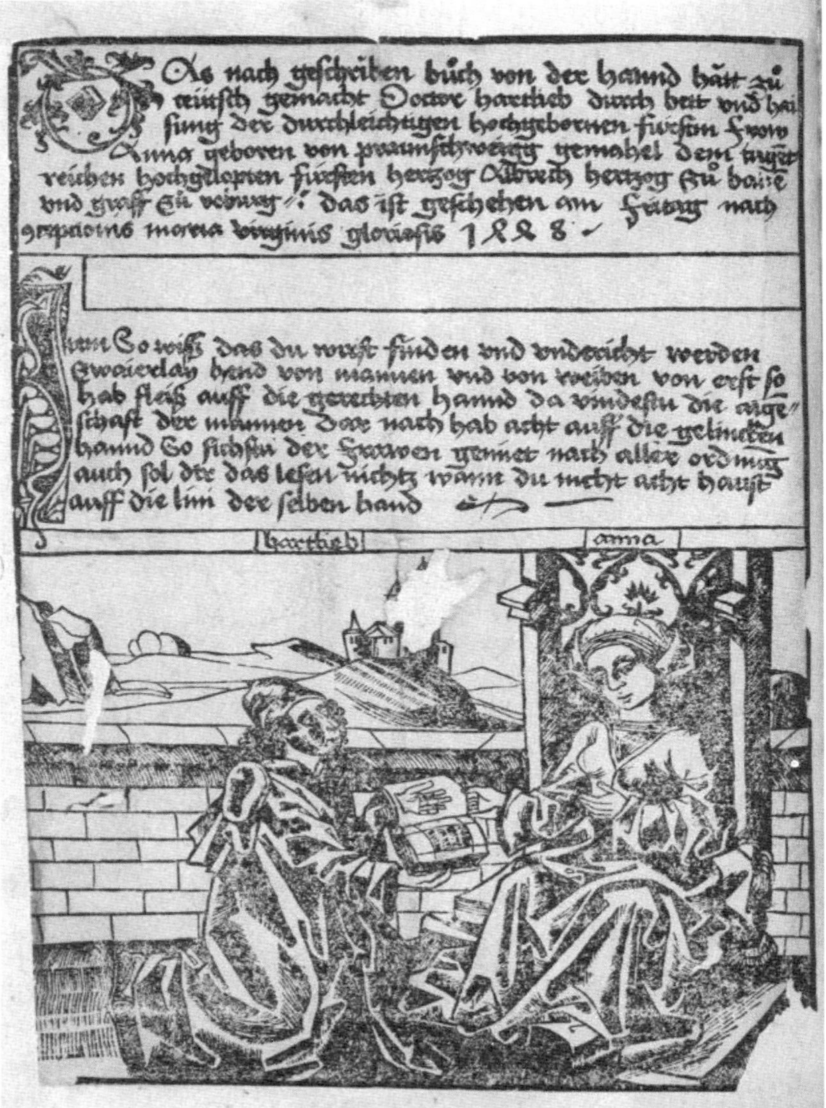

Das nach geschriben büch von der hannd hatt zu teütsch gemacht Doctor hartlieb durch bett und haisung der durchleichtigen hochgebornen fürstin Frow Anna geboren von praunschweigk gemahel dem tugentreichen hochgelopten fürsten herzog Albrecht herzog zu baire und graff zu vohurg :· das ist geschehen am freitag nach presentacionis maria virginis gloriosis 1448 -

Item So wiss das du wirst finden und underricht werden zwaierlay hand von mannen und von weiben von erst so hab fleiss auff die gerechten hannd da vindestu die aigenschaft der manner Dar nach hab acht auff die gelincken hannd So sichstu der frawen gemerk nach aller ordnung auch sol dir das lesen nichtz wann du mehr acht haust auff die lini der selben hand

hartlieb

anna

요하네스 하르틀리프가 사람의 손금 해석에 관한 자신의 책을 바이에른 공작 부인 아나에게 건네고 있다.

사기꾼이라는 것을 알았다.[78] 프랑크 퓌르베트가 하르틀리프의 저작을 자세히 연구해보니, 그는 니콜라우스처럼 자신이 고찰한 거의 모든 형태의 마술이 악마의 도움을 받았다고 보았다. 그가 그러한 마술을 연구한 이유는 그것이 마술사의 영혼에 초래한 숨겨진 치명적 위험성을 드러내기 위한 것이었다.[79]

하르틀리프는 이러한 마술의 실행을 세부 사항과 색깔에 집중하는 곤충학자처럼 설명하고 분류했다. 그는 물의 주된 정령인 살라티엘 같은 정령의 이름을 거론하며 특정한 주문을 기록했다. 말을 타고 공중을 날기 위해서는 파우스트가 했듯이 박쥐의 피로 자신의 몸에 '데브라 에브라debra ebra' 같은 비밀의 말을 써넣어야 한다. 하르틀리프는 이렇게 말했다. "이 [마술의] 실행은 군주들 사이에 널리 알려져 있다."[80] 그는 또한 《피카트릭스》, 《대천사 라지엘의 책Liber Razielis Archangeli》, 13세기 보름스의 엘레아자르가 쓴 책, 그의 증언으로만 확인되는 《세 동방박사의 책Book of the Three Magi》 같은 실제로 존재하거나 존재가 의심스러운 마술 책들을 검토했다.[81] 그의 설명에 따르면, 마술의 기예를 실행하는 자들은 그러한 텍스트를 인용해 자신의 행위를 뒷받침했다. 그 텍스트들은 위험했다. 그 내용이 부분적으로 사실이었고 매력적으로 제시되었기 때문이다. 하르틀리프는 《세 동방박사의 책》에 관해서 이렇게 썼다. "나는 이 책에서 본 많은 것에 어떻게 그토록 사실 같고 타당해 보이는지 놀라움을 금할 수 없었다."[82]

하르틀리프는 모든 형태의 점술은 궁극적으로 동일한 치명적 죄를 수반한다고 결론 내렸다. 점술을 하는 자들은 자신의 말과 의식에 힘이 있다고 주장하지만 실제로는 악마에 의존했다. 점술은 때때로 자연 현상을 초자연적인 것으로 다루는 잘못을 저질렀다. 점술가가 납을 녹여 물속에 집어넣은 뒤 나타나는 색깔과 모양을 보고 미래를 예언할 때, 그는 단지 그 금속의 온도와 그것이 물속에 떨어질 때 높이에 의해 자연적으로 일어나는 변화를 해석했을 뿐이다. 물론 악마는 원한다면 그러한 예언을 실현할 수 있지만 그렇지 않은 경우 멀리 떨어져 지켜보기만 한다. 악마의 영향력이 더욱 분명하게 작용하는 사례들이 있었다.[83] 오직 악마만이 어린 소년의 손톱에 환상이 나타나게 할 수 있었다. 하르틀리프는 이러한 형태의 점술을 각별히 상세하고 생생하게 묘사했다. 악마는 원하는 대로 이 기술을 가능하게도 또는 불가능하게도 만들 수 있었다.

이 책의 뒷부분은 이러한 기술이 하르틀리프에게 얼마나 큰 영향을 미쳤는지 분명하게 보여준다. 그가 특별히 인기가 많다고 설명한 견갑골 점을 치려면 4세기 후반 투르의 주교를 지낸 마르티누스 투로넨시스의 축일인 11월 11일이나 그 전날에 거의 누구나 먹는 거위의 가슴뼈를 사용해야 한다. 하르틀리프는 근자에 불신앙이 증가하면서 속인뿐만 아니라 다른 점에서는 나무랄 데 없이 신앙의 삶을 실천하는 고위 성직자, 대주교와 대수도원장 등도 거위 고기를 먹은 뒤 그 가슴뼈를 이용해 날씨를 예측하기 시작했다고 말했다. 그는 빈정대듯이 회고했다. "거위 가슴은 그 모든 것을 할 수 있다."[84] 1455년 하르틀리프는 거위 가슴뼈를 이용해 혹독한 겨울이 오고 있다고 단호히 예언한 유명한 전사를 만났다. 하르틀리프가 반대 의견을 내자 그는 이렇게 강력히 주장했다. "튜턴기사단이 그 뼈[의 인도]를 따르는 동안 높은 지위와 명예를 얻었다."

그러나 니콜라우스 폰 쿠스가 거부한 그 모든 마술의 실행과 하르틀리프의 관계는 간단하지 않다. 하르틀리프는 그 전사에게 만일 튜턴기사단이 정말로 거위 가슴뼈 덕분에 그렇게 많은 성공을 거두었다면 그들은 곤란한 지경에 빠진 것이라고 말했다. 하르틀리프는 악마적 기예가 아니라 그저 훌륭한 과학적 점성술에 의지해 겨울이 온화할 것이라고 예측했는데, 이것이 옳았음이 입증되었다. 토성이 불의 별자리〔양자리, 사자자리, 궁수자리〕 속으로 들어간 것은 3년 동안 추운 겨울이 오지 않을 것임을 보여주었다.[85] 하르틀리프는 저차원의 마술을 거부했지만 이를 연구하고 두려움과 동시에 뜨거운 매력도 느꼈다. 하르틀리프는 강령술에 관해 이야기하면서 죽은 사람을 30일 안에 되살려 어떻게 된 일인지 사정을 설명하게 할 수 있느냐는 문제를 제기했다. 그는 이렇게 썼다. "아, 감히 내가 직접 조사하고 보고 들었다고는 말하지 못하겠다. 여전히 의심스럽기 때문이다."[86]

하르틀리프는 유능한 관찰자였다. 그의 설명은 14세기와 15세기의 마술 텍스트가 보여주는 증거와 일치한다. 예를 들면 아르스 노토리아ars notoria〔의식마술을 뜻한다. 대문자로 쓰면 13세기의 라틴어 텍스트 제목이다〕에 관해 하르틀리프는 그것이 "모든 자유학예를 배울 수 있는 몇 가지 말과 형상, 부적"을 이용했다고 모호하게 말했다.[87] 더할 나위 없이 정확한 설명이다. 필사본으로 남아 있는 아르스 노토리아의 많은 교본이 자유학예 7과를 신속하게 배울 수 있는 기술을 제공했기 때문이다. 하르틀리프가 암시했듯이, 그러한 기술은 때때로 채식사彩飾士들이 보여준 것과 같은 장식 기능을 가진 이상한 글자로 표현되었다.[88] 리처드 키케퍼가 증명했듯이, 현재 바이에른 주립도서관에 소장된 어느 필사본은 사랑에 빠지게 하는 방법부터 적을 기만하고 미래를 예언하는 법까지 하르틀리프가 설명한 기술 대부분을 다룬 일련의 긴 '실험'을 보여준다.[89] 죽은 사람을 분명하게 되살리는 주문(앞서 보았듯이 하르틀리프가 설명한 마술의 실행이다)에는 하르틀리프가 외친 것과 매우 비슷한 경고가 덧붙여져 있다. "이 실험은 너무나 귀중해서 숨겨야만 한다. 지극히 강력하기 때문이다."[90] 니콜라우스 폰 쿠스도 하르틀리프처럼 마술과 종교 간의 간극은 넓지 않다고, 아예 존재하지 않는다고 역설했으며, 마술사를 기독교 신이 아닌 다른 힘을 숭배하는 자들이라고 설명했다. 이 점에서 《피카트릭스》와 더 학구적인 의식마술 교범의 전통을 따른 뮌헨 필사본Liber incantationum, exorcismorum et fascinationum variarum•도 마술의 실행자들에게 금욕적인 삶을 살라고, 향을 피우고 신의 도움뿐만 아니라 수십 명의 천사(전부 이름이 거론되었다)의 도움을 청하라고 지시했다.

하르틀리프가 기술한, 뮌헨 필사본의 기원인 학식 있는 자들의 저차원 마술의 세계는 대체로 중세 말에 성직자들의 영역이었던 것 같다. 학생이나 성직록을 받지 못해 마술 솜씨를 통해서만 수입과 승진을 기대할 수 있는 사제, 그리고 때로는 고위 성직자까지 몇몇은 키케퍼가 말한 '성직자의 지하세계'에 속했다. 다른 이들은 재정적으로 넉넉한 수도회나 교단에 안정적으로 자리를 잡았다.[91] 소피 페이지는 캔터베리의 유서 깊고 부유한 베네딕트회 수도원인 성 아우구스

• 15세기에 라틴어로 쓰인 점술 교범. 주로 악마학과 강령술에 관한 책이다. 뮌헨의 바이에른 주립도서관에 소장되어 있다.

티누스 대수도원 소속 수도사들이 유럽에서 가장 많은 마술 서적을 수집했음을 보여주었다.[92] 그들의 기술이 특히 도시와 궁정에서 인기가 많았다는 증거는 차고 넘친다. 강령술에 대한 수많은 비난이 성직자를 겨냥했다. 1406~1407년 일단의 사제들이 대립교황 베네딕투스 13세와 프랑스 국왕을 마술의 수법으로 공격했다고 비난을 받았다. 실제로 한 무더기의 주문이 발견되었다. 그러나 1409년 베네딕투스 13세 자신이 피사 공의회에서 강령술을 실행했다는 혐의로 고발당했고, 그의 침대 밑에서 주문이 담긴 마술 책이 발견되었다. 이 세계는 베이컨이나 다이이의 세계와는 다른 세계인 것 같다. 출세의 기회를 모색하던 성직자들이 교회의 마술을 실행하다가 경계를 벗어나 미끄러져 추락한 것이다.[93]

그렇지만 이 두 세계는 여러 차례 만났다. 둘 다 정말로 책이 필요했다. 이단 남녀와 고위 성직자를 고객으로 둔 13세기 마구스 라이문두스 데 푸테오는 1277년 자신을 심문한 종교재판관들에게 그 점을 인정했다. 그는 더 나아가 자신이 갖고 있던 책의 제본 형태를 묘사했고 그 첫 줄을 외기도 했다.[94] 두 형태의 마술 모두 기독교 신앙과 복잡하게 얽혀 있었다. 그리고 둘 다 매우 비슷한 몇 가지 가정에 토대를 두었다. 베이컨은 모든 형태의 마술을 거부했음에도 몇몇 낱말은 힘을 지닌다고 인정했다. 어쨌거나 말은 인간 정신의 가장 직접적인 소산이었다. 말이 다른 무엇보다도 더 깊고 강력한 효과를 지닌다는 것은 전혀 놀랄 일이 아니었다. 저차원의 마술을 실행하는 마술사들도 정확히 똑같이 생각했다. 그들은 고차원의 마구스들이 했던 것과 똑같이 그러한 말을 동방에서, 정확히 말하면 그들이 닿을 수 있는 동방에서 찾았다. 게다가 이러한 마술의 실행은 점성술의 실행과 마찬가지로 16세기에도 살아남아 번성했다. 예를 들면 수도원이 해체되어 성직자들이 마구 쏟아져 나오던 1530년대와 1540년대 잉글랜드[1535년 잉글랜드 의회의 법으로 국왕 헨리 8세가 수도원 해산에 착수했다]에서는 마술 반지의 제작부터 점성술의 부적을 이용해 영혼을 불러내는 것까지 온갖 종류의 마술이 성행했다.[95] 그러한 텍스트의 저자들은 자신의 신앙과 마술을 신나게 결합하여 망령들을 불러냈다. 어떤 경우에는 "온 세상에 있는 남녀 성인의 모든 성유물"로써 불러냈고, 또다른 경우에는 "성체聖體의 오른쪽에 박쥐 피로" 망령 열두 명의 이름을 써넣어 불러냈다.[96]

니콜라우스 폰 쿠스의 광범위하고 상세한 연구조차도 놓친 것이 있다. 그것은 아마도 말의 마술에서 가장 중요한 원천이었을 것이다. 유대인은 수백 년 동안 서양의 기독교인들에게 대부업자이자 의료 종사자의 역할을 했다. 아마 마술사의 역할도 했을 것이다.[97] 14세기와 15세기에 유대인과 그들의 힘이 실린 말은 마술과 점점 더 긴밀히 연결되었다. 성체를 칼로 찌르고 기독교도 소년의 피를 이용해 무교병을 만들려고 애쓴 유대인의 이야기가 신성로마제국 곳곳에 퍼졌다. 강력한 당국이 시범재판을 열어 이를 유포했고, 인쇄물과 목판화로 생생하게 표현하여 더욱 널리 퍼뜨렸다.[98] 오랫동안 그 마술 전통의 일부였던, 신과 천사를 지칭하는 히브리어 명칭이 뮌헨 필사본 등에 나타나는 것도 놀랄 일은 아니다. 마르틴 루터의 회상에 따르면, 1527~1528년까지도 작센의 교회들을 방문하면 많은 '마을 목사들'이 "테트라그라마톤Tetragrammaton[신을 가리키는 히브리어의 네 글자 명칭],

아나니삽타Ananisapta, 여러 이상한 기도문과 기호, 히브리어가 분명한 천사들과 악마들의 이름이 담긴 (…) 수많은 책"을 가지고 있음을 알 수 있었다.[99] 루터는 분명히 그러한 마술 형태를 극도로 경멸했다. 어느 유대인 마술사가 알브레히트 폰 호엔촐레른•에게 "차가운 쇠붙이로부터 보호해줄 기이한 글자들"의 부적을 주었는데, 알브레히트는 그 부적을 시험하다 칼에 찔려 죽었다. 루터는 이에 대해 정의가 실현되었다고 주장했다. 그 유대인은 "그의 셈 함포라스Schem Hamphoras〔테트라그라마톤과 같은 뜻〕, 테트라그라마톤, 여타 훌륭한 마술이 그에게 도움이 되지 못했다"는 사실을 알았다.[100] 그러나 그는 많은 사람이 유대인의 마술을 지독히 매력적으로 생각한다는 것도 깨달았다.

마구스의 교훈

마구스는 중세 말 사회에 여러 시점에 등장했다. 어떤 이들은 그들의 행위가 전혀 마술적이지 않다고 주장했으며, 다른 이들은 그들이 마술을 실행했다고 인정했다. 몇몇은 행성의 위치를 계산했으며, 몇몇은 뼈를 응시했다. 몇몇은 새로운 형태의 지식으로 기독교 세계를 풍요롭게 만들기를 바랐으며, 몇몇은 악마를 숭배했다. 이 모든 일에 동시에 관여한 사람들이 있었고, 일부 고객은 확실히 그 모든 것으로부터 혜

• 마인츠 대주교로 임명되었을 때 푸거가에 빌린 돈을 갚으려고 교황 레오 10세로부터 특별 면벌부 판매를 허락받아 루터의 종교개혁을 촉발한 사람이다.

택을 입었다. 금욕주의적인 프랑스 국왕 루이 9세를 위해 일한 준엄한 법률가였던 교황 클레멘스 4세는 최소한 두 차례 라이문두스 데 푸테오에게 조언을 구했고, 자신에게 《오푸스 테르티움Opus Tertium》(세 번째 저작)을 헌정한 로저 베이컨의 활동도 지지했다.[101]

학자들은 이 시기에 모든 종류의 마술 실행에 맞닥뜨렸으며(적어도 그랬다고 주장했다), 14세기와 15세기에 새로운 학문적 방법이 등장했을 때도 마술과 점술에 대한 관심을 거두지 않았다. 니콜라우스 폰 쿠스와 같은 시대를 산 사람의 증언을 생각해보자. 로마에서 일단의 청년에게 라틴어 시의 독해를 가르친 박식한 인문주의자 가스파레 다 베로나다.[102] 자신이 니콜라우스 5세의 교황청과 추기경 카프라니카의 궁정 같은 로마의 권력 중심지에 연결되어 있음을 높이 평가한 의식적인 고전주의자였던 가스파레는 로마의 풍자시인 유베날리스가 언급한 미래 예측 방법에 관해 이야기하면서 경멸을 드러냈다. "신의 법은 여러 종류의 예언에 관해 많은 이야기를 한다. 강령술과 수상술, 복술卜術, 창자로 치는 점, 불 점, 새鳥 점 같은 다양한 형태의 점술처럼 이러한 예언도 금지된다. 그것이 개별적인 [마술] 형태를 처리하는 올바른 방법이다."[103] 가스파레는 그렇게 더러운 관행에 관여한 자들을 올바르게 처리한 인상적인 사례를 인용하며 이러한 말을 강조했다. "모범적인 카프라니카 추기경은 마녀이자 강령술사로 페루자 지역에서 그 저주받을 기예를 실행한 어떤 여인을 불태워 죽이라고 명령했다. 그가 이보다 더 잘, 더 공정하게 처리할 수는 없었다. 과연 그는 머리끝부터 발끝까지 매우 신중하고 박식하며 현명한 군주다."[104]

그러나 가스파레는 또한 마술 실행에 전문지식이 들어 있다고 주장했다. 그러면서도 "독이 어떻게 만들어지는지"에 관한 논의는 독살자에게 넘긴다고 말하면서 그것을 논의하기를 거부했다.[105] 그는 자신의 고향에서 활동하는 문맹의 점술가들에 관해 길게 설명하면서 그들의 방식이 효과적이라고 기탄없이 칭찬했다.

> 나는 베로나 외곽에서 몇 명의 노인을 본 적이 있다. 누군가 당나귀나 말을 잃어버리면 그 잃어버린 재산이 어디에 있는지 예측하고 즉시 볼 수 있는 농부들이다. 그들이 주문을 외고 특정한 의식을 행하면 문제의 그 재물을 수색하고 있는 장소에 일종의 별이 떨어지는 것처럼 보였고, 마침내 그것이 발견되었다. 한번은 굉장히 맹렬한 폭풍이 천둥과 번개, 폭우와 함께 일었는데, 그들 중 한 사람이 돌연 벼락이 떨어질 것이라고, 벼락이 어느 산 정상을 때릴 것이라고 예견했으며, 실제로 예언대로 되었다. 이 문맹의 무지한 사람은 그때 나이가 80대였다.[106]

가스파레는 이 전통적 형태의 점술, 즉 수백 년 동안 유럽 전역에서 솜씨 좋은 남녀들이 실행한 점술을 인정했지만, 확실히 좀더 학구적인 마술의 실행까지 인정하지는 않았다. 그는 유언장에서 아들에게 모든 표준적인 마술의 실행에 관여하지 말라고 명령했다. "유언자의 아들 프란체스코는 위험스럽게 연금술을 행하거나 보물을 찾거나 조금이라도 강령술을 따라서는 안 된다." 이를 지키지 않으면 상속재산을 잃을 것이고 아버지의 저주를 받을 것이라고 했다.[107] 그러나 그는 교황 파울루스 2세 시절에 자신이 직접 "커다란 굴"을 팠고 "그곳에서 불가사의한 광물들을 발견했다"고 기록했다.[108]

어떤 일반화도 마술 전통에 대한 가스파레의 복잡하고 일그러진 관계를 담을 수 없다. 니콜라우스 폰 쿠스가 연구하려 한, 마구잡이로 퍼진 온갖 상황은 말할 것도 없다. 그러나 세 가지 점이 특별히 명료하게 드러나는 것 같다. 고차원의 마술과 저차원의 마술은 여러 점에서 서로 만났다. 그리고 교회의 마술적 의식과도 만났다. 마술은, 점성술을 포함해 마술에 속한다고 할 수 있는 일군의 복잡한 다른 행위들은 하나로 견고하게 묶을 수 있는 이론과 실천의 집합이 아니다. 그것은 13세기 중엽 파리나 150년 뒤 공의회가 열린 콘스탄츠처럼 작가들과 책들이 한데 모인 특정한 순간에 급속하게 발전했고 논쟁을 불러일으켰다. 그러나 동시에 13세기부터 두 가지 형태의 마술이 책의 세계에 확립되었다. 하나는 고대에 기원이 있고 본질적으로 학구적 성격이 강한 것으로 주기적으로 진지한 철학자들의 관심을 끌었다. 다른 하나는 널리 퍼진 잡다한 것으로 주로 사회의 낮은 차원에서 연구되고 실행되었다. 그러나 이 양극단은 모든 마술의 실행을 뿌리 뽑고자 했던 사람들의 장서藏書와 미래에 대해서 확실한 보장을 원했던 사람들의 삶 속에서, 그리고 앞서 보았듯이 심지어는 학구적인 점성술사들의 저작에서도 여러 차례 수렴했다. 적어도 그 정도까지는, 니콜라우스의 설교는 그의 적 진영에 놀랍도록 유익한 지침을 제공한다. 그의 적들은 실제로 존재했으며, 그가 비난한 행위도 실제였다. 그가 주장했듯이, 마술의 실행과 학문 전통의 결합은 이미 일어난 일이었다. 니콜라우스 폰 쿠스로부터 이렇게 위협적인 오류의 책임이 있다고 비난받은 자들은 대부분 자신이 마술을, 동방박사의 마술까지도 실행했다는 점을 부인했지만, 그렇더라도 그 결합은 부정할 수 없었다. 그런 생각을 한 사람이 니콜라우스만은 아니었다. 데이비드 콜린스가 지적했듯이, 알베르투스 마그누스의 제자였던 울리히 폰 슈트라스부르크는 "1260년대에 애정 넘치게도 알베르투스가 '모든 종류의 지식에서 신과 같고 (…) 마술에 능한 사람'이라고 썼다."[109] 15세기에 일부 원시회칙파原始會則派 도미니크회 수도사들이 알베르투스를 성인으로 추대하기를 원했다. 그러나 도미니크회는 또한 사악한 주술을 축출하려는 새로운 운동을 벌이고 있었는데, 종종 니콜라우스처럼 학구적인 마술과 통속적인 강령술을 유기적으로 연결되어 있는 것으로 취급했다. 15세기 말, 알베르투스의 성인 추대를 지지한 사람들은 그가 절대로 마구스가 아니며 모든 마술의 실행을 거부했다고 주장하기 시작했다.[110] 마구스의 존재는 경종을 울렸다.

그러나 니콜라우스 폰 쿠스의 시대와 그 이후 이러한 마술사들의 정체성은 결코 분명하지 않았다. 니콜라우스가 그 설교를 했을 때부터 마녀사냥의 토대가 마련되었는데, 그 대대적인 마녀사냥의 시대에 사악한 주술로 고발된 사람은 대부분 여성이었다. 15세기에서 18세기까지 수천 명이 고발을 당해 고문을 받고 재판 끝에 처형되었다. 그러나 그 대부분은 별점을 쳤다거나 별의 힘을 불러왔다는 이유로 고발당한 게 아니었다. 남자를 불능으로 만들고 작물과 동물, 아기에게 해를 끼치는 그들의 능력은 전문적인 기술이 아니라 그들과 협력한 악마에게서 나왔다. 그러나 15세기와 16세기 초에 이러한 구분은 분명하지 않았다. 남자는 물론 여자도 고차원과 저차원의 마술 기술을 습득했다고 고발당했다.

한 가지 사례는 니콜라우스 폰 쿠스가 설교한 때로부터 거의 100년

후 이탈리아 모데나에서 열린 서로 연관된 두 건의 이단재판인데, 비록 학구적 마술을 실행한 여자들이 라틴어 텍스트와 번역된 그리스어 텍스트를 공부한 여자들처럼 보통은 그 기술을 남성 스승으로부터 배우기는 했지만, 마구스의 성별이 고정되지 않았음을 분명하게 보여준다. 1519년 모데나의 이단재판관은 쿠틸리아노 출신의 여자 주술사 아나스타시아 '라 프라포나'(마녀)를 심문했다. 그녀는 젊은 남자가 자신을 사랑하게 만들려고 마법진魔法陣, 밀랍인형에 바늘 꽂기, 향 태우기 등 마술의 여러 가지 기술을 사용했다.[111] 종교재판관은 가난한 여자가 그러한 방법을 고안해낼 수 없다고 추정하고 "그녀가 어디서 밀랍인형을 가져왔는지" 물었다. 아나스타시아는 비교적 학식이 있는 남자인 시인 판필로 사시에게서 받았다고 실토했다. 그녀의 자백에 따르면 이렇다. "그는 또한 그녀에게 마법진과 향 태우기, 바늘 꽂기, 그밖에 그녀가 설명한 모든 것을 가르쳤다. 그러나 그녀는 바로 그 사시가 나중에 의도적으로 그녀를 속이기 위해 가르쳤던 것이라고 자신에게 말했다고 했다."[112] 몇 년 뒤 그 종교재판관은 사시를 데려왔고, 그가 결코 농담을 한 것이 아니라는 사실이 밝혀졌다. 심문 뒤에(고문은 없었다) 사시는 "사랑의 정령에게서 무엇인가를 얻어내려면 향을 피워 바쳐야 한다고 말하고 강조하는 이단적 주장, 한때 내가 가르쳤기에 비록 믿지는 않았지만 마음에 품고 있다고 의심을 받은 이단적 주장"을 부인하기로 동의했다. 동시에 그는 다른 이단적 주장도 부인하기로 동의했다. 그중에는 "악마는 저주받지 않았으며 지하세계의 어두운 곳에 있지 않다"는 가르침도 분명히 있었다.[113] 결코 사랑의 마술을 믿지 않았다는 사시의 주장이 진실이 아니라 흔히 쓰는 변명이었음은 확실하다. 그는 교묘하게 현지 주교와 성직자를 설득해 종교재판에서 자신을 변호하게 함으로써 처벌을 면했다. 그와 아나스타시아의 공모는 마구스의 정체성이 얼마나 불안정했는지를 보여줄 뿐이며, 마구스가 다른 방식으로도 의심을 불러일으킬 수 있음을 암시한다. 1500년 전후 다른 여자들도 의식마술에 관여했다는 이유로 재판을 받았다.[114] 그러나 프랭크 클라센이 밝혀냈듯이 중세 말의 학구적 마술사는 대부분 남자였고 대체로 성직자였다. 많은 경우에 현실에서 얻지 못한 권력과 지위를 니콜라우스가 그토록 혐오한 의식과 마술에서 구하려 한 자들이었다.[115] 이제부터 살펴볼 똑똑한 학구적 마구스들은 자신의 행위를 남성의 것으로 본다는 점에서 중세의 전통을 따랐다.

니콜라우스 폰 쿠스는 설교의 한 대목에서 로저 베이컨 등이 수행한 일 중 일부는 결국 정당했다고 마지못해 인정했다. "다른 것들은 교묘한 손재주와 혜안 등으로 수행되었다. 누구를 속이기 위한 것이 아니라면, 이와 같은 행위는 허용된다. 그것들은 전부 우상 숭배가 아니다."[116] 다른 경우와 마찬가지로 여기서도 짧은 암시는 보여주는 것보다 감추는 것이 더 많다. 니콜라우스는 이 대목에서 지난 200년 동안 형성된 다른 행위와 믿음의 세계를 이야기했다. 이 세계는 르네상스 시대의 학구적 마술에 중세 마구스들의 세계만큼이나 중요한 것으로 드러난다.

제2장

자연을 지배하는 힘

기예, 기술, 인문주의

1452년 12월 나폴리 주재 피렌체 대사로 학문이 높은 잔노초 마네티는 아라곤의 왕(알폰소 5세)이자 나폴리의 왕(알폰소 1세)인 알폰소에게 선물을 하나 주었다. 《인간의 존엄성과 탁월함에 관하여De dignitate et excellentia hominis libri IV》라는 제목의 라틴어로 쓴 논문이다.[1] 알폰소의 궁정에 파견된 시에나 공화국의 대사는 국왕을 방문했을 때 호의적이지 않은 주목을 받았다. 알폰소는 검은색 옷을 입고 있는 데 비해 그는 화려하게 수놓은 비단옷을 입고 있었기 때문이다. 그래서 알폰소는 궁정 신하들에게 그 우쭐대는 토스카나 사람에게 다가가 의복이 망가질 때까지 몸을 비비게 했다. 왕의 사냥에 초대받은 다른 과시적인 시에나 사람은 비가 억수같이 쏟아지는 날 외투와 장화, 말에게 입힌 근사한 옷이 못 쓰게 될 때까지 계속 울타리를 넘으며 왕을 따라다녀야 했다. 국왕과 신하들은 승리감에 취해 며칠 동안 웃음을 그치지 못했다. 국왕의 감각적인 '과시 금지'는 사디즘적인 괴롭힘의 연습에 영감을 주었다.[2] 알폰소는 또한 라틴어를 좋아했다. 따라서 그는 문학의 영역에서 지극히 어려운 시합을 열었다. '책의 시간'이다. 국왕과 궁정 신하들 앞에서 학자들이 고전 텍스트를 교정하고 근대적인 작품을 쓰려 애쓰면서 서로 방해했다. 알폰소는 그들이 학식을 드러내고 공개리에 굴욕을 당하는 것 둘 다 지켜볼 수 있는 기회를 즐겼다.[3]

마네티의 선물이 비록 훌륭하지 않았어도 알폰소의 흥미를 끈 것은 당연했다. 그 인문주의자가 그 글을 이해하기 쉬운 라틴어로 썼으며 은연중에 다른 학자의 저작을 비판했기 때문이다. 궁정 사관 바르톨로메오 파치오는 피렌체에서 공부한 사람으로 이미 같은 주제로 교황 니콜라우스 5세에게 책을 헌정했는데, 마네티는 나폴리에서 그 책을 읽었다.[4] 그러나 파치오는 인간을 장대하고 조화로운 우주의 수동적 관찰자로 묘사했으며, 구원을 얻는 것이 최고의 영광이라고 주장했다. 반면 마네티는 시종일관 직접적인 경험과 창의적인 활동을 지지했다. 그는 14세기 초 의사 몬디노 데 루치의 해부학 연구에 의존해 인체의 아름다움과 우수함을 찬미했다. 그는 모든 신체 기관이 그 기능에 어울리는 이상적인 형태를 갖춘 이유를 상세히 설명하면서 고대 세계까지 거슬러 올라가는 전통을 따랐다. 더욱 놀라운 것은 마네티가 발명품과 예술 작품의 설명에 긴 분량을 할애했다는 사실이다. 그에 따르면 이러한 것들이 인간 지성의 탁월함을 증명했다.[5] 니콜라우스 폰 쿠스가 자연을 지배할 수 있는 인간의 몇 가지 힘을 마지못해 정당하다고 인정한 반면, 마네티는 고대와 근대에서 공히 그러한 힘이 여럿 있었다고 찬양했다.

고대인들은 배를 발명했다. 그 장치를 처음 본 사람들은 깜짝 놀랐다. 그러나 후대에 항해는 "우리 시대에 이르기까지 거의 기적적일 정도로 많이 늘어났다. 그들은 브리튼섬의 바다와 '얼음의 대양'을 시인 [유베날리스]이 말했듯이 주기적으로 항해하는 데 익숙해졌을 뿐만 아니라 최근에는 과거 항해의 가장 먼 경계를 넘어 마우레타니아의 가장 깊은 곳까지 나아갔다. 우리는 그들이 그곳에서 지금까지 전혀 알려지지 않은, 사람들이 경작하며 살고 있는 수많은 섬을 발견했다는 얘기를 들었다."[6] 로마의 성 베드로 대성당 옆에 여전히 서 있는 오벨리스크, 피라미드, 노아의 방주(인간의 형상을 본떴다)는 고대인의 '노력'을 보여주었다. 그러나 근대의 건축가 필리포 브루넬레스키는 "목재나 철제의 비계 없이 놀라울 정도로 거대한 [피렌체 대성당의] 돔"을 세웠다. "거의 믿기 어려운 것"이다.[7] 고대의 화가들은 동물과 과일을 마치 실물처럼 매우 생생하게 표현했다. 진짜 말이 그림 속의 말을 보고 울었고, 새들은 그림 속의 포도를 부리로 쪼려 했다. 프락시텔레스 같은 고대의 훌륭한 조각가들이 만든 조각상은 보는 사람의 욕정을 불러일으켰다. 마네티가 자신이 갖고 있는 자료의 텍스트가 오류인 줄 모르고 '인도의 베누스'라고 생각한 유명한 조각상 크니도스의 아프로디테 같은 것들이다. 그러나 화가 조토와 조각가 로렌초 기베르티는 이러한 고대의 거장들과 견줄 만했다.[8] 마네티는 감히 근대의 작가들이 고대 작가들에 견줄 만하다는 주장은 하지 않았다. 근대의 정통성은 오로지 기계적인 기예에만 미쳤다. 그리고 그는 점성술이라는 고대의 기예에 칭찬을 아끼지 않았다. 그는 고대 그리스 초기의 현인 탈레스가 어떻게 올리브의 풍작을 예견해 부자가 되었는지, 그리고 헬레니즘 시대의 수학자 아르키메데스가 어떻게 천구의天球儀를 제작했는지 이야기했다.

마네티는 1세기의 자연철학자 대大플리니우스와 작가 발레리우스 막시무스에게서 잘 짜인 일화를 가져와 현재의 밝고 새로운 이야기에 끼워 넣었는데, 이때 그가 다룬 주제들은 아라곤 궁정의 다른 외국인들을 자극해 관심을 불러일으켰다. 알폰소가 고용한 지식인 중에서도 가장 총명했던 로렌초 발라는 감탄을 불러일으키는 뛰어난 글을 써서(원래 알폰소의 아버지인 아라곤 왕 페르난도 1세의 치세에 관한 역사의 일부로 계획한 것이다) 근대의 라틴학자들이 얼마나 열심히 고전적인 문체를 시도했든 간에 경우에 따라 새로운 낱말을 쓸 수밖에 없었다고 주장했다. "학자들이 때때로 비교적 최근의 발명에 어떤 말을 써야 할지 정하는 것은 확실히 불가피하다."[9] 발라는 근대 발명품의 존재 자체가 인간 지성의 끊임없는 창의적 활동을 보여준다고 열정적으로 설명했다. "인간의 지성은 고갈되지 않는다. 우리가 전부는 아닐지언정 많은 훌륭하고 유용한 물건에서 마땅히 고대인의 솜씨에 도달해야 한다는 것을 인정하지 못할 정도로 시기심이 많은 것이 아니라면, 분명코 그렇다고 고백해야 한다."[10] 발라가 거론한 근대의 정교한 발명품은 사실 많은 것이 라틴 세계가 아니라 중국에서 만들어졌다. 시계horologium, 종campana, 그리고 마네티가 지적했듯이 포르투갈인들이 아프리카를 돌아갈 수 있게 하고 프톨레마이오스의 《지리학Geographia》이 불완전하다는 점을 증명한 기기인 나침반pyxis nautica 같은 것이다. 그러나 발라는 근대인이 실제로 만들어낸 발명품을 확인하는 것보다 그들이 여전히 놀랄 만한 발명품을 만들어낼 수 있다는 것을 증명하는 데 더 관심이 많았다.

로렌초 발라는 고대인을 존중했다. 그러나 그들은 물시계와 해시계를 솜씨 좋게 만들었어도 발라의 시대에 이탈리아 도시들의 한가운데를 우아하게 장식한 거대한 탈진기脫進機 시계에 견줄 만한 것을 만들지 못했다. “나는 고대의 시계를 말하는 것이 아니다. 그것은 단순한 경험적 지식의 산물로서 그다지 놀랍지는 않다. 나는 시간을 알려줄 뿐만 아니라 이를테면 언어도 지닌 것으로 보이는 진짜 시계를 말하고 있다. [그리스어의] 로고스logos는 이성과 언어 둘 다 의미한다. 이러한 성격의 시계는 말하자면 자체의 생명을 갖고 있다. 저절로 움직이며 인간에게 낮과 밤을 만들어주기 때문이다. 그 시계는 사람의 눈에 시간을 보여줄 뿐만 아니라 멀리 떨어진 곳에, 그리고 집에 있는 사람들의 귀에도 시간을 알려준다. 그 꼭대기에 달린 종이 시간의 숫자를 구체적으로 말하기 때문이다. 이보다 더 유용하고 유쾌한 것은 있을 수 없다.”[11] 마네티처럼 발라도 근대의 기술적 성취를 인간 정신의 창의적 노력이 멈추지 않았다는 증거로 해석했다. 굳이 말하자면 발라는 마네티보다 한층 더 많은 열정을 보여주었다. 마네티가 발명가와 예술가의 ‘노력’과 ‘탁월함’을 찬양한 반면, 발라는 로마 시인 호라티우스가 《시학Ars Poetica》에서 확립한 고전적인 문학 찬미의 용어를 사용했다. 탈진기 시계는 좋은 글쓰기의 장점을 공유했다. 최고의 시처럼 탈진기 시계도 효용과 즐거움을 결합했다.[12] 발라는 이렇게 신중하게 계산된 말을 그토록 새롭게 쓰면서 적어도 그 표현법에서만큼은 고대 로마를 무조건적으로 깊이 찬미하는 평소의 태도에서 벗어났다. 발라는 라틴어 사용법에 관한 책의 서문에서 완벽한 형태의 고전 라틴어를 기예가 번성하고 인간이 시공간을 뛰어넘어 소통할 수 있게 한 '중대한 성사聖事'로, 내적 은총의 외적 표현으로 설명했다. 그러나 최첨단 기계를 한 번 본 것만으로도 그는 근대인에게도 지적 장점이 있음을 깨달았다.[13] 발견과 발명을 향한 열정은 전염성이 있었다. 파치오는 마네티의 논문이 나오고 몇 년 지난 뒤에 쓴 전기에서 젠틸레 다 파브리아노와 로히어르 판데르 베이던 같은 근대 화가의 작품을 세세하게 설명하면서 그들이 원근법과 투시법의 기술에 통달했음을 강조했다.[14]

달리 말하자면 마네티의 동료와 경쟁자들은 그가 제기한 문제, 즉 고대와 근대의 기술과 예술 간의 관계, 근대인이 고대인에 필적할 가능성, 인간이 자연을 지배할 수 있는 힘의 한계를 그가 펜을 들기 전에 이미 논의하고 있었다. 게다가 나폴리 궁정은 그러한 문제들이 토론을 유발한 르네상스 시대 이탈리아에서 유일한 학문의 중심이 결코 아니었다. 마네티는 피렌체 출신이었다. 그는 1430년대에 그곳에서 브루넬레스키가 그 돔을 건설하는 것을 보았고, 그 대성당의 축성식을 목격했다. 실제로 그는 이 행사에 관해 긴 산문시를 써서 그 행렬의 장엄함과 브루넬레스키가 지은 건축물의 웅대함과 완벽함을 빛나는 라틴어로 찬미했다. 마네티는 그 피렌체 대성당이 노아의 방주처럼 완벽한 인체의 형태를 반영했다고, 완벽한 인체의 비율을 구현했다고 설명했다.[15]

같은 행사에 감명을 받은 마네티의 동료는 한층 더 극적인 결론에 이르렀다. 레온 바티스타 알베르티는 1430년대 피렌체의 예술과 기술을 보고, 특히 대성당을 보고는 너무도 압도되어 세계관이 바뀌었다. 그는 브루넬레스키에게 보낸 유명한 편지에 이렇게 썼다.

저는 우리가 고대의 재능 있는 자들의 작품을 통해서, 그리고 역사적 설명을 통해서 그들이 매우 풍부하게 간직했음을 알고 있는 수많은 훌륭하고 멋진 예술과 과학이 지금은 거의 사라졌다는 사실에 놀랍고도 유감스러웠습니다. 화가와 조각가, 건축가, 음악가, 기하학자, 수사학자, 복술가, 이들처럼 특출나고 범상치 않은 지식인이 오늘날에는 보기 드물고 [있다고 해도] 칭찬할 만한 점이 없습니다. 따라서 저는 많은 사람이 하는 말을 믿습니다. 만물의 지배자인 자연의 여신은 이른바 그 영광스러운 전성기에 방대하고 경이로운 규모로 거장과 지식인을 내놓았지만 이제는 늙고 지쳐 더는 그렇게 하지 못한다는 말입니다. 그러나 저는 우리 알베르티 가족이 오랜 추방 생활을 끝내고 모든 도시 중에서도 가장 아름다운 이 도시로 돌아온 뒤• 많은 사람이, 특히 당신 필리포가, 그리고 우리의 훌륭한 동료인 조각가 도나텔로와 다른 사람들, 즉 넨치오 [기베르티], 루카 [델라 로비아], 마사초가 이러한 예술에서 성공을 거둔 그 어떤 고대인보다 결코 열등하지 않게 모든 칭찬할 만한 기획에 비범한 재능을 갖고 있음을 알아보았습니다. 그리고 가치 있는 활동에서 최고의 영예를 획득할 능력은 자연의 여신과 시대의 호의 못지않게 우리 자신의 노력과 부지런함에도 있다는 사실을 깨달았습니다. 고대인들은 배우고 모방할 선배가 많았기에 오늘날 우리에게는 고된 일로 입증된, 그 고상한 기예에 숙달하는 것이 덜 어려웠으리라는 점을 저는 인정합니다. 그러나 우리가 스승 없이, 흉내낼 모범도

• 레온 바티스타 알베르티의 아버지 베네데토 알베르티는 피렌체의 부자였으나 추방되어 1428년에야 돌아올 수 있었다. 레온은 제노바에서 태어났다.

없이 지금까지 듣지도 보지도 못한 예술과 과학을 찾아낸다면 우리의 명성은 그만큼 더 위대해질 것입니다. 아무리 무정하고 시샘이 많은 자라도 이곳에서 하늘 위로 우뚝 솟아 있고 그 그림자로 토스카나의 모든 주민을 가리기에 충분한 거대 건축물을, 그것도 들보나 정교한 목재 지지대의 도움 없이 만들어진 어마어마한 건축물을 보고도 건축가 필리포를 칭송하지 않을 수 있을까요? 제가 잘못 판단한 것이 아니라면, 이는 분명코 오늘날 사람들이 가능하다고 믿지 못한, 그리고 필시 고대인들도 알지 못했고 상상하지도 못했을 공학의 위업입니다.[16]

여기서 알베르티는, 마네티는 말할 것도 없고 발라보다도 훨씬 더 열정적으로, 피렌체의 예술가들이 거둔 위업이 자신에게 어떤 의미였는지 분명하게 드러냈다. 그의 동시대인들은 독학한 자들이었는데도 고대인에 견줄 만한 작품을, 또는 더 뛰어난 작품을 창조해냈으며, 그로써 근대인이 기술학예artes mechanicae•뿐만 아니라 자유학예에서도 이길 수 있음을 입증했다는 것이다. 알베르티는 실행자가 더는 없는 것 같은 기예 일곱 가지를 들었다(숫자는 우연의 일치가 아니다). 여기에는 기술학예 셋, 즉 회화·조각·건축, 자유학예 셋, 즉 음악·기하·수사학, 그리고 기예이거나 학문인 복술(점술)이 포함되었다. 복술은 아마도 부분적으로는 알베르티가 천문학만큼이나 관심을 가졌던 점성술을 말하는 것으로 보인다.[17] 그는 피렌체 예술가들의 작품

• 중세에 흔히 자유학예 7과와 나란히 언급되는 기술을 가리키는 개념. 9세기의 아일랜드 철학자이자 신학자인 요한네스 스코투스 에리우게나가 직조, 농업, 원예, 전쟁과 사냥, 상업, 요리, 대장일의 일곱 가지로 분류했는데, 이후 항해, 의학, 기하학, 회화 등까지 포함되었다.

이 근대인이 어떤 분야에서든 독창적인 작업을 할 수 있음을 증명한다고 주장했다. 달리 말하자면 알베르티는 근대의 작가들과 수학자들이 고대인에 비해 손색이 없다고 믿었다. 이러한 주장은, 그가 브루넬레스키에게 헌정한 책 《회화에 관하여Della Pittura》가 고대 문헌에서는 전례를 찾아보기 어려운 노력이었기에, 회화를 수학적 관점과 수사학적 관점에서 동시에 이해한다는 그 목표에서 타당했을 따름이다. 책에서 알베르티는 회화와 부조에서 인체와 3차원의 형태를 표현하는 새로운 방법을 설명했다. 브루넬레스키가 직접 고안했고 알베르티가 칭찬한 피렌체 예술가인 기베르티와 루카 델라 로비아, 마사초가 다양한 방법으로 실천한 것이다. 브루넬레스키의 돔은 피렌체의 혁신 중에서 가장 두드러지면서도 가장 근본적인 것이었다. 그러나 이 모든 혁신은, 알베르티가 이것들을 점술과 연결하면서 암시했듯이, 엄청나게 많은 관찰자에게 깊은 영향을 미쳤다. 알베르티는 자기 책의 새로움에 대한 믿음도 드러냈다. 그는 회화의 기원에 관한 여러 테제를 논의한 뒤 이렇게 썼다. "그러나 누가 제일 먼저 회화를 발명했는지를 아는 것은 그리 중요하지 않다. 나는 플리니우스처럼 회화의 역사를 고찰하는 것이 아니라 완전히 새로운 방법으로 예술 자체를 고찰하기 때문이다."[18] 고대의 권위를 이보다 더 매정하게 무시하기는 어려울 것이다.

알베르티는 이제 고대인과 동등한 조건에서 겨룰 수 있다고 느꼈지만 한때는 어찔 줄 모를 정도로 고대인을 그리워하는 마음에 깊이 빠졌다고 말했는데, 이는 결코 과장이 아니다. 피렌체의 걸출한 가문에서 서자로 태어난 그는 처음에는 세련된 라틴 산문 작가로 이름을 알렸다. 쉽지는 않았다.[19] 그가 처음으로 쓴 혹독한 라틴어 비평 논문 《문학의 장점과 단점에 관하여De commodis litterarum atque incommodis》는 학자와 그 출세의 기회를 니체 방식으로 신랄하게 해부했다. 알베르티는 대부분의 박식한 인문주의자는 사회에서 출세하기를 절실히 바라지만 줄곧 도서관에서 시간을 허비한다고 설명했다. 그곳에서 그들의 정강이는 얇아지고 두 눈은 붉게 충혈되며, 그래서 결국 아름다운 여인에게 구애하지도 못하고 권력자에게 좋은 인상을 남기지도 못한다는 말이었다.

알베르티는, 그리고 고대 미술과 문학의 전문가인 부자로 그가 몹시 싫어한 니콜로 니콜리 같은 다른 사람들도, '영향에 대한 불안'•의 통렬한 사례로서 고통을 당했다. 그들은 학문에만 몰두했기에 고대인이 철저히 다루지 않은 주제는 하나도 찾지 못했다. "고대의 훌륭한 작가들이 이미 솜씨 좋게 차지하지 않은 것을 나는 전혀 보지 못했다. 따라서 이 시대의 가장 박식한 사람이라도 무슨 말이든 그들보다 더 잘할 가능성은, 내가 가치 있는 적절한 방법으로 비슷한 것을 내놓을 가능성은 조금도 남아 있지 않다. 고대인들은 진지한 주제와 희극적인 주제를 모조리 다루었으며, 우리에게는 그 작품을 읽고 찬양할 능력과 필요성만 남겨놓았다."[20] 학자들이 줏대 없는 공론가로 쪼그라들면서, 그들의 사회적 지위도 나락으로 추락했다. 알베르티는 문학 연구에 적합하다고 생각되는 자는 절름발이와 말더듬이, 멍

• 해럴드 블룸이 확립한 문학비평의 한 유형. 잘 해내고 싶은 저자가 선배들의 영향이 가하는 불안을 극복하려는 심리적 노력을 가리킨다.

청이뿐이라고 악담을 퍼부었다. 그는 이렇게 불평했다. "사람들로부터 문학을 공부하라는 권고를 받는 자들은 바로 젊은 여자들에게 거부당하는 자들이다. 마치 그들은 솔직히 진정한 지식인은 문학이 아닌 다른 분야에서 더 잘, 더 적절하게 쓰일 수 있다고 생각하는 것 같다."[21] 문학을 되살리는 유일한 방법은, 피렌체에서 할 수 있었듯이, 당대 장인들의 최고 작품을 옳게 평가하는 것이었다. 그 작품들은 15세기 초 몇십 년 동안 미술과 건축이 진일보하는 데 온상 역할을 했다.

달리 말하자면, 당대의 예술과 기술에 대한 마네티의 열정적인 논의는 1430년 이후로 이탈리아에서 벌어진 공적 대화에, 여러 차례 장소와 참여자가 바뀌어가며 계속된 말잔치에 기여한 것 중 가장 인상적인 것이 아니라 그중 하나였을 뿐이다.[22] 알베르티와, 시계와 회화를 찬미한 다른 학자들은 서로 간의 대화에서, 그리고 중세 대학교를 통해 고대 아테네까지 거슬러 올라가는 철학적 전통과의 대화에서 근대의 발명품과 공예품에 대한 열정을 키웠다. 이 장기적·단기적 관점의 논의에서 자연을 지배할 수 있는 인간의 힘에 대한 새로운 인식이 생겨났다.

베이컨과 발명의 힘

니콜라우스 폰 쿠스는 인간의 창의성을 과시하는 무해한 방법으로 자력磁力과 손재주, 투시법을 꼽았다. 손재주는 우리 마음을 더 끌지 못할 것이다. 그러나 니콜라우스가 자력과 투시법을 언급하며 염두에 둔 권위자는 분명히 로저 베이컨이었다. 베이컨에게 자력과 투시법에 관한 연구는 특별한 의미가 있었다. 베이컨은 자신이 계획한 일에 교황의 지지를 얻고자 쓴 빛나는 성명서《오푸스 테르티움》에서 모든 과학은 인간에게 자연을 지배할 힘을 줄 수 있다는 주장을 길게 늘어놓았다. 그러한 과학 중 몇몇은 주로 이슬람의 자료에서 알게 된 것이다. 예를 들면 연금술은 똑같이 매우 중요한 두 분야로 나뉘었다. "평범한 부류의 학자들이 무시하는" 이론연금술은 자연계에 관한 기본적인 정보를 제공했다. "인간과 동물, 식물은 기본 원소와 체액에서 발생한다. 그 발생은 무생물의 발생과 연관이 있다."[23] 이러한 성격의 연금술은 단일한 성분으로 이루어진 약의 이름과 속성에 관해 필수적인 정보를 제공했다. 베이컨은 인간의 생리 기능을 연금술의 용어로 분석했다. 예를 들면 그는 혈액을 분석을 통해 원래의 단순한 체액으로 분리할 수 있는 복합 체액으로 보고, 이를 의학 이론의 토대로 삼았다. 실용연금술은 훨씬 더 큰 보상을 주었다. "그것은 귀한 금속과 안료, 그밖의 많은 것을 인위적인 방법을 통해 자연이 만드는 것보다 더 잘, 더 많이 만드는 법을 가르쳐준다."[24] 베이컨은 이러한 성격의 연금술이 국가를 부강하게 하는 동시에 인간의 수명을 연장하는 법(그는 이 문제에 많은 관심을 쏟았다)을 밝혀준다고 주장했다.

광학과 투시법도 엄청난 힘을 약속했다. 로저 베이컨은 광선의 속성에 관한 알킨디의 저작을 면밀히 연구한 뒤 최대한 엄밀하게 기하광학을 구축하는 데 몰두했다. 기하광학은 빛의 속성에 관한 연구로 빛의 운동 법칙을 설명할 뿐만 아니라 인간에게 빛을 조종할 힘을 준다. 베이컨은 마술을 비난하고 자신의 기예를 마술과 구분한 긴 편지에서 자신이 고안한 새로운 형태의 광학이 인간에게 '페르스피쿠아perspicua', 즉 '렌즈'를 제작할 수 있게 해줄 것이고, 그 렌즈는 사물의 외관을 매우 유용하게 바꿔놓을 것이라고 강조했다. "인체에서 매우 큰 것을 매우 작게 또는 작은 것을 크게 보이게, 높은 것을 낮게 또는 낮은 것을 높게 보이게 하고, 잘 보이지 않는 것을 눈에 분명하게 보이게 할 수 있다."[25] 율리우스 카이사르는 이러한 종류의 렌즈를 이용해 영국해협을 건너기 전에 브리튼섬의 도시들과 군대 주둔지를 찾아냈다. 더 중요한 것은 투시법의 기술로 강력한 무기를 만들어낼 수 있었다는 사실이다. "그러나 기하학의 매우 강력한 힘 중 하나는 얼마나 떨어져 있든 간에 우리가 원하기만 하면 광선을 다양한 반사광反射光을 통해 끌어모아 타격 대상을 불태울 수 있다는 것이다. 몇몇 저자가 책을 써서 가르치듯이, 앞과 뒤에서 불을 일으키는 렌즈가 이를 입증했다." 정말로 완벽한 소각燒却 거울은 "타타르인이나 사라센인과 대적할 때 군대보다 더 큰 힘을 발휘할 것이다." 군대와 그 숙영지를 일거에 없앨 수 있기 때문이다.[26] 베이컨은 투시법이 결국에는 천체의 위치에 관해 더 나은 지식을 제공하기를 기대했다.

연금술이나 광학보다 더 강력한 학문이 있었다. 로저 베이컨은 이를 '실험과학'이라고 불렀다. 그는 이렇게 주장했다. 이 과학은 "이에 봉사할 뿐인 나머지 모든 과학보다 더 완벽하며, 놀라운 방법으로 다른 모든 과학에 확실성을 제공한다. 그것을 경험과학이라고 부른다. 이것은 주장에는 전혀 주목하지 않는다. 주장이 아무리 강력해도 결론이 경험적으로 제시되지 않으면 확실성을 주지 못하기 때문이다."[27] 베이컨은 경험과학과 나머지 다른 과학과의 관계를 항해사와 목수의 관계에 비유했다. 항해사가 숙련된 장인에게 배를 건조하는 법을 알려주었듯이, 이 과학도 다른 모든 과학에 어떻게 연구해야 하는지를 가르쳤다.[28] 당대의 철학자들이 제1원리에서 출발하여 논증demonstratio quia을 거쳐 도달한 지식에 몰두한 반면, 베이컨은 개별적인 '경험'을 이용해 자연법칙을 확인하고 응용하는 것에서 훨씬 더 큰 가망성을 보았다. 베이컨은 점성술에 관한 연구에서 기대했듯이, 교황 클레멘스 4세에게 도움이 될 지식을 내놓을 수 있기를 희망했다. 그가 알았듯이, 그리고 아마도 다른 강력한 인사들도 알았듯이 클레멘스 4세는 적그리스도로부터 기독교 세계를 보호하는 존재였다. 베이컨이 교과과정에 없는 종류의 지식을 심지어 장인의 작업장까지 찾아가서 그토록 정력적으로 추구한 이유가 여기에 있다.[29]

베이컨은 자신이 염두에 두었던 것에 실험과학이라는 이름을 붙여주었지만, 당연히 그것은 현대적 의미의 실험과학이 아니었다. 그 명칭은 일종의 용어상의 그린란드로, 과거에 몇몇 역사가에게 그런 의미를 매력적이게, 그러나 잘못 암시했다. 오히려 베이컨은 스스로 열정적으로 설명했듯이 페트루스 페레그리누스로 알려진 동시대인 피에르 드 마리쿠르를 모범적인 '실험자'로 보았다.[30] 피에르는 자석의 속성에 관해 공들여 논문을 썼다(1269). 그는 자철광의 힘과 그 양극의 성질 및 작용, 그것을 이용하는 방법을 상세하게 설명했다. 물체에 관한 피에르의 생생한 설명은 그가 그 속성에 관해 잘 알고 있음을 보여주었으며 그가 보통의 선원들과 나눈 대화를 담고 있었다. "자철광의 색깔은 푸른색 안료가 섞인 무딘 쇠의 색깔과 비슷해야 한다.

그래야만 더러운 공기에 오염된, 광택이 나는 쇳덩이 조각처럼 보인다. 나는 그런 돌치고 강력한 효력을 갖지 못한 것을 본 적이 없다. 그러한 돌은 일반적으로 북쪽 지역에서 발견되며, 선원들이 대양 북쪽의 모든 항구, 예를 들면 노르망디와 피카르디, 플랑드르에서 가져온다."[31] 그는 자철광을 준비하는 법을 소상히 안내했다. 보석 세공인이 수정을 둥글게 깎을 때 쓰는 금속 도구를 이용해 자철광 위에 쇠바늘을 똑바로 세울 곳을 찾아 극을 알아내는 것이다. 그는 적절히 준비된 그러한 돌을 이용해 방향을 알아내고 움직이는 천구 모델을 제작하고, 더 나아가 영구기관까지 만드는 법을 설명했다.[32] 도표를 갖추어 세세하게 기록한 피에르의 '실험'은 돌의 힘을 조사하는 법이 아니라 그것을 확인하고 응용하는 법으로 유용했다.

로저 베이컨은 피에르 드 마리쿠르와 그의 연구를 열광적으로 칭찬했다. 그는 교황 클레멘스 4세에게 이렇게 말했다. "제가 아는 한 이 과학의 연구에서 진정으로 칭찬받아 마땅한 사람은 단 한 명입니다. 왜냐하면 그는 연설과 말싸움에는 관심이 없고 오로지 지식의 연구만 추구하고 그 안에서 평안을 얻기 때문입니다. 다른 이들이 해질녘에 햇빛을 보고 있는 박쥐처럼 무분별하게 무엇인가를 보려 애쓸 때, 그는 대낮의 밝은 빛 속을 응시합니다. 그는 경험의 대가이기 때문입니다."[33] 베이컨은 피에르가 일부러 실용적인 기예를 배우는 데 나섰다고 주장했다. 그는 "어떤 문외한이나 늙은 여자 마술사, 군인, 농부가 자신이 모르는 것을 안다면 당혹스러울 것"이기 때문이었다. 그래서 피에르는 금속 가공 공정뿐만 아니라 전쟁과 농업, 측량의 기술을 터득했다. "그는 심지어 늙은 여자 마술사의 경험과 예언뿐만 아니라 그들과 모든 마술사의 주문까지도 조사했다."[34] 피에르는 그의 기예에 전념했기에 파리에서 활동할 수 있었다. 그때 그는 위대한 통치자에게 봉사해 큰돈을 벌었을 것이다.

로저 베이컨이 피에르 드 마리쿠르의 저작과 다른 곳에서 보았듯이, 경험과학은 많은 것을 줄 수 있었다. 베이컨은 경험과학을 터득한 자들이 마술사의 거짓된 장담을 꿰뚫어볼 수 있으며 그들의 주문을 무익한 것으로 치부하고 물리칠 수 있다고 단언했다. 그러나 경험과학은 또한 그것을 공부하는 자들에게 마술의 효과를 닮은, 또는 그것을 능가하는 묘기를 보여줄 수 있게 했다. "많은 기적이 있다. 크게 유용하지는 않아도 여전히 형언할 수 없는 지혜의 미래상을 보여주며, 쇳덩이가 견고한 고체에 끌려가는 것처럼 무지한 자들이 단호히 부정하는 모든 신비로운 일을 증명하는 데 쓰일 수 있다. 이러한 쇠의 이끌림을 직접 보지 못했다면 누가 그것을 믿겠는가? 보통 사람은 모르는, 관심이 있는 자라면 경험으로부터 배울 수 있는 이 쇠의 이끌림에 많은 자연의 기적이 있다."[35] 달리 말하자면 베이컨은 그의 새로운 과학이 자연만큼이나 강력한 효과를 낼 수 있다고 역설했다. 다만 그것은 비술이 아니라 사물의 명확한 속성에 근거할 뿐이다. 니콜라우스 폰 쿠스가 자연마술의 전통을(베이컨의 표현으로는 지지를 받는 견해를) 확고히 거부하면서도 동시에 베이컨의 저작을 이치에 맞는 것으로 수용할 수 있다고 느낀 것도 놀랄 일은 아니다.

그러나 로저 베이컨은 니콜라우스 폰 쿠스의 설교를 들은 사람이 의구심을 품을 수 있는 것보다 더 멀리 나아갔다. 그는 자신이 실천한 과학이 자연 자체와 경쟁할 수 있을 뿐만 아니라 자연을 능가할 수 있다고 주장했다. 중세의 연금술사는 대부분 9세기 연금술사 자비르 이븐 하이얀(게베르)의 영향력 있는 저작을 따라, 아리스토텔레스의 《자연학Phusike akroasis》에 의존해 인간의 기예는 자연의 작용을 모방하고 완전하게 할 수 있다고 주장했다.[36] 반면 베이컨은 연금술이 귀금속을 자연보다 "더 잘, 더 많이" 만들어낼 수 있다고 강조했다. 그는 경험과학이 더 많은 것을 할 수 있다고 주장했다. 자연은 순수한 24K 금을 만들 수 있다. "자연이 그 이상은 할 수 없다는 것을 경험으로 알 수 있다. 그러나 기예는 무한히 더 높은 순도의 금을 만들 수 있다."[37] 베이컨은 경험의 비밀을 풀었기 때문에 깨달았다. "내게는 잘 조사하면 믿기 어려운 것은 전혀 없다."[38]

로저 베이컨은 널리 알려진 글에서 경험과학이 만들 수 있는 경이로운 세계를 이야기했다. "사람이 노를 젓지 않아도 되는 항해 도구를 만들 수 있다. 그래서 강과 바다에서 한 사람이 거대한 선박을 많은 선원이 있을 때보다 더 빠르게 움직일 수 있다. 마찬가지로 짐승 없이 움직이는 마차를, 생각건대 고대인들이 전투할 때 썼던 큰 낫이 부착된 전차처럼 믿을 수 없이 강력한 힘을 지닌 마차를 만들 수 있다. 비행기구도 만들 수 있다. 사람이 그 한가운데 앉아 장치를 돌리면 인공적으로 만든 날개가 하늘을 나는 새처럼 퍼덕거릴 것이다."[39] E. R. 트루이트가 지적했듯이, 베이컨은 때때로 마치 고대의 기술을 재현하기를 바랐다는 듯이 카이사르의 망원경과 로마의 전차를 이야기했다. 어쩌면 아담과 아브라함, 이삭, 야곱이 계시로 받은 지식을 돌아보았는지도 알지 못한다.[40] 다른 경우에 그는 아직 오지 않은 발견을 더 강조했다. "지금 현명한 자들도 훗날 평범한 학자가 알게 될 많은 것을 모른다."[41] 어떤 경우든 한 가지는 분명했다. 별과 그 영향력에 통달한 사람이 다른 사람들을 지배할 힘을 얻을 수 있듯이, 행성과 동물, 돌, 빛의 명백한 속성에 대한 지식을 갖춘 사람은 주변의 물리적 세계를 극적으로, 무서울 정도로 조종할 수 있을 것이다. 진정한 실험자는 자연의 가장 인상적이고 위협적인 현상에 필적하고, 더 나아가 그것을 뛰어넘을 것이다. 베이컨은 이렇게 설명했다. "소리를 천둥처럼 만들어 공기를 뚫고 지나가게 할 수 있다. 자연이 만들어낸 것보다 더 무서울 것이다. 엄지손가락 정도의 작은 물질만 있어도 오싹한 소리를 만들어내고 강력한 섬광을 보여줄 수 있다."[42] 마술은 불법일 뿐만 아니라 필요하지도 않다. 인간의 지성과 힘이 만들어낸 장치가 기적을 낳을 수 있다는 것이다.

만든 사람이 자기 생각을 말하다

15세기 이후 로저 베이컨이 찬미한 기예와 발명품을 실행하고 고안한 사람들 중 몇몇이 자기 생각을 말하기 시작했다. 많은 사람이 예술과 기술의 전문지식에 자부심을 느낀 후원자를 잡으려고 경쟁했고 도시들과 전제군주들이 돈이 많이 드는 거대한 사업을 기꺼이 지원할 준비가 된 이탈리아에서 특별히 그런 사람들이 많았다.[43] 1400년경 이탈리아에서 활동한 이탈리아인과 독일인 기술자들은 자신이 거둔 성취에 자부심을 느낄 만했다. 그들은 피렌체뿐만 아니라 밀라노와 피엔차 등지에서도 거대한 대성당을 건축했다. 그들은 짐승이 끄는 것이 아니라 보이지 않는 일꾼들이 톱니바퀴로 연결된 차축을 돌려 움직이는 자주식 짐마차를 설계했다. 이것은 공성 무기이자 행렬 수레의 역할을 했는데, 후자가 더 그럴듯했다. 자주식 짐마차는 그 용도에서 자연의 힘을 불러내는 통치자의 능력을 생생하게 증명했다. 보헤미아에서 후스파의 짐마차 행렬이 종교혁명을 수호하기 위해 신성로마제국의 기사들을 막아내고• 대포가 전투의 양상을 바꿔놓은 격렬한 전쟁의 시대에, 기술자들은 온갖 종류의 혁신적인 도구를 고안하고 이를 기록으로 남겼다.[44]

이러한 위업에 당대의 가장 매정한 관찰자들도 깊은 인상을 받았다. 피렌체의 부유한 상인으로 1403년 피렌체의 피사 종군을 지원한 부오나코르소 피티는 군대를 책임진 10인 전쟁위원회가 어느 사제로부터 피사의 성벽에 난 오래된 성문을 성벽의 다른 부분과 같은 높이로 벽돌을 쌓아 가리기는 했지만 튼튼하지 않고 지키는 자들도 없다는 사실을 들어 알게 되었음을 떠올렸다. "10인 전쟁위원회는 '기계장치의 거장'인 도메니코라는 사람과 이 문제에 관해 협의했다." 도메니코는 그들의 이야기를 들은 뒤 벽돌을 쌓아 연장한 성벽을 은밀히 직접 조사했고, 비계 때문에 외벽에 생긴 구멍들을 보고는 실제로 부실한 것이 틀림없다고 결론 내렸다. 그 기술자는 구멍에 화약을 집어넣은 다음 점화하면 안으로 들어갈 틈을 만들어낼 수 있다고 주장했다. 피사인들이 참호를 파고 오래된 성문에 보초들을 세우면서 그의

• 1420년대 후스파가 신성로마제국과 교황령, 가톨릭 군주들에 맞서 벌인 후스파 전쟁에서 체코 장군 얀 지슈카가 이끄는 후스파 군대는 적의 총포와 화살을 막기 위해 측면을 보강한 마차를 이용했다.

계획은 무산되었다.[45] 그러나 피렌체의 통치자들은 강줄기를 돌려 루카를 침수시키자는 브루넬레스키의 실패한 계획에 관심을 보였듯이 그의 제안에도 분명히 진지한 관심을 보였다.

이러한 기술자들은 자신의 재주를 높이 평가했지만 단지 기계학을 실행으로 보여주는 데 그치지 않았다. 그들은 자신의 기예에 중요한 지적 요소가 들어 있다고 강조했다. 기술자ingegneri/ingeniatores라는 명칭은, 현대적인 의미와 혼동해서는 안 되는 특정 시기의 의미로, 그들이 독창적인 새 장치의 발명자ingenia일 뿐만 아니라 지식인ingenium임을 가리켰다.[46] 마네티가 인간의 창의성을 칭송할 때 의식적으로 되풀이한 용어들이다. 게다가 파도바의 조반니 돈디와 독일인 군사 기술자 콘라트 키에저 같은 몇몇 기술자는 의학을 공부한 뒤 공학으로 넘어갔다. 그들은 의학부 학생으로 습득한 천문학과 점성술의 기술을 실용적인 연구와 결합하는 데 착수했다.[47] 조반니 돈디는 파도바에 천문시계를 세운 사람으로 널리 알려졌는데, 그 천문시계는 행성들의 운동을 보여주었고 천궁도를 쉽게 작성할 수 있게 해주었다. 키에저도 시에나 태생의 기술자 마리아노 타콜라를 비롯한 다른 사람들처럼 기술자의 일이 점성술의 지배를 받는다고 강력히 주장했다. 키에저는 논문《공성전Bellifortis》의 첫머리에서 행성들과 그 힘을 상세히 다루었다.[48]

학자들이 심사숙고하는 책과 궁리의 세계와 장인들이 돌과 나무를 깎는 노동과 기력의 세계는 돌로 쌓은 성벽보다 더 단단해 보이는 정신적 장벽에 가로막혀 수백 년 동안 소통에 방해를 받았다. 패멀라 스미스 등이 우리에게 가르쳐주었듯이, 기예의 실행자들은 우주와 자신이 작업할 때 쓰는 물질을 저마다 독특하게 이해했으며 그 작업을 높이 평가한 후원자들에게도 말로는 적절히 설명하기가 거의 불가능한 여러 기술을 체득했다.[49] 14세기와 15세기에 이러한 장벽이 허물어졌다. 기예의 실행자들은 경계를 넘어 새로운 영역으로 진출했으며, 미술가들은 인체를 해부하기 시작했다. 이전에는 의사에게만 맡겨진 업무였다. 레오나르도 다빈치는 전문 해부학자가 되었다. 화실에 신체 기관들을 늘어놓기를 즐길 정도였다. 그는 자신이 투시법과 원근법에 통달한 덕에 인체의 공동空洞에서 본 것을 상세히 묘사하고 기록해 다른 사람들에게 보여줄 수 있으므로 그 어느 교수보다도 더 뛰어난 해부학자라고 주장했다. 레오나르도 다빈치가 남긴 기록의 삽화는 단순히 장식용이 아니었다. 그의 삽화는 텍스트와의 상호작용을 통해 그 내용을 풍부하게 해주었다. 더할 나위 없이 창의적인 이미지와 텍스트의 콜라주는 누구의 도움도 없이 혼자 힘으로 학자가 되었을 뿐만 아니라 새로운 유형의 학자가 되었다는 그 예술가의 주장을 구체적으로 표현했다.[50]

레오나르도 다빈치는 화가이자 제도공, 해부학자였을 뿐만 아니라 그 시대의 의미에서 기술자였다. 그리고 자신이 경험한 자연을 글로 표현함으로써 14세기 이래로 선배들이 해왔던 것을 뛰어넘으려 애썼다.[51] 온갖 종류의 장인들이 글을 쓰기 시작했다. 회화부터 불꽃 제조술까지 온갖 분야에 관한 입문서가 보통은 실행자보다는 후원자를 겨냥하여 만들어졌다.[52] 돈디와 키에저, 타콜라, 폰타나 등의 기술자는 텍스트도 써냈다.[53] 그 텍스트들은 여러 점에서 달랐지만, 전부 레오나르도 다빈치의 공책을 닮았다. 레오나르도 다빈치처럼 기술자

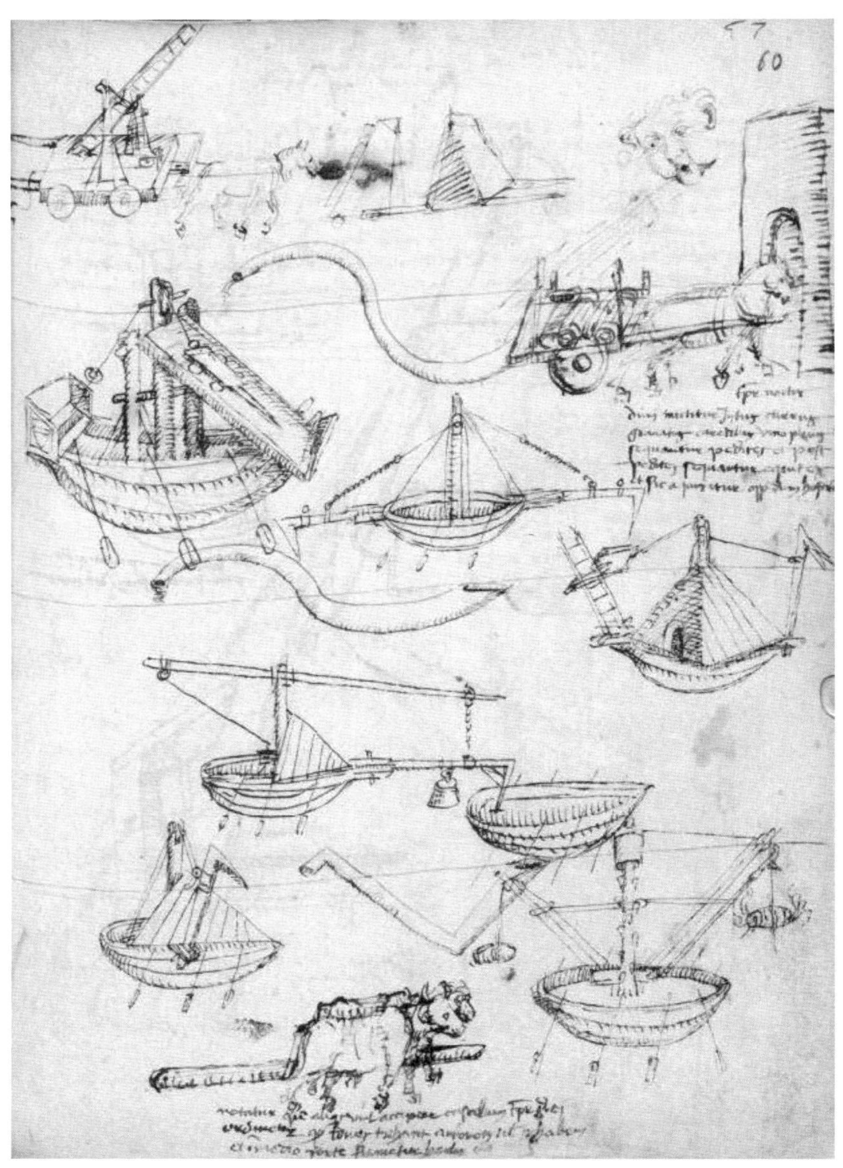

마리아노 타콜라가 스케치한 선박, 운송수단, 기계 장치.

들은 텍스트에 체계적으로 삽화를 곁들였다. 구조의 설계도와 작동 중인 기계의 이미지 둘 다 보여주었다. 레오나르도 다빈치처럼, 그보다 앞선 시대의 선배들처럼, 이들도 자신과 자신이 내놓아야 했던 것을 위해 대담한 주장을 펼쳤다. 자신의 지위와 이상이 높다고 역설한 것이다. 예를 들면 타콜라는 흥분하여 고대의 가장 유명한 기술자와 중세 말의 십자군 사업을 동시에 들먹이며 미사여구를 쏟아냈다. "위대하고 강력한 도시 시에나의 아르키메데스라고 불리는 나, 공증인 마리아노 타콜라는 이러한 장치들을 내 손으로 설계했지만 기독교도에게 쓰려는 것은 아니다. 나는 그것들이 이교도와 야만적인 종족에 쓰일 수 있게 고안하여 만들고 묘사했다."[54]

다른 기술자들처럼 타콜라도 자신이 쓴 텍스트를 이용해 출세하기를 바랐다. 그는 그 논문들이 신성로마제국 황제 지기스문트처럼 예비 후원자의 귀에 들어가 자신을 연결해줄 수 있다고 생각했다. 그는 논문 한 편을 지기스문트에게 헌정했다. 그러나 타콜라는 단지 자랑만 한 것은 아니다. 그는 또한 후스파의 무장 짐마차처럼 당대의 기계 장치들을 정확하게 그려 제공했다. 타콜라는 자신의 기중기가 가장 힘센 견인 동물보다 더 많은 일을 할 수 있다고 자랑했다. "나의 발명품은 황소보다 더 강하다."[55] 정교한 지하 상수도망 덕분에 산업이 발달한 도시 시에나 출신인 타콜라는 수력학水力學에 관해 많은 것을 알고 있었다.[56] 그는 스스로 수중 작업을 위한 정교한 잠함潛函과 강력한 흡입관을 고안했다. 게다가 그는 다른 설계를 보고 평가하고 자신의 장치가 혹시 재앙을 초래하지는 않을지 심사숙고했기에, 장치의 형태와 크기에 변화를 주었다. 타콜라는 흡입관을 도해해 어떻게 적의 들판을 침수시키는 데 쓸 수 있는지 보여주면서도 그것에 반대하는 경고도 내보냈다. "도시나 성, 들판을 침수시키는 것은 관례적인 전쟁 수행 방식이 아니다. 침수가 사람의 목숨을 앗아가는 위험을 피하기 위해서라면 기꺼이 그것을 추천하지 않겠다. 이를 실행하는 자들은 악행을 저지르는 것이다. 따라서 우리는 이 일에 관해 입을 다물어야 한다."[57] 여기서 타콜라는 은연중에 루카를 침수시키려 했다가 실패한 브루넬레스키를 비판하고 있다. 강력한 새로운 공학은 이미 사회적이고 환경적인 책임의 수사법을 발전시켰다.

공학과 마술

적어도 한 가지 중요한 점에서, 기술자들은 로저 베이컨과 니콜라우스 폰 쿠스라면 따라주기를 원했을 길에서 이탈했다. 그들은 거의 전부 암묵적으로든 노골적으로든 자신의 기예를 마술의 힘과 연관 지었다. 그 방식은 상이했다. 때로는 단순히 두 가지 기예를 실행한다고 주장했다. 예를 들면 키에저가 그림을 곁들여 설명한 것이 바퀴 달린 수레만은 아니었다. 그는 마술의 실행도 똑같이 열정적으로 생생하게 묘사했다. 키에저가 쓴 책에는 고대의 행성 신들과 나란히 살라티엘이라는 이름의 정통에서 벗어난 정령도 등장했다. 반백 년 뒤에 글을 쓴 요하네스 하르틀리프에 따르면, 물 점의 '대가들'은 신이 물을 창조하지 않았다고 믿었다. 왜냐하면 〈창세기〉에는 신의 영혼이 물 위를 떠다녔다고 나오기 때문이다. 그는 이렇게 덧붙인다. "그들은 물에 거하는 특별한 정령들이 있다고 주장했다. 그들은 이 정령들이 모든 것을, 미래와 과거를 드러내 보여줄 수 있다고 믿는다. 그중에서도 가장 위대하고 강력한 정령을 살라티엘이라고 불렀다."[58] 키에저는 다른 악마적인 힘의 근원도 설명했다. 타콜라의 공책도 각각 점성술의 고차원 마술과 요리책의 저차원 마술에서 비롯한 관행들을 논의했다. 그는 돌아오는 해가 좋을지 나쁠지 알아보려면 크리스마스 밤에 달의 상태를 살펴보라고 조언했다. "하루밖에 안 된 초승달이라면, 수확이 초라할 것이다. 그날 밤 달이 클수록, 수확이 많을 것이다. 완전한 보름달이면 대풍작일 것이다."[59] 그가 적을 무찌르는 방법으로 권고한 것은 최고의 전쟁 무기를 사용하는 것뿐만 아니라 적의 방에 올빼미들을 잡아넣어 나쁜 공기를 끌어들이고 그에게 역겨운 편지를 보내 잠을 못 자게 하고 "그와 자주 잠자리를 갖는 소년이나 애첩"에게 독을 쓰는 것도 포함된다. "그나 그녀에게 보름이나 한 달 동안 독을 써야 한다. 그나 그녀의 숨과 열, 땀 때문에 함께 자는 짝이 중독될 것이다."[60]

최고로 박식한 인문주의자 중 한 사람으로 신기술을 평한 피렌체 출신의 안토니오 마네티는 마술과 공학 간의 관계를 강조할 비할 데 없이 멋진 방법을 찾아낸 듯하다. 브루넬레스키의 삶을 다룬 피렌체 필사본(그 건축가에 관한 개인적인 지식을 반영한 저작이다)에는 소설도 한 편 포함되어 있는데, 이 또한 마네티가 쓴 것이 거의 확실하다. 영어로 뚱보 목공의 이야기로 알려져 있는 《뚱보 이야기Novella del Grasso》이다. 그 소설은 이렇게 전개된다. 브루넬레스키와 그와 가까운 친구들의 '동아리'는 저자가 교묘하다고 설명한 장치를 연습한다. 그들은 면밀하게 계산된 일련의 속임수와 환영을 통해 음모의 표적인 목공에게 그가 자신을 다른 사람이라고 믿게 한 뒤 그를 감옥에 가둔다. 이야기 전체는 그 음모를 꾸미고 실행한 위대한 기술자이자 건축가인 사람의 '재능ingegno'에 대한 칭찬으로 가득하다. 인간의 총명함이 마술사의 기본적인 묘기 하나를 되풀이한 음모다.[61]

안토니오 마네티의 이야기가 마술과 공학에 현저히 유사한 역할을 부여한 유일한 텍스트는 아니다. 타콜라의 기이한 발상 중에는 개에 긴 줄을 매어 탑 꼭대기의 종에 묶어놓는 것이 있다. 개가 닿을락 말락 한 곳에 먹이와 물을 놓아둔다. 개가 필사적으로 다가가려 애쓰면 종이 울려서, 실제로는 버려진 요새인데도 여전히 누군가 점유하고 있다는 착각을 불러일으켰다.[62] 타콜라는 그 덕분에 병사 한 명이 몰래 요새를 떠나 적이 눈치채기 전에 음식과 물을 가지고 돌아올 수 있지 않겠냐고 했다. 타콜라가 이 우스꽝스러운 이야기에 관해 말하지 않은 것이 있다(그렇지만 알고 있었을 가능성이 높다). 이 속임수가 명백히 마술사도 잘 해낼 수 있을 묘기를 모방했다는 사실이다. 뮌헨에 보관되어 있는 15세기의 마술에 관한 필사본 텍스트는 강력한 성채의 환상을 낳는 '실험'을 제시한다. 저자는 자신이 어떻게 악마의 도움을 받아 주군에게 적군이 다가오고 있다고 납득시켰는지 길게 설명한다. 황제와 백작들은 어찌해야 할지 몰랐고, 그들이 도주했을 때 악마들이 뒤따라와 화살을 쏘았다. 바로 그 순간에 영리한 마술사는 탈출 방법을 제시했다.

그는 외쳤다. "오 살라울Salaul이여, 황제와 그의 수하들 앞에 놀라운 성을 만들어 들어갈 수 있게 해주소서." 그대로 되었다. 탑과 해자, 도개교를 갖춘 더할 나위 없이 안전한 성이 백작들 앞에 나타났다. 훌륭하게 만들어졌고 용병들로 가득한 것 같았다. 용병들이 외치고 있었다. "오, 주군이시여, 시종들과 함께 어서 들어오십시오."[63]

그 마술사는 마치 기술자들의 텍스트에 나오는 일련의 삽화를 보고 있는 것처럼 전투의 일화를 하나씩 차례대로 묘사했다. 용병들은 도개교를 들어올렸지만, 정령들이 전쟁 기계로 성을 공격했다.[64] 그러나 그 순간 살라울이 다시 나타나 자신과 동료들, 성은 15분 이상 머물 수 없기 때문에 떠나야 한다고 사과했다.[65] 배우들과 무대가 사라진 뒤, 황제와 그의 신하들은 늪지대에 있는 자신들을 발견하고 당황했다. 화자는 침착하게 조용히 말했다. "이 일화는 정말로 놀라운 모험 이야기였다." 그런 다음 그들은 함께 만찬을 들었다.[66] 달리 말하자면, 마술사와 기술자 둘 다 강력한 환상을 자아낼 수 있다고 주장했으며, 그러한 행위를 자신이 지닌 기예의 중요한 부분으로 생각했다. 이 시기 마술과 공학이 취한 연극적 형식은 수백 년 동안 지속된다.

15세기 파도바의 기술자 조반니 폰타나는 파도바대학교에서 수학을 가르친 비아조 펠라카니와 함께 공부했는데 자신이 만든 기계 장치를 일부러 신비롭게 보이게 하려고 난해한 알파벳으로 이루어진 암호로 설명했으며, 마술에 관심이 있음을 강조하고자 다른 장치들도 이용했다.[67] 마술사는 악마를 불러냈다. 폰타나는 움직이는 눈과 혀, 뿔, 팔, 날개를 가진 기계 악마를 만드는 법을 보여주었다. 아마도 기적극奇蹟劇을 펼치기 위한 것이었으리라.[68] 강령술사는 죽은 사람을 되살렸다. 폰타나는 나무로 만든 해골이 아래쪽에 숨겨진 바퀴 장치에 줄로 연결되어 있어서 "마치 태엽시계 안의 형상들이 움직이듯이" 사지를 움직이는 것 같다고 설명했다. 농담이 분명했지만, 그는 아마도 시계를 만들기 위한 이 설계를 "레수렉티오 모르투오룸 아리티피키오사resurrectio mortuorum artificiosa"라고 불렀다. "죽은 자를 되살리는 교묘한 방법"이라는 뜻이다.[69] 이러한 사례에서 폰타나는 마술사의 마법진과 향 대신에 기계 장치를 이용해 동일한 심리적 효과의 환영을 만들어내는 법을 보여주었다. 다른 곳에서 폰타나는 대중적인 마술 형태를 조롱했다. 여자들이 번개를 막아줄 수 있다고 생각한, 뿔이 두 개 달린 돌 같은 것이다.[70] 그러나 그는 또한 인간이 악마나 천사의 영감을 받아서, 그리고 시행착오뿐만 아니라 꿈을 통해서도 참된 지식을 얻을 수 있다는 것을 다른 책과, 이번에는 기억술에 관한 책에서 인정했으며, 점성술과 부적의 마술인 아르스 노토리아를 근거가 있는 강력한 학문으로 취급했다.[71] 폰타나는 때때로 자신이 고안한 장치의 형태가 도발적이라고 인정했다. 파도바의 몇몇 사람은 "학식이 매우 높았는데도" 그가 타르타로스(저승)에서 '지옥의 망령들'을 불러와 도움을 받았으며 별꼴 오각형의 문자반文字盤과 신비로운 문자반을 썼다고 거짓으로 비난했다. 그가 토끼와 새의 모양을 한 부활 기계로 불러일으키고 싶었던 반응이 바로 이와 같았을 것이다.[72]

달리 말해서, 이 기술자들이 기록한 필사본 텍스트는 로저 베이컨이 '경험과학'을 위해 세운 기획의 실현과 비슷했다. 이들은 베이컨이 예측한 바대로 물질의 분명한 속성을 이용해 기적을 행하는 법을 보여주었다. 또한 베이컨이 실행한 것과 어울리게 고차원 마술의 기술을 펼쳐 보였고, 비록 악마와 천사를 소환한다고 주장하기는 했지만, 자연의 신비로운 속성을 이용했다. 베이컨처럼 이 기술자들은 인간이 자연을 모방할 뿐만 아니라 자연을 능가할 능력까지 있음을 보여주는 기계 장치에 특별한 관심을 보였다. 견인 동물 없이 움직이는 짐마차와 강력한 무기 따위다. 폰타나는 그의 굳은 의지를, 화보를 곁들여 그의 기계 장치들을 묘사한 훌륭한 텍스트보다 더 분명하게 보여주는 백과사전을 썼다. "인간은 신으로부터 아주 많은 지적 능력을 부여받았기에 많은 예술품을 고안해냈고 자연이 할 수 없었던 많은 것을 성취했다." 폰타나는 자연의 직접적인 모방에 의존하지 않은 것의 사례로 "사람들이 잉게니아ingenia라고 부르는" 것을 들었다. "그것들을 건축가들은 기하학적 측량이나 물리학의 논증, 산술적 추론으로써 달성했다. 예를 들면 나사가 있다. 그로부터 환상적으로 물을 끌어올리는 양수기가 나온다. 여러 벌의 도르래가 있다. 줄을 끼워 돌리는 이 놀라운 장치는 가벼운 견인력으로 믿을 수 없을 만큼 무거운 물체를 끌거나 매달 수 있다. (…) 또한 우리가 석포石砲라고 부르는 무서운 기계도 있다. 온갖 형태의 방어물, 예컨대 대리석 탑까지도 파괴하는 것이다."[73]

고대인, 근대인, 실용적 기예

베이컨과 마네티처럼 결국 수많은 기술자가 고대인과 근대인의 경쟁이라는 문제에 천착했다. 당대의 다른 많은 사람처럼 기술자도 고대의 선배들 말을 인용하고 고대의 모범을 모방하기를 좋아했다. 그것이 명백히 자신의 독창성을 훼손할 때조차도 그랬다. 리미니 출신의 군사 기술자 로베르트토 발투리오는 르네상스 시대 전투의 가장 새로운 특징인 대포가 고대의 가장 위대한 기술자가 만든 발명품이라는 것을 입증하려 했다. "흔히 석포라고 부르는 것은 불꽃과 황이 포함된 지옥의 화약, 청동 탄환, 불타는 포탄 덩어리, 무거운 둥근 돌로서 여기저기 멀리 쏘아대는 금속 장치이다. 그것은 도시의 성벽을 흔들고 그 앞의 모든 것을 파괴한다. 마르켈루스가 시라쿠사이를 포위 공격하던 때 아르키메데스가 동포 시민들의 자유를 지키고 모국의 함락을 막거나 지연시키기 위해 발명했다고 알려져 있다." 멋진 삽화가 그가 묘사한 발명품의 힘과 무서움을 생생하게 보여주었다. 나름대로 도시의 인문주의자였던 발투리오에게 유감스러웠던 것은 아르키메데스가 자기 도시의 자유를 보호하기 위해 만든 기계 장치를 당대의 통치자들은 자유로운 사회들을 정복하는 데 썼다는 사실이다.[74] 발투리오의 고전주의는 이례적이지 않다. 기베르티를 비롯한 다른 기술자들도 알렉산드리아의 헤론 등이 쓴 고대의 공학 저술이 서유럽에 전해지자마자 그것을 열심히 연구했으며 중세와 근대의 작가들이 남긴 저술은 물론 그러한 텍스트에도 의존했다.[75] 브루넬레스키 같은 실용적이고 문제 해결 지향적인 기술자들(브루넬레스키는 일을 시간과 동작의 관점에서 분석했고, 작업자들의 휴식 시간을 아끼기 위해 행상인을 고용해 대성당 둘레의 비계 위로 빵과 포도주를 나르게 했다)은 고대가 남긴 자료에 깊은 관심을 보였다.[76]

로베르토 발투리오가 설계한 전쟁 기계.

그러나 기술자들은 브루넬레스키가 만든 피렌체 대성당의 돔처럼 뭔가 완전히 다르게, 적어도 외견상 다르게 보이도록 해내지 못하면 후원을 받을 수 없었다. 발투리오도 근대인들이 고대의 유물을 개선했다고 흔쾌히 인정했다. 예를 들면 그의 후원자 시기스몬도 말라테스타는 새로운 종류의 대포를 고안했다. 화약이 가득 든 그 청동 포탄은 대포를 떠나자마자 점화되었다.[77] 시각을 더 넓혀 이탈리아 장인들의 관행을 보면, 패멀라 롱이 상세하고도 흡입력 있게 설명했듯이, 15세기에는 지적재산권을 주장하려는 노력이 더욱 흔해졌다. 브루넬레스키는 비록 글로 남기지는 않았지만 동시대의 다른 대다수 사람들보다도 더 강력하게 창의력에 대한 권리를 주장했다. 1421년에 그는 새로운 종류의 화물선에 대해 피렌체 군주로부터 3년 유효의 특허를 획득했다. 아르노강을 따라 상류로 대성당 건설에 필요한 물자를 운반하기 위한 화물선이었을 것이다.[78] 기베르티가 피렌체 대성당 건축의 공을 나누어 가지려 하자 격분한 그는 휘황찬란한 새로운 기계와 도구의 견본을 제작했다. 그의 일꾼들이 진흙뿐만 아니라 순무 따위의 다른 채소까지 사용하여 만들었다. 짐작컨대 브루넬레스키가 이러한 재료를 선택한 이유는 견본 제작에 용이할 뿐만 아니라 견본이 빨리 썩어 다른 사람이 복제할 시간이 없기 때문이었다.[79] 그리고 그는 타콜라에게 자기만의 비법을 누구에게도 알리지 말라고 경고했다. 그렇게 하면 중상과 표절의 위험이 있다는 것이었다. 이 시에나의 기술자는 그 대화를 소상히 기록했다.

> 당신의 발명품을 많은 사람과 나누지 마시오. 과학을 이해하고 사랑하는 몇 사람과만 공유하시오. 당신의 발명품과 성취에 관해 너무 많이 밝히면, 재능의 과실을 거저 내주는 꼴이오. 많은 사람이 기꺼이 경청하겠지만 그 목적은 발명자를 비판하고 그 성취를 무시하고 인정하지 않으려는 것이오. 결과적으로 높은 지위에 있는 사람은 발명자의

말을 다시는 듣지 않을 것이오. 그러다가 몇 달이나 1년이 지나면, 그 사람들이 연설이나 글, 설계에서 정확히 똑같은 말을 한다오. 그들은 뻔뻔스럽게도 애초에는 비난했던 것들을 자신이 발명했다고 주장하면서, 발명자에게 돌아가야 마땅할 영예를 사취한다오.[80]

브루넬레스키는 피렌체 대성당 같은 사업을 관리한 감독위원회 Operai가 자신의 계획안을 거듭 조롱하고 작업에 간섭하자 이를 유능한 자들의 위원회로 교체하라고 제안하기까지 했다. "기술의 전문가들과 대가들을 모아 위원회를 소집해 공사 계획과 실행을 논의하게 하자." 브루넬레스키의 제안을 이해할 수 없는 '얼간이들'과 '사기꾼들'을 새로운 장치의 제작이 가능하다는 사실을 알아보고 그러한 안을 내놓은 자들의 재주를 인지할 수 있는 현명한 자들로 교체해야 했다. 잔노초 마네티와 레온 바티스타 알베르티가 고대 기술과 근대 기술의 결과를 비교하기 한참 전에, 기술자들이 벌써 그렇게 했으며, 그들의 논의에서 '발명' 같은 용어가 전통적인 의미와 나란히 근대적인 의미를 띠기 시작했다.[81]

기술자와 미술가

기술자들은 마침내 로저 베이컨과 니콜라우스 폰 쿠스는 찾지 못한 하나의 연관 관계를 찾아냈다. 이는 15세기에 지극히 중요한 것으로 입증된다. 기술자들은 지금이라면 미술이라고 부를 수 있는 것에 관심을 가졌고 이를 연습했다. 유능한 제도공이었던 타콜라는 100년이 지난 후에도 표절하고 모방하는 사람이 있을 만큼 유용한 스케치를 남겼다. 시에나 태생의 야금학자 반노초 비링구초 등은 타콜라의 작품을 기계에 관한 자신의 인쇄본 책에 실었다. 뛰어난 조각가이기도 했던 타콜라는 시에나 대성당의 성가대 좌석을 위해 열여섯 개의 목재 두상頭像을 만들었다.[82] 브루넬레스키도 당연히 건축뿐만 아니라 조각에도 종사했다. 산 조반니 세례당의 청동문 제작 일(브루넬레스키도 그 일을 원했다)을 따낸 기베르티는 자신이 건축가라고 주장했다. 너무도 열렬히 주장해서 브루넬레스키는 돔 작업을 하는 동안 한때 그의 협력을 받아들여야 했다. 기베르티는 또한 매력적인 텍스트인 《콤멘타리Commentarii》를 써냈다. 이 두꺼운 책에는 회화의 역사뿐만 아니라, 그가 이룬 업적에 대한 설명과 광학에 투시법을 도입하려는 노력도 들어 있다. 폰타나는 자기 시대의 화가들이 처한 상황이 너무나 비관적이어서 논하기도 어렵다고 생각했다. 그러나 그는 투시법에 관한 글을 써서 화가 야코포 벨리니에게 헌정했다.

연극 무대에 쓰인 기계 장치(관객 앞에서 움직였지만 구동에 작용하는 인간이나 동물의 힘은 보이지 않았다)는 공학과 미술이 시각적이고도 효과적으로 교차한 접점이었다. 왕실과 외교에서는 공개적인 축하 행사가 자주 열렸는데, 그럴 때면 군주와 신하, 미술가와 장인이 협력해 수준 높은 청중에게 놀라움을 안겨줄 장치를 고안해냈다. 예를 들어보자. 1475년 5월 말 페사로의 군주 코스탄초 스포르차가 아라곤 왕이자 나폴리 왕인 알폰소의 손녀 카밀라 마르차노 다라고나와 결혼했다. 교양 있는 젊은 통치자였던 코스탄초는 기술과 기예를 다 좋아했다. 그는 해변에 자리잡은 자신의 쾌적한 도시를 폭군들로부터 지키고자 최신식으로 요새화했고, 공작답게 그 안에 멋진 성을 지었다. 그런 사람이었기에 높은 신분의 학식 있는 숙녀를 아내로 맞이할 때 그는 철저히 준비했다. 카밀라의 입성식은 "네 가지 상품이 걸린 화려한 마상시합"부터 인문주의자 판돌포 콜레누초가 라틴어로 행한 한 시간 반의 긴 혼인 축하 연설까지 모든 것이 다 합당한 중요한 행사였다. 콜레누초의 연설은 청중이 더 길게 해주기를 원할 정도로 매우 유려했다.[83] 피렌체의 인문주의자 니콜로 디 안토니오 델리 알리는 이 행사와 다른 축제 행사를 공들여 기록했다. 1480년 필경사 리오나르도 다 콜레는 송아지 가죽에 이를 필사해 우르비노의 교양 있는 전사 군주 페데리코 다 몬테펠트로에게 선물로 바쳤다.[84] 라파엘로의 아버지인 조반니 산티가 그 책자의 삽화를 그렸다. 비록 니콜로가 이름을 거론하지는 않았지만, 조반니 산티는 그 행사에서 기술 담당자로 일했을 가능성이 매우 높다.[85]

적어도 니콜로가 전한 이야기에 따르면, 마상시합에 나선 기사들의 위용도 그 박학한 인문주의자의 능변도 조반니 산티가 "놀라운 솜씨와 교묘한 재주로써 펼친 여러 가지 재미있는 구경거리"만큼 군중을 놀라게 하지 못했다.[86] 카밀라와 코스탄초가 도시에 가까이 다가오자, 상인과 시민 마흔 명이 "사람들이 바퀴 위에 얹어 엄청나게 쉽게, 그리고 놀랍도록 창의적으로 조종한" 배를 타고 두 사람을 맞으러 나왔다. 배 돛이 바람에 한껏 부풀었다.[87] 결혼식 당일인 일요일에 "궁정의 큰 방"은 화려한 이미지의 행성들과 황도대의 기호로 장식되었다. 해와 달을 표현한 형상이 "금과 은으로 가득한 화려한 천국"을 보여주는 황도대 중간의 둥근 문을 통해 구름 위로 내려와 시를 낭송한 뒤 "놀라운 속도와 솜씨로" 다시 올라갔다.[88] 월요일, 같은 방에서 영주들과 백성들은 나무로 뒤덮이고 산토끼와 염소, 사슴, 곰, 멧돼지, 기타 짐승들이 살고 있는 산을 보았다. 그때 사자와 미개인이 무대에 올라 익살스러운 행동으로 청중을 깜짝 놀라게 했다.[89] 조금 뒤에 페사로의 유대인 공동체가 코끼리 몇 마리를 데리고 도착했다. 그중 한 마리는 시바 여왕을 태웠고, 뒤이어 다른 산이 나타났다.[90] 그들 다음으로 행성의 신들을 태운 수레에 이어 사랑의 승리를 표현한 한층 더 호화로운 수레가 바퀴를 돌리는 열두 '요정spiritelli'과 함께 뒤따랐다. 바퀴에서는 불꽃이 번쩍 빛났다.[91] 마상시합 이후에도 마지막 수레가 도시 근교에 도착했다. 이 수레는 명예의 승리를 표현했고, 그 위에는 아름다운 여인 한 명과 "고대 양식의 화려한 갑주를 입은 스키피오와 알렉산드로스, 카이사르"로 분장한 세 남자, "완전히 푸른색인 둥근 지구"가 있었다. "지구에서 사람이 살고 있는 부분을 제외한 물과 물 위쪽은 진정한 우주학宇宙學에 따라 다른 색깔로 칠하고 묘사했다."[92] 이 정교한 행사 일정의 내용은 우주의 조화와 행성의 좋은 영향력, 기타 고대에 형성된 마법 세계의 다른 요소들을 생생하게 재현했다.[93] 그러나 그 수행 방법은 결코 마술이 아니었으며, 니콜로는 그 점을 분명히 하고자 애썼다.

니콜로의 평을 토대로 판단하자면, 장식에 쓰인 다채로운 물감과 재료부터 막과 막 사이에 그들이 흡족하게 즐긴 설탕과자와 기타 귀한 별미까지 그 축제 행사의 모든 면이 관객을 기쁘게 했다. 그러나 시종일관 그들을 가장 놀라게 한 것은 그렇게 많은 수레와 물체들을 저절로 움직이게 만든 창의성과 솜씨였다. 니콜로는 조반니 산티의 기술적 성취가 자아낸 경이로움을 기록했다. 그가 쓴 바에 따르면, 카밀라와 코스탄초를 맞이한 배는 너무도 매끄럽게 움직여서 누가 그것을 끌고 있는지 아무도 볼 수 없었고 진짜 배와 구분할 수도 없었다.[94] 특히 해와 달은 황도대에서 빠르고도 조용히 내려왔다가 다시 올라가서 잔치에 참석한 자들에게 깊은 인상을 남겼다. 유대인 공동체가 만든 코끼리들도 관객을 감동시켰다. "코끼리 다리가 그 안에 있는 사람들의 다리를 절묘하게 감추어서 누구도 이 경이로운 장치를 직접 보지 않고는 그것에 관해 글로 표현하기가 불가능했을 것이다."[95] 약간 뒤에 에티오피아인이 타고 나타난 낙타는 "너무나 예술적으로 잘 표현되어 마치 살아 있는 것 같았다. 그것은 진짜 낙타처럼 컸고 입을 벌리고 있었으며 목을 길게 뻗어 땅바닥까지 늘어뜨렸다."[96]

니콜로는 이러한 장치들이 너무도 인상적이어서 조반니 산티나 다른 전문가가 아니라 비용을 댄 사람에게 공을 돌렸다. 그는 그러한 창의적 발명품이 대부분 코스탄초 스포르차의 '재능과 지성ingegno & intellecto'에서 나왔다고 주장했다. 페사로의 군주는 도전에 도전을 거듭하며 "지칠 줄 모르고 자기 정신의 집요함과 기묘함을 드러냈다."[97] 여기서 니콜로가 사용한 용어에는 깊은 의미가 들어 있었다. 앞서 본 대로 기술자들은 자신을 '재능ingenium/ingegno'과 강하게 결부 지었다. 그들은 자신이 만든 장치를 '잉게니아ingenia'(라틴어 ingenium의 복수)라고 불렀으며 자신을 '잉게니아토레스ingeniatores'(기술자를 뜻하는 ingeniator의 복수형)라고 불렀다. 니콜로는 건축과 공학의 대단한 후원자였던 페데리코 다 몬테펠트로를 위해 코스탄차의 재주를 기록했다. 그는 페사로의 군주를 타고난 기술자로, 그 가면극의 비용을 댔을 뿐만 아니라 직접 무대 장치를 설치한 조급한 프로스페로(셰익스피어의 《템페스트》에 나오는 등장인물로, 책으로 마술을 익혀 사용한다)로 묘사했다. 그렇게 함으로써 후원자들과 인문주의자들의 눈에서 기술자의 기예가 얼마나 밝게 빛나는지를 분명하게 드러냈다.

기술자들은 고대인과 근대인의 싸움이라는 문제를 공학뿐만 아니라 미학의 관점에서도 바라보았다. 그리고 그들은 선배들과의 관계를 개인적인 취향뿐만 아니라 글을 쓸 때의 상황에 따라서도 서로 매우 다르게 보았다. 조반니 돈디는 자신의 천문시계가 새롭다는 점에 자부심을 느꼈다. 그는 프톨레마이오스를 비롯해 천문학에 관해 글을 쓴 고대인들이 "천체와 궤도는 놀랍도록 매우 많이 보인다고 가르쳐서 극소수를 제외하면 그들의 상상을 완전히 이해하기는 쉽지 않다"는 점을 분명히 했다.[98] 도표가 있어도 대다수는 그 명백히 "어렵고 힘든" 학문을 이해하지 못했다. 따라서 사람들은 돌아다니며 "지팡이 없는 맹인처럼 길을 잃고 다른 이의 도움을 간청했다." 그러나 돈디는 이렇게 선언했다. "천문학자들이 설명하는 행성들의 황경 속 움직임을 그 궤도와 고유의 길이와 더불어 육안으로 볼 수 있는 물체를 만드는 법을 나는 신의 도움으로 알아냈다."[99] 돈디는 그 장치를 만든 원작자임을 주장했을 뿐만 아니라 근대의 자료에 의존했다는 점을 분명히 밝혔다. "나는 캄파노 다 노바라의 정교하고 멋진 장치를 보고 이것을 만들 계획을 세웠다." 요컨대 그의 시계로 말하자면 돈디는 주저 없이 자신의 지적재산권을 주장하고 다른 근대인의 지적재산권을 옹호했다.

돈디는 근대인이 모든 면에서 고대인보다 우월하다고 주장하지는 않았다. 그는 근대의 어떤 라틴어 작가도, 심지어 페트라르카조차도 고대인의 상대가 되지 못한다고 흔쾌히 인정했다. 그리고 당대의 미술가와 건축가에 관해서도 똑같이 말했다.

> 고대의 천재적인 미술 작품 중에서 지금껏 남아 있는 것은 거의 없다. 그러나 어디에 있든 실제로 남아 있는 것은 그러한 작품에 강렬한 느낌을 받는 자들이 열심히 찾아보고 높이 평가한다. 그것들을 오늘날의 작품과 비교하면, 그 작가들이 타고나기를 재주가 더 뛰어나고 기예에 더 조예가 깊다는 사실이 곧 밝혀질 것이다. 나는 고대의 건물과 조각상, 조각, 그러한 종류의 다른 작품들에 관해서 말하는 것이다. 오늘날 몇몇 미술가가 그 시대의 작품을 면밀히 조사한다면 놀라움에 충격을 받을 것이다.[100]

요컨대 마네티와 알베르티는 미술을 실용적인 기예에 연결하고 둘 다 근대의 정통성에 연결함으로써 기술자들이 열어젖혔을 뿐만 아니라 꽤 멀리 걸어간 그 길을 따라갔다.

자신을 인문주의자요 기술자로 생각한 알베르티는 자연계를 지배하는 인간의 힘에 관해 마네티보다 더 공격적인 주장을 내놓았다. 그는 돈디가 근대의 미술과 문학 작품이 달성한 수준에 관해 내린 평가를 뒤집었다. 적어도 이 점에서는 그가 피렌체에서 한 경험이 정말로 결정적이었다고 할 수 있다. 광학은 오랫동안 철학자들과 기술자들이 추구한 일련의 강력한 기예 중 하나였다. 그러나 14세기 말과 15세기에 광학은 기술학예의 세계에서 새로운 역할을 수행하게 되었다. 빛과 시각의 기하학적 분석 덕분에 조토와 브루넬레스키, 기베르티, 마사초 같은 피렌체 미술가들은 새로운 투시법을 이용해 2차원의 벽과 판에 3차원의 건물과 사물, 인체의 강력한 환영을 창조할 수 있었다. 광학은 화경火鏡(볼록렌즈)을 만들 수 없을 것이다. 그러나 광학 덕분에 기베르티는 두 번째로 의뢰받은 산 조반니 세례당의 문(기베르티는 먼저 북문을 제작했고 뒤이어 동문을 제작했다)에 복잡한 구조물을 표현하면서 그것이 평면에서 뒤로 물러난 듯한 인상을 줄 수 있었다. 기베르티는 그 새로운 과학에서 큰 기쁨을 느꼈기에 그 교재의 일부를 필사했다. 그리고 자신의 작품을 시점視點의 문제를 찾아 해결하기 위한 노력이라고 명시적으로 밝혔다. 그는 이렇게 썼다. "나는 자연을 최대한 가깝게, 표현할 수 있는 모든 시점을 다 포함시켜 흉내 내려 애썼다." 예를 들면 그는 자신의 모든 '역사'를 틀 안에 집어넣었다고 설명했다. "왜냐하면 먼 곳에서 오는 시선이 장면을 둥글게 보이도록 판단하고 해석하기 때문이다."[101]

알베르티는 《회화에 관하여De pictura》에서 이와 같은 견해를 충분히 드러냈다. 그는 이렇게 썼다. "화가의 의무는 특정한 신체를 평면에 선과 색으로써 그려 넣고 색칠하여, 누가 중심시선을 갖는 장소를 차지했을 때, 일정한 거리에서 그림 속의 무엇을 보든 그것이 동일한 입체 효과를 갖고 문제의 신체와 정확히 똑같은 것처럼 보이게 하는 것이다."[102] 알베르티가 칭찬한 미술가들의 작품에서 보듯이, 실체를 모순이 없는 환각법illusionism으로 표현하는 능력은 근대인에 대한 그의 믿음을 뒷받침했다. 화가와 조각가는 어떤 점에서는 로저 베이컨의 광학 프로그램을 실현했다. 그들은 멀리 떨어진 군대를 궤멸할 수 없었지만 사물을 실제보다 더 가깝게 또는 더 멀리 있는 것처럼 보이게 할 수 있었다. 알베르티가 생각하기에 그 방법은 기하학 원리에 의존했다. 알베르티가 마사초와 기베르티를 그토록 열렬히 칭찬한 것도 놀랄 일은 아니다.

암호문 작성: 알베르티가 암호 기술을 개량하다

이 시기에 레온 바티스타 알베르티만큼 기술의 가능성을 강력하게 제시한 작가는 없다. 그의 저술에서는 발명의 실천과 혁신의 수사법이 긴밀하게 얽혔다. 특히 그의 두 논문, 즉 암호 기술에 관한 짧은 글과 건축에 관한 두꺼운 논문은 마구스의 실천과 믿음에 강력한 영향을 미쳤다. 알베르티가 비교적 늦게 쓴 저작인 《암호에 관하여De componendis cifris》는 바티칸의 정원에서 활기차게 시작한다.[103] 알베르티와 피렌체 출신의 그의 친구인 교황령 장관 레오나르도 다티는 인위적으로 조성한 교황의 공간을 감탄하며 산책할 때 유럽 최신의 발명품들에 관해 논했다. "우리는 최근에 단 세 명이 가동활자를 이용해 원본 텍스트를 100일 만에 200부 이상 찍을 수 있게 한 독일인 발명가를 크게 칭찬했습니다. 그는 단 한 번에 커다란 전지全紙 한 장을 인쇄할 수 있지요."[104] 타인의 발명품에 대한 이 일반적인 논의는 금세 더 구체적인 것에 관한 대화로 바뀌었다. 다티는 "난해한 기예와 감추어진 세계"의 애호가였던 동료에게 "암호의 해독자요 비밀의 설명자"라는 자들에 관해 의견을 요청했다. 알베르티는 이에 답해 암호문 작성에 무엇이 필요한지 설명했다.[105]

고대부터 공식 문서는 매우 다양한 방식으로 암호화되었다. 보내는 사람과 받는 사람이 감추어진 의미가 담긴 일련의 낱말들에 관해 합의할 수 있었다. 예를 들면 A는 '왕', B는 '교회', D는 '교황' 등이다. 또는 글자를 특별한 기호로 대체할 수 있었다.[106] 그러나 15세기 중반이 되면, 정부가 커졌고 공식 문서를 작성하는 관청인 문서국도 확대되고 전문화했다. 최초의 주재 대사들, 즉 잉글랜드의 작가이자 외교관이었던 헨리 워턴이 생각 없이 한 말대로 "나라를 위해 외국에서 거짓말을 하라"고 파견된 그 불행한 영혼들은 이탈리아의 궁정과 도시에서 붙박이가 되었다. 그들은 자국 정부와 은밀히 연락할 방법을 찾아내야 했다. 군대 지휘관도 마찬가지였다. 세월이 흐르면서 공작령과 도시, 교회의 문서국에서 일하는 숙련된 서기들, 마르첼로 시모네타가 상세한 연구로 복원한 세계의 서기들은 그 방법을 고안해냈다. 마르첼로 시모네타의 조상 치코 시모네타를 고용한 스포르차 가문의 밀라노 문서국처럼, 몇몇 문서국은 복잡한 암호를 전문적으로 다루었고 자국 밀정의 급송 문서를 판독하고 타국 문서의 암호를 푸는 데 도움이 되도록 세심하게 기록을 남겼다.[107] 알베르티처럼 이들도 고유명사와 같은 글자가 반복되는 낱말이 특히 해독에 취약하다는 사실을 알고 있었다. 그리고 모음이 자음보다 훨씬 더 자주 나온다는 사실을 알고 있었기에 매우 단순한 암호문에서도 모음 대신 여러 가지 기호를 사용했다. 알베르티처럼 그들은 실제에서는 매우 다양한 형태의 암호가 유용할 수 있음을 알고 있었다. 미켈레 초펠로는 1450년대에 교황 칼리스투스 3세에게 헌정한 논문에서 여러 형태의 암호 작성법을 설명했다.[108] 그의 문자 교환식 암호는 각각의 모음에 여섯 개의 기호를 주고 자음에는 세 개씩만 배정했으며, '교황'과 교회처럼 자주 등장하는 명사에는 기호를 추가로 배정했다.[109] 1464년 스포르차 가문의 밀라노 공작령 문서국에 합류해 15세기가 거의 저물 때까지 일한 프란체스코 트란케디노는 문서를 교환하는 10여 명을 위해 각각 다른 암호문을 작성했다.[110] 인문주의자 프란체스코 필렐포로 말하자면 그는 세 개의 서로 다른 알파벳을 사용했는데, 숫자와 점성술의 기호, 여타 부호가 라틴어 문자를 나타냈다. 그밖에도 암호 해독자를 따돌리기 위해 "아무런 의미가 없는" 부호를 집어넣었다.[111] 반면 트란케디노는 파르마 주교와 서신을 주고받을 때는 특수한 알파벳뿐만 아니라 문자들의 조합을 가리키는 기호를, 그리고 전쟁과 평화, 교황과 황제, 베네치아인, 피렌체인, 제노바인을 가리키는 다른 기호도 사용했다.[112] 이탈리아에서 가장 크고 가장 효율적이었던 교황령 문서국은 효과적인 암호를 개발하기 위해 많은 노력을 기울였다.

알베르티가 지적했듯이, 불행하게도 그 모든 통상적인 체계는 결국 그것을 조직적으로 엄밀히 조사하고 암호문의 원문에 담긴 주제를 어느 정도 아는 자에게는 취약하다는 사실이 드러났다. 암호문 작성자는 우선 두 가지 원리를 따라야 했다. 암호 체계의 사용자는 누구든 암호화한 텍스트를 동일한 방식으로 해독할 수 있게 해주는 '불변의 규칙'을 지녀야 한다. 그리고 그 체계는 "최고로 뛰어난 기술을 가진 자와 명민한 해독자"도 결과물을 지표가 되는 색인 없이 조사한다면 이해할 수 없어야 한다.[113] 이렇게 높은 수준을 충족할 암호에 원료를 제공할 수 있는 것은 오직 경험적인 언어 연구뿐이다. 다행히도 알베르티는 토스카나어 문법책(첫 번째 토스카나어 문법책이다)을 쓰면서 라틴어와 이탈리아어를 분석했다. 분석의 결과는 정확했다. 운문에서는 자음과 모음의 비율이 8 대 7이지만, 산문에서는 3 대 2였다. 면밀한 검토 끝에 산문에서는 o와 a가 가장 적고, e와 i가 빈번히 나왔다.[114] 뒤이어 알베르티는 자음에 대해서도 유사한 수치를 제시한다.[115] 이러한 관계를 알고 있는 사람이라면 암호문 텍스트를 쉽게 해독할 수 있을 것이다. 그저 암호문에서 가장 흔하게 나오는 글자가 원문에 가장 흔하게 나오는 라틴어 문자와 일치한다고 가정하기만 하면 된다. 따라서 암호문 작성자는 가장 흔히 나오는 글자들과 그 정체를 드러내는 빈도를 의도적으로 감추어야 했다.

알베르티는 이 문제를 그의 표현을 빌리자면 완전히 새로운 장치로 해결했다. 영감을 주었을지도 모르는 인쇄기처럼 기계화의 가능성을 이용한 장치였다. 알베르티의 장치도 인쇄기처럼 하나의 메시지를 물리적으로 단일한 기록 형태를 띠지 않게 복제할 수 있었다. 알베르티의 장치는 인쇄기보다 더 혁신적으로 텍스트 자체를 동일한 장치를 지닌 자만이 재구성할 수 있도록 분해했다. 알베르티는 두 개의 청동 원반을 만들었다. 그는 레오나르도 다티에게 이렇게 말했다. "직경이 큰 것을 고정반Stabillis이라 부르고 직경이 작은 것을 가동반mobillis이라고 부르겠습니다. 고정반의 직경은 가동반의 직경보다 9분의 1이 큽니다."[116] 그는 큰 원반 둘레에 동일한 간격으로 표시를 해서 여러 구획으로 나누었고 자주 쓰이지 않는 H와 K를 제외한 라틴어 대문자와 숫자 1에서 4까지 써넣었다.[117] 그는 또한 작은 원반의 가장자리에도 표시를 하고 구획 안에 똑같은 로마자를 소문자로 써넣었다. 그리고 작은 원반을 큰 원반 위에 장착하고 두 원반의 중심에 핀을 꽂았다. 그는 장치를 작동하려면 이 '장치formula'를 암호문 작성자에게 하나, "멀리 떨어져 있는 친구"에게 하나를 주어야 한다고 설명했다.[118]

장치를 사용하는 두 사람은 가동반의 특정 글자가, 예를 들면 k가 지표 역할을 한다는 데 동의해야 한다. 암호문 작성자는 대문자 B로 글을 시작한다. 해독자는 암호문을 받으면 k가 고정반의 B에 올 때까지 가동반을 돌린다. 그러면 암호문에 뒤이어 나오는 글자들을 해독할 수 있다. 그러다가 다른 대문자가 나오면 이는 가동반을 조정하라는 지시다. 알베르티는 이렇게 말한다. "나는 단어 서너 개를 쓴 다음에 내가 지닌 장치에서 지표의 위치를 바꾼다. 이를테면 지표 k가 대문자 R 밑에 오도록 가동반을 돌린다. 나는 메시지에 대문자 R을 쓸 것이고, 이때부터 소문자 k는 B가 아니라 R을 의미한다."[119] 알베르티는 그런 식으로 글자의 정렬을 충분히 자주 바꾼다면 아무리 똑똑한 해독자도 원문을 알아낼 수 없을 것이라고 장담했다. 요컨대 알베르티는 20세기에 독일군의 암호 작성기 에니그마의 토대가 되는 기계적 변형의 원리를 고안해낸 것이다. 그 덕에 독일군의 그 암호기는 장치 자체와 암호첩, 여타 문서가 블레츨리파크의 영국 암호 해독자들의 손에 들어갈 때까지 해독 시도를 견뎌냈다. 알베르티는 "내 발명품의 암호문 작성 방식"에 기쁨을 감추지 않았다. 또한 그 혁신적인 성격과 그것을 비밀로 유지하는 가치에 대한 믿음도 숨기지 않았다. "다른 어느 암호기보다 사용하기 쉽다. 더 빨리 작성할 수 있으며, 미리 정한 규칙을 준수한다면 더 빠르고 더 편리하게 해독할 수 있고, 통신자들이 합의한 해독 방법이 누설되지 않는 한 풀기가 더 어렵다. 감히 말하건대 최고로 예리하고 부지런한 지식인이 최고로 뛰어난 통찰력의 지성과 온갖 탐구의 능력을 동원해 갖은 노력을 다 해도 소용없을 것이다. 해독 방법을 알고 있는 사람 말고는 누구도 나의 이 암호기로 작성한 것을 알아낼 수 없다."[120] 알베르티의 말은 그가 자신의 장치를 신비로운 기예인 마술처럼 놀랍도록 효과적이라고 보았을 뿐만 아니라 환영이나 주문이 아니라 반복 가능한 기술에 의지한 것으로 보았음을 밝히고 있다.

알베르티는 암호 기술이 실제로 오랫동안 마술과 연결되어 있었다는 사실을 알았다. 그는 비록 양파 즙과 그 비슷한 물질을 이용한 은현隱現 잉크에 관심이 없다고 말했지만 적어도 그러한 방법 한 가지를 알고 있다고 인정했다. "인체에는 말발굽보다 더 은밀한 부분이 있다. 그곳에 20일 이상 지나면 쉽게 드러나는 액체로 꽤나 긴 메시지를 쓸 수 있다. 그전까지는 땀이나 물로도, 심지어는 따뜻한 물로 목욕을 해도 지워지지 않을 것이다."[121] 그는 또한 모든 신비로운 문자 중에서도 가장 유명한 것, 즉 "고대 이집트의 오벨리스크에 새겨진 것과 같이 기호와 자연 간의 닮음을 토대로 만들어진" 상형문자와 문서국에서 일상적으로 사용한 것 같은 더 임의적인 기호를 언급했다.[122] 그러나 알베르티는 자신의 기계적인 암호화 방법이 다른 일반적인 방법처럼 암호문과 원문 간의 자연스러운 동등함이 아니라 임의적인 동등함을 토대로 한다는 점을 분명히 했다. 그렇지 않다면 어떤 암호도 결국에는 뚫린다는 것이 밝혀질 것이다. 따라서 알베르티는 마술사와 달리 자신의 기계 장치를 만드는 방법을 차근차근 정확하게 설명했다. "나는 이제 내가 따랐던 길을 되돌아가겠다. 그것이 유익하리라고 믿기 때문이다."[123] 그 덕분에 조반니 바티스타 델라 포르타 같은 사람들이 문서 암호화 기계를 만들어 같은 목적을 한층 더 결정적으로 달성할 수 있었다.

알베르티가 고안한 장치의 지적 기원에 관한 실마리는 그 형태에서 찾아볼 수 있다. 이 맥락에서 원반 장치의 모양은 당연하게도 마요르카의 신비주의자 라몬 유이의 착상을 떠올리게 했다. 라몬 유이는 신의 속성들을 최대한으로 연결하는 방법으로서 동심원반 장치를 고안해냈다. 그의 장치가 알베르티의 기획에 영감을 주었다고 해도 과언은 아니다. 생각할 수 있는 온갖 목적에 볼벨volvelle(휠 차트 wheel chart)을 이용하려는 다른 노력에도 영감을 주었기 때문이다.[124] 그러나 알베르티는 라몬 유이를 전혀 언급하지 않는다. 그러므로 그는 이러한 도구의 실제 모델을 자신이 직접 보았던 작품의 기술자들과 측량사들로부터 가져왔을 가능성이 높다.

알베르티는 회전 방식으로 작동하는 도구를 특별히 좋아했다. 그는 산타 마리아 노벨라 성당의 건물 전면을 새로 멋지게 만들었는데, 그 문턱의 반암斑巖 석판에 로렌초 데 메디치의 매부인 베르나르도 루첼라이의 이름을 새겨 넣기로 결정했다. 원하는 대로 마무리 작업을 할 수 없음을, 다시 말해 연마와 끝손질을 적절히 수행할 수 없음을 안 그는 "꼬치처럼 생긴 손잡이가 있는 작은 회전 드릴을 만들게" 했다. 알베르티는 그것으로 구리 금강사金剛砂 원반을 돌려 원하는 끝손질을 완성했다(그렇지만 너무 힘들어서 다시는 시도하려 하지 않았다).[125] 알베르티는 다티와 함께 바티칸의 정원을 서성거리기 몇십 년 전에 원반 형태의 기구를 이용해 로마시를 측량했다. 그는 그 기구의 테두리에 눈금으로 각도를 표시하고 캄피돌리오 언덕에 올라 0도에서 특정 건물의 방향까지 몇 도가 떨어져 있는지 판독해 로마의 극좌표極座標 지도를 제작할 수 있음을 보여주었다.[126] 알베르티는 소책자 《조각상에 관하여De statua》를 쓸 때 비슷한 도구를 유사한 목적에 사용했다. 그는 이렇게 설명했다. 청동 원반 둘레에 표시를 하고 그 중심에 움직이는 '살radius'을 부착하고 그 끝에 다림추를 매달아놓는다. 이 도구를 조각상의 머리에 두면 "신체의 일부가 움직이거나 새로운 자세를 취해 때때로 초래되는 팔다리의 변화"를 양적으로 정확하고 상세하게 좌표 위에 나타낼 수 있다.[127] 알베르티는 그 동일한 기구를 "조각상을 예술적으로, 질서 있게 만들기 위해 살아 있는 모델"에 적용할 수 있다고 지적했다.[128] 가장 놀라운 발언은 이것이다. 이 도구로써 "우리는 원한다면 (…) 조각상의 절반은 루니자나에서, 나머지 절반은 파로스섬에서 만들 수 있다."[129]• 원반을 이용해 복잡한 물체를 복제하려는 알베르티의 모험적 시도에서 이러한 발언이 처음은 아니었다. 이렇게 예술품을 복제하고 정보를 전달하는 유용한 기계를 만드는 알베르티의 능력은 그가 왜 처음 등장한 인쇄기의 아름다움과

• 루니자나는 이탈리아 북서부 토스카나와 리구리아에 해당하는 곳이고, 파로스섬은 에게해 중앙에 있다.

인체와 조각상의 비율을 측정하는 알베르티의 원반 장치.

혁신적 성격을 그토록 빠르게 이해했는지 설명해준다. 그는 인쇄기를 보고 원반 테두리에 알파벳 글자를 무작위로 배열해보자는 생각을 떠올렸을 것이다. 알베르티는 그 '장치formula'를 설계했을 때, 조각상과 도시를 측량할 때처럼, 1430년대에 피렌체에서 경험한 실용적인 공학 전통 안에서 일했으며 새로운 기기들을 발명해 그 전통의 발전에 기여했다.

알베르티가 암호에 관심을 가진 유일한 기술자는 아니었다. 정식 대학 교육과 실용적 장치에 대한 강력한 관심을 결합한 알베르티처럼, 조반니 폰타나도 흥분한 마녀들과 움직이는 해골을 그린 그림의 제목 일부를 암호화했다. 그러나 폰타나는 문서국에서 일한 대부분의 서기처럼 라틴어 문자와 대응하는 기이한 기호의 알파벳을 썼을 뿐이다. 이는 지속적인 해독 노력에 취약했음이 드러났다.[130] 반면 알베르티는 이탈리아 산문에 쓰인 글자의 양태를 양적으로 엄밀하게 분석해 이를 토대로 작업했으며, 특정한 글자 형태를 알아볼 수 없게 하는 방법으로 암호 원반을 만들었다. 이로써 그는 공학 전통에 대한 관심과 그 특징적인 방식을 인문주의자들의 언어학적·문헌학적 방법과 결합했다. 예를 들면 그는 1430년대에 최초의 이탈리아어 문법책을 저술하고 토스카나 방언의 기본적인 언어학적 사실을 확립하기 위해 정량분석을 썼을 때 그 동일한 방법을 사용했다.

실용적인 공학을 언어 연구에 결합하려는 알베르티의 노력은 암호의 영역에만 국한되지 않았다. 그는 말년에 쓴 짧은 논문《트리비아 세나토리아Trivia senatoria》에서 연설자를 위한 도구를 고안해 제시했다. 필사본에서 한 쌍의 원반으로 나타나는 장치로, 둘레에 여러 가지 연설 형태와 연설에서 다루어야 할 '장소'나 '주제'를 표시해놓았다.[131] 그는 이렇게 썼다. "이런 식으로 우리는 한 가지를 다른 것과, 같은 종류든 다른 종류든 가리지 않고 결합하고 비교할 것이며, 각각의 부분들을 검토하고 깊이 고찰한 뒤 더 적절한 지점을, 문제에 가장 적합한 지점을 선택할 것이다."[132] 연사는 연설을 개관할 때 이러한 것들에 의존함으로써 자신이 특정 주제와 장르에 필요한 모든 내용을 다룬다고 확신할 수 있었다. 이 장치는 인문주의의 기예인 웅변을 기계화했다. 달리 말하자면 알베르티가 《암호에 관하여》에서 설명한 암호 작성 원반은 그가 다른 영역에서 이미 응용한 수학적·언어학적 기술이 자연스럽게 발전한 결과물이다. 알베르티의 새로운 암호 기술은, 그가 알고 있었고 칭찬했던 예술가들의 작업장처럼, 패멀라 롱이 말한 학문적 전통과 실용적 전통이 교차하는 '협력의 공간'이 되었다. 뒤에서 보겠지만 그 새로운 형태의 암호 기술은 마술의 실행에서 중요한 부분이 되었다.

자연을 지배하는 힘

알베르티는 또한 물리적으로 자연을 지배하는 근대인의 능력이 진정으로 새로운 수준에 도달했다고 생각했다. 앞서 보았듯이 브루넬레스키의 돔은 그 규모만으로도 알베르티와 마네티에게 깊은 인상을 심어주었다. 브루넬레스키가 그 돔을 건설하는 데 쓴 기계의 정교함도 마찬가지였다. 새로 지어진 건축물도 강력한 인상을 주었다. 도시의 통치자들과 가문의 수장들은 인접한 부지를 사들여 오래된 건물을 허물고 이전에 볼 수 없던 큰 규모로 도시 주택을 건설하기 시작했다. 알베르티의 친구로 15세기 최고의 골동품 연구자였던 플라비오 비온도는 건축가 미켈로초가 설계한 메디치 궁전이 "로마의 옛 통치자들의 건물, 진실로 그중에서도 가장 탁월한 것"에 전혀 뒤지지 않는다고 썼다. "글로써 고대 로마를 복원한 나는 요컨대 로마에 남아 있는 위인의 저택 중 이보다 더 웅장한 구조를 갖춘 것은 없다고 주저 없이 말하겠다."[133] 잔노초 마네티가 지적했듯이, 건축은 근대인의 '노력'을 충분히 확인해주었다.

기술자와 그들을 관찰한 사람 모두 단순한 근면보다 더 복잡한 어떤 것을 기술자가 이룬 업적의 핵심으로 보았다. 알베르티는 죽기 전 30년 남짓 되는 세월 동안 대부분의 시간을 두꺼운 책 《건축에 관하여De re aedificatoria》를 집필하는 데 썼다. 알베르티는 그의 저작 중에서 가장 훌륭한 논문으로 꼽히는 이 책에서 기술자의 활동을 지속하고 종합했는데, 특히 물의 관리와 기본적인 기계들을 상세히 다루었다. 그와 다른 건축가들이 기둥을 비롯한 무거운 물체를 들어올릴 때 쓴 기계를 살아 있는 존재에 비유한 구절이 눈에 띈다. 그는 이렇게 썼다. "그러나 여기에서 우리는 그 기계를 손을 가진 지극히 강력한 동물, 무거운 물체를 우리가 하는 것과 거의 동일한 방법으로 움직일 수 있는 동물로 생각하기만 하면 된다. 따라서 이러한 기계들은 우리가 누르고 밀고 당기고 운반할 때 쓰는 것과 동일한 길이의 팔다리와 근육을 갖고 있어야 한다."[134]

기계 장치의 힘을 자연에 대한 명백한 이해를 바탕으로 설명한 기술자가 알베르티만은 아니었다. 조반니 폰타나는 스승인 파르마의 비아조 펠라카니를 따라 하늘에서 행군하는 군대가 보이는 것은 신의 섭리가 보여준 전조가 아니라 대기의 굴절이 만들어낸 환영이라고 주장했다.

나의 스승이었던 비아조 펠라카니는 은총의 해인 1403년에 창과 검으로 무장한 기병과 보병들이 사흘 동안 매일 3시 전에 롬바르디아의 부세토라는 도시 근처에서 구름 속에 나타나 서로 공격했다는 이야기를 전한다. 이를 본 사람들은 그 희한한 사건의 원인을 알지 못해 두려움에 사로잡혔다. 이 장소에서 멀리 떨어진 어떤 평야에 우연히 무장한 기병대와 보병들이 있었다. 밀라노 공작이 볼로냐를 포위 공격하려고 모은 병사들이었다. 그때 하늘에 습기를 잔뜩 머금은 구름이 일어 그 무장한 병사들의 움직임과 닮은꼴을 보여주었기에, 인근에서 그 구름을 본 사람들은 공중에 무장한 인간의 모습을 한 악마들이 서로 싸우고 있다고, 그들이 자발적으로 온 것이 아니면 마술의 힘에 의해 그곳에 왔다고 결론 내렸다.[135]

이와 유사하게 밀라노 상공에 나타난 천사들은 "손에 나팔과 검을 든 형태로 만들어진, [코르테에 있는] 산 고타르도 성당의 높고 뾰족한 탑의 천사, 앞에서 말한 습기 가득한 구름에 마치 거울을 보듯이 자신의 모습을 내보인 천사"와 닮았다.[136] 폰타나는 자신이 만든 몇 가지 장치에 영감을 준 당대의 정교한 투시법 연구 덕에 동시대 사람들이 보통 불가사의한 것으로, 심지어 초자연적인 것으로 여긴 사건들을 자연법칙에 의존하여 설명할 수 있었다. 그와 마찬가지로 많은 사람이 공중에서 배와 성, 도시, "믿을 수 없이 큰 용들과 전대미문의 기괴한 괴물들"을 보았거나 보았다는 얘기를 들었다.[137] 이러한 종류의 소식을 담은 책자와 소문은 정치와 집단행동에 강력한 영향을 미칠 수 있었다.[138] 폰타나는 "기예로써, 마술이 아니라 순수한 기술로

써" 이러한 모든 현상을 재현할 수 있다고 주저 없이 선언했다.[139]

폰타나는 무기와 여타 놀라운 장치들을 삽화를 곁들여 설명한 논문에서 비슷한 기조를 유지했다. 글에서 그는 중세의 문장紋章과 당대 부르고뉴 통치자들의 정원에 많이 나타난 시각적 설계의 전통에 기대어 감탄을 자아내는 온갖 자동장치를 제작하는 방법을 보여주었다. 하늘을 나는 새, 불 방귀를 뀌는 토끼, 안면과 팔, 날개가 움직이도록 교묘하게 설계된 기계 악마 따위다.[140] 그는 이러한 장치가 어떻게 작동하는지 분명히 보여주고자 삽화를 실시간의 형태로(작동 중에 어떻게 보이는지), 그리고 도형으로도 그렸다.[141] 예를 들면 폰타나는 여성의 모습을 한 기계 악마의 스케치에서 그 자동장치를 한 페이지에 두 가지 다른 형태로 제시했다. 앞쪽에서는 날개를 펄럭거리고 불을 내뿜으며 앞으로 빠르게 움직이는 모습을 보여주었다. 뒤에서는 그러한 환영을 가능하게 한 구조를 드러내 보였다. 매우 인상적인 화상畫像 하나와 도형과 묘사가 반씩 섞인 이미지의 이 삽화를 그린 사람은 악마의 의상을 걸친 틀, 머리를 어깨 및 꼬리와 연결해 그것들이 동시에 움직이게 하는 줄, 움직이는 부분들을 보이지 않게 가린 바구니 모양의 구조, 머리 안에 조립되어 귀와 입에서 불을 내뿜을 수 있게 한 관을 보여주었다. 기묘하게도 20세기의 화가 피카소나 막스 에른스트를 연상시키는 놀라운 기계 장치다.[142] 여기서 폰타나는 명백히 불가사의하거나 초자연적인 것을 기계 장치로 만들어 보여주었다. 그는 그 장치들이 악마의 힘에 의지하지 않고도 심리적으로 마술의 주문과 동일한 효과를 내는 환상을 만들어낼 수 있음을 분명히 했다. 그는 자신이 악마를 불러내 그러한 결과를 달성했다고 생각하

조반니 폰타나가 귀와 입에서 불을 내뿜는 여성 악마를 묘사한다. 몸 안의 줄이 두 날개를 펄럭이게 했다.

는 바보들을 비난했다. 그 자동장치는 더 큰 주장의 가장 두드러지고 가장 명백한 사례였다. 이와 같은 그림이 다른 기술자들의 필사 원고에는 등장하지 않지만, 예를 들어 기중기 같은 장치의 원리와 작동을 이해하려는 브루넬레스키의 노력에 유사한 생각이 깔려 있음은 분명해 보인다.[143] 15세기 기술자(폰타나가 구현하고 알베르티가 이해한 기술자)는 프랑켄슈타인 역할을 할 준비가 되어 있었다. 그들은 이미 인체를 부분적으로 닮은 것을 만들 수 있었고, 그렇게 함으로써 아르키메데스가 다른 맥락에서 말했듯이 세상을 움직일 뿐만 아니라 세상을 환상에서 벗어나게 할 수도 있음을 증명했다.

그렇다면 마네티와 알베르티가 특정한(다소간 독특한) 기술을 근대 기술학예의 특징이자 인간 창의성의 증거로 찬양한 것은 우연이 아니다. 두 사람은 한편으로 큰 물체를 움직이고 다른 한편으로 감동적인 환영을 불러내는 능력을 강조했다. 이들은 근대인이 투시법과 점성술, 기계에 통달했음을 환기시켰다. 이로써 둘 다 기존의 전통에 의존했을 뿐만 아니라 자신이 알고 있던 피렌체 미술가들이 그 약속을 가장 충실하게 실현한 사람들이라고 확인했다. 브루넬레스키 등은 세상의 면모와 인류의 조건을 일신했다.

알베르티는 적어도 한 번은 주문이 아니라 기계와 땀이 인간에게 가장 큰 힘의 원천이라는 굳은 믿음을 드러냈다. 그는 중세 내내 옛 성 베드로 대성당 옆에 서 있던 오벨리스크에 관해 대화 형식의 짧은 논문을 썼다. 알베르티의 대변인 역할을 한 인문주의자 구아리노 다 베로나는 그것이 "악마의 기예나 힘에 의해" 만들어졌다고 믿는 사람들을 조롱했다. 그에 따르면 또다른 이들은 억측을 했다. 그

15세기 중반 두 명의 골동품 연구자가 바티칸의 오벨리스크를 조사하고 있다.

들은 그 오벨리스크가 "합성물로 만든 것"이라고 주장했으며 이를 입증하려고 그것을 조금씩 잘라냈다. 구아리노는 이렇게 결론 내린다. "결국 그들은 그 작품이 인간의 힘이 아니라 베르길리우스의 강령술과 마술, 주문에 의해 만들어졌다며 헛소리를 지껄인다."[144] 확실히 중세의 전설은 예루살렘의 솔로몬 성전에서 가져온 것으로 추정되는, 옛 성 베드로 대성당의 제단과 성직자석 옆에 서 있는 나선형 기둥들은 물론이고 그 오벨리스크도 베르길리우스가 로마로 가져왔다고 말한다.[145] 로저 베이컨처럼 알베르티도 마술과 마술을 인정하는 전설을 거부했다. 전문가들이 더 잘 알았다. 그 오벨리스크는 단단한 돌을 쌓아올린 것으로, 알베르티는(구아리노가 그를 대변한 것일 수도 있다) 상세히 조사한 뒤 수백 년에 걸쳐 기후가 그 위에 설치된 청동 구체에 영향을 미쳤음을 알아차렸다. 적절하게 설계된 기계만이 이 돌 덩어리를 옮기거나 세울 수 있었다. 알베르티는 이렇게 썼다. "우리의 건축가들은 이것을 세우는 데 투입된 노력이나 비용의 정확한 성격을 확인했다. 실제로 여전히 서 있는 그 돌을 기계 장치를 이용해 성 베드로 대성당의 입구나 이 도시의 다른 곳으로 옮길 수 있다고 장담한 자들을 찾아볼 수 있다."[146] 그는 큰 구조물을 옮기는 데 전문가인 아리스토텔레 피오라반티 같은 기술자를 염두에 두었다. 1451~1452년 피오라반티는 판테온 인근의 도미니크회 예배당인 산타 마리아 소프라 미네르바 성당의 거석 기둥 두 개를 로마 시내와 테베레강을 가로질러 성 베드로 대성당으로 옮겼다. 실현되지는 않았지만 그 오벨리스크를 옮기려는 15세기 중반의 계획에서 피오라반티가 중요한 역할을 했다고 해도 이상할 것이 없다.[147]

subacteq; sint: non negaturas ab architecto. Armatum enim faci
le hostem contempsisse: Sed ingenii uim: et operum molem: &
tormentorum impetum: quibus urgeret/obrueret/pressaretq; ar
chitectus tolerare diutius nequiuisse. Et contra obsessis q̄ nunq̄
euenit: ut se se alia re magis q̄ architecti ope et artibus satis fore
tutos deputent. Tum si habitas expeditiones repetas/fortassis
reperies huius artibus et uirtute uictorias plures q̄ imperatoris
ductu auspiciisue partas: hostemq; sepius huius ingenio absq; illi
us armis/q̄ illius ferro/sine istius consilio succubuisse: Et quod
maxime præstat/parua manu saluoq; uincit milite architectus.
De utilitate hactenus. Quam uero grata & q̄ penitus isideat ani
mis ædificandi cura & ratio cum aliunde/tum hinc apparet/q;
neminem reperias modo adsint facultates/qui non totus ad quip
piam coædificandum pendeat: Et siquid ad rem ædificatoriam
excogitarit/uolens ac lubens non proferat: & quasi iubente natu
ra usui hominum propalet. Et q̄ sepe euenit: ut etiam rebus ali
is occupati nequeamus non facere / quin mente et animo aliquas
ædificationes commentemur. Et aliorum spectato ædificio sin
gulas ilico dimensiones lustramus ac pensitamus: pro q; ingenii
uiribus disquirimus quid nam adimi/addi/immutari ue possit:
quo id opus reddatur elegantius/ultroq; monemus. Siquid uero
bene diffinitum recteq; absolutum sit: quis id non spectet cū sum
ma uoluptate atq; ilaritate? Iā uero q̄tum ciues domi forisq; non
iuuerit modo atq; delectarit architectura / sed multo quidem ho
nestarit quid est quod referam? Quis nō sibi laudi ascribat quod
ædificarit? Priuatis etiam quod habitemus ædibus paulo accura
tius constructis gloriam? Boni uiri q; parietem aut porticum du
xeris lautissimam/q; ornamenta postium colunnarū tectiq; ipo
sueris et tuam et suam uicem comprobant et congratulātur: Vel
ea re maxime quod intelligūt quidem te fructu hoc diuitiarum
tibi/familiæ/posteris urbiq; plurimū decoris et dignitatis adau
xisse. Cretam insulam in primis sepulcrū iouis nobilitauit: nec
tantum Apollinis oraculo Delon/q̄ forma & specie urbis templi
q; maiestate colebatur. Quantū uero auctoritati iperii & nomis
a ii

콘라트 포이팅어는 건축가를 도시의 정복자라고 설명하는 레온 바티스타 알베르티에 경탄한다.

결론적으로 알베르티는 로마 역사가 살루스티우스의 카틸리나의 음모[기원전 63년 폭력으로 로마의 권력을 장악하려다 실패한 사건]에 관한 설명에서 인간의 힘에 대한 믿음을 더욱 강하게 확인했다. 구아리노는 이렇게 말한다. 무지한 자들이 "살루스티우스가 주장하듯이 [인위적으로] 산이 평평해지고 바다가 메워졌다는 것"을 알았다면, "그들은 더 많이 분개했을 것이다."[148] 알베르티가 인용한 구절에서 살루스티우스는 로마가 부유해지면서 "아주 많은 사사로운 개인들"이 자신의 부와 권력을 과시하고자 자연 세계에 변형을 가했다고 개탄했다.[149] 그러나 알베르티가 요약하고 인용했듯이, 고대의 그 역사가는 근대 인문주의자들의 주장을 지지한 것으로 보인다. 기적을 일으킬 수 있는 인간의 힘은 마술이나 주문이 아니라 재원과 기술에서 나온다는 것을.

알베르티는 건축에 관한 논문에서 살루스티우스의 수심에 잠긴 표현을 사물을 변형시키는 건축의 힘에 대한 빛나는 찬사로 바꿔놓았다. 그는 이렇게 썼다. 건축가는 "바위를 쪼개고 산에 터널을 뚫고 바다와 호수의 물을 끌어와 계곡을 채우고 습지에서 물을 빼고 배를 건조하고 강어귀를 준설하여 물길을 바꾸고 교량을 건설하는" 영웅적인 일에 종사했으며, 그렇게 함으로써 "세상의 모든 지방으로 가는 새로운 관문을 열었다."[150] 뒤에서 보겠지만, 이 문장은 상당한 주목을 받았다. 아우크스부르크의 인문주의자로 기예의 열렬한 애호가였던 콘라트 포이팅어는 그 부분에 들뜬 마음으로 주석을 달았다. 잔노초 마네티는 인간의 노력이 세상을 하늘과 닮은꼴로 바꿔놓았다고 환호했다. "그것들은 우리 것이다. 다시 말해 인간의 것이다. 전부 인간의 노력이 낳은 산물이기 때문이다. 모든 집, 모든 마을, 모든 도시, 그리고 마지막으로 세상 도처의 모든 건물. 그것들은 너무도 위대해서, 그 우수함 때문에 인간이 아니라 천사의 작품이라는 평가를 받아야 마땅하다."[151] 인문주의자들이 기술자들의 저작에서 끌어온 주된 교훈은 분명했다. 인간 노력의 최첨단이 자연 세계를 변화시켰고 계속 변화시키고 있다는 것이다. 로저 베이컨처럼, 그가 거론한 연금술사들처럼, 미술가이자 기술자인 사람들과 그들을 찬양한 지식인들은 인간의 힘에 대한 미래상을 그렸고, 인간 고유의 문화가 지닌 창의성을 칭찬할 방법을 찾아냈으며, 전부 물질에 힘을 가해 만든 것으로서 마술의 산물만큼이나 경이로운 일단의 물건과 기술을 확인했다. 초기 마구스 중에서도 텍스트에 가장 많이 집착하고 사변적이었던 마르실리오 피치노조차도 새로운 종류의 마술 실행과 마구스의 새로운 전망을 정의하면서 기술자를 평한 사람들의 생각뿐만 아니라 기술자들의 발상과 그들의 작품에도 의지했다. 그러나 마술과 공학의 관계는 결코 안정적이지 않았다.

제3장

학구적인 마구스

피코와 피치노

저명한 라틴어 시인 바티스타 만토바노가 피코 델라 미란돌라와 마지막으로 이야기를 나누었을 때, 그들의 대화 주제는 마술과 관련이 있었다. 시인은 훌륭한 카르멜회 수도사였는데도 대화 중에 더 많이 알고 싶은 욕망에 사로잡혔다. 그는 그 철학자의 조카 조반니 프란체스코 2세 피코에게 보낸 편지에 이렇게 썼다. "나는 감추어진 것들에 관해 많은 질문을 하고 싶은 뜨거운 욕망에 사로잡힌 것 같았네. 우리 인간이 경이롭다고, 모른다고 생각하는 것들이지. 몇 가지 이유에서 내가 처음 떠올린 주제는 유아의 목에 두른 부적과 산호 목걸이 따위가 효과가 있느냐는 것이었네. 그는 약간의 효험이 있다고, 그것이 자연마술의 영역에 속한다고, 그렇지만 그러한 관습은 대체로 미신이라는 비난을 받는다고 대답했다네."[1] 그 대화는 적절하게도 신비롭게 진행되었다. 바티스타가 적은 바에 따르면, 피코 델라 미란돌라는 동트기 전에 꿈에서 시인 앞에 나타나 그러한 꿈은 실현되는 경향이 있다고 지적했다. 그는 말을 더듬었다. 그리고 자신의 언어 장애가 오랫동안 자연과 철학을 다루었지만 완성하지 못했음을 보여주는 표시라고 설명했다. 그는 어린아이를 악령으로부터 지키는 데 쓴 목걸이에 관해 판단을 내린 뒤 사라졌다. 바티스타는 아마도 친구가 극적으로 퇴장하리라고 예상했을 것이다. 왜냐하면 피코 델라 미란돌라는 바티스타가 그 꿈을 꾸기 몇 주 전에 죽었기 때문이다. 이 이야기가 꾸며낸 것일지라도, 그들의 대화는 뭔가 중요한 것을 드러내 보여준다. 당대의 지식인들은 피코 델라 미란돌라를 이론과 실천에서 공히, 식자층의 수준뿐만 아니라 대중적 차원에서도 마술의 권위자로 여겼다는 것이다.

피코 델라 미란돌라는 그보다 나이 많은 피렌체 사람 마르실리오 피치노와 알고 지냈는데 신비학에 통달한 것이 도움이 되었다. 피치노도 철학적 문제뿐만 아니라 초자연적인 힘과 천구의 힘에 관한 연구에도 몰두했다. 그는 15세기가 끝에 다가가면서 이탈리아에서 점점 더 빈번하게 나타난 기이한 현상들에 대해 흔들림 없는 태도로 인상적인 해석을 내놓았다. 피치노는 1478년 크리스마스에 교황 식스투스 4세에게 보낸 편지에서 그 전해에 볼테라에서 발견된 성 베드로의 몇몇 유물이 "한 달 만에 열두 가지 큰 기적"을 낳았다고 회상했다. 피치노와 세 명의 "철학을 공부하는 동료"가 이러한 징조에 마음이 크게 움직여 정식으로 토론을 벌였다. 우선 그들은 예언자들의 말을 검토했고, 교황이 언젠가 기독교도는 물론 이교도까지 포함해 지구상의 모든 민족을 위해 멋진 기적을 행하리라고 판단했다. 이들은 점성술로 주제를 바꾸어 토성과 화성이 막 합을 이루었고 곧 다시 합을 이룰 것이라고, 일식과 월식이 나타날 것이고 화성이 유익한 행성인 목성과 불길한 관계에 있다고 지적했다. 이들은 추론의 결과를 분명하게 제시했다. 전쟁과 전염병, 기근이 닥칠 것이고 왕들이 죽을 것이며 새로운 이교가 발흥할 것이었다.[2]

피치노는 이렇게 썼다. "영혼이 요동치며 뒤따를 일들을 이야기한다. 베드로의 배가 곧 테베레강의 물결 위에서 흔들릴 것이다. 지나갈 수 없을지도 모른다. 그다음으로 야만인들이 이탈리아를 폐허로 만들 것이다. 그러나 내가 기술한 모든 천체에서 지배자인 화성이 전염병과 굶주림, 배반, 이단의 창시자인 토성을 이겼으므로, 우리는 그 모든 해악이 그 전쟁에서 생긴다는 데 의견을 같이했다."[3] 여기까지 피치노의 정확함은 감탄을 자아낸다. 1494년에 발발한 이탈리아 전쟁은 소름과 전율이 잇따를 것이라는 그의 예언을 그대로 실현했다. 그러나 결국에는 점성술사들이 별들의 힘 이외에 다른 높은 차원의 힘에서 위안을 찾아냈다. 그들은 폭풍우가 조타수의 능력을 시험하듯이 질병은 의사의 능력을 시험한다고 말했다. 식스투스 4세가 폭풍우 한가운데에서 포세이돈처럼 위엄 있게 등장해 바람과 바다를 잔잔하게 하고 종국에는 화성과 토성의 힘을 꺾어 그 기개를 보여줄 수 있도록, 신의 섭리가 별들을 이용해 이 모든 해악을 동시에 내보냈다.[4] 점성술의 세세한 내용이 아첨하듯 신화적 표현에 자리를 내주면서, 피치노가 그린 미래상은 명료함과 정확성을 상실했다.

바티스타가 피코 델라 미란돌라에게 물어본 기예는 대중적 마술의 세계에서 나왔다. 전통적인 주문과 의식, 그리고 일부 성직자가 한층 더 위협적인 것으로 취급하기 시작한, 힘을 지닌 물건들이다. 피치노가 새 교황에게 똑같이 분명하게 제시한 공식적인 예언은 기독교의 예언과 구분하기가 매우 힘든 학구적 마술의 세계에서 나왔다. 피치노가 기독교 세계의 역사를 점성술의 예언과 종합하고자 했을 때, 그가 행한 것은 15세기 초에 피에르 다이이가 한 것이나 그와 동시대의 독일인 점성술사 요하네스 리히텐베르거가 한 것과 다름없었다.[5] 피치노는 때때로 동요하기도 했지만 점성술에 대한 믿음을 결코 완전히 잃지는 않았다. 그는 플라톤의 저작을 라틴어로 완벽하게 번역했지만 그 획기적인 글의 출간을 1484년까지 미루었다. 짐작컨대 그해에 토성과 목성의 대합이 일어났기 때문일 것이다.[6] 1498년이 되어서야 피치노는 뒤늦게 로마의 추기경단에 보낼 공개서한을 썼는데(보내지는 않았다), 편지에서 그는 점성술사들이 그가 경멸한 사보나롤라가 "별들의 많고 다양한, 불길한 영향력"을 받았다고 말할 수 있었다고 주장했다. 실제로 하늘이 보여준 자료는 사보나롤라가 "온갖 사악한 악마들"의 지배를 받게 되었음을 증명했다.[7] 피치노의 기예는 진정한 예언과 좋은 점성술은 일치하기 마련이라는 그의 믿음, 앞서 보았듯이 알베르투스 마그누스와 리샤르 드 푸르니발, 로저 베이컨도 공유한 믿음만큼이나 전통적이었다.

학구적 마술사: 합의점과 논쟁점

그러나 마술을 연구한 역사가들은 피코와 피치노를 특정 부류의 마술사의 등장과 확실하게 연결한다. 능력이 미치는 범위가 넓고 지위가 높으며 파장이 큰 충격적인 문화적 갈등을 초래한 마술사다. 그들의 그러한 판단은 옳다. 많은 독자가 관심을 갖고 피코와 피치노의 책을 열심히 읽었다. 부적 제작과 그것과 유사한 기예에 관해 길게 설명한 피치노의 긴 논문《생명에 관한 세 권의 책De vita libri tres》은 16세기에 30쇄 넘게 찍었다. 피코의《인간의 존엄성에 관한 연설De hominis dignitate》과《변명Apologia》,《900테제》,《예언점성술에 대한 반론Disputationes adversus astrologiam divinicatrium》은 신학과 철학의 세계는 물론이고 좀더 전문적인 의학의 세계에서도 격렬한 논쟁을 불러일으켰다. 매독이 확산되면서 무엇이 질병을 낳느냐는 문제의 해답이 특별히 긴요해졌고, 수십 년 동안 의사들은 별이 지구상의 특정 사건을 일으키지 않았다는 피코의 주장을 두고 갑론을박했다. 두 사람은 학문 세계의 많은 영역에서, 적어도 기억 속에서는 한 쌍이었다. 독일인 인문주의자 요하네스 로이힐린과 하인리히 코르넬리우스 아그리파처럼 이들의 가르침을 더욱 지지한 자들은 메디치 가문이 지배한 피렌체의 학자들이 1480년대와 1490년대 초 로렌초 데 메디치 시절에 누린 황금 같은 인디언서머에 두 사람이 함께 일했다고 기억했다.

어떻게 보면 두 사람 사이에 공통점이 아주 많다는 사실은 이상하다. 같은 시대를 산 두 사람의 이력이 이보다 더 다를 수는 없을 것이다. 피치노는 1433년 피렌체에서 의사의 아들로 태어났다. 전문직에 종사하는 도시의 상층계급 출신이었다. 그는 1450년대부터 학문에 몰두했고 신플라톤주의의 라틴어 고전인 거짓 디오니시오스 아레오파기타의 저작부터 시작해 플라톤의 저작과 그것을 해석한 고대인 플로티노스, 포르피리오스, 이암블리코스, 프로클로스의 저작까지 공부했다. 피치노는 1473년에 사제가 되었지만, 코시모 데 메디치의 지원 덕분에 플라톤의 전집과 플로티노스의 《엔네아데스Enneades》, 그밖에 많은 책을 라틴어로 번역하는 데 대부분의 시간을 쓸 수 있었다. 피치노는 뛰어난 문헌학자로 어려운 그리스어 텍스트를 라틴어로 번역하면서 오류를 정정했다. 피치노는 피렌체에서, 그리고 코시모 데 메디치로부터 받은 도시 밖의 그의 빌라에서 가까운 모네트베키오의 저택에서 연구하면서 "플라톤 연구자의 아버지"가 되었다. 심지어 그의 학문과 식견을 의심한 자들까지도 인정한 바였다. 그가 토스카나의 지식인 사회에서 오랫동안 안정적으로 유지하던 성공적인 거장의 이력은 그의 말년에 메디치 가문이 피렌체에서 쫓겨나고 사보나롤라(그가 두려워하고 혐오했다)가 피렌체 사람들의 공화국 회복을 도왔을 때에야 중단되었다. 그러나 그는 죽기 전에 자신의 적인 그 도미니크회 수사가 명예를 잃고 처형되는 꼴을 보았다. 피치노가 해석한 플라톤이 16세기 말까지 플라톤 철학의 전통을 이해하려는 모든 노력을 지배하게 된다.[8]

피치노는 피렌체에서 안정적인 지위를 누린 덕분에 조반니 피코 델라 미란돌라의 삶과 경력에 위기가 찾아왔을 때 개입할 수 있었다. 피치노가 책상 앞에 앉아 학문적인 삶을 살았다면, 피코는 모험적이고 거친 삶을 살았다. 1463년, 용병대를 운영하여 남의 눈치를 보지 않고 생계를 꾸린 유력한 집안에서 태어난 피코는 상속권을 팔아치우고 학문과 책에 몰두했다. 신동이었던 피코는 글을 한 번 보면 다 외웠으며 낱말 하나하나 그대로, 심지어 거꾸로도 암송할 수 있었다. 그는 페라라에서 고전을, 볼로냐와 파리에서 스콜라 철학을 공부했다. 그리스어에 통달했으며(피코는 헬레니즘 시대 그리스 시인 칼리마코스를 직접 찾아내 인용한 첫 번째 르네상스 인문주의자로 보인다) 히브리어를 배웠고, 더 많이 배우려고 유대인 및 개종한 유대인과 함께 공부했다.

피코는 다양하게 용기를 보여주었다. 어쩌면 경솔함이라고 해야 하겠다. 1486년 그는 메디치 가문에서 세리를 보던 자의 아내와 함께 도망쳤다. 추적자들은 그를 수행하던 시종들을 학살했다. 피치노는 이 동료 학자를 변호하며 젊은 재사들이 다소 괴상하게 행동할 수 있음을 예상해야 한다고 썼다. 1487년 피코는 스스로 비용을 대서 도처의 학자들을 로마로 초청해 마술과 카발라Kabbalah(그는 많은 기독교인이 말하듯이 Cabala라고 썼다)를 포함해 모든 분야와 전통의 사상에 관해 900개의 테제를 정해 논쟁하려 했다. 그는 테제를 인쇄했고 연설문을 작성해 논쟁을 시작하기 전에 읽으려 했다. 그러나 논쟁은 없었고, 그 연설문은 낭독되지 못했다. 피코는 불타는 검을 지닌 천사에 의해 낙원에서 추방되었음을 알았다. 그렇게 말할 수 없다고 해도, 어쨌거나 그는 바티칸도서관의 출입증을 빼앗겼다. 마지막으로 대출한 책은 반납하지도 못했다. 그의 900개 명제를 검토할 위원회에 선발된 사람들은 몇 가지 명제를 이단적이라고 비난했다. 특히 마술과 카발라가 그리스도의 기적에 관해 다른 어떤 학문보다 더 정확하게 말한다고 주장한 명제가 문제였다. 위원회는 다른 명제들에는 수상하다는 딱지를 붙였다. 피코는 《변명》을 써서 비판자들에 맞서 자신을 강력히 옹호하며 《인간의 존엄성에 관한 연설》에서 말한 것을 대부분 되풀이했다. 그는 비판자들을 경멸했다. 그의 말에 따르면, 어느 비판자는 '카발라'가 기독교에 반대하는 글을 쓴 사악한 인간의 이름이라고 생각했다.[9] 그러나 피코는 점차 절망에 빠진다. 그는 로마를 떠나 곧장 프랑스로 도피했지만 붙잡혀 끌려왔다. 피코는 로렌초 데 메디치가 피렌체로 초청한 덕분에 간신히 처벌을 면했다. 그곳에서 그는 피치노와 위대한 철학자 안젤로 폴리치아노와 함께 날카로운 3자 토론을 벌이고 사보나롤라(그가 존경했다)의 이야기를 들으며 말년을 보냈다. 피코는 사보나롤라의 설교가 명확한 결과를 가져오기 훨씬 전인 1494년에 사망했다.[10]•

논쟁점

체계적이고 박식한 선배와 훨씬 더 박식하고 활력 넘치는 후배. 이들보다 더 다른 두 명의 사상가를 떠올리기는 어렵다. 두 사람은 여러 요소를 모아 새로운 유형의 마구스로 통합했는데도 수많은 독자에게 다르게 보였다. 이는 일견 더욱 이해하기 어렵다. 두 사람은 지극히 중요한 몇 가지 점에서 엇갈렸다. 그중 몇몇은 그들의 형이상학에, 나머지는 그들의 마술에 중심이 되는 것이다. 피치노의 주된 업적은 이론적인 차원에서 천체가 지구상의 존재에 미치는 영향을 설명하면서 사용한 새로운 개념 체계에 있다. 그의 설득력 있고 위계적이며 조직적인 우주관은 하늘이 지구의 인간에게 정확히 어떻게 영향을 미치는

• 지롤라모 사보나롤라는 많은 글을 써서 가톨릭교회의 개혁과 영적 갱생을 주장했다. 그의 설교는 많은 추종자를 얻었지만 피렌체의 통치자와 교황을 위협하는 것으로 여겨졌다. 1497년에 불복종을 이유로 파문당했고 이듬해 이단으로 화형에 처해졌다.

지 설명했다. 이전에 많은 이론이 하지 못한 것이다.

피치노는 알킨디와 로저 베이컨을 따라 별들이 광선으로 영향력을 내보내고, 그것이 "세상의 영혼"을 관통한다고 주장했다. 육체와 정신의 복합체인 인간은 그 둘에 결합하는 제3의 필수적인 성분을 갖고 있다. '영혼'이다. 그 '영혼'은 피(순수하고 뜨겁고 맑다)에서 만들어지는 희박한 증기로 위쪽의 두뇌로 떠오른다. 그곳에서 "영혼은 외적 감각의 훈련뿐만 아니라 내적 감각의 훈련을 위해서도 피를 지속적으로 사용한다. 그래서 피가 영혼의 활성화에 도움이 된다는 것이다. 영혼은 감각에 도움이 되고, 마지막으로 감각은 이성에 도움이 된다."[11] 행성들에서 나온 광선은 '세상의 영혼spiritus mundanus'을 통해 전달되어 '인간의 영혼spiritus humanus'과 접촉한다. 이로써 그 광선은 '상상력imaginatio'과 '이성ratio'에 영향을 미칠 수 있지만 인간의 자유로운 '정신mens'에는 영향을 미치지 못한다. 신플라톤주의와 스토아 철학의 요소를 죄다 가져와 만든 이 조밀하고 균형 잡힌 체계는 별부터 인간의 식욕까지 그 체계 안의 모든 성분을 연결하는 것이 무엇인지 분명하게 밝혔다. 그것은 또한 개개인이 어떻게 초자연적 존재와의 불법적인 의사소통 없이도 천체의 힘을 끌어내려 도움을 받을 수 있는지도 설명했다. 피치노는 점성술 의학에 관한 대작 《생명에 관한 세 권의 책》의 대부분을 과거로부터 전해지는 자료에서 가져온 처방으로 채웠다. 갈레노스 같은 고대 의사들의 저작부터 스콜라 철학의 치료법인 자연마술과 자연철학을 거쳐 《피카트릭스》 등에 이르기까지 다양했다. 대개 오랫동안 유럽 철학자들에게 친숙했던 저술이다. 그러나 피치노는 이전에 어떤 사상가도 하지 못한 방식으로 이러한 요소들

을 종합해 논리적으로 일관된 체계를 내놓았다.[12]

피코 델라 미란돌라는 피치노의 업적을 존경한다고 고백했지만 동시에 그것의 상당 부분을 거부했다. 그는 점성술에 관한 대작 《예언 점성술에 대한 반론》에서 별의 영향력을 지구상의 특정 사건과 연결하려는 노력은 침대에 맞게 유숙객의 다리를 늘이거나 잘라버린 프로크루스테스처럼 증거를 다루어야만 성공할 수 있다고 장황하게 설명했다. 20년마다 발생하는 목성과 토성의 대합으로 세계사를 설명한 사람들은 하늘의 사건과 지상에서의 사건 간의 상관관계가 매우 느슨하다는 명백하고도 곤란한 사실을 무시했다. 태어난 날의 천체 배열로 개인의 성격을 설명하는 것도 똑같이 어설픈 추론에 지나지 않는다. 천문학자들이 정밀한 관측을 시작한 지 얼마 지나지 않았기에(피코는 중세의 연대기 전문가나 현대의 과학사가처럼 프톨레마이오스의 《알마게스트Almagest》를 따라서 그 시점을 기원전 747년 나보나사르가 바빌론의 제위에 오른 때로 잡는다), 모든 행성의 특정한 배치가 되풀이되는 일은 없었다.[13] 피코는 따라서 니콜 오렘과 하인리히 폰 랑엔슈타인의 앞선 논쟁에 근거한 천궁도의 해석은 모두 경험적 토대가 부족하다고 주장했다.[14] 반면 피치노는 행성의 합을 과거와 미래를 알려주는 징조로 받아들였다. 그는 자기가 태어난 날에 떠오른 토성의 위치, 즉 그 상승점이 자신의 일생을 결정했다고, 자신의 관조적이고 우울한 성격과 완벽한 상관관계가 있다고 생각했다. 언젠가 그는 심지어 주전원에서 역행하는 토성이 자신을 피코의 집으로 걸어가지 못하게 막았다고 강력하게 주장했다.[15]

피코 델라 미란돌라는 피치노가 천체가 어떻게 인류에 영향을 미치는지 설명하기 위해 세운 정교한 인과관계의 구조를 허물었는데, 이것이 최악이었다. 피코는 천체가 일반적으로는 지구에 영향을 미친다고 인정했다. 태양이 지구를 덥히고 달이 지구를 식히는 것은 분명했기 때문이다. 그는 더 나아가 농부와 뱃사람이 도출해낸 하늘과 기후 조건 사이의 단순한 상관관계에 근거한 새로운 점성술이 어느 정도 유용할 수 있다고 암시했다. 그러나 그는 행성들이 개별적인 인간 남녀에게 말을 했다는 것은 부정했다. 그들의 성격을 정한다거나 일상생활을 결정한다는 것은 말할 필요도 없었다.

피치노는 여러모로 중세 성기까지 거슬러 올라가는 학구적 마술의 전통 속에 있었다. 그는 많이 주저하기는 했지만 《피카트릭스》와 그보다 더 오래된 전거들이 주장했듯이 고대의 현인들이 천체의 영혼을 데려와 집어넣었다는 부적을 묘사했다.[16] 그 과정에서 그는 200년 전 토마스 아퀴나스가 돌멩이나 쇳덩이에 새긴 글자나 형상이 그 실질적인 형태를 바꿀 수 없으므로 부적은 아무런 효과가 없다고 싸잡아 비난했을 때 쓴 논거들을 주기적으로 언급했다. 그러나 피치노는 《대對이교도 대전》에서 그 도미니크회 신학자가 부적이 어쨌거나 약간의 힘을 가질 수 있다고 인정하는 듯한 구절을 찾아내 인용했다.[17] 그렇지만 피치노는 부적이 보통의 약보다 효용이 적을 뿐만 아니라 위험할 수도 있다고 인정했다.[18] 그의 설명은 양면가치가 심히 두드러진다.

피치노가 보여준 행위는, 그가 설명한 바에 따르면, 그의 이론보다 과격함이 훨씬 덜했다. 1450년대에 글을 쓴 조반니 폰타나는 피치노의 글처럼 점성술사이자 의사인 피에트로 다바노의 14세기 저술에 나온 부적을 묘사했다. 다바노도 피치노처럼 부적 중 하나가 처녀자리의 첫 번째 데카노스를 복제했다고 상상했다. 두 개의 이삭 줄기를 쥐고 아이에게 젖을 먹이는, 앞서 보았듯이 점성술 사상에서 오랫동안 역할을 한 젊은 여자다. 조반니 폰타나는 이러한 마술 장치들의 장점을 높이 평가하면서 피치노처럼 망설이지 않았다. 그는 이렇게 말했다. 특히 인도와 페르시아의 천문학자들이 "놀랍도록 밝은 밤에 넓은 땅과 산에 있을 때 어떤 순간에는 시력이 강하고 매우 날카롭기 때문에 그러한 형상 몇몇을 보았다고 말했다. 그들이 천체의 천사들과 행성, 별에 속한다고 한 속성에 관한 지식이 그들에게 허용되고 드러났다." 헤르메스와 에녹 등이 금속으로 만들거나 조각해서 밀랍이나 점토, 수지를 붙이고 물감으로 칠한 조각상들은 그들이 직접 하늘을 관찰하여 나온 것이다.[19]

피코 델라 미란돌라도 중세의 선례를 인용했다. 그는 마술을 고차원(선한) 마술과 저차원(악한) 마술로 구분하면서 13세기 자연마술 지지자들의 주장을 되풀이했다. 그는 이러한 말로써 직접 인정했다. "최근의 작가 중에서 나는 아랍인 알킨디와 로저 베이컨, 기욤 도베르뉴 세 사람이 막연하게나마 그것에 대한 지식을 갖추었음을 안다."[20] 피코는 《변명》에서 스스로 변호하며 자신이 성직자들 사이에 확립된 견해를, 예를 들면 "링컨의 로버트 [그로스테스트]와 동시대 사람으로 뛰어난 신학자인 파리 주교 기욤 [도베르뉴]"의 견해를 따랐다고 강력히 주장했다.[21] 그러나 그는 르네상스 시대의 전형적인 마술을 구분할 때 로저 베이컨이나 알베르투스 마그누스보다 훨씬 더 멀리 나아갔다. "우리는 두 가지 형태의 마술이 있음을 보여주었다. 하나는 전적으로 악마의 활동과 권위에 있는 것으로 완전히 비난받아 마땅하고 혐오스럽다. 다른 하나는 잘 살펴보면 자연철학의 완벽한 실현이다."[22] 앞서 보았듯이 초기 사상가들은 악마적 마술과 자연마술을 구분했다. 그러나 그들은 피코만큼 강력하게 주장하지 못했고, 마술이 자연철학을 완성할 수 있다고 주장하지도 않았다. 하물며 피코처럼 그것이 자연스럽게 신학으로 전이되게 했겠는가.

합의점

그렇다면 피코 델라 미란돌라와 마르실리오 피치노는 왜 자신들에게 많은 공통점이 있다고, 자신들의 연구가 마술 전통을 바꿔놓았다고 믿었는가? 당대인들은 왜 이 점에 동의했는가? 첫 번째 답변은 간단하다. 두 사람 다, 비록 다르게 정의하기는 했지만, 1480년대 말 거의 동시에 마술이 지극히 중요하다고 역설했다. 지금부터 보겠지만 많은 사상가가 그들의 견해를 공유하지 않았지만, 당대의 몇몇 인상적인 인사는 두 사람과 생각이 같았다. 피렌체의 의사 안토니오 베니비에니는 살아 있는 환자의 꼼꼼한 진찰과 죽은 사람의 세밀한 검시를 강조했다.[23] 그러나 그는 자신의 환자 기록부에 가슴에 무기가 박혔으나 어떤 외과의사도 제거할 수 없었던 군인의 이야기를 적었다. "의학적 처치에 사망 위험이 수반되는 까닭에 치료를 받지 못한 그는 점술가를 불렀고, 점술가는 상처에 손가락 두 개를 올려놓았다. 그런 다음 점술가는 몇 가지 주문을 중얼거리며 그 무기에게 뼈에서 나오라고 명령했다. 그러자 그것은 그 환자의 신체에 아무런 해도 끼치지 않고 명령에 따랐고(둘 다 정신을 잃기는 했다), 그 군인은 며칠 뒤에 적절히 치료받고 회복했다."[24]

피코 델라 미란돌라는 1487년에 논쟁을 시작하기로 계획을 세웠고, 반면 《생명에 관한 세 권의 책》을 쓰고 그 책에 이용한 옛 자료들을 번역하고 있던 피치노는 1489년에 마술의 부적을 다룬 세 번째 책을 완성했다. 피치노와 피코는 몇 가지 중요한 점에서 의견을 달리했지만 그럼에도 여러 가지 유사한 경로를 따라갔다. 둘 다 마술은 여러 구체적인 기술의 실행을 포함하지만 단순히 그 총합이 아니라는 점을 설득력 있게 주장했다.

피코는 《인간의 존엄성에 관한 연설》로 대대적인 논쟁을 시작하려 했는데 그 책에서 후대의 작가들이 수십 년 동안 거듭 인용하는 생생하고 화려한 표현으로 마술의 힘을 그려냈다.

> 하나의 마술이 인간을 사악한 힘에 드러내고 그 노예가 되게 한다면, 다른 마술은 인간을 그것의 지배자요 주인으로 만든다. 결국 하나의 마술은 기예나 학문의 이름을 취하겠다고 주장할 수 없는 반면, 다른 하나의 마술은 최고로 난해한 비밀에 관한 가장 깊은 명상을 포함해 매우 심오한 수수께끼로 가득하고 마침내 자연 전체에 대한 지식으로 이어진다. (…) 이 마술은, 마치 조물주라도 되는 듯이, 세상의 비밀스러운 부분에, 자연의 심장에, 신의 은신처와 창고에 숨겨진 불가사의한 일들을 농부가 포도나무를 느릅나무 곁에 심듯이 드러내 보여준다. 그렇게 마구스는 땅을 하늘에 잇고 지상의 것을 천상의 속성과 힘에

연결한다.[25]

피코의 말은 에너지와 생명력이 실려 있을 뿐만 아니라 신중하게 계산된 것이다. 스콜라 학자들처럼 그도 마술사는 이미 있는 문을 열쇠를 돌려 열었을 뿐이라고 분명하게 말했다. 마술이라는 기예는 그 실행자에게 자연을 지배할 힘뿐만 아니라 자연의 비밀스러운 정원으로 들어가 그 원리대로 그것을 돌볼 능력도 주었다.

피코의 글을 피치노만큼 주의 깊게 읽은 사람은 없다. 피치노도 겨우 2년 뒤에 자기변호를 위해 쓴 글에서 마구스를 농부에 비유했다.

그는 세상을 경작하는 사람이다. 그렇다고 그가 세상을 숭배하지는 않는다. 농부가 땅을 숭배하지 않는 것과 마찬가지다. 그러나 농부가 인간의 생계를 위해 밭을 대기에 맞추어 조절하듯이 현자, 즉 사제는 인간의 안녕을 위해 세상의 낮은 부분을 높은 부분에 맞추어 조절한다. 암탉의 달걀처럼 그는 지상의 것들을 성장할 수 있도록 하늘에 내맡긴다. 적절한 조치다.[26]

피코가 마술사는 단지 자연에 복종하고 그 산파 역할을 할 뿐 자연에 아무것도 하지 않는다고 강력히 주장했듯이, 피치노는 마술사의 활동이 숭배와는 아무런 관련도 없다고 역설했다. 주문을 외거나 향을 피우는 것은 로저 베이컨과 그 이후 니콜라우스 폰 쿠스에 이르기까지 다른 사람들이 이해한 바와 달리 교회의 의식과 겨루는 의식이 아니었다. 이러한 의식이 악마적 존재와 의사소통을 하는 방법은 더욱 아니었고, 정신적 농업의 일부였을 뿐이다. 세상의 비밀스러운 에너지를 양성하기 위해 현자들이 늘 실행했던 것이다.

그다음 세기와 그 이후로 마술에 진지하게 관심을 가진 사람이라면 누구나 이러한 공식을 이해하고 모방하고 되풀이했다. 16세기 중반 나폴리의 가장 숙련된 마술사인 조반니 바티스타 델라 포르타는 에스파냐 제수이트회 신학자 베니토 페레이라와는 공통점이 거의 없었다. 페레이라는 학구적 마술의 구성요소인 꿈과 점성술에 기반한 예언을 비난하는 글을 썼다. 델라 포르타는 고차원 마술을 우주를 지배하는 힘을 알 수 있는 실마리라고 높이 평가했다. 그는 피코의 견해를 약간 수정해 명상보다 실행을 더 강조했으며 투시법과 관련된 것처럼 실용적인 형태의 마술을 강조했지만, 두 가지 형태의 마술에 대한 피코의 강한 강조를 유지했다.[27] 반면 페레이라는 마술 전통을 거의 희화화했다. 그는 초자연적 힘의 예를 들고자 마치 음악을 연주하듯 자유자재로 방귀를 뀌는 사람들에 관한 성 아우구스티누스의 설명을 인용했다. 그러나 두 사람 다 피코에 동의했다. 좋은 형태의 마술이 있다는 것, 그리고 그것이 전적으로 자연스럽지만 보통 사람에게는 기적처럼 보이는 사건을 일으킬 수 있다는 것이다.[28]

달리 말해서 피코와 피치노 둘 다 좋은 마술은 자연 세계의 극심한 변화가 아니라 그 힘의 완전한 실현을 약속한다고 장담했다. 게다가 둘 다 동일한 고대의 전거를 이용해 일견 소소한 이 주장을 뒷받침했다. 두 사람에게 똑같이 중요한 고대의 마술 작가 중에서 플로티노스는 자연이 순간적으로 움직이는 영향력에 의해 모든 부분이 연결되어 있는 단일한 유기적 존재라고 강력히 주장했다. 피코는 마술에 관한 담론의 핵심적인 부분에서 플로티노스를 인용했다. 피코는 이렇게 쓴다. "플로티노스는 이러한 말로써 '**마구스가 자연의 창조주가 아니라 그 대리인임**'을 보여준다. 최고로 지혜로운 인간은 하나의 마술은 인정하고 승인하며 다른 하나의 마술은 혐오한다. 그래서 그는 사악한 악마들의 의식에 소환되었을 때 '**그가 그들에게 가는 것보다 그들이 그에게 오는 것이 낫다**'고 말했다. 정확히 그렇다."[29] 피치노로 말하자면 플로티노스에 의존했을 뿐만 아니라 포르피리오스가 편집한 플로티노스의 저술 《엔네아데스》를 라틴어로 번역했다. 《생명에 관한 세 권의 책》의 제3권은 전체가 네 번째 엔네아스의 마술에 관한 부분에 대한 논평으로 시작했다.• 피코와 피치노 둘 다 마술에 새로운 형태의 방어 수단을 장착했다. 플로티노스의 신플라톤주의적 우주가 마술 실행을 정당화하고 그 범위를 정하는 체제 역할을 한 것이다.

새로운 기조의 마술: 내향內向

게다가 마술에 대한 피코와 피치노의 새로운 기조의 주장은 당대의 박식한 자들의 취향에 잘 어울렸다. 피코는 《인간의 존엄성에 관한 연설》을 읽을 수 있는 사람들에게 논리적인 자기계발 과정의 일환으로 마술을 추구하라고 강력히 권고했다. 그는 그 과정을 금욕주의적 방

• 《엔네아데스》는 각각 아홉 편의 논문을 담은 여섯 편의 엔네아스('9'라는 뜻)로 이루어졌다.

침에 따라 조직했다. 그는 현자라면 인간이 존재의 질서에서 독특한 위치를 차지한다는 점을 깨달아야 한다고 강조했다. 모든 피조물 중에서 오직 인간만이 존재의 질서의 사다리를 오르내릴 수 있었다. 인간은 동물과 물고기, 돌의 영역으로 미끄러져 내려갈 수 있다. 그러나 또한 천사의 계급으로 올라갈 수도 있다. 오로지 지식의 추구만이 이러한 상승을 가능하게 했다. 도덕철학은 인간을 정욕의 혼란에서 자유롭게 할 것이다(피코가 자신이 무엇을 말하고 있는지 알고 있음을 보여주는 말이다). 추론의 기술인 변증법이 영혼을 정화할 것이다. 무지의 때를 제거해 일종의 평형에 도달할 수 있게 해줄 것이다. 그다음에 자연철학의 빛이 영혼을 뒤덮을 것이다. 그러면 인간은 마침내 최고 형태의 지식인 천상의 지식에 도달할 것이다. 피코가 설명한 바에 따르면, 마구스는 환경을 바꾸기 위해서가 아니라 자신을 바꾸기 위해 자연의 경이로운 형상을 연구했다. "신의 기적을 끊임없이 주의 깊게 살피는 것보다 신앙이나 신의 숭배를 더 자극하는 것은 없기 때문이다. 내가 말하는 이 자연마술을 통해 그 기적을 면밀히 탐구한 뒤에 우리는 창조주를 더 뜨거운 열정으로 찬양할 마음이 생길 것이며, 그때 우리는 그 유명한 노래 '온 하늘과 온 땅이 당신의 위대한 영광으로 가득합니다'를 부르지 않을 수 없을 것이다."[30] 마술은 제대로 이해한다면 영적인 훈련이었으며, 그 실행자는 니콜라우스 폰 쿠스가 두려워했던 바로 그 금욕적인 성인이었거나 그러한 성인이 될 수 있었을 것이다.

피치노로 말하자면, 그는 마술을 더 큰 자기계발 프로그램 속에서 다루었다. 부적에 관한 그의 책 《하늘에서 생명을 얻는 방법에 관하여De vita coelitùs comparanda》는 《생명에 관한 세 권의 책》의 제3권이다. 책에서 그는 다른 두 권에서 한 것과 마찬가지로 단 하나의 문제를 해결하려 했다. 학자의 건강을 증진하고 수명을 연장하는 방법이다. 피치노는 알베르티가 생생하게 묘사한 고통에 대해 의학적 배경을 제시하면서 학자를 괴롭히는 문제는 그 직업의 결과라기보다 그 전제조건의 일부라고 설명했다. 언제나 체계적이었던 피치노는 학자가 겪는 직업병의 원인을 점성술과 자연, 인간의 관점에서 제시했다. 새로운 형태의 지식의 발견을 주재하는 행성인 수성과 토성은 차갑고 건조하다. "수성과 토성은 처음부터 이 동일한 성질을 그 추종자인 학자들에게 나누어주며 날마다 그것을 지키고 강화한다." 자연의 관점에서 보면, 영혼은 깊이 생각할 때에 안으로 움츠리는 경향이 있다. 그리고 흑담즙은 흑토와 유사하다. 뇌를 사용하려는 지속적인 노력은 뇌를 마르게 하고 차갑게 만들어 혈액을 농도를 짙게 하거나 건조하게 하거나 검게 변하게 한다. 학자의 사상이 심오할수록, 그가 열심히 연구할수록, 그의 몸은 "반쯤 죽은 것 같은" 상태가 될 가능성이 크다.[31]

피치노는 학자가 자신을 우울하게 만들 수 있는 점액과 흑담즙의 증가를 피하는 방법에 관해 여러 가지를 제안했다. 그는 섹스, 특히 거친 섹스, 과식과 과음, 수면 부족을 피하라고 경고했다. 그는 학자에게 매우 일관된 섭생법을 따르라고 촉구했다. "음식을 음료보다 두 배 많이 섭취해야 한다. 다시 말해 빵과 음료는 2:1, 빵과 달걀은 1:1.5, 빵과 고기는 3:1, 빵과 눅눅한 생선, 녹색 채소, 과일은 4:1의 비율이어야 한다. 음식을 먹을 때 음료를 먼저 마시면 안 되며, 음료는 언제라도 지나치게 많이 마시면 안 된다."[32] 그리고 피치노는 초로에 접어든 학자의 건강을 증진하는 방법으로 귀촌부터 음용 금을 마시는 것까지 시간이 많이 드는 행위와 돈이 많이 드는 사치품을 다양하게 권고했다.[33]

피치노는 독자에게 도움이 될 만한 조치라면 아무리 비용이 많이 들고 실행이 어려워도 주저 없이 권장했다.

> 일흔 살이 지나자마자, 때로는 예순세 살이 넘으면 수분이 점차 마르기 때문에, 인체의 나무는 대체로 시든다. 그러면 처음으로 이 인체의 나무는 젊은 인간의 액체로 습기를 보충하여 되살려야 한다. 그러므로 건강하고 아름답고 쾌활하고 절제할 줄 아는 젊은 여자를 골라 배가 고프고 달이 찰 때 그녀의 젖을 빨아 마셔라.[34]

피치노는 또한 늙고 쇠약한 사람이 거머리처럼 젊은 사람의 팔에서 피를 빨아먹을 수 있다고 제안했다.[35] 이렇게 무시무시한 권고는, 현대 대학원 교육의 비유처럼 이상하게 들리지만, 시골에서 산책하고 로즈슈가rose-sugar에 금박을 곁들인 것 같은 귀중한 물질을 먹고 방향요법을 받으라는 훈계와 비슷했다. 유럽에서 학문이 최고 수준에 이르렀음에도 이를 진지하게 받아들인 사람들도 있었다. 잉글랜드의 의사 존 카이우스는 원칙적으로 환자는 학문의 언어인 그리스어와 라틴어로 쓰인 텍스트에 의지해 치료해야 한다고 믿었는데, 1570년대 초에 병을 앓다가 죽었다.[36] 한때 그의 제자였던 토머스 머핏의 이러한 질문은 시사하는 바가 있다. "카이우스 박사는 요전에 아팠을 때 성미가 고약하고 나쁜 음식을 먹는 어느 여인(이름은 말하지 않겠다)

의 젖을 빨아먹을 때는 무척 불평이 많고 안절부절못했다. 그러나 반대의 성향을 지닌 다른 여인의 젖을 빨아먹을 때는 매우 평온하고 건강했다. 왜 그랬을까? 두 여인의 젖과 건강 상태의 차이가 그에게 반대의 효과를 가져다준 것이 분명하다."[37] 카이우스는 피치노가 설파한 것을 실천하고 있었다.

늘 체계에 몰두했고 우주가 자신이 해석할 수 있는 단일한 역동적 상형문자라고 확신한 피치노는 자신의 처방 중에서 가장 전통적인 것까지도 모든 것을 포괄하는 명료한 체계로 감쌌다. 이탈리아의 살레르노에서 활동한 11세기 의사 콘스탄티누스 아프리카누스는 수백 년 전에 이렇게 권고했다. "우울증 환자는 동틀 녘에 넓고 탁 트이고 평평하고 모래가 깔려 있고 향기가 나는 곳에서 어느 정도 산책하는 데 익숙해져야 한다."[38] 그는 이렇게 권고하며 고대 이래로 의사들이 늘 그랬듯이 여섯 가지 후천적 요인에 주목했다. 공기와 환경, 음식과 음료, 운동과 휴식, 수면, 배설, 감정이다. 이 여섯 가지는 개인의 체질 일부를 구성하는 요소는 아니었지만 그 형성에 중요한 방식으로 관여했다.[39] 그러나 피치노는 독자에게 "높고 청명하고 온화한 곳"에서 최대한 많은 시간을 보내라고 말하면서 그 이유도 자신만의 점성술 용어로 설명했다. "그렇게 하면 태양과 별들의 광선이 모든 방향에서 더 쉽고 더 완전하게 당신에게 내리쬘 것이며, 그 광선을 통해 더욱 화려하게 빛나는 세상의 영혼으로 당신의 영혼을 가득 채울 것이다."[40] 아르스 노토리아 같은 초기 형태의 마술은 의식과 기술을, 더 나아가 천국 저택의 환상까지도 제공했다. 그러나 어떤 것도 마술사의 신체와 영혼에 관해 깊은 지식을 제공하지는 않았다.

호화로운 방에 앉아 환자를 늘 회복시키지는 못하더라도 적어도 왜 그렇게 큰 집을 갖고 있어야 하는지는 충분히 납득시킬 만한 치료법을 제시하는 20세기 분석가와 피치노 사이의 유사성에 강한 인상을 받은 현대의 역사가가 적지 않다.[41] 그러나 피코와 피치노는 (지금이 아니라) 당대의 욕구와 관심에 주목했다. 14세기와 15세기 내내 문헌학자와 도덕철학자는 자아 형성 방법에 관한 논문을 쓰는 데 몰두했다. 아리스토텔레스 철학부터 에피쿠로스 철학까지 온갖 철학의 신봉자들이 자신의 삶에 관한 다양한 글쓰기 모델부터 자기 영혼의 상태를 이해하는 다양한 모델까지 자기 성찰의 새로운 도구를 만들어냈다. 동시에 의사들은 정확히 점점 더 부유해지는 도시 귀족 계급의 욕구를 해소하는 데 목표를 둔 치료법을 점점 더 다양하게 고안해냈다. 이들은 의학 일반에 관한 논문뿐만 아니라 치료에 관해 상세한 정보를 제시한 의사 업무의 입문서와 개별 환자의 치료에 관한 보고서도 썼다. 이들은 중요한 사람의 아내가 임신하면 산파가 아니라 자신들이 돌보아야 한다고 강력히 주장했다. 이들은 또한 증가 일로의 온천장에서 제공하는 수료법水療法과 같이 흥미롭고 비용이 많이 드는 새로운 치료법을 개발했다. 다수의 온천장이 의사들이 만들어 홍보한 것이다.[42]

피코와 피치노의 마술은 안으로 향했다. 로저 베이컨과 조반니 폰타나가 간절히 원한 세상의 통제에서 벗어나, 대중을 움직일 수 있는 주문과 교회 전체를 움직일 수 있는 예언에서 벗어나 개별 인간의 욕구와 문제를 향했다. 점점 더 엄밀하게 개별적인 형태를 띠는 치료법은 물론이고 점차 더 높은 수준의 지식까지 제공하려는 이들의 세심한 노력은 독자의 욕구를 반영했다. 실제로 피치노는 여러 가지 치료법을 제시했다. 그는 편지에서 피렌체 귀족 사회의 친구들에게 신체적으로나 정신적으로 자신을 통제하고 개선하는 방법에 관해 주기적으로 조언했다.

마술 전통의 확대

피코와 피치노는 마술 전통에 향후 수십 년 동안 지극히 중요하게 드러날 자산을 추가했다. 피치노는 선배들처럼 마술과 점성술에 관한 중세의 아랍-라틴 문헌에 통달했다. 그러나 그는 또한 여기에 직접 라틴어로 번역한 고대 말기의 그리스 자료들을 덧붙였다. 이러한 문헌에는 플로티노스의 《엔네아데스》, 포르피리오스의 《플로티노스의 생애Vita Plotini》, 이암블리코스의 《이집트인의 신비에 관하여De Mysteriis Aegyptiorum》, 비잔티움 제국의 미카엘 프셀로스의 저작으로 알려진 악마에 관한 책 등이 있다. 1460년대 초 피치노는 코시모 데 메디치의 사사로운 요청에 따라 플라톤에 관한 연구를 잠시 미루고 오늘날 《헤르메티카Hermetica》로 알려진 텍스트의 번역에 착수했다. 이러한 문헌들이 고대의 라틴어 번역본 《아스클레피우스》(그리스 원저의 제목은 《로고스 텔레이오스Logos teleios》)와 함께 고대 이집트인의 우주론과 신학 이론을 보여준다고 할 수 있는데, 그것이 기독교와 무척 닮아서 미카엘 프셀로스는 악마가 그 책을 구술했음이 분명하다고 생각했다. 피치노에게 《헤르메티카》와 조로아스터의 가르침이라고 여겨지는 《칼데아 신탁Chaldaic Oracles》 같은 텍스트는 플라톤이 의지한 대표적인 자료였다. 그 문헌들은 브라이언 코펜헤이버가 옳게 강조했듯이 마술의 실행을 세세하게 묘사하지 않았다. 그러나 피치노는 그 안에서 영혼이 자연으로 내려왔다가 다시 올라가는 더 큰 과정에 대한 설명을 발견했다. 그 문헌들이 마술 전통을 철학적 전통 속에 집어넣었다. 달리 말하자면, 피치노가 보기에 먼 고대까지 거슬러 올라가는 텍스트들이 있었다. 이는 위대한 사상가들이 우주를 비슷한 관점에서 이해했음을 보여준다. 몇몇 초기 사상가들은 조로아스터처럼 '마구스'라고 불리는 유형의 철학자였다.

피치노의 가장 오래된 저술이 그의 생각대로 마술에 새로운 시대와 권위를 부여했다면, 플라톤을 해석한 후대의 저작들은 우주론적 고찰을 마술의 실행과 명시적으로 연결했다. 5세기의 신플라톤주의 철학자 프로클로스는 짧은 글 《제사와 마술에 관하여De Sacrificio et Magia》를 썼다. 이 글은 일부만 남아 있는 그리스어 원본을 제외하면 피치노의 라틴어 번역본으로만 남아 있다. 글은 에로스Eros를 불러내며 시작하는데, 플라톤의 《향연Symposion》에 대한 논평가요 플라토닉 러브라는 르네상스 시대 이론의 창시자인 피치노의 마음에는 더할 나위 없이 완벽하게 들어맞았다. "연인들이 이성을 이용해 관능적인 아름다움으로부터 신성한 아름다움으로 조금씩 나아가듯이, 고대의 사제들도 자연 속의 어떤 관계를 고찰했을 때, 모든 사물이 느낌과 명백한 상황에 의해 신비로운 힘과 연결되어 있음을 알았을 때, 모든 사물에서 모든 사물을 발견했을 때 거룩한 학문을 창조했다."[43] 프로클로스의 해석에 따르면, 신성한 학문에는 천체가 어떻게 위계질서에 따라 존재에, 즉 천사와 악마, 인간, 동물, 식물, 돌에 그 속성을 할당하는지에 관한 설명이 들어 있었다. 프로클로스는 이렇게 썼다.

> 그러므로 고대의 사제단은 (이 세상의) 명백한 물체들로부터 높은 차원의 힘에 대한 숭배를 발견했다. 그들은 몇몇은 혼합하고 다른 것들은 정화했다. 그러나 그것들을 대부분 함께 뒤섞었는데, 단순한 물체에 신의 속성이 몇 가지 들어 있음을 보았기 때문이다. 그러나 그 신성을 아래로 끌어내기에 충분할 만큼 많이 들어 있지는 않았다. 따라서 그들은 여러 물체를 혼합함으로써 높은 곳으로부터 신성을 끌어내렸고, 여러 것을 조합하여 그것들보다 우위에 있는 절대자에 비할 만한 것으로 만들었다. 그들은 많은 물질로 조각상을 세웠고 합성 향도 만들었으며, 신성한 기호들을 하나로 모아 최대한 많은 힘을 갖춘 신성한 본질이 되게 했다.[44]

프로클로스는 또한 사제들이 조각상에 천상의 생명과 힘을 끌어와 집어넣으면 그 조각상이 신탁으로 응답할 수 있다고 설명했다.

이러한 발견은 근원적인 결과를 가져왔다. 혼이 들어간 조각상은 위와 같은 드문 그리스어 텍스트뿐만 아니라 중세에 널리 읽힌 라틴어 텍스트 《아스클레피우스》에서도 언급되었다. 토마스 아퀴나스는 《대對이교도 대전》에서 이 고대의 권위에 맹공을 퍼부었다. "조각상이 만들어져도, 그것에 실질적인 형상形相은 전혀 추가되지 않는다. 다만 모양에서는 변형이 일어나는데, 이는 우연이다. 구리나 여타 유사한 성격의 물질의 형태는 그대로 남아 있다. 그러므로 이러한 종류의 조각상에 어떠한 성질이든 생명의 원리가 깃드는 것은 불가능하다."[45] 그러나 피치노는 마구스가 천체의 힘을 조각상 안으로 불러들이는 것이 가능하다고 생각한 권위자를 찾아냈다. 플로티노스와 이암블리코스, 포르피리오스의 글을 꼼꼼하게 읽은 피치노는 기도의 특성과 힘에 관해 복잡한 해석을 내놓았다. 이제 피치노는 그 작가들로부터, 데니스 로비쇼드가 밝혔듯이, 헤르메스 트리스메기스토스의 저작으로 알려진 텍스트를, 헤르메스를 모든 발견을 이루어낸 자로 본 이집트 사제들의 저작으로 보는 법을 배웠다.[46] 《하늘에서 생명을 얻는 방법에 관하여》의 정점이 되는 장에서 헤르메스 트리스메기스토스를 요란하게 언급하는 대목은 피치노가 그리스 철학자들에게서 배운 기술이 단 한 명의 이집트 현인이 아니라 여러 명의 현명한 사제에게서 왔음을 암시했다. 그 사제들도 다른 곳에서 영감을 받았다.

> 플로티노스는, 헤르메스 트리스메기스토스를 주해하여, 고대의 사제들, 즉 마구스들이 조각상과 물질 제물에서 신성하고 놀라운 것을 포착하곤 했다고 말한 그 대목에서 거의 동일한 사례들을 이용한다. 게다가 그는 헤르메스 트리스메기스토스에 동의하여 그러한 물질을 통해서 그들이, 정확히 말하자면 질료와 완전히 무관한 신성神性이 아니라, 내가 처음에 말했듯이 그리고 시네시오스가 증명했듯이, 그저 우주적인 신성을, 다시 말해서 세계영혼Anima mundi과 천체와 별들의 영혼에서 나온 생명이나 지극히 중요한 어떤 것, 심지어 악령에서 나온 움직임과 이를테면 활력 넘치는 존재까지도 포착했다고 생각한다. 실제로 플로티노스가 추종한 바로 그 헤르메스는 이러한 성격의 악령들

이(천체보다 더 높은 차원은 말할 것도 없고 천체에 속한 것도 아닌 공중의 악령들이) 물질 속에 늘 존재한다고 주장하며, 바로 그 헤르메스가, 그의 말을 빌리자면 신성의 자연력을 내부에 지닌 약초와 나무, 돌, 향료로 직접 조각상을 만들었다. 그[플로티노스]는 천체를 닮은 노래를 덧붙였고, 신들이 그러한 노래들에서 즐거움을 취하고 그리하여 조각상 안에 더 오래 머물러 사람들을 돕거나 그들에게 해를 끼친다고 말한다. 그는 사제였던 이집트의 현자들이 신들, 다시 말해 인간보다 [보통의 의미에서] 우월한 영혼들이 있다는 추론으로는 사람들을 설득할 수 없었기 때문에 악마를 유인하여 조각상 안에 끌어들이고 그로써 신들이 존재한다는 것을 증명할 수 있는 마술의 올가미를 고안해냈다.[47]

피치노는 곧바로 단서를 덧붙였다. 그는 이렇게 경고했다. 이암블리코스는 이집트의 사제들을 비난했으며, 토마스 아퀴나스는 악마가 실제로 그 숭배자들을 속이기 위해 스스로 조각상 안에 들어갔다고 주장했다는 것이다. 그러나 논리적으로는 아닐지언정 표현에서는 요점이 분명했다. 영혼이 들어간 이집트인들의 조각상은 세계영혼이 어떻게 로고이 스페르마티코이logoi spermatikoi•를 통해 자연물을 만들고 변화시켰는지, 마치 조각가가 조각상을 만들듯이 마구스가 어떻게 자신을 하늘의 은혜를 받는 자로 만들 수 있었는지에 대한 강력한 모델을 제시했다.[48]

• 라틴어로 Rationes seminales. '발생의 원리', '씨앗의 원리', '최초의 이성' 등으로 옮길 수 있는, 종의 기원에 관한 신학 이론. 신이 씨앗의 형태로 세상 만물을 창조하여 이것이 시간이 지나면서 성장한다는 의미가 깃들어 있다.

영혼이 들어간 조각상에 관심을 갖거나 그것을 모호하게 취급한 15세기 마술사가 피치노가 처음은 아니었다. 예를 들면 조반니 폰타나는 이렇게 물었다. "우리는 영혼들이 이교도의 우상 안에 들어가면 응답을 주며 이교도를 우상숭배로 이끈다는 사실을 모르는가? 먼저 칼데아인이, 그다음에는 로마인이 그것들을 신으로 여기고 숭배했으며, 이제 수많은 동양 민족이 다시 무지와 혼란에 빠져 그것들을 향해 기도를 올린다."[49] 폰타나는 몇몇 "마구스와 강령술사"가 "성스러운 글자와 선한 천사들의 이름"을 이용해 이 영혼들을 조각상뿐만 아니라 동물과 시신 안으로도 밀어 넣는다고 믿었다. 그는 이러한 주문이 쇠사슬보다 더 강력하다고 설명했다. 그는 또한 악마가 스스로 조각상 안으로 들어가 그 숭배자들을 속일 가능성을 제기했다.[50] 그러나 피치노는 이번에도 역시 새로운 전거를 토대로 이러한 견해를 내놓으면서 새로운 차원의 상세함과 철학적 뒷받침을 보여주었다.

15세기에 많은 기독교인이 자신의 종교적 물건에 영혼이 깃들어 있다고 생각했다. 특히 성체聖體는 칼에 찔리면 피를 흘릴 수 있고, 유대인이 삶거나 태우려 하면 놀랍도록 취약한 어린 소년으로 바뀔 수 있었다. 성가정聖家庭의 가족 구성원들은 형상으로 나타났다. 1446년 6월 어느 날, 레온 바티스타 알베르티의 친구인 베네딕트회 수도사 지롤라모 알리오티는 아레초에 갔다가 새로운 '신앙심religio'을 대면했다. 성인 남녀와 소년소녀가 십자가 형태의 깃발을 따라갔다.[51] 그들과 합류한 알리오티는 성모 마리아가 어느 작은 도시의 시민들 앞에 '현신現身'으로 나타났음을 알게 되었다. 성모 마리아는 무신론자들을 신자로 개종시켰고 오랜 소송과 가문 간의 반목으로 서로 잔인한 적이 된 자들을 화해시켰다. 알리오티가 사람들에게 물어 알게 된 세세한 사정은 이러했다. 네 명의 어린 소녀가 비바람을 피하려고 교회로 들어갔다. 소녀들은 성모 마리아께 비를 멈추어 홍수를 막고 시민 간의 다툼을 끝내달라고 기도했다. 기도는 극적인 응답을 받았다. 소녀들은 성모 마리아를 그린 프레스코화가 "더는 표상이 아니라 육신을 지닌, 살아 숨 쉬는 진짜 구세주의 어머니로 변형되는 것을" 보았다.[52]

화상畫像이 그 원형이 되자 엄청난 힘을 발휘했다. 비웃던 자들은 그 현존 앞에서 "신의 무한하고 무서운 힘을 느끼기 시작했다." 다마스쿠스로 가던 길의 사도 바울처럼 무력하게 땅바닥에 엎드렸다. 눈부신 환상이 그들 앞에 나타났다. 어떤 이는 성모 마리아가 자신의 심장에 화살을 쏘는 것을 보았고, 또다른 이는 극심한 고통을 느꼈다. 개종은 빈번했고 그 효력은 영구적이었다.[53] 알리오티는 전문가로서의 책임에 요구되는 바를 행했다. 성상icon에 묘사된 주체가 소생한다면, 이는 기적이었다. 오직 초자연적인 것의 신학에 관한 전문가만이 이러한 사건이 정말로 기적인지 아닌지 판별할 수 있었다. 그래서 그는 로마에 있는 친구에게 상세한 설명을 적어 보내 권위자를 찾아봐달라고 요청했다. 그 친구는 "우리 시대의 가장 권위 있는 신학자"인 추기경 후안 데 토르케마다를, 그리고 트라스테베레의 산타 마리아 성당 사제로 성 프란체스카 로마나의 고해신부였던 조반니 마티오티, 즉 "영혼의 정확한 식별에 특별한 소질이 있는 사람"을 천거했다.[54] 결론적으로 피치노는 이교도 중에서도 가장 훌륭한 자들은 마술로써 비슷한 기적을 수행할 수 있었을 것이라고 주장하며 비록 곧 입장을 바꾸고 애매한 태도를 취하기는 했지만 그러한 견해를 뒷받침한 권위 있는 텍스트를 제시했다. 이 인용문이 향후 수 세대 동안 마구스들의 주목을 받은 것도 놀랄 일은 아니다. 이는 마술에 정서적으로 새로운 힘과 일신된 종교적 카리스마를 부여했다.

유대인과 마술

피코 델라 미란돌라는 마술 전통의 경계를 한층 더 확장했다. 라틴어로 된 기존의 마술 문헌은 여러 언어로 기록된 텍스트의 번역본이었다. 히브리어와 아랍어, 그리스어도 있었다. 라틴어로 된《피카트릭스》같은 몇몇 텍스트의 내용은 한층 더 이색적인 곳에서 유래했다. 피치노가 선별해 번역한 그리스어 문헌은 마술 전통을 더욱 확대했다. 신비적 주술에 관한 피치노의 복잡한 생각을 키운 다양한 신플라톤주의 텍스트에 마술 실행을 연결함으로써 마술 전통의 이집트 기원을 확인한 것이다. 그러나 피코 델라 미란돌라는 유대 문헌도 소개했고, 그 방식은 서양 사상 전반의 발전, 특히 마술 전통의 발전에 중요한 것으로 입증된다.

하임 비르숍스키를 필두로 일련의 현대 학자들은 피코 델라 미란돌라가 유대 텍스트를 탐구하고 흡수하려 한 과정을 추적했다. 비르숍스키가 피코를 이해하고자 따라간 길은 17세기 이래로 거의 아무도 밟지 않은 길이다.[55] 오랫동안 피코 델라 미란돌라는 놀랍도록 파란만장한 삶을 산 인물로부터 히브리어와 다른 언어들을 배웠다고 알려졌다. 1460년대에 기독교로 개종해 굴리엘모 라이몬도 몬카다라는 이름으로 세례를 받은 시칠리아 유대인 셰무엘 벤 니심 아불파라이이다. 그는 최고의 인문주의자답게 자신에게 고전적인 이름을 붙여주었다. 로마의 박식가 대大플리니우스에 따르면 자신이 통치한 22개 민족의 언어를 전부 구사할 수 있었다는 폰토스 왕 미트리다테스 6세 에우파토르 디오니소스의 이름이다(저자는 아래에서 이 인물을 라틴어 이름인 플라비우스 미트리다테스로 칭한다).

당대의 자기선전 형태를 보면 알 수 있듯이, 플라비우스 미트리다테스는 여러 언어를 말할 줄 알았다. 그는 교황 식스투스 4세의 후원을 받았고 로마대학교에서 히브리어와 아람어, 아랍어를 가르쳤다.[56] 그는 경력을 쌓던 초기에 유대교의 진정한 핵심은 기본적으로 기독교적이라고 판단했다. 1481년 성 금요일에 그는 교황청에서 예수 수난에 관해 긴 설교를 했다. 미트리다테스가 증거로 사용한 텍스트 여럿이 진짜 유대 자료가 아니라 13세기에 기독교도가 유대인과 논쟁을 벌일 때 쓴 수정된 인용문이었다. 플라비우스 미트리다테스는 그의 표현으로 이른바 '옛 탈무드'와 '옛 탈무드 학자들'을(그는 그 연대를 기원전 370년경으로 잡는다) 인용하며 유대인이 기독교의 모든 신비를 알고 있었다고 강력히 주장했다. 유대인은 단순한 완고함과 증오 때문에 탈무드와 그들의 다른 책에서 기독교의 신비를 제거했고 개종을 거부했다.[57] 플라비우스 미트리다테스는 나중에 북쪽의 신성로마제국으로 가서, 비록 청중을 완전한 당혹 속에 빠뜨리기는 했지만 히브리어 성서의 〈시편〉에 관한 강연으로 "많은 돈"을 벌었다. 피코 델라 미란돌라가 유대 사상과 이슬람 사상의 신비를 알 필요가 있다고 판단한 바로 그 시점에, 플라비우스는 이탈리아로 돌아왔다.

이것은 그 시대에, 오스만제국의 흥기와 유대인과 무슬림이 이베리아반도와 이탈리아 남부에서 추방된 일로 새롭게 바뀐 지중해 세계의 복잡한 환경에 어울리는 사건이었다. 전문 번역가들이 외교와 학문에 관여했다.[58] 플라비우스는 유대인이 연구하고 만들어낸 매우 복잡하고 긴장감 넘치는 텍스트 몇몇을 소개할 수 있었다. 카발라 신봉자들의 심히 우의적이고 인유적인 저작들이다. 그는 이러한 저작을 라틴어로 번역했고 피코 델라 미란돌라에게 설명했다. 그는 성 금요일의 그 웅변에서 가공의 '옛 탈무드'에서 유대교(옳게 이해한 유대교)와 기독교의 유사성을 보여주는 구절들을 인용했다. 여러 해 동안 기독교인으로 살아간 그는 이제 카발라의 텍스트를 교묘하게 번역해 기독교와 조화롭게 했다.

피코 델라 미란돌라가 유대인에 대해 호의적이어서 카발라에 빠진 것은 아니다. 그는 기독교도와 유대인의 논쟁 속에 확립된 전통을 따라서 이렇게 주장했다. 유대 텍스트 안에는 유대인이 삼위일체 같은 기독교의 기본적 신조가 진짜임을 알고 있었으며 그러한 사실을 믿지 않는 척 위장할 때에만 그 진리에 대한 반대를 드러냈다는 명백한 증거가 들어 있다고. 그러나 동시에 그는 유대인 친구들과 전례 없이 매혹적인 대화를 이어나갔다. 그중 가장 두드러진 사람은 랍비이자 카발리스트인 요하난 알레만노였다. 피코 델라 미란돌라는 그에게 새롭게 찾아낸 신플라톤주의 자료들을 설명해주고 대신 유대 텍스트에 관한 정보를 얻었다. 피코는 넘치는 열정으로 1486년에 《900테제》와 《인간의 존엄성에 관한 연설》을 마무리했으며, 동시에 히브리어의 읽기와 쓰기를 배우면서 플라비우스 미트리다테스와 논쟁하고 바티칸도서관 서고를 샅샅이 뒤졌다.

피코 델라 미란돌라가 이해했듯이, 유대 전통의 핵심은 카발라 전통이다. 그는 이 비전秘傳 전통의 기원이 모세가 한 번 더 하느님의 말을 통해 직접 계시를 받은 시나이산으로 거슬러 올라간다고 보았다. 그는 《인간의 존엄성에 관한 연설》에서 자신이 토론을 위해 로마로 초청한 학자 대중에게 카발라의 존재를 선언하고 그 기원과 성격을 설명하려 했다.

> 유명한 유대인 선생들은 물론이고 우리의 에스드라스(에스라), 힐라리우스, 오리게네스도 하느님이 그 산에서 모세에게 주신 것에는 그가 후세를 위해 다섯 권의 책으로 기록한 율법뿐만 아니라 율법의 더욱 은밀한 진짜 지식도 들어 있다고 쓴다. 하느님이 모세에게 내리신 명령은 진실로 율법을 백성들에게 공표하라는 것이었지 율법의 은밀한 지식을 누설하거나 기록으로 남기라는 것이 아니었다. 모세는 예수 나베(여호수아)에게만 그것을 알렸고, 그는 다시 자신을 뒤이은 대제사장들에게만 엄중한 침묵의 규칙과 함께 이를 전했다.[59]

피코 델라 미란돌라는 이렇게 말한다. 바빌론 유수 후에 모세의 문서화한 율법을 '교정한' 에스드라스는 그 두 번째 율법이 유대인의 기억을 통해서만 보존된다면 살아남지 못할 것임을 깨달았다는 것이다. 그래서 에스드라스는 아직 살아 있는 현자들을 불러 모았고 그들이 '율법의 신비'에 관해 기억하고 있는 것을 70권의 책으로 편찬하게 했다.[60] 피코 델라 미란돌라는 그 책들이 카발라라고 설명했다. 교황 식스투스 4세는 그 책들을 라틴어로 번역하게 했다. 유대인들은 그 책들을 매우 중요하게 여겼기에 마흔 살을 넘긴 사람만 읽을 수 있게 했다.[61] 피코 델라 미란돌라는 "결코 적지 않은 비용을 들여" 그 책들을 입수해 "최고의 집중력과 부단한 수고를 들여" 읽은 뒤에 "맹세코 모세의 종교가 아니라 기독교 종교"를 발견했다. "거기서 나는 삼위일체의 신비에 관해, 말씀의 성육신에 관해, 메시아의 신성에 관해, 원죄와 그리스도를 통한 속죄, 천상의 예루살렘, 악마들의 타락, 천사들의 위계에 관해, 연옥과 지옥의 고통에 관해 읽었다. 우리가 바울과 디오니시오스에게서, 히에로니무스와 아우구스티누스에게서 매일 읽는 것과 똑같은 것을 읽었다."[62] 카발라와 기독교는 너무도 완벽하게 일치하여 "우리와 유대인 사이에 카발리스트들이 쓴 이 책들이 해결하지 못하고 논박할 수 없는 쟁점은 거의 없다. 어떤 쟁점도 미결로 남지 않을 것이다." 피코 델라 미란돌라는 지적으로는 물론이고 사교적으로도 유대인과 교류했음을 분명히 밝혔다. "나는 대단한 학자인 안토니오 크로니코에게서 이 사실의 매우 인상적인 증거를 본다. 내가 그의 집에서 식사를 하고 있을 때, 그는 이 학문에 조예가 깊은 유대인 다틸로가 삼위일체에 관해 완전한 기독교적 입장을 순순히 받아들이는 것을 두 귀로 직접 들었다."[63]

플라비우스 미트리다테스가 번역하고 피코 델라 미란돌라가 읽은 텍스트는 매우 다양했다. 그 안에는 2세기나 3세기에 쓰인 것으로 히브리어 문자의 성격에 관한 자료와 하느님이 세상을 창조할 때 히브리어 문자를 사용한 방식으로 가득한 《세페르 예치라Sefer Yetzirah》(창조의 서書)와 훨씬 더 오래되었다고 추정되지만 아마도 12세기에 작성되었을 〈창세기〉에 관한 신비로운 주석 《세페르 하바히르Sefer haBahir》(빛의 서書), 13세기 이탈리아 랍비 메나헴 레카나티의 모세 오경에 관한 신비로운 주석, 13세기 신비주의자 아브라함 아불라피아의 저작 등등이 포함된다.[64] 피코 델라 미란돌라는 아불라피아의 인도를 따라 두 유형의 카발라를 확인했다. 하나는 신의 열 가지 세피로트Sephirot(속성, 감화력)〔하느님의 의지가 드러나는 열 가지 통로〕를 통해 작용하는 것이고, 다른 하나는 22개 자모와 신의 이름의 신비를 통해 작용하는 것이다.[65] 그러나 전체적으로 그는 카발라를 단일한 위대한 전통으로 보았다. 그 전통은 모세가 받은 계시에 기원이 있고 키루스 대왕이 유대인들을 팔레스타인으로 돌아가도록 허용한 뒤 유대인의 국가와 종교를 재창조한 에스드라스와 대회당大會堂의 사람들에 의해 기록되었다.

피코 델라 미란돌라는 다른 경우와 마찬가지로 이러한 견해를 취할 때에도 플라비우스 미트리다테스의 인도를 받았다. 현명한 태도였다. 플라비우스는 로마에서 출세한 개종자로서 기독교도가 고쳐 써 논쟁에서 이용한 유대 전통에 의지했으며 심지어 스스로 그것을 고쳐 쓰기도 했다. 그는 피코 델라 미란돌라의 스승으로 지낸 짧은 시기 동안에도 제자와 한 가지 게임을 하고 싶은 유혹을 참을 수 없었다. 플라비우스는 피코에게 비밀을 지킬 것을 맹세하게 하면서 이른바 '칼데아어'를 가르쳤다. 이는 피코는 고대 바빌론의 언어로 생각했겠지만 에티오피아 문자로 쓰인 아람어였다.[66] 그러나 플라비우스는 피코에게 불만이 많았음에도 후원자에게 진정한 애정을 느꼈고 그에게 카발라의 비밀을 전하고 싶은 진정한 열정에 사로잡혔다.[67] 그는 히브리어와 히브리어 문자의 신비를 담은 카발라 텍스트를 라틴어로 완벽하게 번역하기는 불가능하다고 강조했다.[68] 그러나 그는 또한 자신이 능숙하게 히브리어 원문의 오류를 교정했으며, 카발라 사상을 전할 방법을 발견했고, 피코 델라 미란돌라에게 유대인이든 기독교인이든 누구도 설명할 수 없었던 것을 설명했다고 자랑했다. 그는 매우 다양한 방법으로 이 말을 되풀이했다. "미트리다테스 말고는 아무도 히브리어로 쓰인 이것을 이해할 수 없었을 것이다."[69]

피코 델라 미란돌라는 이러한 비전 전통을 알게 되었다고 선언했을 뿐만 아니라 그것을 《인간의 존엄성에 관한 연설》의 구조에 짜넣었다. 코펜헤이버가 입증했듯이, 《인간의 존엄성에 관한 연설》은 느닷없이 나타난 자료들을 짜맞추어 만든 난해한 저작이다. 피코 델라 미란돌라는 그 책에서 욥의 입을 빌려 하느님이 천사들에게서 평화를 원한다고 했는데, 이때 그가 실제로 생각한 것은, 그의 테제 중 하나가 보여주듯이, "남쪽의 물과 북쪽의 불, 그 지휘자들", 미카엘과 가브리엘, 하늘 높은 곳에서의 그들의 화해("esh[불]와 mayim[물]으로서의 shamayim[하늘]"), "천국의 새들"로서 세상에 나타나 인간에게 지혜를 전한 천사들이었다. 여기서 그는 현인 게르소니데스, 즉 랍비 레비 벤 게르손의 사상에 카발라의 천사에 관한 전승傳承을 융합했다. 《인간의 존엄성에 관한 연설》의 긴 논문들은 비유로 가득하며, 몇몇 논문은 숫자이기도 한 히브리어 문자를 능숙하게 다루는 고차원의 마술 형태들에 연결해야만 이해할 수 있다.[70]

피코 델라 미란돌라는 독자에게 오직 인간에게만 주어진 자유를 이용해 천사의 삶을 살라고 강력히 권했는데, 이때 그는 야곱과 욥의 이야기에 대한 카발라의 해석에서 이미지와 주제를 가져와 그 이야기의 완전한 의미를 끌어냈다. 그에게 위계구조의 우주에서 위로 올라간다는 카발라의 시각은 천사의 위계제라는 고대 기독교의 시각을 풍요롭게 하고 완성했다. 너무도 확실하게 완성했기에, 그는 모순이 나타날 가능성을 걱정하지 않았다. 이를테면 카발리스트들은 천사의 계급을 열 개로 단정했지만 천사에 관해서는 기독교의 대단한 권위자인 거짓 디오니시오스 아레오파기타는 아홉 개만 이야기했다는 사실 같은 것이다. 그리고 플라비우스 미트리다테스는 이미 신중하게 작성한 메모에서 그에게 카발라의 설명이 기독교와 동일한 "천상의 위계제"를 말한다고 지적했다. 놀랄 일도 아니다.[71]

피코 델라 미란돌라는 《900테제》에서 자신의 새로운 발견을 더욱 분명하게 설명했다. 72개의 '카발라 테제'에서 그는 히브리어를 알아야만 히브리어 성서의 신비를 파헤칠 수 있음을 분명히 했다. 예를 들면 **헤**ה라는 글자가 엄청난 창조의 힘을 지녔다는 카발리스트의 믿음은 하느님이 왜 아브람Abram의 이름을 아브라함Abraham으로 바꾸고 그가 "많은 민족의 조상"이 될 것이라고 약속했는지 설명했다. "만일 아브라함의 이름에 헤ה가 추가되지 않았다면[그래서 아브라함이 되지 않았다면], 아브람은 자식을 낳지 못했을 것이다."[72] 피코 델라 미란돌라는 인간의 쾌락 탐닉이 악마를 불러오기 때문에 밤은 악의 근원이라는 원리 같은 카발라 신조를 상세히 설명했다. "암흑의 비밀인 어둠과 밤의 특성을 아는 자는 사악한 악마들이 왜 낮보다 밤에 더 많은 해악을 끼치는지 알고 있다."[73] 그는 카발라에서 특정한 의미를 지닌 히브리어 용어들을 거론하며 그런 용어에 대한 지식이 이해에 결정적으로 중요하다는 점을 보여주었다. 마지막으로 그의 맨 마지막 카발라 테제는 이렇게 말한다. "참된 점성술이 우리에게 하느님의 책을 읽는 법을 가르치듯이, 카발라는 우리에게 율법의 책을 읽는 법을 가르친다."[74] 참된 점성술이 하느님의 자연이라는 책의 비밀을 드러냈듯이, 카발라는 문자로 기록된 하느님의 책의 비밀을 드러냈다.

마술의 민족 유대인

이러한 테제들과 다른 많은 테제가 암시하듯이 피코 델라 미란돌라는 카발라를 다른 무엇보다도 이해와 영감의 원천으로, 성서의 이해와 선한 삶을 사는 방법에 관한 영감, 명상에 몰두하는 경건한 영혼 수양의 원천으로 보았다. 카발리스트는 성서에서 새로운 의미를 찾기 위해 히브리어 문자의 숫자로서의 가치에 기반한 복잡한 대체 원리를 이용했다. 그들은 그것을 명상의 토대로, 그리고 조만간 신비로운 경험의 토대로 삼았다. 피코 델라 미란돌라는 또한 점성술에 대한 그의 비유가 암시하듯이, 진정한 마술은 카발라와 체계적으로 연결되어 있다고 믿었다. 그는 이렇게 쓴다. "우리에게 그리스도의 신성에 관해 마술과 카발라보다 더 많은 확신을 주는 학문은 없다."[75] 피코 델라 미란돌라가 받아들인 마술은 사악한 존재와 소통하는 문자나 기호를 이용할 수 없었다. 또한 단순하게 부적이나 다른 물질에 초자연적 존재를 불러들일 수도 없었다. 그러한 존재들이 사악한 의도를 지니

104 Ioan. Pici Mirandulæ

6 Dicta interpretum Chaldęorum super 11. aphorismo de duplici ebriatione Bacchi & Sileni, perfectè intelligentur per dicta Cabalistarũ de duplici uino.

7 Quæ dicunt interpretes super 14. aphorismo, perfectè intelligentur per ea, quæ dicunt Cabalistæ de morte osculi.

8 Magi in 17. aphorismo nihil aliud intelligunt per triplex indumentũ, ex lino, panno & pellibus, quàm triplex animæ habitaculum, cœleste, spiritale, & terrenum.

9 Poteris ex præcedenti conclusione aliquid intelligere de pelliceis tunicis, quas sibi fecit Adam, & de pellibus quæ erant in tabernaculo.

10 Per canẽ nihil aliud intelligit Zoroaster, quàm partem irrationalem animæ & proportionalia, quod ita esse uidebit, qui diligenter dicta omnia expositorum considerauerit, qui & ipsi sicut & Zoroaster ænigmaticè loquuntur.

11 Dictum illud Zoroastris, nec exeas cum transit lictor, perfectè intelligetur per illud Exodi, quando sunt prohibiti Israelitæ exire domos suas in transitu angeli interficientis primogenita Aegyptiorum.

12 Per Sirenam apud Zoroastrem nihil aliud intelligas quàm partẽ animæ rationalem.

13 Per puerum apud interpretes nihil aliud intelligibile quàm intellectũ.

14 Per dictum illud Zoroastris, ad huc tres dies sacrificabitis, & non ultra, apparuit mihi per Arithmeticam superioris merchiauè illos computandi dies esse, in eo dicto expresse prædictum aduentum Christi.

15 Quid sit intelligendum per capras apud Zoroastrem, intelligit qui legerit in libro Bair quæ sit affinitas capris & quæ agnis cum spiritibus.

Conclusiones Magicæ numero XXVI. secundum opinionem propriam.

1 Tota Magia, quæ in usu est apud Modernos, & quam merito exterminat ecclesia, nullam habet firmitatem, nullum fundamentum, nullã ueritatem, quia pendet ex manu hostium primæ ueritatis, potestatum harum tenebrarum, quę tenebras falsitatis, malè dispositis intellectibus obfundunt.

2 Magia naturalis licita est, & non prohibita, & de huius scientiæ uniuersalibus theoricis fundamentis pono infrascriptas conclusiones secundum propriam opinionem.

3 Magia est pars practica scientiæ naturalis.

4 Ex ista conclusione & conclusione paradoxa dogmatizante 47. sequitur, quod Magia sit nobilissima pars scientiæ naturalis.

5 Nulla est uirtus in cœlo aut in terra seminaliter & separata, quam & actuare & unire magus non possit.

6 Quodcunque fiat opus mirabile, siue sit magicũ, siue cabalisticum, siue cuiuscunque alterius generis, principalissimè referendum est in Deum gloriosum

피코 델라 미란돌라, 마술에 관한 테제.

고 있을 가능성이 있기 때문이다. 피코의 설명에 따르면, 카발리스트는 자신이 상대하는 존재 중에는 자신을 보호해줄 대천사 메타트론 Metatron도 있지만 실수라도 하면 자신을 잡아먹을 악마 아자젤Azazel도 있다는 사실을 명심해야 했다.[76]

그러나 히브리어는 특별한 힘을 지녔다. 하느님은 우주를 만들 때 히브리어를 썼다. 피코 델라 미란돌라는 자연마술에서 몇몇 낱말에 특별한 힘이 있다고 생각했다. 그 의미 때문이 아니라 그것이 "그 자체로 자연의 물체"이기 때문이었다. 초기 기독교 작가 오리게네스는 이렇게 지적했다. "호산나Hosanna와 사바오트Sabaoth, 할렐루야Halleluia 등 거룩한 글자의 몇몇 낱말은 과거의 형태를 그대로 유지했으며 다른 언어로 변형되어 원래의 어의가 사라지고 그 힘이 소멸하는 일이 없었다."[77] 피코 델라 미란돌라는 숫자와 히브리어 자모의 힘을 이용해 "뜻이 아니라 모양으로써" 세심한 주의를 기울여 만든 부적이 자신에게, 그리고 다른 사람들에게 그들이 추구한 지식을 주고 동시에 그들이 악마의 힘에 떨어지지 않게 해준다고 믿었던 것 같다.[78] 달리 말하자면 피코 델라 미란돌라는 카발라와 마술 둘 다 신의 계율을 이해하고 거룩한 삶을 사는 최선의 방법을 모색하기 위해 수행했다.

피코 델라 미란돌라의 견해를 접한 몇몇 동시대인은 그를 매우 다른 방식으로 이해한 듯하다. 어떤 사람들은 유대인이 강력한 비밀을 알고 있다고 동의했을 것이다. 그들은 그러한 힘을 마술과 연관 지어 생각했는데, 다만 아주 다른 성격의 마술이었다. 예를 들면 1475년 트렌토 주교 요하네스 힌더바흐는 도시의 관료들에게 유대인 공동체 구성원들이 기독교도 소년 시모니오 디 트렌토(지몬 폰 트리엔트)를 살해해 그의 피로 유월절에 쓸 무교병을 만들었으니 그들에게 유죄를 선고하라고 촉구했다. 트렌토의 작은 유대인 공동체 구성원들은 처음에는 어떤 범죄도 저지르지 않았다며 혐의를 부인했다. 그들은 로마가 제2성전을 파괴하면서 유대교에서 피의 제사는 중단되었다고 주장했다. 스트라파도strappado(사람의 팔을 등 뒤로 묶어 천장으로 끌어올리는 장치)를 쓰고 다른 고문을 가하자 그들 대다수가 무너졌다. 이들의 자백으로 그 종교가 기독교와 대립하는 악마의 종교일 뿐만 아니라 그들 사회에 마술의 관행이 널리 퍼졌다는 것도 분명해졌다.[79]

유대인 안나는 유대인이 "십자가에 매달린 자, 즉 유대인이 증오하는 기독교의 신 예수를 경멸하여" 유월절 무교병에 피를 섞어 먹고 유월절 포도주에 피를 넣어 마셨다고 설명했다. 질문을 더 하자 그녀는 그럴싸한 마술 이야기를 늘어놓았다. "유대인은 그 피를 다른 목적에도 사용한다. 그들은 그것이 어떤 힘을 지니고 있다고 말한다. 그들은 앞에서 말한 포도주를 마시는 사람은 위가 깨끗해지고 볼에 혈색이 돈다고 말하는데, 이것도 그러한 힘의 하나이다. 그 피는 또한 유대인에게서 나쁜 냄새가 나지 않게 해준다. 그녀는 또한 그것이 출산 예정일까지 버틸 수 없는 여인에게 도움이 된다고 말한다. 어떻게 아느냐고 묻자 그녀는 사람들이 하는 말을 들었다고 했다."[80] 다른 유대인 여성 보나는 협박을 받는 상황에서 이렇게 설명했다. 폴란드에 살았던 유대인 스승 야코브가 자신과 다른 여인에게 만일 어떤 여자가 기독교도 소년의 피를 깨끗한 우물에 떨어뜨린 뒤 그 안을 들여다보며 얼굴을 비추고 어떤 주문을 외면 "큰 우박과 비"가 내린다고 말했다는 것이다. 그것은 마녀의 소행으로 여겨진 교회법상의 범죄였다. 트렌토의 포데스타podestà(도시의 행정관)가 기록을 허락하지 않았지만 보나는 실제로 그 주문을 소리 내 말했고, 야코브가 "기독교도 소년의 피가 지닌 효용을 전부 기록한" 책을 갖고 있었다고 설명했다.[81] 이 설명에 따르면 유대인의 예배는 결코 기독교를 저속하게 흉내낸 것이 아니었다. 그것은 기독교 의식을 모방한 다른 것, 즉 강령술과도 긴밀히 연결되었고, 유대인의 비밀 서적에 강령술의 공식이 담겨 있었을 수도 있다.

주교 힌더바흐는 이러한 설명이 충분히 가능한 일임을 분명히 알았을 것이다. 그는 훗날 자백을 거부한 다른 유대인 여성 브루네타의 일을 떠올리고 소장 도서 중 한 권의 여백에 이를 기록했다. 트렌토의 포데스타는 그녀의 몸에 성수를 붓고 그녀의 털을 밀고 머리카락을 자르게 했다. 그러나 악마의 주문이 그녀를 보호했기에 그는 무력했다.[82] 다행히도 힌더바흐는 중세의 백과사전 편찬자 뱅상 드 보베가 악마의 주문을 물리치는 방법을 기록했음을 떠올렸고, 포데스타와 함께 그 구절을 읽었다. "다음날 그는 그것을 시험해보고자 동정의 소년에게서 소변을 받아 앞서 말한 브루네타에게 쏟아부어 몸을 씻겼다. 그러자 곧 그녀는 포데스타가 우리에게 말했듯이 강압이나 고문의 위협이 없는데도 앞서 부인한 모든 것을 자백하고 인정했다."[83] 다시 말하자면 힌더바흐에게 유대인은 마술의 민족, 사악한 마술의 민족이었다. 트렌토의 포데스타와 그의 보좌관들은 동일한 가정을 토대로 유대인을 압박해 기독교도의 피를 이용해 자연을 지배하는 힘을 얻었다는 자백을 받아냈다.

이러한 견해는 피코 델라 미란돌라의 시대가 끝나고 한참 지난 후에도 일부 기독교도 독자의 마음에 들었다. 심지어 유대인 마술의 힘에 대한 그의 믿음을 공유한 기독교도 독자들도 그런 견해를 보였다. 1520년대에 이탈리아를 여행한 뒤 하이델베르크에서 궁정 의사로 정착한 박식한 의사 요한 랑에는 고대 이집트의 신비로운 의학에 매료되었다.[84] 그는 편지로 의술과 그 역사를 상세히 기록했는데, 그중 한 편지에서 볼로냐에서 피코 델라 미란돌라의 조카 조반니 프란체스코 2세 피코와 나눈 대화를 회상했다. 조반니 프란체스코는 삼촌과 마찬가지로 최초 형태의 카발라에 감탄했으며 요하네스 로이힐린을 크게 존경했다. 로이힐린의 카발라 연구에 관해서는 아래에서 살펴볼 것이다. 그러나 요한 랑에는 유대인이 사악한 종족으로 퇴화했다고 주장했다. 아메리카 대륙 탐험가들이 맞닥뜨린 것과 동일한 성격의 악마에 사로잡혔다는 것이다.[85] 그들이 시모니오 디 트렌토를 살해한 것은, 그의 몸을 칼로 찔러 예수의 상흔과 똑같은 것을 남긴 것은 분명했다.[86] "악마가 피를 좋아한다 하여" 악마의 도움을 받고 죽은 자를 되살리기 위해 그의 피를 사용한 것은 더욱 나빴다.[87]

피코를 위해 카발라 텍스트를 번역한 플라비우스 미트리다테스는 점성술과 마술을 자신의 탈무드와 성서, 카발라 연구와 매우 독특한 방식으로 결합했다. 앞으로 보겠지만 그 방식은 다음 세대의 르네상스 마구스들이 취한 길을 어렴풋이 보여주었다. 아마도 오타비아노 우발디니 델라 카르다의 요청에 따른 것일 텐데 그가 우르비노 공작의 도서관을 위해 자랑스럽게 라틴어로 번역한 책 중에는 이븐 알하팀이 쓴 10세기 아랍 저술도 있었다. 바티칸도서관에 보존되어 있는 이 책은 28개의 월수月宿(달이 한 달 동안 통과하는 황도대의 구역들. 각각의 구역은 하나의 이미지로 표현되며 이는 다시 부적으로 재현된다)를 다루었다.[88] 플라비우스는 책의 서문에서 이렇게 설명했다. 이러한 종류의 점성술은 "인간을 행복하게 해주고 인간에게 죽음을 면할 수 없는 자들 사이에서 신처럼 보이는 방법을 가르쳐주는 신성한 형태의 지식이다. 그것은 별들과, 감히 훨씬 더 큰 존재를 말하자면, 명령으로써 세상에서 일어나는 모든 일을 결정하는 하느님과 직접 대화한다."[89] 별의 힘을 설명하는 플라비우스가 결정론자처럼 보이기는 하지만, 그는 적절히 선택한 행성과 여타 천체의 이미지를 담은 부적이 실제로 재앙을 피하게 해줄 수 있음을 증명하기 위해 높은 권위에 의존했다. 예를 들어 파도바의 의사 피에트로 다바노는 모든 콩팥 질환을 치료할 수 있는 점성술 부적 제작법을 설명했다. 플라비우스의 아버지인 니심 아불 파라이 디 지르젠티는 표면에 레오(사자)의 머리가 있고 뒷면에는 히브리어 문자가 있는 황금 부적을 만들어 향수를 뿌린 비단에 싸가지고 다녔다. "아이를 낳는 여인이 그것을 목에 두르면 쉽게 출산했다."[90]

훨씬 더 놀라운 일도 있다. 플라비우스 미트리다테스는 모세가 직접 그러한 점성술 부적을 사용했고 경험으로부터 유효한 점성술 이론과 실제의 체계를 이끌어내 후세에 전했다고 설명했다. 〈출애굽기〉 13장 19절에 따르면 모세는 유대인을 이끌고 이집트에서 벗어날 때 "요셉의 유해를 모시고 떠났다." 그런데 이집트인들은 요셉을 위해 금속으로 관을 만들어 나일강에 빠뜨렸다. 그렇다면 모세는 어떻게 요셉이 묻힌 곳을 찾아낼 수 있었을까?[91] 그는 랍비 탄후마 바르 아바가 〈출애굽기〉에 관한 주석에서 해답을 제시했다고 설명했다. 모세는 보석으로 만든 부적을 가지고 나일강 둑에 갔다. 부적에는 타우로스(황소)의 머리와 히브리어 낱말 עלה שרו('일어나라, 황소')가 새겨져 있었다. 사람들이 기도할 때, 모세는 요셉에게 일어날 것을 요청했고, 금속관이 강 위로 떠올랐다.[92] 이 경우에 플라비우스의 학문과, 마술과 점성술, 환상을 애호하는 그의 취향 둘 다 작용한 것 같다. 수많은 미드라심midrashim(랍비의 해석 방식을 이용한 유대인의 성서 주석)은 전통적으로 4세기 랍비 탄후마 바르 아바와 연결된다. 그중 하나는 실로 플라비우스가 언급한 질문을 제기하고 그와 비슷한 이야기로 답변을 내놓았다. 미드라심에 따르면, 모세가 물속에 던진 것은 "황소여, 일어나라"는 말이 새겨진 마노瑪瑙였다.[93] 플라비우스는 마술을, 능동적이고 실제적인 의미에서, 유대 전통의 핵심을 구성하는 한 부분으로 보기로 결심한 것 같다. 그리고 모세의 마노를 자기 아버지가 만든 것과 같은 점성술의 보석으로 바꾸는 것은 식은 죽 먹기였다.

피코 델라 미란돌라는《변명》에서 자신의 카발라는 유대인의 이러한 일상적 마술 행위와 아무런 관련이 없다며 분노를 토해냈다. 그는 유대인의 일상적 마술을 기독교 세계에서 잘 알려진 것과 같은 다른 형태의 저급한 속임수라고 치부했다.

그러나 마구스만이 현자라고 불리던 옛 시절에 강령술사들이, 그리고 나중에는 악마적인 인간들이 근거도 없이 '현자'라는 호칭을 사취해 마구스를 자처했고, 그렇게 히브리인 중에도 신성한 물건들을 거짓된 새로운 미신으로 더럽힌 자들이 있었다. 이 문제의 실상은 그들이 강령술사와 별반 다르지 않았다는 것, 그리고 자신들이 신의 비밀스러운 이름들과 악마를 구속하고 기적을 행할 수 있는 힘을 지녔고 기적을 행했으며 그리스도도 동일한 방식으로 기적을 행했다고 말했다는 것이다. 마찬가지로 그들[유대인들]은 자신들의 기예가 하느님이 모세에게 보여준 진정한 카발라라고 말하며 카발리스트라는 이름을 사취한다.[94]

로저 베이컨과 앞선 세대의 다른 많은 사람처럼, 피코 델라 미란돌라도 다른 경우와 마찬가지로 카발라 전통에서도 좋은 마술과 나쁜 마술을 구분했으며, 카발라를 실용적인 마술과 연결하려는 노력을 거부했다. 플라비아 부체타가 피코 델라 미란돌라의 사상에 들어 있는 마술과 카발라에 관한 날카로운 연구에서 주장한 것처럼, 카발라 전통의 실용적인 측면은 피코가 보았듯이 두 가지 의미의 카발라 마술로 볼 수 있을 것이다. 하나는 그 전통에 속한 마술 관행 전체이고, 다른 하나는 카발라에 포함되고 카발라를 통해 이해된 마술 형태이다.[95]

그러나 피코의 독자들에게는 피코는 부정했지만 플라비우스 미트리다테스에게는 너무도 자연스러워 보였던 그 관계가 당연했을 뿐이다. 플라비우스 미트리다테스는 카발라와 마술 둘 다 자신과 우주에 영향을 미치는 강력한 방법이라고 믿었다. 어쨌거나 피코는 그 테제 중 하나에서 마구스를 로고이 스페르마티코이, 즉 하느님이 우주를 창조하고 보존한 근원적 원리를 발동할 수 있는 존재로 설명했다. “마술의 기적은 자연 속에 따로따로 존재하는 창조의 힘을 지닌 것들의 연합과 발동을 통해서만 나타난다.”[96] 다른 테제에서 그는 오직 한 가지 형태의 마술만이 고차원적인 것과 저차원적인 것을 결합할 수 있다고 말했다. "어떤 마술의 작용도 명시적으로든 암묵적으로든 카발라의 방법과 결합하지 않으면 효용이 없다."[97] 이렇게 과장된 표현은, 특히 말 그대로 받아들일 경우에 무서울 정도로 도발적이다. 피코 델라 미란돌라의 세계에서는 많은 사람이 초자연적 존재나 망자의 영혼과 접촉했다. 알베르티의 친구인 피렌체의 공증인이자 학자 레오나르도 다티가 1451년에 페르시아로 순례를 떠났을 때, 알베르티와 밀접한 관련이 있는 피렌체 귀족 가문 사람인 치프리아노 루첼라이의 영혼이 그에게 나타났다. 루첼라이는 지구와 항성들 사이의 공간이 전부 "천사들과 선한 영혼들로 가득 차" 있다고 설명했다. 그는 달보다 약간 높은 곳에 살았고 자유자재로 지구를 방문할 수 있었다.[98] 레오나르도 다티가 피렌체의 인문주의자 마테오 팔미에리에게 드러내 보여준 보편적 구원에 관한 지식은 서사시 《삶의 도시 La città di vita》의 토대가 되었다. 너무나도 이단적인 작품이어서 관용의 분위기가 강한 15세기 중반에도 호기심 강한 자들의 눈에 띄지 않도록 주도면밀하게 숨겨야 했다.

이 같은 접촉은 추구해야 할 목표일 수 있었다. 중세 말 다수의 마술 이론은, 피코 델라 미란돌라의 카발라처럼 실행자들이 천사와의 만남이나 축복의 환상을 얻으려면 엄격한 금욕과 정성스러운 기도로 준비해야 한다고 주장했다. 예를 들면 조반니 폰타나는 선한 천사들은 "단식과 정절, 마음의 순결로써" 불러내면 나타난다는 것을 아르스 노토리아가 증명한다고 설명했다.[99] 그러나 피코 델라 미란돌라는 통상적인 마술 서적이 아니라 살아 있는 마술의 민족으로부터, 그와 동시대에 살았던 많은 사람이 여전히 고대 비기독교도처럼 피의 제사를 수행한다고 본 민족, 정교한 의식과 의식의 준수가 지배하는 이국적인 세상에 산다고 알려진 민족으로부터 기술을 끌어냈다. 그는 힘과 지식을 얻는 주된 도구로 하느님이 직접 성서를 창조할 때 사용한 언어를 들었다. 그리고 이러한 힘이 무섭도록 막강할 수 있음을 내비쳤다. 기독교 세계에는 새로운 것이었던 여러 형태의 비전 학문이, 특히 카발라가 이탈리아와 알프스 이북에서 똑같이 학자들의 열정적인 관심을 끌었다. 1520년대가 되면 독일의 법률가이자 인문주의자인 요하네스 로이힐린, 베네치아의 수도사이자 플라톤주의자 기술자였던 프란체스코 초르치, 교황의 고해신부 피에트로 갈라티노 같은 다양한 학자들이 기독교 카발라가 되는 것의 이론적 토대와 전문적인 세부 사항을 상세히 제시했다.

마술과 외계

달리 말하자면 마르실리오 피치노와 피코 델라 미란돌라 둘 다 마술 전통에서 고대의 권위자들이 늘 마음에 들어했던 측면에, 그리고 종종 동방의 권위자들도 매력을 느꼈던 측면에 새로이 구체적인 내용을 부여했다. 다만 두 사람은 관심이 가장 많이 가는 여러 형태의 힘을 자연적인 수단으로 획득한 힘들과 연결하지는 않았다. 피코는 기술자의 실용적인 연구에는 별다른 관심을 보이지 않았다. 그러나 이것은 그들 사회에서 뜨거운 관심을 받은 문제였다. 예를 들면 피코의 친구로 시인이자 문헌학자였던 안젤로 폴리치아노는 수학자이자 시계 제작자인 로렌초 델라 볼파이아가 고안한 행성 시계에 감탄하고 이를 상세하게 기술했다.[100] 피치노의 호기심은 그러한 문제들에까지 확장되었다. 피치노는《플라톤주의 신학Theologia platonica de immortalitate animorum》에서 하느님이 우주를 창조하고 관리한 방식의 가장 적합한 모델을 기계 발명품에서 찾을 수 있다고 보았다. "최근에 우리는 피렌체에서 독일의 장인이 만든 작은 장롱을 보았다. 그 안에는 여러 동물의 조각상이 있었는데 전부 구체에 연결되어 그 힘으로 균형을 이루었다. 그 구체가 움직이면 조각상도 움직였다. 방식은 서로 달라서 몇몇은 오른쪽으로, 몇몇은 왼쪽이나 위쪽, 아래쪽으로 움직였고, 앉아 있던 것은 일어섰고, 서 있던 것은 쓰러졌고, 어떤 것은 다른 것의 위에 앉았으며, 그다음에는 그것이 다른 것들을 망가뜨렸다." 그는 하나의 구체가 이 모든 움직임과 뿔피리와 트럼펫의 소리, 새의 지저귀는 소리를 동시에 일으켰다고 생각했다. "그렇게 하느님은 존재 자체로써 (…) 자신의 머리를 끄덕이기만 하면 된다. 그러면 그에게 의존하는 만물이 움직인다."[101] 피치노는《생명에 관한 세 권의 책》에서 우주에 관한 심원한 지식을 얻는 한 가지 방법으로서 기계적이고 시각적인 이미지에 대한 정관靜觀을 권고했다. 그는 또한 로렌초 델라 볼파이아의 행성 시계를 찬양했다. "자체적으로 운동하는 천체를 지켜보면 유용할 것이다. 아르키메데스가 일찍이 그런 것을 만들었으며, 우리 시대의 피렌체 사람 로렌초도 최근에 만들었다. 그저 바라보기만 하면 안 되고 마음속으로 곰곰이 생각해야 한다. 비슷한 방법으로, 집구석 깊은 곳에 둥근 천장이 있는 방을 만들고 이러한 형상들과 색깔들로 표시를 해야 한다. 깨어 있는 시간 대부분을 그곳에서 보내고 잠도 거기서 자야 한다. 집밖으로 나오면, 우주의 모양과 색깔 같은 개별자들의 장관을 그처럼 정신을 집중해 보지 못할 것이다." 피치노는 책에서 "형상을 만드는 자들에게" 그러한 걱정을 남겼다.[102] 뒤에서 보겠지만, 고차원 마술의 수많은 실행자들이 그런 사람들에 포함된다. 그리고 그는 고차원 마술의 다른 측면을 더 강조했다.

전통에 도전하는 마술

마지막으로 피코 델라 미란돌라와 마르실리오 피치노는 두 가지 점에서 생각이 일치했다. 프랜시스 예이츠가 오래전에 주장했듯이, 두 사람은 마술 전통을 더 넓은 사회적·지적 공동체 안에 들여야 한다고 역설했다.[103] 과연 둘 다 극소수의 정통한 자들만이 생명과 우주, 그밖의 모든 것에 관한 가장 깊은 비밀을 이해할 수 있다고 믿었다. 그러나 실제로 어디서 어떻게 마술을 공부할 수 있는지 거의 말하지 않은 앞선 시대의 작가들과 달리, 피코와 피치노는 공개적으로 활동했으며 결국에는 동료들과 협력자들의 가시적인 단체를 만들어냈다. 피코 델라 미란돌라는 마술을 일반적으로 대학교에서 행하는 것과 같은 정식 논의의 대상으로 만들었다(최소한 그렇게 하려고 노력했다). 그는 유럽 전역의 학자들을 초청해 참여를 권유했다. 피치노도 《생명에 관한 세 권의 책》을 출간해, 비록 조건을 달아 대비했지만 유럽 도처의 독자에게 자신의 주장과 연구 방법을 알렸다. 게다가 두 사람 모두 의도적으로 지적 경계를 뛰어넘어 스콜라 철학 전통과 아랍-라틴 전통의 방법과 질문을 인문주의자들의 효과적인 설득 방법과 결합했다. 그로써 마술을 길고 어두운 과거와 신비로운 현재를 지닌 학문이요 근대 초 문필공화국의 작지만 진정한 공중 영역에 속하는 학문으로 만들었다.

피코와 피치노가 의견의 일치를 본 두 번째 점은 일견 진부하게 보인다. 두 사람 다 기독교도가 합법적으로 몇 가지 형태의 마술을 실행할 수 있다고 주장했다. 이것이 전통적인 주장일지라도, 특히 피코는 곧 큰 영향력을 행사하는 대담한 새로운 주장으로 이를 뒷받침했다. 앞서 보았듯이 그는 《인간의 존엄성에 관한 연설》과 《변명》에서 두 가지 형태의 마술을 구분했다.

> 나는 또한 마술에 관한 원리를 제안하여 그 낱말을 두 가지 의미로 해석했다. 악마의 활동과 권위에 전적으로 의지하는 한 가지는 저주받은 기괴한 것이다. 다른 하나는 잘 살펴보면 자연철학의 최종적 실현에 다름 아니다. 그리스인들은 두 가지를 다 거론하지만 전자를 결코 마술이라는 낱말로 위엄 있게 표현하지 않고 고이테이아goeteia라고 부른 반면, 후자는 마게이아mageia라고 칭했다. 최고의 완벽한 지혜라는 의미로 붙여준 특별한 명칭이다.[104]

피코는 진정한 마술은 건전하고 경건한 학문이라고, 따라서 교회 당국이 결코 비난한 적이 없는 학문이라고 주장했다. 이는 전통적인 주장으로 보인다.

그러나 피코의 용어 선택에는 의미가 실려 있다. 그는 소박한 편집 도구인 풀과 가위가 날카로운 무기로 변할 수 있음을 보여주었다. 아우구스티누스는 역사 대작 《신국론》에서 여러 장을 할애해 참다운 기독교와 거짓된 마술을 대비했다. 피코처럼 그도 포르피리오스를 인용했다. 그러나 아우구스티누스는 "금지된 호기심의 기예nephariae curiositatis arte로 만들어낸 주문과 노래"를 신뢰하는 이교도를 비난했다.[105] 널리 인정되듯이 이교도는 쌍둥이 같은 고결한 마술과 사악한 마술을 분리하기 위해 여러 명칭을 사용했다. 아우구스티누스의 설명에 따르면, 그들은 자신들의 실행을 "마게이아 또는 더 혐오스러운 명칭인 고이테이아, 더 고결한 명칭인 테우르기아theourgia(신의 주술)"로 불렀다. "그로써 그것들을 구분하려 한다."[106] 이렇게 함으로써 그들은 크나큰 사기를 치려고 했다. 세상을 속여 어떤 형태의 마술은 좋을 수 있다고 믿게 하려 한 것이다.

> 그들은 금지된 기예에 몰두한 자들 중에서 보통 사람들이 말레피키malefici라고 부르는 자들은 지옥에 떨어져 마땅하지만(보통 사람들이 이들은 고이테이아에 속한다고 말하기 때문이다) 나머지 다른 자들은 테우르기아의 주역이라며 칭찬할 만하다는 것을 보여주고자 한다. 그러나 둘 다 천사의 이름을 가장해 사람을 현혹하는 악마의 의식에 결속되어 있다.[107]

아우구스티누스의 말은 마게이아와 고이테이아를 대비하려는 피코의 노력에 영감을 주었지만, 정작 아우구스티누스 자신은 이러한 술책을 경멸하며 거부했다.

달리 말하자면 피코 델라 미란돌라는 아우구스티누스의 용어를 빌려와 마술 실행자들에 관한 그의 평결을 뒤집었다. 아우구스티누스가 선한 형태의 마술과 악한 형태의 마술을 구분하는 이교도의 잘못과 기독교도의 완전한 신앙을 대비한 반면, 피코는 고대인들이 어쨌거나 옳았다고 강변했다. 마술은 하나가 아니라는 것이다. 그리고 아우구스티누스는 테우르기아를 특별히 경멸했지만, 피코는 한동안 이를 무시했다. 그의 체계에서 테우르기아는 마술보다는 카발라에 속했기 때문이다. 피코는 분명히 위대한 권위자를 이렇게 재해석한 것이 많은 독자의 주목을 받으리라고 생각했을 것이다. 학식 있는 자는 누구나, 그중 여럿은 손에 펜을 들고 아우구스티누스를 읽었고, 마술에 관해 글을 읽거나 쓴 자는 모두 《신국론》 제10권을 알고 있었다. 토마스 아퀴나스는 《신학대전》에서 마술 부적을 논하며 포르피리오스에 대한 아우구스티누스의 공격을 인용했다. 피코의 테제를 조사하는 임무를 맡은 위원회의 일원이었던 도미니크회 수도사 페드로 가르시아는 피코를 반박할 때 이 인용문을 핵심 텍스트로 인용했다.[108] 따라서 피코 델라 미란돌라는, 그가 암시에 통달했음을 믿는 모든 사람에게, 자신의 생각에는 이교도 철학자 포르피리오스가 옳았고 그 교부 철학자가 틀렸다는 점을 분명히 했다.

마술이나 자신의 마술 실행을 옹호할 필요성을 느낀 모든 학자가 피코 델라 미란돌라의 견해를 되풀이했다. 선두에 선 사람은 피치노였다. 그는 1489년 《변명》에서 이렇게 말했다. "마술에는 두 종류가 있다. 첫째는 특정한 종교적 의식으로써 악마와 연합하고 종종 그 힘에 의지해 강력한 효과를 일으키는 자들이 실행한다. (…) 그러나 다른 종류의 마술은 시의적절하게 자연 물질의 원인을 놀라운 방식으로 자연에 돌리는 자들이 실행한다."[109] 마리아 라흐 대수도원 원장인 도미니크회의 박식한 수도사 요하네스 부츠바흐는 고발자들에 맞서 독일인 마구스 요하네스 트리테미우스를 옹호하며 자신의 믿음을 더욱 분명하게 밝혔다. "그들은 그가 자연마술을 다루고 있음을 이해하지 못하고 이해하기를 바라지도 않는다. 최고로 박학한 신사인 피코는 얼마 전에 이것이 불경하고 죄가 되는 형태와 완전히 다르다는 것을, 강력한 논거가 양자 간의 구분을 뒷받침하고 있음을 많은 증거에 의지해 매우 간결하게 입증했다."[110]

게다가 이 독자들 중 몇몇은 피코가 쓴 글의 배후에서 아우구스티누스의 존재를 감지했다. 조반니 바티스타 델라 포르타는 마술에 관해 쓴 논문의 서두에서 "불결한 영혼을 불러냄으로써 만들어진 그 악명 높은 성격의 것, 사악한 호기심의 소산이라고 일컬어지며 심오한 그리스인들이 고이테이아나 테우르기아라고 부른 것"과 자연마술을 구분했다."[111] 델라 포르타는 아우구스티누스가 쓴 용어 몇 가지를 집어넣음으로써("금지된 호기심nepharia curiositas"이라는 문구와 고이테이아와 테우르기아의 언급) 피코가 무슨 일을 했는지 정교하게 드러냈다. 그러면서 피코나 자신이 아우구스티누스라는 탁월한 권위자에 도전했음을 전혀 말하지 않았다.

몇몇 경우에는 정통파에 속한 자들도 피코의 구분을 이해하고 불편한 내색 없이 자신의 것으로 만들었다. 이단 서적을 검열하는 방법에 관해 상세한 설명서를 펴낸 가브리엘 뒤퓌에르보는 독자들에게 바울이 에페소스 사람들에게 태워 없애라고 말한 책이 "마술에 관한" 책이라고 알려주었다. 그는 또 이렇게 썼다. "아우구스티누스는

《신국론》에서 마술이 악마가 만든 것이라고 말한다." 그는 프랑수아 라블레의 《가르강튀아와 팡타그뤼엘》을 비난했는데, 마술이 이보다 훨씬 더 나쁘다고 생각했다. 그렇지만 그는 "자연철학의 절대적인 완성이라고 이야기되는 플라톤주의 철학의 마술"을 예외로 두었다.[112] 제수이트회 신학자 베니토 페레이라는 강한 선입견을 지닌 채 마술을 연구하고 그것에 반대했다. 그는 마술을 모세의 참된 종교의 약한 대립물로 설명하는 〈창세기〉의 구절에 대해 길게 논평했다. 그러나 페레이라도 역시, 피코의 말을 되풀이하여 썼듯이, 진정한 '마게이아'는 정당할 뿐만 아니라 자연철학의 완성이라는 점을 받아들였다. 따라서 피코 델라 미란돌라는 자기 시대의 새로운 학구적 마술을 옹호하는 중요한 논거를 제공했다. 그 방법은 정식 논증보다는 모방적 암시emulative allusion와 더 닮았다. 그는 인용문을 독자들이 다양한 방법으로 해석하도록 했다. 더할 나위 없이 뛰어난 인문주의적 방법이었다. 마술도 상반된 주장in utramque partem을 허용했다.

이제 피치노와 피코가 애호한 작품이 나온 그 고대 말기의 다른 텍스트들도 유포되었다. 알두스 마누티우스 등의 인쇄업자들이 그리스어 텍스트와 그 라틴어 번역본을 점점 더 많이 찍어냈기 때문이다. 그리스 철학자 필로스트라토스가 기적을 행한 고대인 티아나의 아폴로니오스에 관해 쓴 책 《아폴로니오스의 생애Vita Apollonii》는 피코의 조카로 마녀사냥에 빠진 의심 많은 조반니 프란체스코 2세를 짜증나게 했다. 인문주의자 알라만노 리누치니가 그 책을 라틴어로 번역했다는 사실을 알았을 때 특히 더 분노했다. 그는 아폴로니오스를 마술 실행자라고 비난했다. "마술이라는 말로 내가 뜻하는 것은 자연이나 신의 도움 없이 악마의 도움으로 기적을 행하는 기예다."[113] 알두스 마누티우스도 그 책이 싫었지만, 1501년에서 1504년까지 그는 카이사리아의 에우세비오스의 반박하는 글과 더불어 그 책을 그리스어와 라틴어로 인쇄했다. 필로스트라토스의 경이로운 세계는 널리 유포되면서 이상한 생각을 자극했다. 친구들에게 주기적으로 기이한 생각을 밝힌 뒤 자신의 편지를 불태우라고 경고한 고타의 박식한 성당 참사회원 콘라트 무티안(무티아누스 루푸스)은 그 안에서 예수의 십자가 처형을 합리적으로 설명할 신기한 방법을 찾아냈다. "암브로시우스는 폰티우스 필라투스(본디오 빌라도)가 진짜 예수를 보지 못했다고 기록한다. 비밀로 남겨두어야 할 것을 이 자리에서 큰 소리로 말하고 싶지는 않다. 티아나의 아폴로니오스가 고발당해 도미티아누스 황제 앞에 끌려와 재판을 받던 그 순간 갑자기 사라져 다시는 볼 수 없게 되었다는 것은 필로스트라토스의 설명에서 분명하게 드러난다. 귀 기울여 들어라. 나는 훨씬 더 불가사의한 일을 말하지 않을 수 없다. 플라톤과 아리스토텔레스, 마니교도와 암브로시우스는 진정한 인간은 영혼이라고, 우리가 침묵을 지키면 영혼은 나타나지 않는다고 생각했다. 아폴로니오스는 침묵했고, 따라서 그는 보이지 않았다. 진정한 그리스도는 그의 영과 혼이다."[114] 학구적 마술은 신의 능력과 비슷한 것을 지녔다고 주장할 수 있을지도 모른다. 이후 그 새로운 마술을 박멸하려는 노력이 많이 경주된다. 피코와 피치노 덕분에 그러한 노력은 실패했다. 새로운 형태의 마술은 성숙한 형태에 가까워지고 있었다. 램프의 요정처럼 병에서 나왔다. 그리고 다시 돌아가지 않는다.[115]

제4장

요하네스 트리테미우스

마술과 그의 책

나는 이 책의 서두에서 요하네스 트리테미우스를 역사적 실존 인물 파우스트를 사기꾼으로 비난한 여러 학구적 관찰자 중 첫 번째로 언급했다. 그러나 그도 나중에는 르네상스 시대 독일의 위풍당당한 인문주의자 동료들로부터 여러 차례 마녀사냥을 당해 대중을 즐겁게 했다. 트리테미우스는 1462년부터 1516년까지 살았다. 엄격함과 관대함을 고루 갖춘 그는 두 곳의 베네딕트회 수도원을 잘 관리했다. 그는 니콜라우스 폰 쿠스처럼 교회 개혁을 목표로 글을 쓰고 말하고 분투했다. 그리고 그는 텍스트를 완벽하게 이해하는 확실한 방법은 필사뿐이라고 생각한 베네딕트 대수도원 원장에서 필사본과 인쇄본을 가리지 않고 온갖 언어와 분야의 책을 열정적으로 수집한 사람으로 바뀌었다.[1] 트리테미우스는 세계의 역사부터 마술에 이르기까지 다양한 분야에 관해 오래된 희귀 필사본과 새로 인쇄된 책으로 가득 채운 두 곳의 장서를 보유했다. 하나는 방대했고 다른 하나도 상당히 컸다. 그중 한 곳을 방문한 인문주의자 뤼트허르 시트캄버르는 1494년 친구에게 보낸 편지에서 트리테미우스가 슈폰하임에 갖고 있는 진귀한 도서들의 규모만으로도 조금의 과장도 없이 진정한 황홀경에 빠졌다고 썼다. "그래서 나는 오로지 책 꿈만 꾸었고 잠에서 깨도 책만 생각했다."[2] 트리테미우스는 독일 작가들의 전기(그가 창시한 분야다)부터 프랑크족의 트로이 기원까지 온갖 주제에 관해 수많은 논문을 썼다. 트리테미우스의 주장에 따르면 그는 에스라가 히브리어 성서를 다시 썼듯이 자신이 프랑크족의 초기 역사를 복원했다고 주장했다(실제로 트리테미우스는 수백 년간의 프랑크족 역사를 창안했고 그 역사를 기록한 중세 연대기를 솜씨 좋게 제멋대로 위조했다).[3] 그러나 트리테미우스의 삶은 여러 차례 대결로 얼룩졌다. 그중 한 번은 1505년 자신이 성공적으로 개혁한 슈폰하임 대수도원에서 쫓겨나는 결과를 초래했다.[4] 그는 존재하지 않는 역사적 기록을 언급했다가 실물을 보여주지 못해 후원자들과 동료들에게 추궁을 당하며 신뢰를 잃었고 뷔르츠부르크의 작은 수도원에 은거하다가 삶을 마감했다. 실제로 트리테미우스는 문헌학적 범죄 때문에 공개적으로 창피를 당한 뒤에야 죽을 수 있었다. 독일의 인문주의자 콘라트 포이팅어와 오스트리아의 점성술사 요하네스 슈타비우스가 그의 역사적 환상에 깃든 해학을 놓친 것은 잘못이지만, 이들이 그 박식하고 성미 급하고 매력적인 신사가 나름대로 파우스트처럼 사기꾼이라고 주장한 것은 옳았다.[5]

트리테미우스와 이상한 사건들 간의 관계는 복잡했다. 저명한 정식 성직자였던 그는(수도회의 일원이었다) 기독교의 기적의 세계에 살았다. 성스러운 과거와 기적의 힘을 지녔다는 사람과 물건으로 가득한 세계였다. 14세기와 15세기의 신성로마제국은 물질계를 떠나려는, 그래서 성가족과 성인들에 관한 명상에 몰두한 거룩한 자들과의 합일을 이루려는 신비주의자들의 시대였다.[6] 그러나 신성로마제국은 또한 성체성혈의 기적을 중심으로 발달한 숭배 의식처럼 신의 존재를 보여주는 많은 물질적 증거를 자랑했다. 가장 유명한 것은 브란덴부르크의 마을 빌스나크의 폐허가 된 교구 성당에서 놀랍게도 주변은 불에 타고 있는데 온전한 상태로 피를 흘리고 있던 세 개의 성체다(1383년 하인리히 폰 뷜로 백작의 약탈로 성당이 불타 무너졌다). 빌스나크의 성체를 둘러싸고 격렬한 논쟁이 벌어졌다. 그 숭배 의식에 관해 150편이 넘는 글이 쓰였고, 니콜라우스 폰 쿠스를 비롯한 개혁가들은 이를 비난했고, 교황 피우스 2세는 도미니크회와 프란체스코회 수도사들을 불러 그리스도의 피(원죄의 결과로부터 인류를 대속한 희생의 피)가 이승에 나타나 남아 있는 것이 가능한지 토론하게 했다. 캐럴라인 바이넘이 깊이 생각했듯이, "성스러운 물질"의 필요성은 "신의 초월성이라는 종교적 필요성과 충돌했다."[7] 신앙에 도움이 되는 다른 물질도 엄청나게 인기가 많았다.[8] 기적을 일으키는 형상과 유물은 15세기와 16세기 신성로마제국의 종교적 경관 도처에 급속히 확산되었다.[9]

게르만족의 초기 역사에 벌어진 빈틈을 메우려고 고대 자료를 위조한 트리테미우스는 위조된 것이 많다는 사실을 경험으로 알았다. 그는 경력을 쌓기 시작한 젊은 시절에 모젤강 유역에서 우연히 가짜 성물을 맞닥뜨렸다. 그는 이렇게 회상했다. "내가 젊은 학생이었을 때 그 고대 도시 트리어에서 성모 마리아상 앞에 모여 있는 군중을 보았다. 갖가지 많은 이야기가 있었는데, 전부 날조된 거짓말이자 허위였다. 피에타의 성모 마리아는 테라코타로 만들어졌는데, 크지 않았고 머리는 속이 비어 있었으며 맨 위에 작은 구멍이 있었다.[10] 트리테미우스의 설명에 따르면, 어떤 탐욕스러운 사람이 아픈 척해서 사람들이 성모 마리아상이 서 있는 벽으로 자신을 데려가게 한 뒤 다 나았다고 선언했다. 그때부터 그 성상이 눈물을 흘린 것 같았다. 두 눈을 자주 닦아내도 눈물은 다시 흘러넘쳤다.[11] 성모 마리아상은 넉 달 동안 너무도 많은 사람을 끌어들여서 트리어의 널찍한 광장이 밤낮으로 북새통을 이루었다. 찾아온 사람은 누구나 헌금을 냈다.

사실을 말하자면, 그 사기꾼이 호두 기름으로 머릿속을 채우고 "교묘한 장치를 이용해 눈물이 흐르게 했다."[12] 트리테미우스는 이렇게 썼다. "그 성상이 눈물을 흘리는 것을 보았다. 나더러 판단하라고 했다면 아무런 의심도 없이 눈물이 진짜였다고 맹세했을 것이다."[13] 그러나 결국 "현자의 부지런함"이 그 장치의 비밀을 탐지해냈다. 기름이 발견되었고, "거짓말로 시작된 그 사업은 명백한 진실 앞에서 빠르게 파멸했다."[14] 이것은 유일무이한 사례가 아니었다. 트리테미우스는 기적을 날조하고 야간에 천사의 환상을 꾸며낸 거짓말쟁이, 영업사원을 내보내 기적을 행하는 거짓 화상을 팔아 순례에 대한 농부의 관심을 높이려 한 장사치, 조각상에 숨어 들어가 그 성인에게 기도하는 사람들에게 조언한 사기꾼을 알고 있었다.[15]

그렇다면 트리테미우스는 말년에 자문했듯이, 지금 뷔르츠부르크 남쪽 하일브론 외곽의 카르멜회 수도원에 보관되어 있는 성모 마리아상에서 비롯했다는 기적이 진짜인지 어떻게 확신할 수 있었을까?

그 수도원은 1447~1448년에 "쐐기풀의 성모 마리아"나 "쐐기풀 덤불의 성모 마리아"로 알려진 그 조각상이 원래 서 있던 자리에 건립되었다. 1442년부터 순례자들이 몰려들었는데, 몇몇이 기적을 보았다.[16] 트리테미우스는 이렇게 인정했다. "나는 그것을 전혀 보지 못했다. 지금까지 나는 '쐐기풀 덤불'에 간 적이 없다. 나는 지금 기록하려는 기적이 일어난 곳에 가본 적이 전혀 없다."[17] 트리테미우스는 이렇게 묻는 상대를 상상했다. "그 모든 기적 중에서 당신이 볼 만한 것이 단 하나도 없는데 어떻게 큰 기적을 그렇게 많이 기록할 수 있었나?"[18] 그러나 그때 그는 상상 속의 상대에게 성서를 인용해 반박했다. "트집 잡는 이에게 답한다. '어떤 사건이든지 그것을 확인하는 데는 두 사람이나 세 사람의 증언을 필요로 한다'는 말씀이 있다."[19]•

트리테미우스는 이어서 증인의 신원을 밝혔다. 첫째는 하이델베르크의 신학 교수이자 수도원 부원장인 페트루스 비르트였다. "그는 기적의 진실을 본 첫 번째 증인이다. 그는 최근 내게 많은 기적이 기록되어 있는 독일어 필사본을 보여주었고 내게 성모 마리아를 위해 이를 라틴어로 번역해달라고 매우 집요하게 요청했다. 그는 평판이 좋고 학문이 깊으며 개선된 삶을 사는 자로 거짓말을 할 줄 모르는, 진실을 가르치는 자다. 그는 내가 기록할 모든 기적이 실제로 있었던 일이고 결코 거짓이 아니라고 말한다."[20] 게다가 그 카르멜회 수도원에 거하는 모든 사람이 비르트의 증언을 확인했다. 가짜 기적에 속을 수도 없었고 부적절한 증거를 토대로 한 계시를 믿을 수도 없었던 경건

• 공동번역 II 〈코린토〉 13장 1절. 두세 명의 증언이면 족하다는 뜻으로 말한 듯하다.

하고 덕망 있는 사람들이다.[21] 이때까지 트리테미우스는 오래된 경로를 밟았다. 마르쿠스 파비우스 퀸틸리아누스 같은 고대의 수사학자들은 법률가라면 증거의 내용보다 증언의 성격에 주의를 집중해야 한다고 주장했다. 가장 청렴하다는 평판을 듣는 자가 바로 신뢰할 수 있는 사람이었다.[22] 트리테미우스도 비르트 등의 증언을 그들의 도덕적 장점을 들어 인정했다.

그러나 트리테미우스는 또한 이러한 전통적인 검증 방식이 모든 독자를 납득시킬 수 없음을 알았다. 따라서 그는 자신의 증인들이 꽤나 다양한 지역에 분포되어 있으며 "귀족과 평민, 성직자와 속인, 저명하고 훌륭한 사람들"을 포함한다고 지적했다.[23] 이러한 사람들이 성당에서 본 것에 대해 한 설명을 신뢰하는 것은 전통적일 뿐만 아니라 합리적이기도 했다. 게다가 트리테미우스는 자신이 이 문제에서 판관이 아니라 기록자로서 증언했다는 점을 지적했다. 직접적인 경험을 통해 알았다고 주장할 수 없었기 때문이다. 이 경우에는 단언할 수 있었다. 뷔르츠부르크 인근 데텔바흐에서 성모 마리아 형상이 기적을 일으킨 다른 경우에 트리테미우스는 자신의 설명이 진짜임을 입증하고자 새로운 발상을 떠올렸다. 이번에는 피에타 조각상이 성당의 제단 위에 있었다. 그러나 그것은 기적이 나타나기 전에도 그 자리에 있었다. 나중에 그 기적을 기념하고자 그곳에 성당을 건립한 것이다. 포도주를 만들어 생계를 유지하는 데텔바흐의 시민들은 그 앞을 지나갈 때마다 기도를 드렸다. 기적이 나타나기 전 여러 해 동안 몇몇 현지 주민은 기적이 일어나 군중이 몰리기를 기대했다. 하느님으로부터 예지력을 얻은 몇몇 사람은 성당의 종이 "시끄럽게 울리는 소리"

를 듣기도 했으며 손주들에게 이 놀라운 경험을 들려주었다.[24] 이 경우에 이야기의 설득력을 높인 것은 이야기를 전한 증인들의 사회적 지위가 아니라 그 이야기가 현지의 강력한 전통, 나중에 돌이켜볼 때에만 참된 의미가 드러나는 전통의 일부라는 사실이었다. 어쨌거나 트리테미우스는 이 이야기를 완전히 신뢰할 수 있다고 생각했다. 카롤루스 왕조 시대의 성인 에르메놀드의 생애에 매우 비슷한 설명이 있었기 때문이다.[25] 적어도 이 경우에는 기적에 관한 옛 설명과 최근의 설명 둘 다 확증하는 여러 가지 독특한 방법이 동시에 작용했다. 트리테미우스는 물건이 초자연적 존재에 닿는 통로에 관한 전문가를 자처했다.

트리테미우스는 1500년부터 1516년에 죽을 때까지 악마 연구와 마술의 세계에서 중요한 인물로 확고히 입지를 다졌다. 그는 진짜 기적과 가짜 기적을 판별하기가 쉽지 않음을 알았다. 그러나 그는 또한 악마도 알았다. 트리테미우스는 대수도원장을 지냈고 영적 상담사로 살았기에 사탄이 사제와 수도사의 환심을 사서 그들과 긴밀한 관계를 맺는 방법을 조사해야 했다. 이 불쾌한 주제에 관해 전문가가 된 트리테미우스는 조언을 구하는 수도사와 수녀에게 최대한 바쁘게 움직여 독서와 기도, 노동에 전념하라고 경고했다. "성서를 읽고 책을 필사하고 기도에 전념하거나 지위에 어울리는 것을 두 손으로 직접 만들라."[26] 그는 믿음이 깊은 사람은 다른 무엇보다도 게으름을 멀리해야 한다고 경고했다. 수도사에게 특별한 죄악인 태만과 나태는 해이해진 때에 침투하여 좋은 생각이 매력 없게 보이도록 하고 사악한 생각에 여지를 주는 엇나간 생각에 편승할 수 있기 때문이다.[27] 순결함을 위협하는 외부 요인도 똑같이 위험했다. 트리테미우스는 사제라면 여인의 무리를, 다수의 사제가 필요하다고 주장하는 여성 하인까지도 피해야 한다고 엄중히 경고했다. "나는 도시와 시골에서 30년 넘게 여성 없이 교구를 다스리고 살림을 관리하며 주민을 책임진 사제를 몇 명 알고 있다. 다른 사람이 어떻게든 잘 해낸 일을 왜 그렇게 어려운 척하는가?"[28] 또한 사제는 절대로 농민과 함께 선술집을 자주 찾아서는 안 되었다. 그렇게 하면 말투와 평판이 나빠질 수 있기 때문이다.[29] 트리테미우스는 태만과 똑같이 사제의 무장을 해제하고 악마를 불러들일 가능성이 있다고 생각한 보통의 난잡한 행위를 비난할 때에도 똑같이 날카롭게 펜을 휘둘렀다. "여자들은 사제를 타락시킨다. 그러므로 석탄에서 갑자기 불꽃이 튀듯이 여자들과의 친교와 대화는 정욕을 퍼뜨리고 악마의 문, 지옥으로 가는 통로, 사악한 죄의 길을 열며 무시무시한 전갈에 물리게 한다."[30] 한스 발둥의 목판화에 나타난 것처럼 영적 조언에 관한 트리테미우스의 논문에서는 빛과 질서가 지배하는 작은 방의 밖에 여자들과 강력한 악마들이 얼굴을 찡그린 채 숨어 있다.

트리테미우스는 성직자들의 여성 혐오 담론에 탐닉했지만 여성을 걱정했다. 특히 여성이 성직자의 삶을 본받아 악마로부터 자신을 보호하려 노력하는 경우에 그러했다. 그는 수녀들이 바깥세상을 향해 나 있으나 막힌 창문에 홀로 다가가지 않게 하라고 수녀원장에게 친절하게 경고하는 데 공을 들였다. 여자에게 악마는 남자만큼이나 큰 위협이었다. "어떤 자매님도 면회실 창구에 홀로 가거나 입회자로 적절한 신중한 사람 없이는 누구와도 대화를 하게 해서는 안 된다. 그가 아버지든 형제든 어머니든 자매든, 또는 이러저러한 핑계로 특정인이 보낸 사람이든 상관없다. 다른 이들이 위험을 겪었으니 우리는 조심해야 한다. 우리는 악한 영혼의 속임수를 알고 있으며 그를 모방하는 사악한 자들을 알아본다. 그들은 자매님의 형제요 친척이라고 주장하며 단둘이 대화할 수 있게 허락을 받아낸다. 그러나 잠시 후 그들은 신성을 모독하여 타락을 초래하는 자들로 밝혀진다." 그러한 만남을 완전히 금지해야만 "악마의 작업"이 실행되는 것을 막을 수 있다.[31]

많은 사람이 트리테미우스의 전문적인 지식을 인정하고 그것에 의지하려 했다. 걱정 많은 기독교인들이 주기적으로 그를 찾아가 일견 초자연적인 것처럼 보이는 현상을 설명해달라고 요청했다. 알브레히트 뒤러는 일기에 이렇게 썼다. "내가 평생 본 것 중 가장 큰 기적은 1503년에 일어났다. 많은 사람에게, 특히 어린이에게 더 자주 십자가가 떨어졌다. 나는 본 것 중 하나를 나중에 여기서 만들었는데, 그것은 아이러의 하녀가 입은 아마포 셔츠 위에 떨어졌다. 그녀는 [빌리발트] 피르크하이머의 집 뒤편에 있는 자기 집 안에 앉아 있었다. 그녀는 그것이 자신이 죽는다는 뜻이라고 두려워하며 큰 소리로 울었다."[32] 마인츠의 주교는 트리테미우스에게 이 사건에 관한 의견을 물었고, 그는 지체 없이 대답했다.[33] 1515년, 집 안에 십자가가 떨어진 뉘른베르크의 박식한 귀족 빌리발트 피르크하이머는 "이곳 감옥에서 풀려난 몇몇 이단자"에 맞서는 상황에 직면했다. "가톨릭 신앙에 반하는 다양한 이단적 주장을 내세웠다가 고발당한 뒤 자주 사악한 악마들을 불러 도움을 요청한 자들"이었다. 피르크하이머는 자연스럽게 트리테미우스에게 편지를 보내 도움을 구했다. "나는 당신이 악마와 그 저주받은 미신적이고 헛되고 사악한 악마의 기예에 맞서는 방법에 관해 책을 썼다고 들었습니다. 청컨대 이러한 자들을 내 집에서 박멸하고 없애고 쫓아낼 방법을 배울 수 있게 잠시 그 책을 빌려주십시오. 부탁합니다. 최대한 빨리 그 책을 빌려주시기를 간곡히 요청하고 기도하고 호소합니다."[34] 이 시기의 다른 많은 사람처럼 트리테미우스도 악마를, 그리고 많은 사람이 악마와 연결 짓는 마술을 여러 관점에서 고찰하는 논문을 쓰기 시작했다. 몇몇 글은 매우 짧다.

공개적인 마술 비판

트리테미우스는 새로운 기술인 인쇄술의 총감독이었다. 16세기 초 수십 년 동안 새로운 엘리트층은 인쇄술을 이용해 무리를 이루고 공개리에 어떤 이는 일원으로 받아들이고 어떤 이는 거부했다. 에라스뮈스는 바젤에서 토머스 모어의 《유토피아》 제3판 출간을 준비하면서 (시기는 적절하지 않았지만) 뛰어난 솜씨를 보여주었다. 프랑스의 인문주의자 기욤 뷔데와 네덜란드의 왈론 지역 출신인 제롬 드 뷔슬레당 등이 서문을 썼는데, 전부 저자를 문필공화국의 주요 인물로 내세웠다. 얄궂게도 모어가 막 그로부터 벗어나 좀더 국지적인 관심사에 몰입할 때였다.[35] 트리테미우스는 새로운 인쇄술의 물결에 그보다 훨씬 더 유명한 저자들만큼이나 능숙하게 올라탔다. 그는 필사자의 가치에 관해 쓴 글의 인쇄를 마인츠의 페터 폰 프리드베르크에게 맡겼다. 멋진 로마자 서체로 인쇄했는데(독일에서는 비교적 흔치 않은 일이었다) 그의 인문주의적 취향을 반영한 것이 분명했다. 실제로 트리테미우스는 프리드베르크가 인쇄한 1500년 이전 초간본 서적incunabula 스물네 권 중에서 열세 권이나 썼다. 그 목록은 이 대수도원장이 수도원 개혁가이자 학자로서 쌓은 업적을 널리 알리게 된다. 마침 그때는, 에라스뮈스가 이탈리아의 인쇄업자이자 인문주의자인 알두스 마누티우스에게 보낸 편지에 썼듯이, 디자인이 잘 나온 책(이 경우에는 알두스의 "더할 나위 없이 정교한" 이탤릭체로 나온 작은 판본)은 저자 이름을 영원히 잊히지 않게 할 수 있는 시절이었다.[36] 트리테미우스는 인쇄술을 여러 차례 열렬히 찬미했다. 그리고 인쇄술에 통달한 덕분에 모든 신비로운 일에 관해 중요한 것을 알려주는 사람으로 인기를 끌었다. 황제 막시밀리안 1세는 악마와 천사, 마녀, 마술사에 관한 것이라면 모조리 알고 싶었는데, 그저 트리테미우스에게 묻기만 하면 된다는 사실을 알았다. 황제는 보파르트 저택에서 그와 만났을 때 여덟 개의 공식 질문을 제시했다. 대수도원장은 정식 논문으로 답했다. 파올라 참벨리는 고전적인 연구에서 이 저작의 판본이 두 가지임을 밝혀냈다. 초고는 트리테미우스가 막시밀리안 1세에게 논평을 청하며 제출한 것이고, 개정판은 1515년에 인쇄본 형태로 나온 것이다.[37] 파올라 참벨리가 증명했듯이, 트리테미우스는 상당히 많은 부분에서 논조를 약하게 바꾸었다. 그러나 주된 논지는 변함이 없었다. 세세한 내용이 생생하게 담긴 부분에서 트리테미우스는 악마들의 위계를 정리했다. 그의 설명에 따르면, 악마는 다수가 지구상의 망령, 즉 악령으로 이 세상에 갇혀 있으며 너무 약해서 어떤 형태를 취할지 결정할 수 없다(악마가 자주 괴물로 나타나는 이유가 여기에 있다). 황제와의 대화라는 형식을 띠었고 많은 대중의 독서를 염두에 두었기에, 그의 사상은 매혹적이면서도 그만큼 훌륭했다.

막시밀리안 1세뿐만 아니라 후대의 전문가 독자들도 이 권위 있는 저작을 높이 평가했다. 잉글랜드의 마구스로 애서가였던 존 디는 영혼과 그것이 인간과 맺는 관계에 관한 대수도원장의 정교한 설명을 읽고 깊이 매료되었고 약간의 두려움도 느꼈다. 트리테미우스는 땅위에 거하면서 인간에게 겁을 주는 보통의 악령들을 비교했다. 이를테면 악령은 숨어 있다가 뛰쳐나오거나 가면을 써서 동무들을 놀래주기를 즐기는 꼬마 소년들에게 괴물로 나타나 겁을 준다.[38] 존 디는 이 대목에 고무되었다는 감정을 드러냈다. 그는 이렇게 썼다. "훌륭한 비교다. 우리는 이를 참조하여 생각을 정리할 수 있고 다음 쪽의 주석과 비교할 수 있다. 그러므로 우리는 악마의 속임수나 함정에 빠져 놀라는 것을 창피하게 여겨야 한다."[39] 존 디는 어쨌거나 걱정할 이유가 있다고 생각했다. 트리테미우스가 악마가 "단순한 인간 몇몇을 산속의 은밀한 굴로 데려가 놀라서 입을 다물지 못할 광경을 보여준" 방법을 설명하는 대목에서 그는 이렇게 평했다. "나도 1561년에 이것을 보았음에 주목하라."[40] 그의 감정은 그 주제에 관한 다른 부분에서 한층 더 강하게 표현되었다. 그는 이렇게 쓰기만 했다. "주목//주목nota//nota."[41] 그리고 트리테미우스가 신앙과 세례를 부정하고 악마에게 자신을 바친 자들을 비난했을 때, 그는 동의하기만 했다. "이 끔찍한 죄악에 주목하라."[42]

트리테미우스가 악마학의 전문가로서 하느님이 악마와 마녀에게 인간 영혼을 함정에 빠뜨릴 수 있게 한 이유가 무엇이냐는 막시밀리안 1세의 근심 어린 질문에 답하기로 했을 때, 그는 확신에 찬 악마학자로서 글을 쓰면서 신학자 요하네스 니더의 《개미 콜로니Formicarius》와 종교재판관 하인리히 크라머의 《마녀 퇴치 망치Malleus maleficarum》에서 증거를 끌어왔다. 그는 초고에서 이렇게 쓴다. "마녀는 가톨릭 신앙을 부정하며 악마에게 충성을, 사악한 의미에서, 맹세한다. 하느님의 허락으로 악마들은 늘 사악한 목적에서 모습을 드러내는데, 때로는 눈에 보이고 때로는 보이지 않는다. 마녀들은 공기를 어지럽히고 호우를 일으키며 번개와 우박을 동반한 폭풍을 초래하고 수확을 망치며 땅 위에 자라는 모든 것을 주문으로써 파괴한다. 마지막으로 그들은 인간과 짐승에 해를 끼치며 인류에 해로운 사악한 계획은 무엇이든 열심히 행한다. 그들은 역겹게도 악마와 친밀한 관계를 맺고 있다." 여기서 트리테미우스는 《마녀 퇴치 망치》에 나오는 마녀를 겨냥한 비난을 급하게, 그렇지만 상세하게 요약했다. 그는 그 대목을 축약했지만 자기 책의 최종 인쇄본에서는 크게 바꾸지 않았다.[43] 트리테미우스는 여기서, 그리고 마술과 그 실행자의 해악을 기술한 정식 논문인 《사악한 마술 퇴치Antipalus maleficiorum》에서 마녀가 정말로 남자의 성기를 제거할 수 있느냐 아니면 마녀가 그렇게 했다고 생각하도록 사람을 현혹시킬 뿐이냐는 물음에 깊이 몰두했다. 트리테미우스는 통례적인 방침에 따라 두 번째 입장을 수용했다. 그는 또한 마녀가 인류를 파멸시키려는 악마적인 음모로 신성로마제국 전체를 뒤덮었다고 크라머만큼이나 열정적으로 주장했는데, 이 또한 보통의 기준을 따른 것이다. 트리테미우스는 종종 마녀를 그 젠더에 고유한 죄악으로 비난했다. 예를 들면 마녀가 그 눈으로 남자를 '매혹'하여 파멸로 이끌고 여자의 강력한 섹슈얼리티에 늘 취약하게 만든다는 것이다.[44]

그러나 트리테미우스는 여자 마술사만큼이나 남자 마술사도 심히 불쾌하게 여겼다. 그는 막시밀리안 1세의 질문에 답한 초고에서 여자 마술사 바로 다음으로 남자 마술사를 설명하며 이들을 격하게 비난했다. "공개리에 악마를 불러내는 다른 부류의 사람들도 있다. 이 사악한 남자들은 흔히 부적절하게 강령술사라고 불리며 그 명칭만으로도 자신이 하느님의 적임을 드러낸다. 그들의 죄악은 이루 헤아릴 수 없다."[45] 트리테미우스는 정곡을 찔렀다. "그들 다수가 기독교 신앙을 부정했다. 그들은 분명 악마와 계약한 마법사이자 사악한 마술사다."[46] 참벨리가 밝혀냈듯이, 트리테미우스는 인쇄본의 이 대목에서 이 논평의 어조를 약하게 바꾸었다. 막시밀리안 1세의 지시에 따른 것이 분명하다. 이제 그는 이렇게 쓴다. "강령술사는 공개적인 믿음의 고백이 아니라 자신이 처한 상황의 암묵적 수용으로써 악마에게 복종한다. 그들은 주문을 외고 마술 기호를 늘어놓음으로써, 그리고 제사와 향 피우기, 기도로써도 악마를 원圓 안에 물화하겠다고 약속했다."[47]

그러나 트리테미우스는 같은 텍스트의 다른 곳에서 계속해서 마술사를 악마의 헌신적인 추종자라고 비난한다. 그들은 힘이 실린 것이 분명한 물체를 이용해 매우 다양하고 복잡한 의식을 수행했다. 트리테미우스는 악마를 불러내는 강령술사의 기술을 매우 상세하게 평가한 대목에서 그들이 "고리와 별꼴 오각형(펜타그램), 형상, 구마 의식, 주문"을 이용해 "사악한 악마들을 원이나 수정 구슬, 여타 수용체 안에 가두어 확실하게 물화시켜 질문에 답하게" 한다고 썼다. 요하네스 하르틀리프가 반백 년 전에 설명한 것과 놀랍도록 비슷한 서술이다. 그는 최종 인쇄본 텍스트에서는 조금의 의심도 남기지 않는다. 그러한 도구와 수단을 이용한 자들은 우주적 전쟁에서 반대편으로 넘어간 자들이었다. "강령술사의 주문에 소환된 악령들이 따르는 자들은 전부 분명코 명시적이거나 암묵적인 협약에 의해 그들의 무리에 통합되었다."[48] 여성 마술사와 마찬가지로 남성 마술사도 인류의 적이었다. 그들도 잘 속고 천박했다. 그들의 '기적'은 마녀의 기적처럼 자연 질서의 실질적인 변화를 의미하지 않았다. 트리테미우스는 막시밀리안 1세에게 응답한 초고에서 최소한 이렇게 주장했다. "악마의 모든 기적은 어떤 진실도 없는 환상입니다. 그들은 성스러운 영혼들의 명백한 진짜 기적을 모방하기를 간절히 열망합니다. 호기심 많은 원숭이들이 인간의 행동을 목격하고 그 모든 것을 흉내내지만 모방에 그치는 것과 똑같습니다."[49] 마술사들이 헤르메스 트리스메기스토스 같은 유명한 저자의 이름을 도용하여 널리 퍼뜨린, 일견 권위 있는 책들도 가짜였다. 사악한 인간들이 주장한 것보다 더 나중에 쓰인 것으로 무용지물이었다. 악마는(텍스트가 아니다) 특정한 마술을 실행할 힘을 제공했는데 엄격히 특정한 시기에 임시로 제공했다. 필로스트라토스는 현명한 이교도 티아나의 아폴로니오스의 모험 가득한 인생을 대못으로 제본한 열 권의 책으로 써냈는데, 그 안에 기술된 기적들은 아폴로니오스의 추종자들이 날조한 허구였다. "그들은 구세주의 위업을 신뢰하지 않았는데도 유사한 일을 꾸며내 스승의 사후 그의 공으로 돌렸다. 어리석은 인간들에게 자신들이 철학자로 알았던 사람이 인간의 수준을 넘어섰다고, 따라서 그리스도보다 열등하지 않다고 믿게 하려 한 것이다."[50] 베이컨조차도 마술의 권위자로 추정된 자들에 이보다 더 설득력 있게 반대할 수 없었을 것이다.

트리테미우스에게는 편지(명시된 수신인뿐만 아니라 더 많은 사람을 대상으로 쓴 경우가 많았다)도 자신의 미덕을 널리 알리는 효과적인 방법이 되었다.[51] 1507년에 공들여 써서 이오도쿠스 베이셀리우스에게 보낸 편지에서 트리테미우스는 자신의 출생 별자리가, "필리프 왕의 천문학자"와 자신이 해석한 대로, 자신의 수도사들과 겪을 어려움을 분명하게 예시했다고 인정했다. 그는 이렇게 쓴다. 그럼에도 "성 아우구스티누스의 논증에 설득된 나는 별의 예언을 조롱했다." "그것[별]들이 내게 장담한 것 같은 일이 일어나고, 이 경험 때문에 내가 더욱 신중해졌을" 때에도, 그는 아우구스티누스가 옳다고 판단했다. 악마의 대리자는 탄생 별자리가 미래에 일어날 사건에 부합할 것처럼 보이게 했다. "내 경쟁자들의 악의는 예언을 내놓았다. 어떤 사악한 악마가 점성술의 예언이 확실해 보이도록 그들을 충동질한 것이 분명하다."[52] 얼마 뒤, 1507년에서 1514년 사이에 트리테미우스는 악마와 그 모든 활동을 강력히 비난했다. 이제 그는 그것이 널리 퍼져 있다고 보았고 단호히 거부했다. 그는 서문에서 이렇게 쓴다. 모든 마술사와 강령술사, 점술가는 악마의 "자식이자 제자"였다. "악마가 벌인 일을 자세히 들여다보라. 악마는 스승이며 그 제자들은 분명코 그를 모방할 것이다."[53] 목차를 보면(서문과 마찬가지로 별개의 필사본으로 남아 있다) 트리테미우스가 비록 불가사의한 속성을 기반으로 하는 자연마술을 일반적으로 예외로 두기는 한 것 같지만 생각할 수 있는 모든 형태의 학구적 마술과 점술을 다 다루고 이를 악마적인 것으로 거부하려 했음이 분명하다.[54]

전업 마술사?

그러나 베이컨의 경우처럼 트리테미우스가 쓴 글의 주제와 문체도 그가 항상 경건한 대수도원장이요 박식한 인문주의자이자 열성적인 악마학자처럼 행동하기를 기대한 독자들을 충격에 빠뜨렸다. 그는 서간문과 출판물의 세계에서 보통은 수월하게 지나갔지만 몇 차례 거센 공격에 직면했다. 1504년 프랑스인 철학자이자 수학자인 샤를 드 보벨은 슈폰하임에서 트리테미우스와 함께 머물렀다. 몇 년 뒤 샤를 드 보벨은 암호 기술에 관한 트리테미우스의 첫 번째 저작 《스테가노그라피아Steganographia》를 읽고 표현하기 어려울 만큼 큰 두려움을 느꼈다. 트리테미우스는 아르놀트 판파에르네베이크(아르놀드 보스티우스)라는 카르멜회 학자에게 보낸 널리 알려진 편지에서 이렇게 자랑했다. "나는 거대한 연구 과제를 수행하고 있습니다. 발표되기만 하면 온 세상을 놀라게 할 것입니다." 보벨은 이 편지를 보기만 한 것이 아니다. 그는 책도 볼 기회를 얻었다. 슈폰하임을 방문했을 때 트리테미우스가 읽어보라고 주었다. 보벨은 두세 시간 그 무서운 책장을 넘기다가 그 책을 인쇄하지 말고 금지해야 한다고, 저자를 칭찬하지 말고 비난해야 한다고 확신했다. 그는 《스테가노그라피아》에서 페이지마다

"들어보지 못한 야만스러운 영혼(악마를 지칭하는 것은 아니다)의 이름들"을 보았다. 독자는 은밀한 메시지를 보내려면 그 영혼들의 도움을 받아야 했다. 그 책에 친구에게 보낼 기도문으로 많은 텍스트가 제시되어 있기는 했지만, 이는 사실상 너무도 많은 "악어의 눈물"이었다. 트리테미우스의 책은 독자에게 열두 명의 영적인 "세상의 황제"로부터 도움을 얻는 법을 가르쳤기 때문이다. 독자는 그중 자신이 메시지를 보내야 하는 방향을 주재하는 한 명의 황제를 선택해야 했다. 그러면 그 황제가 "공중에 떠 있는 구름이나 점과 같이" 물화한 친숙한 영혼을 보내 문제의 메시지를 익힌 다음 그 독자의 편지 수신인에게 전한다.[55]

트리테미우스 자신도 이러한 방법을 사용하면 정신이 위험에 빠질 수 있다고 경고했다. "이 영혼들은 매우 사악하고 나쁘다. 이들은 빛을 철저히 증오한다. 그들은 어둠을 사랑한다. 그들에게 당신의 뜻을 행하게 하려면 강력한 공식이 필요하다. 그들을 불러내 당신의 뜻을 실행하도록 하면서 두려움에 조금이라도 머뭇거리거나 그들을 불러내는 데 사용하는 공식에서 말 한 마디를 빠뜨리거나 순서를 틀려 작은 실수라도 한다면, 그 즉시 그들이 당신을 죽일 것이다."[56] 그러나 트리테미우스는 광대한 심연에서 영혼들을 불러내는 것에 그치지 않았다. 영혼을 불러내 음악을 연주하게 한 오와인 글린두르(오언 글렌다우어)와 달리, 트리테미우스는 그들을 분명히 사악한 것으로 보이는 목적으로 불러냈다. 예를 들면 "소녀들을 남자와 사랑에 빠지게 만들고", 보벨이 자연스러운 방법으로는 알아내거나 짐작할 수 없는 그의 여행 동료들에 관한 사실을 캐내는 것 따위다.[57] 최악은 이것이었다. 트리테미우스는 초인적인 묘기를 보여주었다고 주장했다. "그는 내게 과거에 글자를 전혀 모르는 어느 독일인에게 한 시간 만에 라틴어를 읽고 쓰고 말할 수 있게 가르쳤다고, 라틴어로 편지를 구술할 수 있을 정도로 가르쳤다고 말했다. 그러나 그가 떠나기 전에 트리테미우스는 그 모든 능력을 빼앗았고 그를 이전처럼 무지한 자로 되돌려놓았다." 보벨이 추궁했다. "그는 어떻게 영혼들의 도움 없이 이러한 능력을 갖출 수 있었나?"[58] 에라스뮈스가 라틴어 지식을 위해 야만인들과 싸운 북방 인문주의의 초기에, 사람으로 하여금 그토록 빠르게 문자를 습득하게 할 수 있는 것은 오직 악마의 도움뿐이라는 것이 분명해 보였다. 게다가 라틴어와 음악, 자신의 수도사들이 지녔던 연금술에 대한 열정을 비롯해 자신이 아는 다른 모든 기예를 가르쳤다는 트리테미우스의 선언을 설명할 수 있는 것은 오직 악마와 힘을 합치기로 한 결정뿐이었다.[59]

트리테미우스의 편지는 1509년에 가서야 인쇄본 형태로 나타났지만, 보벨은 그의 편지를 1505년 무렵에 학문의 후원자들에게 돌려 읽게 했다.[60] 트리테미우스는 격분했다. 그는 자신이 사악한 마술사라는, 그가 비통한 마음으로 불만을 표했듯이, 다른 사람들이 말한 "사악한 기예에 몰두한 마구스이자 강령술사"가 자신이라는 헛소문을 최선을 다해 반박했다. 트리테미우스는 보벨이 자신의 환대를 배신으로 되갚았다는 말을 거듭 되풀이했으며 보벨이 쓴 내용을 논박할 계획이라고 말했다. 《노츠 앤드 쿼어리스Notes and Queries》〔1849년 런던에서 창간된 계간 학술지〕 같은 근대 학술 저널의 길고 신랄한 역사에서 이것보다 더 많이 반복된 논쟁은 없다. 프랑크족의 초기 역사처럼 마술도 명백히 이 학구적인 대수도원장이 자신이 소중히 여긴 베네딕트회의 "욕정에서 해방된 마음"을 잃은 영역 중 하나였다. 트리테미우스의 삶이 끝에 가까웠던 1515년까지도 여전히, 그의 친구 피르크하이머는 그 일을 잊으라고 설득하려 했다.[61]

보벨을 비롯해 여러 사람이 요하네스 트리테미우스의 대화와 글에 짜증이 난 이유가 무엇인지 알기는 어렵지 않다. 예를 들면 그의 전문 분야인 암호 기술을 생각해보라. 암호 기술에서 트리테미우스는 악마적 마술을 실행한다는 세평을 초래한 것 같다. 보벨의 비난은 처음 보기에도 그렇거니와 다시 보아도 꽤나 그럴듯하다. 트리테미우스는 독신의 장점과 수도원 생활의 즐거움에 관해 길게 감명적인 글을 썼다. 그는 수녀들에게 중요한 영적 조언자가 되었다.[62] 그러나 보벨이 언급한 논문 《스테가노그라피아》에 나오는 몇몇 암호 글자는 세속적인 즐거움 전반에 관해, 특히 감금된 젊은 여성에 관해 다른 관점을 암시한다. "이런 식으로 당신의 비밀을 상상해보자. 당신은 못 견디게 갖고 싶은 애인이 있다. 그녀도 당신을 애타게 그리워하고 있다. 그러나 그녀가 엄격한 감시를 받고 있기 때문에 당신은 그녀에게 가까이 가거나 말을 걸 수 없다. 당신은 그녀를 취할 방법을 발견했지만 그녀에게 미리 설명해야 한다. 혼자서는 할 수 없다. 감히 그녀에게 편지를 쓸 수도 없다. 다른 사람의 손에 들어갈지도 모르기 때문이다. 이 일을 심부름꾼이나 나이 많은 부인에게 맡기는 것이 신중한 처사라고 생각하지도 마라. 나중에 당신을 밀고할 수 있기 때문이다. 그러하니 한동안 비밀로 남겨질 기예로써 그 일을 시도해보라. 공개적으로 할 수 있으리라고는 기대할 수 없지 않은가. 그 기예의, 눈에 보이지 않는 종복을 불러라. 어떻게 보아도 의심스럽지 않은 편지를 쓰라. 그리고 그녀의 간수를 통해 전달하라. 간수는 편지를 칭찬하고 그녀에게 전해줄 것이다. 그녀는 편지를 읽고 당신의 계획을 알아차린다. 그래서 비밀 메신저를 불러 계획에 관해 이야기를 듣고 동의한다는 뜻을 전한다. 당신이 와서 들어가 그녀를 얻는다."[63] 이 박식한 대수도원장의 속마음을 파보면(보벨은 틀림없이 이 점에 대해 깊이 생각했을 것이다) 타르튀프〔1664년에 초연된 몰리에르의 희곡 제목이자 등장인물로, 사기꾼이다〕가 나타날 것이다.

트리테미우스는 비밀 글을 쓰려면 불러내야 하는 각각의 영혼 무리들이 어떤 힘을 지녔는지 상세하게 매혹적으로 묘사했으며, 그로써 마술사가 오랫동안 지니고 있다고 주장한(그리고 그 적들이 오랫동안 마술사가 소유했다고 인정한) 힘을 거듭 이야기했다. 예를 들면 아셀리엘Aseliel과 그의 군대는 "여인의 사랑과 관계가 있는 모든 것을 알려줄" 수 있다. 마세리엘Maseriel과 그의 지지자들은 "철학과 마술, 강령술 등 인간 기예의 비밀을 알리고 이야기한다고 알려졌다." 비시엘Visiel과 그의 군대는 "숨겨진 보물을 알려준다."[64] 오프리엘Ofriel은 다름 아닌 바로 대수도원장을 닮았다. 트리테미우스는 암호 기술에 관한 글에서 자기가 지닌 지식에서 최소한 일부는 이승에 살면서 자신에게 말을 건 수천의 하급 영혼들 덕분이라고 여러 차례 암시했다. 그러하니 《스테가노그라피아》에 나오는 것과 동일한 이름의 천사들과 주기적으로 대화한 존 디가 그 책이 심오한 비밀을 전한다고 본 것은 전혀 놀랍지 않다. 존 디는 제1대 벌리 남작 윌리엄 세실에게 "각하를 위해 (…) 인간의 지식에서 매우 적절하고 필요하고 방대한, 적절함과 유용함에서 어떤 것도 능가할 수 없는 한 권의 책"의 필사본을 베끼기 위해 유럽 본토에 자신이 예상한 것보다 더 오래 머물게 해달라고 허락을 구했다.[65] 존 디가 그 첫 페이지에서 "이 훌륭하고 헤아릴 수 없을 만큼 소중한 저작"이라고 묘사한 두 번째 사본은 1591년 이탈리아의 프로테스탄트 인문주의자 자코모 카스텔베트로가 "어둠과 먼지 속에 묻혀 있던 것을 마침내 발굴해낸 것이다."[66]

트리테미우스가 실행한 형태의 천사의 암호 해독법과 암호 작성법을 보면 곧 적어도 한 가지 명백히 유사한 것이 떠오른다. 당대인이라면 창피하게 여겼을 기독교 카발리스트의 기술이다. 피코 델라 미란돌라와 요하네스 로이힐린 같은 사람들은 고대 유대 전통을 따라서, 그리고 그것을 수정함으로써 하나의 글자를 다른 글자로 치환하거나 히브리어 문자는 숫자이기도 하니 낱말을 숫자 값으로 변환해 성서 구절의 감추어진 의미를 알아낼 수 있다고 주장했다. 그러므로 하느님도 일종의 암호 기술을 사용한 것처럼 보였다. 하느님은 율법을 공포했을 때 모든 인간이 쓸 수 있는 암호문을 만들었다. 그렇지만 하느님은 더 높은 차원의 의미인 평문을 개조할 수 있는 자들에게는 평문을 그대로 남겼다. 편지 따위에서 비슷한 수단을 사용한 자들은 하느님을 모방한 것이다. 로이힐린은 《카발라 기예에 관하여De Arte Cabbalistica》에서 카발라 기술을 써서 이탈리아에 있는 친구들과 위험한 주제에 관해 안전하게 의견을 주고받았다고 고백하여 이러한 연관성을 암시했다. 그러므로 움베르토 에코가 제임스 조이스 스타일로 쓴 놀라운 추적기인 《유럽 문화의 완벽한 언어를 찾아서La ricerca della lingua perfetta nella cultura europea》에서 트리테미우스가 "카발라 전통에 의

지하여 (…) 이를테면 추종자들에게 암호문 구절의 해독을 시도하기 전에 파메르시엘Pamersiel과 파디엘Padiel, 카무엘Camuel, 아셀텔Aseltel 같은 천사의 이름을 불러 도움을 청해야 한다고 조언했다"고 기술한 것도 놀랄 일은 아니다.[67]

그러나 짐 리즈와 토머스 언스트가 밝혔듯이 실제로 트리테미우스의 방법에는 악마나 천사의 도움이 필요하지 않았다.[68] 그는 개별 영혼의 이름을 말하면서 단지 비밀 편지를 쓰는 이와 그것을 받는 자가 활용할 수 있는 암호 방법을 거론했을 뿐이다. 예를 들면 뜨거운 사랑에 빠져 천사 아셀리엘을 불러낸 남자는 실제로는 애인에게 편지에 쓴 각 낱말의 첫 글자가 실제 내용을 의미한다고 말하고 있었다. 트리테미우스는 《스테가노그라피아》의 악명 높은 제3권에서 밀랍으로 행성 영혼들의 형상을 만들어 도움을 받는 방법을 상세히 설명했는데, 르네상스 마술에 관한 최고 전문가인 D. P. 워커조차도 속았다. 그는 그 책이 의도적으로 악마의 도움을 받아 마술을 실행하려는 불법적인 노력이라고 생각했다.[69] 《스테가노그라피아》 제3권은 실제로는 행성운동을 보여주는 표로 위장한(그다지 효과적이지는 않다) 다른 한 벌의 암호를 제시했을 뿐이다. 행성의 시간과 운동을 따라가고 부적을 만들고 영혼을 불러내고 그들에게 메시지를 주는 방법에 관한 긴 설명은 표를 통해 암호문을 평문으로 다시 변환하는 방법에 관한 암호화한 설명일 뿐이다. 비교적 최근까지 이 사실을 알아챈 학자는 단 한 명뿐이었는데, 애석하게도 그는 자신이 풀어낸 내용을 다시 암호로 바꾸었다. 그래서 다른 누구도 실제로 그 사실을 알기 전까지는 해독의 공을 주장하지 못하게 했다.[70]

트리테미우스는 《폴리그라피아Polygraphia》에서 다른 자랑을 늘어놓아 또 한 번 사람들을 두려움에 떨게 했다. 아무에게나 한 시간 만에 라틴어를 말하고 읽고 쓰도록 가르칠 수 있다는 것이었다. 보벨은 이 주장을 악마의 도움을 보여주는 명백한 증거로 인용했다. 트리테미우스는 이 주장을 되풀이했다. 한 번이 아니라 여러 번이다. 책의 여러 곳에서 분명하게 마술을 위험한 방식이나 악마적 방법으로 실행한다며 장난하듯 주장했다. 사실을 말하자면 그것은 메시지의 암호를 푸는 실제적인, 쉽게 알아볼 수 있는 방법을 가리켰다. 암호 기술에 관한 트리테미우스의 두 번째 책이자 아마도 논란이 덜했을 저작인 《폴리그라피아》의 제1권에서 그는 각각 낱말 24개로 된 표 383개를 작성했다. 전부 라틴어 알파벳의 문자에 맞춰진 것이었다. 첫 칸에는 주격 단수로 하느님을 가리키는 명사가 들어 있다. 둘째 칸에는 역시 주격 단수형으로 형용사가 나열되어 있다. 셋째 칸에는 역시 단수로 분사, 넷째 칸에는 대격 명사, 다섯째 칸에는 3인칭 단수로 타동사 등등. 이따금 전치사나 아멘amen 같은 연결 동사가 칸과 칸 사이에 등장한다. 누구라도 이 연속되는 칸에서 순서대로 단어를 하나씩 골라 결합하면 문법적으로 올바른 라틴어 기도문을 만들 수 있다. 그들이 표현하고 싶은 의미를 지닌, 그리고 적어도 이론상으로는 16세기에 서신을 교환하는 자들이라면 누구나 두려워한 "쥐의 눈을 가진 암호 해독자"의 주목을 끌지 않을 완벽한 의미를 지닌 텍스트를 만들 수 있다. 마찬가지로 누구든지 이러한 이른바 기도문을 낱말 하나하나 트리테미우스의 표와 대조하면 곧바로 각 낱말이 뜻하는 글자를 찾아낼 수 있고, 따라서 기도문을 라틴어 낱말과 문장뿐만 아

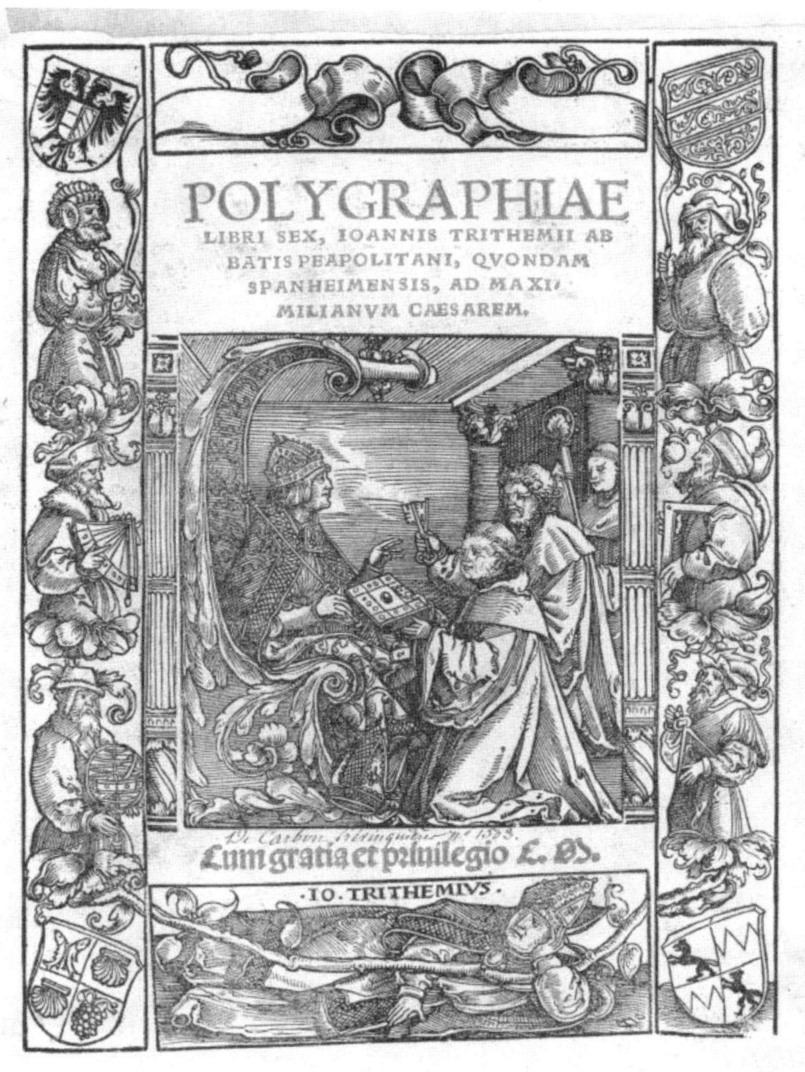

POLYGRAPHIAE
LIBRI SEX, IOANNIS TRITHEMII AB
BATIS PEAPOLITANI, QVONDAM
SPANHEIMENSIS, AD MAXI
MILIANVM CAESAREM.

Cum gratia et privilegio C. M.

·IO. TRITHEMIVS·

트리테미우스가 신성로마제국 황제 막시밀리안 1세에게 《폴리그라피아》(와 열쇠)를 헌정하고 있다.

니라 로마자 알파벳을 사용하는 모든 언어의 평문으로도 바꿀 수 있다.[71] 암호문과 《폴리그라피아》 사본을 격리된 공간으로 가져가기만 하면 된다. 그러면 모든 것이 분명하게 드러날 것이다. 트리테미우스는 독자에게 이렇게 장담하면서 만족감에 의기양양했다. "이 방법은 세상의 모든 일과 거래에 확대하여 적용할 수 있다."[72]

트리테미우스의 방법은 그가 주장한 것만큼 새롭지는 않았다. 반백 년 전 미켈레 초펠로가 이탈리아어로 글자를 암호화하는 방법을 제시했다. 평문의 중요한 낱말을 그것과 무관한 낱말로 바꾸는 것이다(예를 들면 '평화' 대신에 '상품').[73] 그러나 트리테미우스의 방법은 라틴어에 적용되었고 논리적인 암호문을 작성할 수 있게 했다. 보벨 같은 비전문가 독자는 《폴리그라피아》에서 읽은 것에, 그리고 트리테미우스가 자신의 책을 두고 한 주장에 충격을 받았다. 리처드 오스테르호프가 발견했듯이, 보벨의 가까운 협력자였던 어떤 이는 이러한 신성모독의 인쇄물을 추적했다.[74] 파리의 신학자 자크 르페브르 데타플은 1509년에 나온 구약성서 〈시편〉의 라틴어 번역본에 대한 논평에서 공들인 문장으로 트리테미우스를 비난했다. "참담하기 그지없는 우리 시대에 마음이 심히 어두워 대범하게도 공공연히 마구스를 자칭하는 자들이 있다. (…) 당신은 글자를 전혀 모르는 사람이다. 만일 당신이 하루의 24분의 1, 다시 말해 한 시간의 짧은 순간에 그들의 방법에 의탁한다면, 그는 당신에게 라틴어와 그리스어, 히브리어, 아람어, 정녕코 모든 언어를 알게 해줄 것이다. 그들의 비상식적인 대범한 주장이 거짓이 아니라면."[75] 이 프랑스 인문주의자의 제자였던 독일인 베아투스 레나누스는 스승이 보내준 이 책의 사본을 읽고 이렇

a	Deus	a	clemens
b	Creator	b	clementiſſimus
c	Conditor	c	pius
d	Opifex	d	piiſſimus
e	Dominus	e	magnus
f	Dominator	f	excelſus
g	Conſolator	g	maximus
h	Arbiter	h	optimus
i	Iudex	i	ſapientiſſimus
k	Illuminator	k	inuiſibilis
l	Illuſtrator	l	immortalis
m	Rector	m	eternus
n	Rex	n	ſempiternus
o	Imperator	o	glorioſus
p	Gubernator	p	fortiſſimus
q	Factor	q	ſanctiſſimus
r	Fabricator	r	incōprehenſibilis
ſ	Conſeruator	ſ	omnipotens
t	Redemptor	t	pacificus
v	Auctor	v	miſericors
x	Princeps	x	miſericordiſſimus
y	Paſtor	y	cunctipotens
z	Moderator	z	magnificus
w	Saluator	w	excellentiſſimus

A

암호문을 문법적으로 옳은 논리적인 라틴어로 해독하는 트리테미우스의 방법. 위의 여백에 쓰인 글은 16세기의 마구스이자 점성술사, 의사인 지롤라모 카르다노의 발언을 어느 독자가 적은 것이다. 카르다노는 트리테미우스가 강령술을 실행한 척했지만 사실은 어리석은 짓을 하고 있었다고 썼다.

게 평했다. "그 하찮고 뻔뻔한 대수도원장 트리테미우스는 감히 이렇게 장담했다. 여기서 그는 비록 이름이 밝혀지지는 않았지만 거칠게 다루어진다." 르페브르가 지성이 있는 사람이라면 이해할 만한 방법으로 트리테미우스를 비난하면서도 예의를 지켰음을 확실히 보여주는 말이다.[76] 출간은 다른 고난도 초래할 수 있었다. 후대에도 적어도 한 명의 전문가는 트리테미우스의 책을 읽고 그의 발명이 위험하지도 유용하지도 않다고 역설했다. 다양한 분야에 능했던 이탈리아의 학자 지롤라모 카르다노는 트리테미우스가 "꽤나 긴 책을 전부 이러한 꿈으로" 채웠지만 "완성하지는 못했다"고 썼다. "그는 거짓말을 꾸며내고는 이를 믿을 만한 것으로 만들기 위해 강령술을 실행한 척했지만, 어리석은 짓을 저질렀다는 비난을 받아 마땅하다."[77] 카르다노는 어떻게 암호를 해독하는지 보여주려고 자신만의 방법으로 암호문을 만들었다. 해독하면 이러한 문장이 된다. "나는 어느 지체 높은 분이 트리테미우스가 고안한 매우 어리석은 장치를 설명했다는 사실에 크게 놀랐다."[78]

그러나 대다수 전문가는 트리테미우스의 저작을 읽고 칭찬했을 뿐만 아니라 그것을 모방하기도 했다. 자연마술사 조반니 바티스타 델라 포르타는 자신이 암호 기술에 능숙한 덕에 친구들을 "속이려는 편지들"의 암호를 풀어 그들을 겨냥한 공격을 막을 수 있었다고 자랑했다. 그는 트리테미우스의 방법이 "결코 비열할 정도로 치밀한 방법은 아니라고" 생각했으며 자신이 쓴 암호 기술 책자인 《문자의 비밀스러운 의미에 관하여De furtivis literarum notis》 안에 유사한 암호를 집어넣었다. 델라 포르타는 더 다양하고 더 의심스러운 평문을 쓰는 방법을 보여줄 뿐만 아니라 암호에 구두점까지 포함함으로써 자신의 모델을 개선했다고 주장했다. 그러나 원칙적으로 그는 그 독일 대수도원장의 길을 단순히 따라갔을 뿐이다. 존 디가 찬탄한 모델로써 실행에 옮겨진 암호 기술은 마술과 관계가 있든 없든 시대의 관점에서 명백히 실용적인 기여였다.[79]

게다가 트리테미우스는 자신이 의지한 자료에 관해 꽤나 솔직하게 암시를 주었다. 오늘날의 암호 기술자들은 트리테미우스가 《폴리그라피아》의 뒷부분에서 제시한 것을 그가 고안해낸 가장 훌륭한 장치로 꼽는다. 한 벌의 사각형 치환표다. 맨 위의 알파벳 글자 밑으로 알파벳이 이어지며, 각각의 세로 줄에서 알파벳 글자는 다른 순서로 나타난다(첫 번째 세로 줄의 알파벳은 a로 시작하고 두 번째는 b, 이런 식으로 이어진다. 이후 다른 표에서 알파벳 글자들은 위치가 반대로 되고 서로 대체된다). 각각의 세로 줄을 이용해 특정 낱말의 알파벳 글자를 바꾸면 그 앞과 뒤의 글자와 다르게 확실하게 암호화할 수 있다. 세로 줄 알파벳의 순서와 배열에 더 변화를 주면 해독은 거의 불가능하다. "파파papa"(교황)나 "아바스abbas"(대수도원장)처럼 분명한 형태의 낱말조차도 열쇠로 쓸 치환표가 없으면 진짜 의미를 알 수 없을 것이다. 트리테미우스는 이렇게 설명했다. "글자는 무수히 많은 방법으로 다양하게 치환할 수 있다." 너무도 많아서 죽음을 면치 못할 육체에 갇힌 인간 정신으로는 헤아릴 수도 없을 것이다. 그러하니 어떻게 해독하겠는가. 세상에 가득 찬 악마들의 유형만큼이나 많았다.[80] 트리테미우스 저작의 다른 것들처럼 이 치환표도 텍스트를 힘을 행사하는 말로 바꾸기를 간절히 원하는 성서 해석의 상상력이 아니라 그저 조용히 할 일을 하는 실제적인 암호 작성자를 보여준다. 그는 무수히 많은 임의적이고 다양한 암호 작성법으로 비밀 메시지를 작성하고 이를 해독할 기계적인 방법을 고안했을 뿐이다. 세월이 더 흐른 뒤, 트리테미우스는 좋은 암호 작성법의 규칙을 제시했다. 그가 제안한 것은 간단했다. 예를 들면 "현명한 암호 작성자"는 하나의 암호에서 첩자疊字를 쓰지 말아야 했다. 트리테미우스의 이름 이오안네스 아바스는 Ioannes abbas가 아니라 Ioanes abas라고 적어야 했다.[81] 여기서, 그리고 다른 곳에서도 트리테미우스의 조언은 언어의 원리를 면밀하고도 매우 실용적으로 관찰한 결과였다. 그의 암호 기술은 인문주의적 감수성이 짙게 배어 놀랍도록 실용적인 형태로 만들어졌다. 게르하르트 슈트라서는 카롤루스 왕조 시대의 학문과 문학을 열정적으로 찬미한 트리테미우스가 고대 문헌까지는 아닐지언정 오래된 옛 문헌에서 자신의 방법에 모델이 될 것을 찾지 않았겠느냐고 말했다. 그가 언급한 것은 9세기 작가 라바누스 마우루스의 그림처럼 보이는 시였다. 라바누스 마우루스는 자신의 암호화한 시를 한 줄에 36개 글자가 들어간 36개 줄의 사각형 안에 집어넣었다.[82]

《폴리그라피아》의 방법은 실제로 인문주의와 공학이 만난 영역에서 비롯한 것이 분명하다. 이는 알베르티의 세계였다. 트리테미우스는 알베르티의 자동 텍스트 작성에 대한 관심과 온갖 언어에 대한 열정을 공유했다. 트리테미우스가 자신만의 독자층, 즉 알프스 이북의 독자층을 위해 알베르티의 암호를 수정할 때 사용한 새로운 요소들까지도 접근 방식에서 유사성을 보여주었다. 알베르티처럼 트리테미우스도 특별히 실용적인 모델을 모색했다. 역시 알베르티와 마찬가지로, 그도 보통의 언어 교수법에서 부분적으로 착상을 얻었다. 트리테미우스와 그의 독자 같은 알프스 이북 유럽인들은 결국에는 특별한 문제에 부딪혔다. 그들은 이탈리아인이 아니었고 대체로 라틴어 낱말과 어구를 베네치아 학자 피에트로 벰보나 모데나 태생의 추기경 야코포 사돌레토처럼 유창하게 쓸 수 없었던 것이다. 그들에겐 특별한 도움이 필요했는데, 일군의 열성적인 교사들이 이를 제공했다. 예를 들면 에라스뮈스는 유창한 언어 능력을 습득하는 방법에 관해 눈이 부실 정도로 실용적인 교본을 작성했다(그리고 크게 성공했다). 그는 노트를 작성하는 방법을 설명했다. 노트를 일련의 표제로 치밀하게 나누어 인상적인 문구와 역사적 사례, 신화를 기록하여 나중에 글을 쓸 때 적절히 사용할 수 있었다. 그는 또한 고대 작가들의 글에서 많은 경구를 모았는데, 근대의 작가는 누구든 이를 이용해 고대 문화를 실제보다 더 많이 알고 있다는 인상을 줄 수 있었다. 에라스뮈스가 그리스어와 라틴어의 경구를 모아 편집한 《아다기아Adagia》를 읽은 독자라면 "전쟁은 해보지 않은 사람들에게는 매우 달콤하다"라고 적어서 기독교 평화주의의 이상을 표현하고 성급한 학생에게 "천천히 서두르라"고 주의를 주고 "검으로 불을 찔러서는 안 된다"라는 말로써 권력자에게 절제를 조언하는 법을 알았을 것이다. 에라스뮈스가 내놓은 매우 실용적인 장치는 알베르티나 트리테미우스가 보여준 것 못지않게 기계적이었다. "편지에 감사한다", "살아 있는 동안 평생 당신을 기억하겠다" 따위의 문장을 완벽한 라틴어로 쓰는 수백 가지 방법을 예로 들 수 있다. 고도로 실용적인 그의 저작들은 형식에서는 고전적이지 않았지만 교육 목적의 실습에서는 무한히 유익했는데, 알프스 이북 유럽에서는 어디서나 인기를 끌었고 적어도 두 세대 동안 문체뿐만 아니라 지적 풍조의 형성에도 이바지했다. 그 저작들은 또한 에라스뮈스의 도덕적이고 교육적인 계획도 뚜렷하게 반영했다. 예를 들면 에라스뮈스는 그 두 문장을 골라 끝없이 변형했다. 캐시 이든이 보여주었듯이, 학자라면 모름지기 사랑하는 공동체를 만들어야 하며 진실한 편지는 시대를 막론하고 애정 어린 우정을 키우는 주된 수단이라는 그의 기본적인 믿음을 전형적으로 보여주는 문학적 표현이었기 때문이다.[83] 앞서 보았듯이, 트리테미우스도 에라스뮈스처럼 편지에 깊은 관심을 보였다. 그는 선대 학자들의 편지를 수집하고 연구했으며 편지를 이용해 놀랍도록 방대하고 강력한 종교적·학문적·지적 교류의 연락망을 구축했다.[84]

트리테미우스의 암호는 분명히, 그의 생각에는, 알베르티의 방식을 에라스뮈스식으로, 적어도 그 시대에 맞게 일신한 것이었다. 그는 무지한 사람들에게 문법적으로 올바른 라틴어 문장을 쓰는 법을 가르치면서 에라스뮈스가 예를 들어 제시한 관념을 체계적으로 정리했다. 누구든 기계적 장치만 있으면 문법적으로 올바른 라틴어를 쓸 수 있다는 것이다. 에라스뮈스로 말하자면 이에 큰 인상을 받지 못했다. 그는 라틴어를 제대로 공부하는 방법에 관해 친구에게 조언하면서 몇 가지 원칙만 지키라고, 뛰어난 작가들의 글을 읽거나 배움이 깊은 사람과 대화하면서 배우라고 충고했다. "나는 이와 같은 방법을 좋아하지 않는 사람이 뭔가를 해낼 수 있으리라고는 생각하지 않는다. 마술의 어리석은 짓과 터무니없는 폴리그라피아에 의지할 수 있겠지만, 지금까지 내가 본 바로 그것은 누구에게도 전혀 도움이 되지 않았다."[85] 그런데 다른 독자들은 에라스뮈스가 쓴 교재를 상당히 비슷한 말로 비판했다. 독일 학자 콘라트 무티안은 1513년 11월에 이렇게 썼다. "다른 사람들은 경구 선집이 매우 유용하다고 생각하고 최고로 훌륭한 작가들의 문장과 어구, 경구를 선택할지도 모른다. 세련되고 명쾌한 글을 쓰는 작가인 에라스뮈스를 비난하는 것은 아니지만 그는 내 취향은 아니다. 배움이 평범한 사람이라도 정신을 집중해 독서하면 군데군데 숨어 있는 정수를 뽑아내 표제에 따라 정리할 수 있기 때문이다."[86] 에라스뮈스가 조롱한 유형의 마술은 불편하게도 그의 교재와 비슷했다. 트리테미우스는 실로 자신의 편지 대부분을 이렇게 썼다고 인정했다. "내게 익숙한 방식을 사용했다. [사람들을] 내게 탄복하게 만들려고 현란한 표현을 추구하지는 않았다. 원래 내게 없는 것이기 때문이다. 나의 뜻이 쉽게 이해되도록 학자다운 글쓰기를 했다."[87] 그러나 트리테미우스도 때때로 친구에게 자신이 존중한다는 점을 확인시키려고 적당한 관용 어구를 찾았다. 그렇게 한 경우에 그가 에라스뮈스가 애호한 두 문장을 자신만의 한 문장으로 솜씨 좋게 결합한 것은 아마도 우연의 일치는 아니었을 것이다. "당신의 편지는 내가 살아 있는 동안 영원히 기억될 것이오."[88]

알베르티의 암호 기술은 응용수학과 인문주의가 만나는 곳에서 형성되었다. 그는 이를 언어와 글쓰기 형태의 마술적 이용과 구분했다. 트리테미우스도 이 두 전통에 의존했다. 그는 자신의 암호를 마술인 듯이 말했지만 아마도 그것이 공학과 응용수학을 포함한 더 큰 마술의 세계에 속한다고 보았을 것이다. 트리테미우스가 이해한 마술은 대다수 학자가 생각한 것보다 훨씬 더 범위가 넓었다. 그리고 마술을 매우 실용적이고 매력적으로 보이게 한 것은, 그리고 마술을 실행하는 자들이 그의 방법을 흥미롭게 보도록 일조한 것은 마술의 실용적인 성분이었다. 다시 말하자면 고대나 중세에 실행된 전통의 바깥에서 출현한 성분이다. 1508년 트리테미우스에게서 《폴리그라피아》를 헌정받은 막시밀리안 1세는 라틴어로 쓴 자서전에서 마술의 추구를 여러 가지 실용적인 관심의 하나로 보았음을 분명하게 밝혔다. 그는 마술을 성공적인 통치자가 되기 위해 터득한, "학교 밖에서 배운 세속의 기예" 중 유일한 것이라고 설명했다. 막시밀리안 1세는 동시에 "군사적인 일에 이용하고자 무기와 광물을, 그리고 기계와 모든 전쟁 도구의 기술을" 연구하는 데 몰두했다. "그의 시대에 이 분야에서 그에 필적할 사람은 없었다." 더불어 그는 건축과 보석 감별(흔히 마술 실행과 연관이 있었다), 석공, 목판, 목공, 회화, 화살 만들기도 매우 좋아했다.[89] 분명하게 실용성을 보여주고 부분적으로는 공학 전통에 기원을 둔 트리테미우스의 마술은 후원자의 요청에 따른 것이었다. 이 점에서 트리테미우스는 그의 다음 세대에 구체화한 학구적 마술에서 중심이 되는 지극히 중요한 선례가 되었다.

위장으로서의 마술

동시에 트리테미우스는 또다른 방식으로 마술 전통에 의지했다. 이를 이용하여 자신의 암호문을 위장한 것이다. 그가 암호문의 악마적 연관성과 성격을 강조할수록, 해독자들은 그 실제적인 방법과 내용에서 더 멀어졌다. 이러한 형태의 위장이 효과적이려면, 트리테미우스와 그의 독자들이 이를 진지하게 받아들여야 했다. 다시 말해서 그가 정말로 인간보다 더 큰 힘을 지닌 존재와 의사소통을 하고 있다고, 그의 책에서 보는 이상한 이름들이 정말로 물화하거나 탈물화할 수 있는 기이한 존재에 속한다고, 의지에 따라 메시지를 눈에 보이지 않고 귀에 들리지 않게 전달할 수 있다고 믿어야 했다. 트리테미우스가 수행한 것 같은 암호 기술의 실행에는 (파우스트처럼) 어둠의 세력과 기꺼이 불장난을 할 존재가 필요했다. 이 점에서는 그의 비판자들이 분노에 휩싸여 소리를 지른 것도 당연했다. 편지 쓰기와 인쇄의 최고 전문가였던 트리테미우스조차도 초자연적 지식에 대한 자랑이 정확히 어느 순간에 평판을 높이는 대신 위험에 빠뜨리는지 알아내기가 어렵다는 사실을 깨달았을 것이다.

트리테미우스는 친구들과 후원자들에게 보낸 편지에서 이렇게 특별한 의미에서 마술을 추구했다고 인정했다. "나는 자연마술의 그 형태를, 자연적으로 일어나는 기적을 행할 수 있게 하는 마술을 전혀 모른다고 말할 수 없다." 그는 조심스럽게 강조했다. 그렇지만 "나는 기독교 신앙 이외에 초자연적인 것이라고는 아무것도 갖고 있지 않다. 그것은 자연이 아니라 하느님의 은총으로부터 받은 것이다."[90] 그렇다고 해도 자연마술은 그 진정한 실행자에게 단지 비밀을 드러내주기만 한 것은 아니다. "자연마술은 가시적인 효과를 일으킬 뿐만 아니라 그것에 숙달된 자의 지성을 신에 관한 지식으로 놀랍도록 채워주며 그의 영혼에 보이지 않는 은혜를 베푼다."[91] 이는 "최고의 학자이자 모든 성인 중에서도 가장 신실한 알베르투스 마그누스"가 자신을 자연의 가장 심오하고 놀라운 비밀에 관한 전문가로 만들어준 노력의 일환으로 자연마술을 연구한 이유를 설명해준다.[92] 트리테미우스가 말년에 쓴 자서전에서 인정했듯이, 불운하게도 알베르투스는 "자연마술, 즉 자연의 지혜를 너무도 열렬하게 추구한 나머지 불가사의한 자연의 힘에 관한 그의 놀라운 지식 때문에 오늘날까지도 보통 사람들에게 의심을 받는다." 트리테미우스는 알베르투스의 삶에서 마술에 관한 그의 관심을 지우려고 최선을 다한 도미니크회 수도사들을 따라 하지는 않았지만 그들이 왜 걱정했는지는 분명하게 이해했다.[93] 알베르투스는 스스로 인정했듯이 마술의 진정한 본질을 밝히는 데 흥미가 있었기에 나쁜 부류의 마술 책을 많이 읽게 되었고(트리테미우스도 마찬가지였다) 그래서 부당하게 의심을 받았다(트리테미우스도 마찬가지였다). 자연마술의 지식을 완벽하게 갖추었던 고대의 현명한 철학자들과 왕들은 오용을 막기 위해 그 비밀을 숨겼다. 후대의 사상가들은 고대 문헌의 "글자 그대로의 의미에 따라 작업"하거나(효과가 없었다) 자신이 이해하지 못하는 심오한 기술을 마법의 글자로 대체해 악마의 도움을 구했다.[94] 마술을 실행하는 법을 배우려면 고대인들에게 돌아가 그들의 텍스트를 저자의 뜻대로 읽는 수밖에 없었다.

달리 말하자면 트리테미우스는 마술을 그리스 문학이나 철학과 동일한 유산의 일부로 보았고 그것의 체계적인 복원을 꾀했다. 그러나 마술의 부활은 특별한 문제를 제기했다. 트리테미우스는 베네딕트회 동료들이 마술을 사악하게 여겼다는 사실에 낙담했다. 그는 한때 자신이 마술 분야의 전문가로서 조언했던 프로이센의 통치자 브란덴부르크 후작 요아힘 1세에게 이렇게 털어놓았다. “쉽게 악습에 빠지는 군중이 여느 때처럼 무고한 자에게 분노를 토해냅니다. 그들은 자연의 원리를 모르기 때문에 스스로 이해하지 못하는 것은 모조리 악마의 짓으로 돌립니다. 무지한 자들은 기적 같은 일이 가능하다는 사실을 결코 깨닫지 못하며, 자연의 힘을 그 정신의 능력치로써만 판단합니다. 그러므로 그들은 마치 앞을 보지 못하는 사람처럼 철저하게 속임을 당합니다.”[95] 이 학구적 마구스는 문법과 수사학에 관심이 있는 박식한 인문주의자들보다 더 위험한 길에 들어섰다. 그러나 그의 여정은 높은 가치가 있었다.

트리테미우스가 살았던 타락하고 불쾌한 시대에도 곳곳에서 강력한 마구스가 나타났다. 예를 들면 이름이 조반니였지만 “고대인의 보편적인 지식을 갖추었다며 그런 이유로” 스스로 메르쿠리우스(조반니 메르쿠리오 다 코레조)〔메르쿠리우스는 헤르메스의 라틴어 표기〕라고 부른 이탈리아인이 1500년 직전에 리옹에 나타났다. 헤르메스 트리스메기스토스의 전통을 알린 이 진중하고 점잖은 예언자에게 기독교도와 유대인이 똑같이 크게 놀랐다. 몇 년 전에 그가 헤르메스의 저술에서 가져온 이름을 새긴 이상한 머리 장식을 쓴 채 로마의 성 베드로 대성당 중앙 제단으로 성큼성큼 걸어 올라갔기 때문이다. “이것은 내가 매우 좋아하는 나의 아들 포이만드레스Poimandres다.”[96]• 리옹에서 그는 티아나의 아폴로니오스를 모방했다. 그와 그의 아내, 아들들은 아마포 옷을 입었고, 하인들은 목에 쇠사슬을 둘렀다. 그는 자

• 포이만드레스는 헤르메스 전집의 첫 번째 논문 제목이다.

신이 "고대의 왕들과 현인들이 크게 존중한 자연마술의 기예"에 통달했기에 자연 현상과 모든 비밀스러운 일을 그리스인과 로마인보다 훨씬 더 깊이 해석할 수 있다고 주장했다. 메르쿠리우스와 논쟁을 벌인 의사들은 그가 라틴어를 전혀 모르는 것 같은데도 놀랍도록 심오한 지적 능력을 지녔다고 선언했다. 그가 프랑스 왕에게 "경이로울 정도로 정교하게 제작된" 검과 "신비로운 효과"를 지닌 방패를 주어 이러한 판단을 확증했다.[97] 트리테미우스는 이 이상한 인물에 대해 양면적인 태도를 보였지만 그의 강력함을 목격한 많은 친구들의 증언을 수용한 것 같다.

트리테미우스는 도서 수집가요 서지학자(그가 매우 좋아한 활동으로 예리한 안목으로 수행했으면서 적어도 그에 못지않게 재미도 느꼈다)로서도 마술을 마찬가지로 현저히 양면적인 태도로 다루었다. 트리테미우스는 친구 장 샤플리에에게 보낸 편지에서 브란덴부르크 후작 요하임 1세와 함께 지냈을 때의 일을 설명하면서 자신은 마술에 관한 책을 읽었지만 결코 그 지식을 실천에 옮기지는 않았다고 강력히 주장했다. "인정하오. 나는 마구스가 쓴 책을 많이 읽었지. 따라 하려고 읽은 게 아니었소. 언젠가 그들의 미신을 논박하여 꺾어버리려고 읽은 것이오."[98] 트리테미우스는 요아힘 1세에게 헌정한, 마술 문헌에 관한 정식 논문에서 정확히 같은 태도를 취했다. 그는 특수한 문자가 새겨진 부적과 훈증의 이용 같은 전형적인 마술 관행을 비난했다. 트리테미우스는 또한 마술 전통의 텍스트적 근거를 공격했다. 그는 알베르투스 마그누스와 로저 베이컨의 참고문헌을 논거로 삼아, 타락한 마술사들이 종종 자기가 쓴 글을 헤르메스 트리스메기스토스부터 이보다 더 의심스러운 인물인 시몬 마구스 같은 자들까지 고대의 현자가 쓴 저작이라고 주장했음을 지적했다. 트리테미우스는 자신을 후원한 귀족들에게 이 모든 마술 책이 충분한 준비 없이 읽으면 누구라도 쉽게 사악한 행위에 빠질 수 있기 때문에 그런 책을 갖고 있는 것은 미친 짓이고 나쁘고 위험하다고 말했다. 위대한 성직자들을 찬미한 탁월한 전기 작가였던 트리테미우스는 또한 나쁜 마술사를 감별하는 탁월한 서지학자가 되었다. 이들 중에는 《솔로몬의 열쇠 Clavicula Salomonis》와 같이 섬뜩한 논문의 저자들은 물론이고 헤르메스 트리스메기스토스처럼 존경받는 인물도 포함된 것으로 드러났다.[99]

마구스로서의 트리테미우스

그러나 트리테미우스는 널리 알려졌듯이 그의 대단한 장서에 그의 설명을 빌리자면 "다른 곳에서는 거의 찾아볼 수 없는 진귀하고 신비롭고 경이로운 비밀" 서적들을 모아놓았다. 그는 《스테가노그라피아》에 마술 책을 입수해서 다른 이들이 볼 수 있도록 진정으로 노력한 것처럼 보이는 전형적인 편지들을 잔뜩 집어넣었다. "청컨대 마술 실험에 관한 나의 필사본을 최대한 빨리 돌려주시오. (…) 나는 최근에 피치노가 번역한 라틴어 책을 많이 보았고 피코 델라 미란돌라가 쓴 화공품火工品에 관한 책도 상당히 많이 읽었소."[100] 슈폰하임에 있던 트리테미우스의 서재에는, 그가 친구에게 시인했듯이, 실제로 "자연의 불가사의한 비밀에 관한 작은 책들"이 있었다. "누구든 그것을 읽으면 좋지 않을 것이다. 나는 결코 슈폰하임에 두어서는 안 될 이 책들을 뷔르츠부르크로 가져왔다."[101] 그리고 그는 마술 지식 중에서도 가장 난해한 몇 가지 형태를 집중적으로 연구했다. 앞서 보았듯이 트리테미우스의 시대에 몇몇 독일 도시의 유대인은 마녀들이 저질렀다는 것과 유사한 몇 가지 범죄 혐의로 그들을 겨냥한 것만큼 잔인한 박해를 받고 있었다. 자백의 강요에 의례적인 살인 재판이 뒤따랐다. 황제 막시밀리안 1세의 여동생 바이에른 공작 부인 쿠니군데는 유대 서적 금지 활동에 이름과 권한을 빌려주었다. 그리고 유대교를 버린 박식한 개종자 요하네스 페퍼코른은 1507년부터 생생한 화보를 곁들인 소책자 여럿을 출간했다. 책에서 그는 유대인의 의식을 이용해 이전에 같은 종교를 믿은 신도들을, 로니 샤의 용어를 빌리자면, '마술의 민족'이라고 표현했다.[102] 그러나 트리테미우스가 경의를 표한 피코 델라 미란돌라와 로이힐린은 카발라 연구를 꾸준히 계속했다. 로이힐린은 유대인이 종국에는 개종해야 하고 개종할 것이라고 믿었는데도 1510년 이후 유대인이 자신들의 책을 지니고 이용할 권리가 공적인 법률상의 문제가 되었을 때 그들의 권리를 강력히 옹호했다.[103]

로이힐린은 심지어 유대인을 변호하다가 법 절차의 규범을 위반했다. 페퍼코른이 전문가로서 법률적인 의견을 내 로이힐린이 유대인과 그들의 책을 변호한다고 공격하자, 일반적으로 공식적인 서면 변론서는 배포가 허용되지 않았는데도 로이힐린은 자신이 쓴 글을 발표했다.[104] 이후 10년 동안 페퍼코른과 쾰른대학교 신학부의 그의 협력자들과, 로이힐린과 그의 동지들 사이에 논쟁이 이어졌고, 이는 길고 혹독한 소송으로 바뀌어 여러 차례 상소 끝에 최종적으로 로마에서 판결이 났다. 로이힐린은 결국 패했지만, 그때쯤이면 트리테미우스는 죽고 없었다. 그동안 트리테미우스는 히브리학자들을 지지했다. 그는 유대인을 특별히 좋아하지는 않았다. 그는 막시밀리안 1세에게 유대인이 그리스도를 믿지 않는다는 점에서 무슬림과 똑같이, "고대의 지리학자들이 언급하지 않았고 기독교 신앙에 관해 내가 아는 것과 같은 내용을 전혀 듣지 못한, 대양에서 최근에 발견된 섬들에 사는 자들"과 똑같이 비난받아야 한다고 단언했다.[105] 그는 이렇게 설명했다. 모세와 여타 유대인이 예수 탄생 이전에 신의 이름으로 기적을 행하기는 했지만, 유대인은 이제 악마의 도움을 받아야만 놀라운 일을 행할 수 있을 것이다.[106] 그렇지만 트리테미우스의 행동은 그의 말에 밴 어조와, 어쩌면 내용과도 모순되었다. 그는 기계에 관한 매력적인 필사본 논문을 포함해 히브리어 서적을 수집했다.[107] 그는 로이힐린의 서재를 방문했고 히브리어 교습을 받았다. 그리고 뒤에서 보겠지만 트리테미우스는 하인리히 코르넬리우스 아그리파가 위대한 신비주의 철학 입문서의 최종본에 기독교 카발라를 적지 않게 포함시키는 데 기여했을 가능성이 매우 크다. 《스테가노그라피아》의 곳곳에 등장하는 천사들의 이름은 트리테미우스가 로이힐린의 긴 명부를 모방하여 만들어낸 것이 분명하다. 그는 또한 자신이 암호 기술과 자연의 규칙에 관해 쓴 책을 신이 해독하라고 명한 암호라고 설명할 때에도 카발라에 의존했다. 고타의 성당참사회 위원으로서 인문주의자들과 마술사들을 면밀히 관찰한 콘라트 무티안은 어느 젊은이에 관해 추천서를 쓰면서 트리테미우스가 추구한 것들 사이의 연관성을 분명하게 짚었다. "그는 히브리 학문을 사랑하오. 그래서 그는 신실한 당신과 요하네스 로이힐린, 즉 카프니온〔로이힐린의 그리스어 별명〕을 방문하기로 결정했소. (…) 그는 또한 마구스의 행위 중 좀더 고결한 것을 즐긴다오. 당신이 완전히 통달한 것 말이오."[108]

동시에 트리테미우스는 더 익숙한 텍스트와 규칙에 의지했다. 예를 들면 그는 천사(354일과 넉 달의 기간 동안 세계사를 지배한 오리피엘을 비롯한 일곱 천사)의 전기 작가가 되었을 때 14세기 의사 피에트로 다바노를 따랐다.[109] 결국 트리테미우스의 마술 전통 참조는 상반되는 지적 기준을 중심으로 형성된 두 가지 공식적인 입장으로 정형화했다. 트리테미우스는 마치 시인인 듯이 행동과 주장이 서로 모순되었는데도 무리 없이 활동했다.

예를 들면 트리테미우스는 막시밀리안 1세의 질문에 대한 애초의 답변에서 악마가 일으킨 것이 분명한 기적은 무시했다. "악마의 기적은 전부 일말의 진실도 없는 환상입니다."[110] 그러나 수정한 답변에서는 악마가, 그리고 악마의 도움을 받은 마술사가 때때로 자연에 관한 특별한 지식을 이용해 자연을 조종할 가능성이 있다고 인정하는 듯했다. 그는 이제 이렇게 쓴다. "어쨌거나 자연의 좀더 은밀한 신비에 몰두한 자들은 다른 사람들은 이해할 수 없는 방식으로 질료를 형상에 적용하고 이례적으로 놀라운 효과를 낼 수 있다. 예를 들면 그들은 하늘의 이슬로 살아 있는 뱀장어를 만들 수 있고 송아지 고기로 꿀벌을 만들 수 있으며 특정 약초의 뿌리로 뱀을 만들 수 있다. 훨씬 더 인상적인 것은 아닐지라도 이런 식으로 만들 수 있는 것이 많다. 우리는 실험을 통해서 이와 같은 여러 사례의 지식을 얻었다. 더 미묘한 성질과 더 많은 경험을 지닌 악마들이 자연의 힘을 이용해 어떤 인간도 분명하게 이해할 수 없는 많은 기적을 행할 수 있음은 누구도 부인할 수 없다."[111] 여기서 트리테미우스는 메디치 시대 피렌체에서 형태를 바꾼 자연마술의 전통에 의지했다. 피치노는《생명에 관한 세 권의 책》에서《피카트릭스》를 인용해 이러한 주장을 뒷받침했다. 마구스들은 "계절에 맞게 특정 물질을 준비하여 (…) 알이나 씨앗 없이도 동물을 만들어낸다. 예를 들면 바질로 전갈을 만들고 황소로 꿀벌을 만들며 세이지로 지빠귀 같은 새를 만든다. 다시 말해서 그들은 적기에 특정한 물질로써 우주로부터 생명을 끌어와 그것들에 주입한다."[112] 트리테미우스는 이러한 행위를 악마의 작용과 연결함으로써 멜란히톤이 파우스트의 특별한 힘을 설명할 때 제시한 논거를 어렴풋이 예시했다. 악마는 신비로운 지식을 이용해 고차원의 자연마술을 실행할 수 있다는 것이다.

실제로 트리테미우스는 악마학자로서의 위상을 굳건히 다진 바로 그 시절에 자신이 비난한 것과 정확히 동일한 성격의 마구스로 우뚝 섰다. 이보다 더한 언행의 불일치는 없을 것이다. 트리테미우스는 1507년 사적인 용도로 작성한 영적이고 지적인 짧은 자서전《네피아쿠스Nepiachus》에서 현대의 독자라면 파우스트가 했다고 생각해도 이상하지 않을 말로써 자신의 지식욕에는 한계가 없다고 인정했다. "나는 언제나 세상의 모든 것을 알고 싶었다. 나는 직접 본 책이나 만들어졌다고 들은 책은 모조리 소유하고 읽는 것이 최고의 기쁨이라고 생각했다."[113] 같은 글에서 그는 대체로 같은 시기에 장 샤플리에에게 보낸 편지에서 그랬듯이, 많은 사람으로부터 마술의 힘으로 '기적'을 행했다는 비난을 받는다고 솔직하게 밝혔다. 트리테미우스는《네피아쿠스》에서 자신이 몇 가지 특별한 형태의 힘과 지식을 갖고 있다고 인정했다. 그러나 그는 그러한 힘과 지식이 순전히 인간적이고 자연스러운 것이라고 강력히 주장했다. "만일 내가 무엇을 알게 된다면, 이해할 수 없는 자들이 기적이라고 생각할 무엇을 안다면, 이는 악마의 짓이 아니라 자연과 노력, 철학적 사색의 소산이다." 그리고 그는 자신의 성과를 불가사의한 것으로 보이지 않게 할 '근거'를 제시하겠다고 약속했다.[114]

이와 같은 자아성찰의 지속적인 노력 속에서 트리테미우스는 마술이 다양한 형태를 띤다고 주장했다. 이전 시대의 알베르투스 마그누스와 로저 베이컨처럼 그도 강령술이라면 성격을 불문하고 격하게 비난한 뒤 그 목록을 제시했다. 그의 결론은 이러했다. "거룩한 가톨릭교회는 이 모든 악마적 기예를 비난한다. 많은 사람이 흠으로 보는 점과 수상술은 완전히 허용할 수는 없어도 부분적으로 허용할 만하다고 생각하지만, 기독교도가 그런 기예를 행하는 것은 금지된다."[115] 묘기나 속임수praestigia도 다양한 형태로 나타났다. 트리테미우스는 돌팔이의사의 속임수를 비난했듯이 악마적 묘기도 비난했다. 그러나 그는 이렇게 주장한다. "자연적인 형태의 묘기도 있다. 자연마술에만 속하는 것이다. 전문가가 자연의 힘을 은밀히 이용해 경이로운 효과를 낼 때 그런 일이 벌어진다. 그것에 놀라는 자들은 이유를 모른다."[116] 트리테미우스는 이러한 종류의 마술은 합법적일 뿐만 아니라 칭찬받아 마땅하다고 주장했다. 그는 다른 상황에서 피렌체의 신플라톤주의를 냉담하게 처리했는데, 이제 그것이 마술에 대한 긍정적인 정의와 평가를 제공했다. 트리테미우스는 이를 알베르투스 마그누스의 옛 견해와 연결했는데, 이는 그가 다른 곳에서 수용한 것처럼 보이는 가치들의 계보학적·철학적 재평가라고 할 수 있다.

> 다수의 학식 있는 성직자가 자연마술을 인정하고 수행했다. 피코는 교회가 이를 결코 비난한 적이 없고 비난할 수도 없다고 쓴다. 그들 중에서 당대에 최고로 유명한 학자였던 위대한 알베르투스는 자연마술을 매우 열정적으로 연구해 자연의 비밀스러운 힘에 관해 놀라운 지식을 얻은 까닭에 오늘날까지도 보통 사람들은 그를 의심의 눈초리로 바라본다. 그러나 그는 분명코 고결하고 경건하며 신실한 사람이었다. 그는 교회가 인간 영혼을 해치는 전염병이라고 비난한 마술을 주기적으로 공격하고 비난하고 경멸했다.[117]

트리테미우스는 일종의 언행일치로 이따금 친구들에게 자신과 그들의 건강에 관해 점성술로 조언했다. 그가 존중한 마구스들이 그에게 했듯이, 이는 학구적인 마구스의 주된 봉사였다.[118] 트리테미우스의 상황을 마술 전통의 역사 속에서 해석하자면, 그는 좋은 형태의 참된 자연마술은 자연에 관한 강력한 지식이라고 설명했다. 최고의 학자들이 늘 추구하고 옹호했던 지식이요 그 실행자들이 때때로 악마적 마술을 행한다는 의심을 받기는 했지만 공식적으로는 결코 비난받은 적이 없는 지식이다.

트리테미우스는 핵심 용어들을 상반된 방식으로 썼는데, 이는 시사하는 바가 크다. 그는 마술에 반대하는 글을 쓸 때 '마구스'라는 용어를 순전히 부정적인 의미로 사용했다. 예를 들면 티아나의 아폴로니오스를 평가하면서 이렇게 쓴다. "티아나 출신의 그 사람이 일으킨 모든 기적을 간략하게 다뤄보자. 만일 그를 찬미하는 자들이 기록한 경이로운 일들을 그가 행한 것이 맞다면, 그는 분명코 마구스요 악마와 지옥의 망령을 불러내는 자였다."[119] 로저 베이컨의 글에서 그렇듯이 이 맥락에서도 '마구스'는 비난이 담긴 낱말로 쓰였다. 그러나 트리테미우스는 《네피아쿠스》에서 자신이 고대 근동의 마술을, 피렌체의 사상가들이 조로아스터나 카발리스트와 연관 짓는 일련의 기적을 일으키는 행위를 피치노나 피코 델라 미란돌라, 로이힐린이 했던 것처럼 명예로운 일로 여겼다.

> '마술'이라는 낱말은 페르시아어이며, 그것에 상응하는 라틴어는 지혜다. 복음서가 우리에게 알려주듯이, 마구스는 육신을 입고 새로 태어나 요람에 누운 하느님의 아들에게 경의를 표하고자 동방에서 온 세 사람처럼 현자를 가리키는 용어다. 나는 그들과 더불어 '필로마구스philomagus'(마구스를 사랑하는 자)라고 불려도 창피하지 않다. 나는 신의 지식이든 인간의 지식이든 자연의 지식이든 가리지 않고 사랑하기 때문이다. 이것이 내가 수행하는 나의 마술이다. 신자라면 누구나 다른 마술과는 교섭하지 않을 것이다. 그것은 미신적이며 악마적이고, 따라서 당연히 거룩한 교회의 비난을 받기 때문이다. 나는 그것을, 그 창시자들과 더불어 경멸하고 혐오하고 비난한다.[120]

악마학자인 트리테미우스는 마술을 남자가 하든 여자가 하든, 단순하든 복잡하든, 전부 같은 것으로 취급했고 악마적이라고 비난했다. 그러나 그는 악마학 논문에서도 이따금, 다른 글에서는 좀더 자주 완전히 다른 태도를 취했다. 그럴 때는 피코 델라 미란돌라와 피치노를 따랐으며, 합법적인 마구스라면 두려움 없이 기예를 펼칠 수 있는 지적 여지를 충분히 남겨두었다. 트리테미우스는 특히 일련의 행위, 즉《스테가노그라피아》와《폴리그라피아》에서 설명한 신비로운 암호문 작성을 "놀라운" 것이라고 밝혔으며,《스테가노그라피아》때문에 몇몇 사람으로부터 악마의 힘을 지녔다는 의심을 받았다고 썼다. "이 책들은 전대미문의 경이로운 것들을 가르친다. 그것들은 전부 완전히 자연적이며 미신적인 도움의 요소가 전혀 없다. 그러나 나는 그렇게 큰 불가사의를 이해하지 못하는 사람들이 내가 어떤 사악한 기예를 실행하고 있다고 의심한다고 두려워할 이유가 있다." 따라서 "나의 경이로운 발명품이 나와 함께 죽어 묻히는 것이 적절한" 것으로 판명될 수 있다고 썼다.[121] 트리테미우스는 이러한 말로써 자신의 암호문 작성을 설명하면서 두 가지를 분명히 했다. 첫째, 트리테미우스는 다른 사람들이 그가 스스로 다른 사람 못지않게 격렬히 비난한 것과 정확히 동일한 성격의 마술을 시도했다고 생각한다는 사실을 인정했다. 둘째, 그는 자신의 암호 기술을 이해력이 있는 사람이라면 어떤 형태로도 악마의 도움에 의지하지 않고 기적 같은 일을 행할 수 있다는, 즉 마술을 실행할 수 있다는 증거로 보았다.

트리테미우스는 때때로 훨씬 더 강력한 마술적 비결을, 우주의 중요한 비밀을 풀 수 있는 비결을 알고 있다고 주장했다. 그는 친구들과 후원자들에게 보낸 편지에서 이렇게 고차원적인 특별한 의미의 마술을 추구했다고 인정했다.[122] 그러한 형태의 마술은 실제로 진짜 실행자들에게는 단지 비밀을 드러내기만 한 것이 아니다. 그들의 정신까지도 환하게 비춰주었다.[123] 트리테미우스는 이와 같은 내용을 쓴 구절에서는 피코 델라 미란돌라와 피치노와 매우 유사하며 자신의 마술 수행이 우주의 철학적 탐구의 완성을 대표한다고 말한다.

마술 공동체

피코 델라 미란돌라와 마르실리오 피치노는 마술을 더없이 귀중하고 진귀한 지식 체계로 여겼다는 사실을 여러 방식으로 분명하게 밝혔다. 지적으로나 금전적으로나 터득하기에 충분한 자원을 지닌 매우 작은 집단의 자산이요 자산이어야만 하는 지식이었다. 트리테미우스는 책에서 온갖 수사학적 수단을 동원하여 자신과 친구들이 비슷한 동료 의식을 즐겼으며 엇비슷하게 비밀스러운 지식을 갖추었음을 입증하고자 했다. 그는 동생 야코브에게 라틴어와 그리스어를 섞어가며 쓴 편지에서 이렇게 말했다. "너한테 맡긴 나의 책과 물건을, 특히 비밀로 간직해야 할 문제에 관한 것들, 그리고 우리 연구의 신비에 관한 것들을 필히 잘 간수하도록 하라."[124] 그리고 얼마 뒤에 다른 편지에서 이러한 지시를 되풀이하며 이렇게 설명했다. "나는 숨겨진 신을 따른다."[125] 이에 더해 트리테미우스의 문서에 포함된 다른 편지들도, 전부 다 그가 쓴 것은 아니지만, 미묘한 의미를 드러내 보여주었다. 어느 편지에서 그는 박식한 수학자들 및 시인들과 함께 식사를 했다고 썼다.[126] 트리테미우스와 다른 사람들이 나눈 편지에서 그들은 극도로 신중해야 할 필요성이 있다는 데 의견을 같이했다. 예를 들면 브란덴부르크 후작 요아힘 1세가 쾰른 주교에게 보내는, 분명코 매우 흥미로운 구두 메시지를 전달할 때와 같은 경우다.[127] 또다른 편지들에서 트리테미우스와 그의 친구들은 사악한 멜란키우스Melancius("멜란키우스와 그의 동료들은 내게 이 모든 못된 짓을 저질렀지만, 나는 그가 자기 무덤을 팠음을 의심하지 않는다")와 남의 말을 잘 믿는 나르키스쿠스Narciscus 같은 제3자를 매혹적일 정도로 모호한 암호명으로 언급했다. 나르키스쿠스를 거론할 때는 훨씬 더 교묘한 표현을 썼다. 그는 다른 곳에서 호의적인 사람들에게 힘을 얻을 수 있다는 헛된 희망을 불어넣고 트리테미우스의 힘에 관해 터무니없이 과장된 소문을 퍼뜨린 "훌륭한 제자들 중에서도 가장 부지런한 학생"이었다.[128]

트리테미우스가 고위 성직자 제르맹 드 가네에게 보낸 편지는 그가 어떻게 다른 이들에게 놀라운 것을 살짝 보여주기만 하고 글로는 표현할 수 없는 추가 정보를 기다리게 했는지 잘 보여준다. 그는 가네에게 이렇게 썼다. "당신의 다른 질문들에 대한 답변으로 말하자면, 나는 그것을 매우 성스러운 궤 안에 동봉했습니다. 나르키스쿠스가 당신에게만 보여줄 것입니다. 당신이 잘 알지 못하니 그에게 열쇠를 맡깁니다. 그가 당신에게 가져다줄 것입니다. 나는 당신이 쓸모없는 비밀로 가득한 궤를 갖기를 원하지 않습니다. 그러나 나는 이 시점에 직접 당신에게 갈 수 없습니다. 다른 곳에서 부름을 받았기 때문입니다. 그렇지만 당신은 내가 언제 어떻게 당신을 방문할 기회를 가질지에 관해 나의 의도를 나르키스쿠스로부터 듣게 될 것입니다. 나는 당신에게 말해야 한다고 생각한 것을 다른 편지들에 모조리 적었습니다."[129] 트리테미우스의 내부자 집단은 훗날 프리메이슨 회원 자격에서 연상되는 만화경 같은 매력을 지녔다. 모든 불가사의한 수수께끼 뒤에는 새로운 수수께끼가 숨겨져 있으며, 모든 의식과 의례 뒤에는 또다른 의식과 의례가 기다리고 있었다. 전부 현명하고 순수한 사람만이 이해할 수 있었다. 그러므로 19세기 학자들이 흔히 트리테미우스를 말 그대로 비밀형제단의 창시자로 취급한 것도 결코 놀랍지 않다.

마술의 실행

트리테미우스는 브란덴부르크 후작 요하임 1세 등에게 보낸 편지에서 자신의 마술적 우주론의 실제적인 핵심에 대해 설명했는데, 이는 이러한 해석을 확증하는 듯하다. 피치노처럼 트리테미우스도 마술의 토대가 일종의 고차원적 수비학數秘學이라고 설명했다. 마구스는 "우월한 존재들과 열등한 존재들의 우주 전체가 단원자單元子/unum(모나드monad)부터 삼원자三元子/ternarium에 의존하는 사원자四元子/quaternarium까지 나누어져 있음"을 이해해야만 한다. "그는 하강과 상승의 순서, 각도, 숫자, 유입과 유출, 존재와 비존재, 1과 3을 알아야 한다. 이것은 알기가 매우 어렵지만 초자연적인 마술은 물론 자연마술에서도 모든 기적적인 효과의 근원이 되는 원리다."[130] 트리테미우스는 막시밀리안 1세에게 전한 원래의 답변에서 학자가 "미묘하고 어려운" 단원자, 이원자二元子/binarium, 삼원자, 사원자의 원리를 어떻게 이용할 수 있는지를 비슷하게 설명했다. 그는 이러한 원리가 "기적 같은 일로 유명한 칼데아인의 지혜의 핵심"이라고 설명했다.[131•] 트리테미우스는 피타고라스학파를 연상시키는 이러한 체계를 여러 가지 상이한 방법으로 응용했다.[132] 예를 들면 그는 자신이 좋게 말하지 않았는데도 많은 애호가가 있음을 발견한 기예인 연금술을 합리화하는 데 이것을 이용했다.[133] 트리테미우스의 생각은 비록 정식 논문이 아닌 긴 편지 형식으로 표현되었지만 널리 주목을 받았다.[134]

게다가 트리테미우스는 악마학자이자 마구스로서 자리를 잡으려 하면서 이와 연관된 일에 착수했다. 그가 보기에 자신의 활동에 중요했으며 그의 자연마술의 구체적인 내용을 포함하는 동시에 초월하는 사업들이었다. 트리테미우스는 슈폰하임에서 쫓겨나고 《스테가노그라피아》가 모함을 받은 후 편지와 논문을 홍수처럼 쏟아내 큰 힘과의 다른 성격의 마술적 접촉을 수행한다고 주장했다. 그는 금욕적이고 엄격한 생활을 하고 강도 높은 명상에 몰두하는 사람은 "그 정신이나 영혼이 모든 우연한 만남을 피하고 그 자체 안으로, 감각을 초월하여, 단원자로 들어가기만 하면", 그가 인정했듯이 어떤 인간도 감각이나 초자연적 존재의 도움을 받지 않고는 지식을 얻을 수 없으니 선한 영혼이 그들을 돕기만 한다면 기적을 행할 수 있다고 거듭 강조했다. 트리테미우스는 막시밀리안 1세에게 자신이 청년일 때 이

• 단원자에서 사원자까지의 수열을 보여주는 것은 10이다(1+2+3+4=10). 10은 안정적인 단원자로 돌아가는 '순환수'(10=1+0=1)로서 모든 완전하고 완벽한 것을 대표하며 이 수열의 한계를 정한다. 단원자는 창조의 원리이고 신의 이미지다. 마술의 힘은 복잡한 것을 단순한 것으로 만드는, 즉 단원자로 환원하는 데 있다. 트리테미우스는 단원자에서 삼원자, 사원자, 십원자로의 상승과 다시 단원자로의 하강이 모든 자연적·초자연적 과정의 기본적인 법칙이라고 말하며 이를 수학적인 상징적 표현으로 설명했다. 이 관념은 애초에 피타고라스에게서 나온 것이다.

러한 성격의 기적을 목격했다고 말했다. "제가 소년 시절에 읽기와 쓰기를 배울 때, 어느 날 밤 네 명이 같은 침대에서 자고 있었습니다. 제 옆에서 잠든 친구는 보름달이 뜰 때면 종종 잠에서 깨지 않은 채 눈을 감은 상태로 일어나 집 안 곳곳을 걸어다녔습니다. 그는 고양이보다 민첩하게 벽을 기어올랐습니다. 또한 여전히 잠든 상태에서 두세 번 침대를 가로질렀습니다. 그는 우리를 밟았지만, 우리는 그가 자그마한 쥐라도 되는 양 아무런 무게도 느끼지 못했습니다. 그의 잠든 몸이 가는 곳마다 돌연 그가 지나갈 수 있게 문이 열렸습니다. 그는 엄청 빠르게 집에서 가장 높은 다락방까지 올라가 마치 참새처럼 지붕 위에 앉았습니다." 그는 황제에게 장담했다. "저는 막연하게 들은 이야기가 아니라 목격한 것을 말씀드리고 있습니다."[135] 트리테미우스는 그 일이 고통스러울 정도로 어렵다고 경고하기는 했지만 의욕적인 독자들에게 그들도 이러한 형태의 깨달음을 얻을 수 있을지 모른다고 격려했다. 존 디가 자신이 갖고 있는 트리테미우스 책 사본의 여백에 이러한 생각에 대한 뜨거운 열정이 담긴 글을 남긴 것도 놀랄 일은 아니다. 그는 트리테미우스의 천사학에 관한 상상 중 하나를 가져와 갈망하는 마음을 이렇게 드러냈다. "신이여, 제게도 이것을 허락하소서."[136] 그는 자신을 천사들과 대화한 현자로 여겼다. 스티븐 클루커스가 밝혔듯이, 존 디는 고차원의 존재들과 나눈 대화를 설명하고자 신앙의 언어를 사용했으며 아르스 노토리아와 비슷한 기술을 썼다. 곧 알게 되겠지만, 존 디가 트리테미우스를 동료로 생각한 것은 틀리지 않았다.[137]

트리테미우스는 이러한 성격의 기적을 일으킬 방법을 정확하게 제시했다. 그중 여럿이 다소 구마 의식 형태를 띠었다. 그가 그러한 행위를 권고한 것은 전혀 놀랍지 않다. 트리테미우스는 성직자로서 기도와 미사곡(그는 미사곡을 여럿 작곡했다)을, 그리고 신성함이 깃든 물건을 특별히 사랑했다. 예를 들면 그는 작은 논문《필사자를 찬미함 De Laude Scriptorum》에서 자신이 알던 각별히 경건한 베네딕트회 수사에 관해 이야기했다. "그는 성가대 임무를 마치고 나면 어김없이 쓸쓸한 독방으로 들어가 이 성스러운 노동에 몰두했다. 그는 무한한 정성으로 성자들의 수많은 책을 필사했다. 그가 죽고 몇 년이 지나서 그의 유해를 파내니 그토록 많은 책을 베낀 오른 손가락 세 개가 마치 하루 전에 묻힌 듯이 썩지 않고 멀쩡했다. 그의 시신에서 뼈를 제외하면 다른 부분은 남아 있지 않았다. 이는 하느님이 보시기에 필사자의 임무가 얼마나 거룩한 것인지를 증명한다."[138] 트리테미우스가 권한 마술은 성스러운 목적을 지녔으며 성직자의 방식으로 만들어졌다. 이상한 글자가 악마의 표지이자 상징인 것처럼, 기독교의 상징인 성체聖體와 십자가는 그리스도의 표지였다.[139] 그것 덕분에 사제는 마법의 공격으로부터 희생자를 구해낼 수 있었다. 사제는 철저하게 순수하고 경건해야 한다. 그는 마녀의 접근을 막으려면 우선 여러 날 동안 자신의 환자와 더불어 대중이 보이지 않는 곳에 있어야 한다. 그리고 그 집을 뒤져 마법의 도구를 찾아내야 한다. 이를테면 고양이와 개, 사람의 뼈 같은 것으로 마치 어린이 책에 나오는 것처럼 "땅속에서, 침대 안에서, 변소에서, 침대 위쪽에서, 닫집 차양에서, 옷 속에서, 난로 주변의 먼지 속에서" 찾아야 한다. 이러한 준비를 마친 후에야 그는 완벽한 십자가를 만들어 환자의 목에 견과류의 속살과 약간의 밀랍과 함께 걸 수 있었다. 트리테미우스는 특히 "은둔자 펠라기우스의 먼지"를 기억해야 한다고 말한다. 펠라기우스가 그의 "자연실험의 책"에서 설명한 것이다. 사제는 이 모든 재료를 모으고 환자가 정말로 악마에 씌었다는 게 확인되면 일을 시작해도 된다. 그의 기도와 마술은 즉시 환자를 괴롭히는 악마를 몰아낼 것이다. 트리테미우스는 이것이 악마를 불러들인 마술만큼이나 강력한 일이라고 설명했다.[140]

스승으로서의 마술, 마구스로서의 스승

트리테미우스는 또한 자신이 실행한 형태의 마술을 옹호하고자 인적 계보를 추적했으며 특별한 스승들로부터 배운 주된 신조를 조심스럽게 정의했다. 그 과정에서 그는 적어도 어느 정도까지는 전통적인 마술의 길을 따라갔다. 르네상스 시대의 마술사들은 대체로 독서에 몰두했다. 마술에 관해 글을 쓴 사람이라면 누구나 아는 사실이다. 프로스페로는 마술사를 그만둘 때 책과 지팡이를 물속에 내버리는 의식을 보여준다. 말로의 파우스트는 루시퍼에게 자신을 데려가지 말라고 애원하며 이렇게 울부짖는다. "오, 메피스토펠레스여, 저의 책들을 불태우겠습니다."[141] 트리테미우스도 선대의 다른 사람들처럼 종종 강령술사들이 위대한 고대 작가의 것으로 잘못 알려진 책을 마구 휘두른다고 불평했다. 고대와 마찬가지로 르네상스 시대에도 문법에는 어느 정도 매력이 동반되었다. 그러나 독서에 몰두하는 것만으로는 충분하지 않다는 사실을 누구나 알고 있었다. 리사 자딘이 밝혔듯이,

인문주의자들은 각별히 탁월한 스승으로부터 직접 가르침을 받았음을 보여주려고 때때로 진실을 왜곡할 정도로 애를 많이 썼다.[142] 마술사와 극작가도 인문주의자들만큼이나 계보의 마력을 이해했다. 스승에게 전수받지 않으면 누구도 마술 행위를 배워 활용할 수 없음을 그들은 모두 알고 있었다. 막시밀리안 1세가 《흰색 왕》에 자신의 젊은 자아가 늙은 마구스와 논쟁하는 대목을 집어넣게 한 것도 전통을 따른 것이다. 그 마구스는 그에게 자기 기예의 가장 심오한 비밀을 전수하기를 원했다. 트리테미우스조차도 언젠가(슈폰하임의 장서를 잃어버린 직후로 보인다) "대체로 그것[장서] 없이 철학에 종사할" 수 있는 새로운 능력을 즐겼다고 주장했다.[143] 그는 브란덴부르크 후작 요아힘 1세에게 말했다. 진정한 마술사라면 "이 학문의 책들을, 오늘날 거의 찾아볼 수 없는, 오류가 교정된 책들을 갖추고" 있어야 한다. 그러나 또한 "이 기예에 배움이 깊은 전문가 스승"이 있어야 한다. "왜냐하면 이러한 형태의 지식은 불가사의로 가득해서 숙련된 스승 없이는 배울 수 없기 때문이다."[144]

트리테미우스는 1507년에 쓴 자서전에서 자신의 스승이 누구인지 밝혔으며 그 만남의 정황을 묘사했다. 막시밀리안 1세가 권위를 보여주려고 세심하게 준비한 제국의회 회의였으니 잊지 못할 극적인 순간이었다.[145] "로마 왕 막시밀리안이 보름스에서 길게 지속된 그 대규모 제국의회를 개최했을 때[1495년 3월 18일~8월 13일], 프랑스에서 갈리아인 리바니우스가 슈폰하임에 와서 나를 방문했다. 백과사전적 지식으로 유명하고 박식함만큼이나 독실한 기독교 신앙으로도 존경받아 마땅한 이 사람은 나의 기질을 알아보고는 기뻐하며 내게 말을 걸었다." 리바니우스에게도 스승이 있었다. 마요르카의 은둔자 펠라기우스라는 사람으로, 리바니우스는 그의 책들을 물려받았다. 트리테미우스가 전하는 바에 따르면, 리바니우스는 펠라기우스에게서, 뒤이어 피코 델라 미란돌라에게서 많은 비밀을 배웠으며 트리테미우스가 그 모든 것을 다 알기를 원했다. 실제로 트리테미우스가 "피코 델라 미란돌라가 말하듯이 자연의 힘의 중재를 통해 놀라운 일을 행하는 방법을 알려주는 자연마술"이 교회가 비난한 악마적 마술과 근본적으로 다르다는 것을 알게 해준 사람이 리바니우스였다.[146]

트리테미우스가 살아 있는 동안 필사본 형태로 유포된 것이 분명한 많은 문서와 편지, 논문이 이러한 지적 계보를 확증하고 윤색했다. 리바니우스는 몇몇 편지에서 트리테미우스를 대단히 존중하는 표현을 되풀이했으며, 트리테미우스는 감명을 받아 존경을 표했다. 트리테미우스는 스승 리바니우스에게 그의 어느 편지가 "철학의 수많은 놀라운 비밀로 가득 차서 터질 지경"이라고 단언했다. "제 생각에 세상의 어떤 지식인도 먼저 스승님의 가르침에 깊이 몰두하지 않는다면 이를 이해할 수 없을 것입니다."[147] 리바니우스는 친구에게 보낸 유달리 긴 편지에서 스승 펠라기우스의 생애를 피카레스크 소설처럼 이야기했다. 펠라기우스는 원래 제노바 출신인 것 같았다. 청년일 때 그는 프랑스에서 자연마술의 기적을 행해 신학자들로부터 의심을 샀다. 그래서 아프리카로 떠났고 그곳에서 약 7년 동안 정처 없이 떠돌았다. 결국 그는 마요르카로 가서 정착해 학문에 정진했다. 리바니우스는 그곳에서 스승과 함께 공부했다고 주장했다.

트리테미우스는 그가 밝힌 바에 따르면 1506년과 1507년에

100여 통이 넘는 편지를 모아 《친구들 간의 편지Epistolae familares》라는 제목의 필사본 책으로 편집했다.[148] 슈폰하임에서 쫓겨난 데 격분하고 여전히 장서의 상실을 슬퍼하던 트리테미우스는 이 서간집을 마치 교향곡처럼 꾸몄다. 그는 중요한 주제를 전개했다가 일시적으로 버려두고는 잠시 후에 다시 되살리기를 거듭 되풀이했다. 자신의 장점과 근면함, 적의 증오와 사악함, 자신이 보호해야 할 수도사들과 수녀들에 대한 깊은 염려, 가장 고결한 형태의 배움에 대한 열정 등이다. 동시에 그는 일관성 있는 이야기를 했다. 박식한 청년 브란덴부르크 후작 요아힘 1세가 베를린의 궁정으로 자신을 초청해 머물게 했고 그곳에서 두 사람이 트리테미우스의 '3중 철학'을 공부했다는 이야기다. 트리테미우스는 요아힘 1세의 편지들과 자신의 답장을 서간집에 포함했다. 후작은 편지에서 리바니우스가 죽었을지도 모른다고 걱정하고 트리테미우스가 다시 그 현자의 책들을 관리할 수 있기를 바란다는 희망을 피력했으며, 트리테미우스는 답장에서 먼저 진리를 찾아내겠다고 약속하고는 이어 후원자에게 리바니우스가 아직 살아 있다고 확언했다.[149]

때때로 트리테미우스는 이 편지들을 이용해 자신이 마구스가 아니라고 강변했다. "인정합니다. 나는 마구스의 책을 많이 읽었습니다. 그렇지만 모방하려고 읽은 것이 아니라, 그리스도께서 허용하신다면, 언젠가 그들의 역겨운 미신을 논박하기 위해 읽었습니다."[150] 그러나 그가 자신을 젊고 영리한 군주들이 많이 찾는 봉사자로, 심오한 지혜에 정통한 자로 내세운 적은 훨씬 더 많다. 트리테미우스는 자신의 비밀 마술 책들을 호기심 강한 미숙한 자들의 시선으로부터 지키기 위해 각별히 조심했음을 강조했다. 그는 비록 장서 대부분을 슈폰하임에 남겨두고 떠났지만, 이렇게 말한다. "나는 자연의 신비로운 비밀에 관한 책 몇 권을 뷔르츠부르크로 가져왔다. 슈폰하임에 전혀 어울리지 않는 책들인데 읽는 것이 누구에게나 좋지는 않았다."[151] 트리테미우스는 좀더 놀라운 서신 교환에서 만성 두통을 앓는 베를린 사람을 치료했다고 자랑했다. 그는 점성술사 요하네스 비르둥에게 정성껏 써 보낸 편지에서 앞서 보았듯이 파우스트를 허풍쟁이라고 비난했다. 리바니우스에게 보낸 편지에서는 스승의 편지에 너무 기쁜 나머지 황홀경에 빠졌다고 말했다. "경이로움과 기쁨에 휩싸여 정신이 나갈 것만 같습니다. 정신이 여기 프랑스에 저의 몸과 함께 있는 것이 아니라 에스파냐나 마요르카에 스승님과 함께 있는 것만 같습니다."[152] 트리테미우스의 서간집은 그가 쓴 전기와 악마학과 강령술에 관한 그의 저작들과 함께, 그 저자를 독실한 기독교도로 묘사하고 불법적인 마술과 합법적인 마술의 경계를 설정하고, 현명한 후원자들이 이미 깨달았듯이, 그가 유일하게 이해할 수 있는 합법적 마술의 거장임을 증명하려는 엄청난 노력이었다.

트리테미우스는 앞에서 보았듯이 자신이 펠라기우스와 리바니우스에게서 물려받은 마술이 피코 델라 미란돌라의 마술과 닮았음을 넌지시 드러냈다. 실제로 펠라기우스는 점성술과 마술, 그리고 특히 천사마술angelic magic〔천사 같은 존재를 불러내거나 그들과 소통하여 불가사의한 일을 행하는 마술〕을 비롯한 기타 여러 주제에 관해 조예 깊은 논문을 썼다. 리바니우스는 그중 하나를 다소 상세하게 설명했다. "자신의 수호천사에 관해, 수호천사가 어떻게 꿈속에 나타나 미래를 예언하고 위험을 경고했는지에 관해, 수호천사를 그를 불러낸 자에게 복종하도록 만드는 방법에 관해 쓴 정말로 훌륭한 작은 책이다. 정말로 훌륭한 책이다." 실제로 바로 이와 같은 천사마술이 트리테미우스가 그 분야에서 보여준 노력의 핵심이었다. 트리테미우스가 실행한 천사마술은 중세 마술에서 큰 인기를 끌었던 아르스 노토리아에 속했다. 그 실행자는 기도와 자기부정의 혹독한 생활방식을 인내하고, 복잡한 모양과 기이한 이름으로 가득한 도형을 뚫어져라 쳐다봄으로써 천국을 볼 수 있으며 또한 천사의 직접적인 계시를 통해 문법과 수사학 등의 학문에 통달할 수 있다고 주장했다.[153] 트리테미우스는 그것을 체화했을 때 애초에는 마술을 학문에 이용하려는 노력이었던 것을 그 자체로 학문 세계의 일부로 만들었다. 트리테미우스의 친구들은 그의 노력을 인정했던 것 같다. 적어도 피르크하이머는 뉘른베르크에서 악마를 없애는 방법에 관한 트리테미우스의 조언만큼이나 그의 "올바른 천사에게 드리는 특별한 기도"에도 관심이 있었다.[154]

스승의 마술

펠라기우스의 수많은 논문이 빈과 파리, 런던에 필사본 형태로 남아 있다. 천사마술에 관한 논문들은 트리테미우스가 막시밀리안 1세에게 헌정한 작은 책에서 암시한 것과 정확히 동일한 체제를 설파한다. 책에서 가르친 것은 진정으로 영적인 인간들이 직접적인 계시를 받는 방법이다. 펠라기우스의 어떤 저작은 이렇게 시작한다. "이 세상의 좋은 것과 알 만한 것은 전부 이 기예의 신비를 통해 올바르게 수행하는 인간의 지성에 기적같이 나타난다. 그리고 그는 모든 공식적인 학문 분야에서 능력이라고는 조금도 없는 무식한 자에서 돌연 매우 박식한 인간으로 변한다."[155] 펠라기우스는 이 맥락에서 천사마술을 이용해 자유학예 7과와 신학에 통달하는 법이나 십자가를 휘둘러 의심스러운 점을 확실히 이해하는 법 따위를 설명하지는 않았지만 실제로 독자에게 매우 귀중한 것을 제공했다. 그는 독자에게 잠을 자는 중에 천사의 중개를 통해 십자가에 매달려 죽은 예수로부터 직접 지식을 전달받는 법을 이야기했다.[156] 수행자는 우선 솜씨 좋은 장인에게 적절한 상징 물건을 만들게 해야 한다. "그런 다음 조각가를 시켜 그의 손으로 십자가에 매달려 두 팔을 늘어뜨린 우리 주님의 형상을 축 늘어진 형태로 만들어 당신에게 주게 하라. 토요일에 참나무나 올리브나무, 월계수의 깨끗한 새 목재로 만들어야 한다. 이전에 아무도 쓴 적이 없고 더럽고 불쾌한 장소에 버려진 적이 없는 것이어야 한다. 십자가에 매달린 자의 형상이 아름다울수록, 고통받는 자의 형상과 더 비슷할수록, 수행에 더 효과적일 것이다."[157] 그다음, 수행자는 붉은색 가죽으로 십자가를 넣을 큰 상자를 만들어 투명한 천으로 감싸야 한다.[158] 그리고 마지막으로 1년 동안 토요일마다 신실한 사제의 도움을 받아 미사를 거행하면서 이 형상을 십자고상十字苦像으로 제시하고 축성해야 한다.[159]

그 수행자는 어렵고 중요한 것을 알 필요가 있을 때 그 십자가를 작동시킬 수 있다(작고 하찮은 것에는 필요 없다).[160] 그렇게 하려면 그는 정확히 트리테미우스의 구마사처럼 금욕의 시간을 준수해 순결함과 균형 잡힌 성정을 확실하게 갖추어야 한다. "원죄에서 벗어나라. 여자나 기타 어떤 것으로도 자신을 더럽히지 마라. 술 취하지 마라. 음식이나 술을 지나치게 많이 먹지 마라. 정신의 동요가 없어야 하고 사흘 동안 무엇으로도 불결해지지 말아야 하며 우울해서도 안 되고 그 무엇에도 집착하지 말아야 한다."[161] 그다음으로 그는 훌륭한 태도로 암호 메시지를 읽는 사람처럼 세심하게 준비한 "은밀한 방, 밝고 거미의 오물과 먼지가 없는 깨끗하고 굳게 닫힌" 방 안으로 물러나야 한다.[162] 그곳에서 깨끗한 이불이 덮인 침대에서 잠자리에 들 준비를 한 뒤 마지막으로, 밀랍 초가 꽂힌 촛대가 놓인 제단 비슷한 작은 탁자 앞에서, 축성된 십자가를 상자에서 꺼내 일련의 기도문을 외워야 한다.[163] 수행자는 침대와 그 십자가, 방에(그리고 자신의 몸에도) 원형으로 성수를 뿌린 뒤에 잠에 들 수 있다. 잠들기 전에 그는 이런 말을 깊이 생각해봐야 한다. "영원한 진리이신 예수여, 진리를 보여주소서."[164] 만일 그가 이 모든 것을 완전하게 행한다면, 그때 "진리가 당신이 자는 동안 꿈속에 현신하여 나타날 것이며 신의 뜻에 어긋나지 않는 한 당신의 모든 질문에 답할 것이다. 때로는 투명하고 확실한 방법으로, 때로는 암호처럼."[165] 수행자가 이 일련의 긴 의식을 적절하게 완수한다면, 십자가에 매달린 예수가 요청이 없어도 직접 그에게 나타나 "친구가 친구에게 하듯이 당신과 얼굴을 마주하고 말할 것"이며 많은 질문에 답할 것이다.[166]

펠라기우스의 논문들은 트리테미우스가 주장한 것과 동일한 큰 성과를 장담했다. 그는 독자에게 숨겨진 사상, 신비로운 사건과 감추어진 보물, 연금술, 의학, 신학을 비롯한 온갖 학문, 강력한 힘을 지닌 말, "좋은 글자와 나쁜 글자"에 관한 지식을, 요컨대 자연의 모든 것과 그것에 영향을 미칠 수 있는 힘에 관한 지식을 제시했다.[167] 펠라기우스는 또한 효력 있는 마술적 물건에는 장인의 뛰어난 손재주가 필요하다고 강조했다는 점에서 트리테미우스와 닮았다. 트리테미우스는 독일의 다른 여러 인문주의자처럼 진귀한 책뿐만 아니라 학문적 성격을 지닌 물건도 평가하는 감정가였다. 그는 헨트에 있는 친구 흐리스티안 마세외에게 어떤 황금 십자가에 새겨진 그리스어에 관해 조언해 고물 연구자의 자격을 증명했으며, 제1차 십자군 이후 유럽에 들어온 것이 분명한 그 물건의 이동 경로를 재현했다. 그는 많은 진귀한 유물과 십자가, 금과 은으로 된 작은 판이 비슷한 방법으로 서유럽의 라틴 세계에 들어왔다고 썼다.[168] 친구인 빌헬름 벨디쿠스에게 보낸 편지는 그의 전문지식이 역사학자이자 미술가였던 하르트만 셰델과 미술가이자 지리학자였던 히에로니무스 뮌처 같은 16세기 초 수집가들의 전문지식처럼 당대의 학문적 물건의 세계에까지 확장되었음을 보여준다. "당신은 보름스에서 육지와 바다, 섬이 잔뜩 그려진 지구의를 판다고 내게 말했소. 가질 수 있으면 좋겠소. 그렇지만 누구라도 그것에 40플로린을 쓰라고 나를 설득하기는 어려울 것이오. 불과 며칠 전에 스트라스부르에서 더 작은 형태로 색칠된 매우 예쁜 지구의를 적당한 가격에 구입했다오. 동시에 나는 근자에 아메리고 베스푸치가 서쪽 대양의 남위 10도 근방에서 발견한 섬들과 지역이 1차원의 대축적으로 표시된 지구의도 구입했소."[169] 마지막으로, 그는 다른 친구에게 보낸 감사 편지에서 자신의 유력한 수집품에 "여러 학문과 비밀스러운 것들에 유용한 책과 도구들"이 포함되어 있다고 말했다. 그도 자연세계를 조종하려는 노력에서 물질을, 좋은 것일 가능성이 높은 물질을 수단으로 사용했다는 명백한 증거다.[170]

게다가 펠라기우스가 우주의 작동 원리를 전체적으로 설명하며 사용한 용어들은 트리테미우스가 자신이 실행한 성격의 마술을 요약하면서 보여준 매우 개략적인 노력과 놀랍도록 유사했다. 모든 것은 단원자, 이원자, 삼원자 등과 관련이 있다는 것이다. 이 고차원의 지식을 그는 막시밀리안 1세에게 보낸 응답의 최종본에서 간결하게 설명했다. "인간의 정신과 영혼은 산란하게 만드는 것에서 벗어나 그 자체 안으로, 감각을 초월하여 단원자로 들어갈 방법을 알기만 하면 원래 기적을 행할 수 있다고 말하는 자들이 있습니다."[171] 존 디는 트리테미우스가 자신의 책에서 말해도 된다고 생각한 대목 옆에 큰 글자로 '주목NOTA'이라고 써넣을 마음이 생겼지만, 트리테미우스가 자신의 원칙에 따라 막시밀리안 1세와 직접 대면할 때를 위해 이 용어들을 더 완벽하게 설명하지 않은 것은 분명하다. 트리테미우스는 라바누스 마우루스의 영적 업적을 동일한 방식으로 묘사했다.[172] 그는 12세기 성인 힐데가르트 폰 빙엔의 편지들을 필사한 서간집과 독일 작가들을 설명한 《명부Catalogus illustrium virorum Germaniae》에서 그녀가 지극히 경건한 영적 삶을 살았기에 신의 계시를 받을 준비가 되어 있었다는 점을 분명히 했다.[173] 다행히도 펠라기우스는 현재 파리에 보관되어 있는 필사본에서 이 대수도원장의 다소 불가해한 어법을 그럴싸하게 설명했다. 펠라기우스의 논평을 보면 트리테미우스가 자신의 최고 형태의 영적 실천뿐만 아니라 자연마술에서도 염두에 두었던 것이 인간과 신의 합일이었음이 분명하게 드러난다.

이원자는 때로는 천사의 지성을 대표하며, 때로는
인간의 정신을, 특히 삼원자가 따라오지 않을 때, 대표한다.
삼원자는 언제나 인간의 영혼이나 정신을 위해 취해진다.
그 주체가 성삼위일체인 경우를 제외하면.
사원자는 이 책에서 정신의 작동을 위해 쓰인다.
다른 곳에서는 철학이 종종 인간의 육체를 위해 그것을 취하기는 하지만.
하느님, 천사, 영혼, 육체처럼.[174]

이러한 뜻풀이를 트리테미우스의 고차원의 자연마술 논의에 적용하면, 그의 믿음에서 무엇이 핵심인지는 즉시 분명해진다. 결국 그는 자연마술과 초자연마술을 단일한 기획으로 보았다. 트리테미우스가 모든 자연마술의 진정한 핵심으로 확인한 요소들의 작동과 결합은 영혼을 하느님과 연합하려는 높은 차원의 노력을 반영했다. 이는 연금술 텍스트인 《에메랄드 판Tabula Smaragdina》에 대한 그의 이해에 반영된 견해다. 트리테미우스는 《에메랄드 판》이 만물이 어떻게 단원자로부터 흘러나오는지, 그리고 단원자와 결합할 때 어떻게 결실을 맺는지에 대한 설명이라고 말했다. 윌리엄 뉴먼이 입증했듯이, 《에메랄드 판》의 모호한 비유에 대한 이 축자적 해석은 영향력이 매우 큰 것으로 드러났다.[175] 그러므로 성공적인 마술사에 대한 트리테미우스의 묘사가 성공적인 신비주의자에 대한 묘사와 매우 비슷한 것도 놀랍지는 않다. 어쨌거나 트리테미우스는 고대 말기의 신비주의자 거짓 디오니시오스 아레오파기타의 그리스어 저작을 있는 그대로 번역했다.[176] 그는 마술과 명상의 유사점이 매우 분명하다고 믿었음이 틀림없다. 트리테미우스의 마술을 이렇게 조사해보면, 그가 당대의 기독교적 실천 형태에 매우 익숙했음이 드러난다. 그러한 실천 형태 여럿이 물건과 연관이 있다. 프로테스탄트 개혁가부터 현대의 역사가까지 후대의 작가들은 이러한 물건들이 마술과 연관이 있거나 마술의 영향을 받았다고 생각했다. 그 끝에 가까워지면, 트리테미우스가 마술의 실행이 부분적으로는 기독교의 명상 실천에서 유래했다고 상상한 중요한 방법이 드러난다.

어쩌면 트리테미우스는, 리바니우스가 펠라기우스에게서 배웠듯이, 친구 리바니우스로부터 펠라기우스의 천사마술을 실행하는 법을 정말로 배웠을지도 모른다. 그런 다음 단순히 영혼들이 그에게 말한 것을 기록했을 것이다. 어쩌면 그는 벽에 아름다운 십자가가 걸린 깨끗한 독방에서 잠들고 꿈속에서 놀라운 일을 보았을 것이다. 그러나 트리테미우스가 그의 방대한 상상력의 깊숙한 곳에서, 프랑크족의 초기 역사에 필요한 증거처럼, 마술을 알려주는 필요한 존재 한둘을 불러냈을 가능성이 더 커 보인다. 리바니우스와 트리테미우스가 공통의 출처인 펠라기우스에 관해 말한 것이 근거가 허약함을 암시하는 증거가 상당히 많다. 앞에서 보았듯이, 리바니우스는 펠라기우스를 이탈리아 출신의 기적을 행하는 자로 묘사했다. 그리고 트리테미우스는《히르사우 대수도원 연대기Chronicon Hirsaugiense》초판에서 펠라기우스를 언급하지 않았다. 그러나 그는 르네상스 시대의 다른 두 명의 천재, 즉 메르쿠리우스라고 불리는 조반니 메르쿠리오와 에스파냐의 신학자 페르난도 데 코르도바를 설명했다. 페르난도가 1444년 10대의 나이에 나폴리에 나타나 라틴어뿐만 아니라 히브리어와 아람어까지 말했을 때 의심 많은 로렌초 발라까지도 깜짝 놀랐다. 그는 논쟁에서 누구와 맞서도 흔들림이 없었다. 성서 전체와 성서 해석학에 뛰어난 프란체스코회 수도사 니콜라 드 리르, 그밖에 많은 것을 외워 알고 있었기 때문이다. 그러나 트리테미우스는《히르사우 대수도원 연대기》의 두 번째 판에서 페르난도가 펠라기우스라고 확인했고, 그가 이 세상의 학문을 경멸했기에 몇 년간 승리의 기쁨을 맛본 뒤 마요르카로 가서 은거했다고 말했다. 실제로 페르난도는 마요르카로 가지 않았다. 존 몬파사니가 밝혔듯이, 그는 이탈리아에 머물면서 콘스탄티노폴리스 주교이자 추기경인 베사리온을 위해 일했고 성직록을 받았다. 따라서 트리테미우스는 스승의 스승이었던 사람의 생애에 관해 중요한 내용을 꾸며낸 것 같다.[177]

펠라기우스는 앞서 보았듯이 자연마술의 원리를 트리테미우스가 말한 것과 매우 비슷한 용어로 이야기했다. 너무나도 유사해 서로가 상대의 전거임이 분명한 듯 보일 정도였다. 그리고 15세기 중반 진정한 은둔자의 저술에서는 이례적인 펠라기우스 저작의 수많은 특징이 트리테미우스가 편지에서 보여준 습관적인 행태와 어울린다. 트리테미우스처럼 펠라기우스도 라틴어 텍스트에 그리스어를 잔뜩 집어넣기를 좋아했다. 역시 트리테미우스처럼 그는 자신이 쓴 모든 텍스트의 완성 날짜를 신중하게 선택했다. 또한 트리테미우스처럼 그도 기독교적 자제의 열정을 힘을 추구하는 파우스트적 욕망과 결합했다. 리바니우스로 말하자면, 그 정도로 분명하지는 않다. 그가 펠라기우스의 기예를 설명한 편지는 "어떤 친구이자 제자"에게 보낸 것이다. 편지를 쓴 사람은 그를 자신의 스승이자 주인, 친구, "세 배의 존엄을 지닌" 자라고 묘사한다. 편지에 적힌 주해가 이 신사의 정체를 확인해준다. "내 생각에 그가 여기서 세 배의 존엄을 지녔다고 말한 사람은 트리테미우스다. 그의 이름을 암시한다." 이러한 문구는 이 시기에, 그전이나 이후에도 마찬가지였는데, 날조한 자들이 자신이 꾸며낸 내용이 진짜처럼 보이게 하려고 자주 사용한 장치처럼 보인다. 꼬리가 길면 밟히는 법이다.

더 중요한 것이 있다. 트리테미우스는 실제로 쓴 편지들로 서간집을 편찬하지 않았을지도 모른다. 완전한 날조일 수 있다. 바티칸도서관에 있는 그의 자필 서간집에는 다수의 역사적 인물이 그에게 보낸 텍스트가 포함되어 있다. 그러나 그 필사본은, 훗날 야코프 슈피겔과 마르쿠아르트 프레어가 편집한 인쇄본과 달리, 자세히 조사해보면 상당한 부분이 순전히 상상의 소산처럼 보인다. 트리테미우스가 점성술에 관해 조언하는 리바니우스의 편지에 "당대 최고의 학자 갈리아인 리바니우스"라는 표제를 붙였을 때, 또는 쾰른의 어느 '짐노소피스트Gymnosophist'(대개 고대 인도와 현대 인도의 벌거벗은 현자를 지칭하는 용어)에게서 다른 편지를 받았다고 썼을 때, 그는 이미 진실성의 경계를 벗어나고 있었다. 이 편지들을 인쇄본 형태로 편집한 교정자인 야코프 슈피겔은 인쇄본 텍스트에서 이러한 진술을 필사본에서보다 덜 두드러진 위치에 배치하고 편지의 표제에서 과장된 표현을 제거함으로써 그 점을 넌지시 인정했다.[178] 때로는 편지 내용 전체가 계산된 것처럼 보인다. 특히 멀리 떨어진 곳의 친구들과 후원자들에게 트리테미우스의 고초를 그의 말 그대로 전하거나 그의 학문과 신비로운 능력을 과하게 칭찬하는 편지가 그러했다.[179] 신중하게 배열한 편지의 순서도 그러하다. 놀랍게도 트리테미우스는 종종 마술과 기타 위험한 주제에 관한 편지를 최고로 정통적인 영적 조언을 제시한 더 많은 편지들 사이에 끼워 넣었다. 뛰어난 마술 솜씨에 관한 그의 이야기는, 어쩌면 후원자인 브란덴부르크 후작 요아힘 1세가 그에게 보낸 따뜻한 편지까지도(더불어 트리테미우스의 라틴어 문체와 어휘를 떠올리게 하는 그 편지들의 기묘한 자취도) 전체 또는 일부가 허구일 가능성이 있다. 전적으로 가능하다. 어쨌거나 트리테미우스가 실제로 이러한 편지들을 공개할 의도가 있었다는 증거는 전혀 없다. 그는 그저 필사본 형태로 유포하고 그로써 공개적인 인쇄물의 영역에서 반박을 당할 위험 없이 소수의 선택된 사람들에게만 마술이라는 기예에서 자신의 솜씨를 극적으로 표현할 수 있었을 뿐이다. 그리고 트리테미우스가 주기적으로 텍스트를 수정하여, 자신이 직접 목격했다고 주장한 이야기에서도 중요한 세부 내용을 바꾼 것은 분명하다.[180] 그렇다면 서간집은 역사성을 확실히 보장할 수 있는 중립적인 기록이 아니라 특정한 효과를 기대하고 공들여 지어낸 편지 형식의 이야기가 분명해 보인다. 필요하다면 조작을 통해서라도 학계에 진입하려는 트리테미우스의 계획적인 노력인 것이다.

트리테미우스의 스승들이 개인적인 삶에서 마술에 상당한 여지를 주었다면, 프랑크족의 역사는 그 기예에 한층 더 두드러진 역할을 부여했다. 트리테미우스는 암호 기술에서, 그리고 프랑크족의 과거를 웅대하고도 난해하게 위조한 것에서 그러했듯이 이 점에서도 당대의 표준적인 인문주의적 관행(대담한 날조)이 마술의 필요에 봉사하게 했다.[181] 그러나 만일 이것이 그의 전체적인 기획이라면, 그의 특별한 자극의 원천은 수도회 동료인 도미니크회 신학자 비테르보의 조반니 난니의 저작에 있는 것 같다. 1498년 난니는 헬레니즘 시대 바빌로니아 작가 칼데아의 베로소스, 프톨레마이오스 왕조 시대 이집트의 제사장 마네톤, 페르시아의 메가스테네스(서구인으로는 처음으로 인도에 관한 기록을 남긴 3세기 그리스인 민족지학자), 기타 유명하지 않은 사람들의 위조된 텍스트 24권을 출간했다. 텍스트들은 매우 짧았고, 그래서 조반니 난니는 그것을 더 큰 저작의 '데플로라티오defloratio', 즉 발췌라고 기술했다. 그는 또한 이 텍스트들을 난해하게 논평했다. 논평에서 그는 이 텍스트(공공기록보관소의 문서를 기반으로 사제들이 작성한 텍스트)가 헤로도토스와 디오도로스 같은 그리스인들이 서술한 거짓 세계사를 공박한다는 점을 보여주었다. 이러한 자료들을 토대로 그는 계보를 작성해 고대와 근대를 연결했고 성서와 이집트를 그리스 및 로마와 연결했다. 중세의 전통은 오랫동안 로마의 자니콜로(이아니쿨룸) 언덕을 노아의 방주가 마지막으로 멈춘 곳으로, 노아를 이아누스Ianus(야누스)로 보았다. 난니는 그 창의성 덕분에, 그 당당한 뻔뻔스러움 덕분에 후원자인 보르자 가문 사람들의 족보를 이시스와 오시리스까지 거슬러 올라가 연결할 수 있었고 그의 고향 비테르보가 고대 문명의 중심지였다는 점을 늘 증명할 수 있었다.[182]

독일인 인문주의자 베아투스 레나누스 같은 최고로 명민한 비평가조차도 조반니 난니의 뻔뻔스러운 추정에 실소하지 않을 수 없었다. 베아투스는 서로 뒤얽힌 텍스트와 논평에 관해 에라스뮈스를 적절히 인용해 이렇게 썼다. "한 사람은 숫염소의 젖을 짜고 다른 사람은 그 밑에서 체를 들고 있다."[183] 난니의 글은 막시밀리안 1세 궁정의 망상에 빠진 계보학자를 비롯해 많은 사람을 사로잡았다.[184]• 그리고 그는 적어도 한 가지 결정적인 방식으로 트리테미우스가 따를 모델을 제시했다. 난니는 학문적 논쟁에서 날조의 토대를 찾으려 애쓴 것이다. 그의 주장에 따르면 사제는 속인 작가보다, 공공 문서는 개인의 이야기보다 더 신뢰할 만했다. 베로소스와 마네토, 메가스테네스는 공적 권위로써 글을 쓴 사제였다. 그러므로 역사적 신빙성이라는 잣대에 비추어 그의 텍스트는 그의 상대인 그리스인들의 텍스트보다 더 지지를 받았다. 난니처럼 트리테미우스도 자신의 날조를 최소한 일곱 겹의 위장막으로 가렸으며, 역시 난니처럼 학문적 기법을 이용해 위조를 믿을 만한 것으로 보이게 했다. 트리테미우스는 후니발트로부터 각별히 놀라운 몇 가지 이야기를 가져와 퍼뜨린 뒤 여러 차례 이렇게 말했다. "이것들은 내게 범상치 않게 보인다. 그리고 아마도 일부는 가공의 이야기일 것이다."[185] 이렇게 그는 후니발트가 헬리가스트의 놀라운 위업을, 그 사제가 악마의 기예를 통해 수행한 것이 아니라면 창안한 것이 분명하다고 평했다. 의심의 표현은 모조리 그 설명의 나머지가 옳게 보이도록 했다. 트리테미우스는 프랑크족의 옛 통치자들과 그 사제들을 자신과 자신을 후원한 황제와 군주들의 거울이미지로 즐겁게 묘사했다. 트리테미우스는 시캄브리족의 왕 바사누스를 설명하면서 가공의 출처인 후니발트가 사제 테오칼루스의 아들 헬리가스트에 관해 말해야 했던 것을 인용했다. "그는 시캄브리

• 그리스 역사가 폴리비오스가 했다는 말을 많은 사람이 인용했다. "숫염소의 젖을 짜는 사람과 그 밑에서 체를 들고 있는 사람 중 누가 더 바보인가?"

족 사람들에게 미래의 사건을 여럿 예언했다. 그는 사제들에게 유피테르를 보여주었다. 그는 인간의 비밀스러운 계획을 공개했으며, 바사누스 왕을 위해 적의 일과 기획의 비밀을 드러냈다. 시캄브리족의 적이 아주 은밀히 수립한 계획도 그를 피할 수 없는 것 같았다. 그래서 그의 친구들은 안전했고, 적들은 절망에 빠졌다."[186] 헬리가스트는 고대의 트리테미우스였다. 후원자들을 보호하고 그들에게 봉사하고자 미래의 지식과 적의 음모를 이용했다.

조반니 난니는 자신이 상상한 역사가 진실이라고, 과거에서 전해진 그리스와 로마의 역사보다 더 진실하다고, 그리고 자신이 그 역사를 위조한 것이 아니라 기록에 나타난 단서에서 끌어냈다고 진심으로 믿은 것 같다. 트리테미우스는 프랑크족의 과거를 복원하려는 자신의 노력을 대체로 같은 시각에서 바라본 듯하다. 그는 바빌론 유수 이후 성서를 필사가 아니라 기억과 영감의 엄청난 솜씨로써 복원한 유대인 제사장 에스라의 위업을 여러 차례 환기시켰다.[187] 난니처럼 트리테미우스도 그리스인과 로마인이 잊거나 억누른 야만족의 역사를 영감을 받아 입수했다고 믿었을 가능성이 매우 높다. 그가 자기부정과 의식을 통해 불러낸 천사들은, 아마도 그를 가르쳐 키운 가공의 친구 두 명이 포함될 텐데, 게르만족의 방대한 과거와 그의 개인적 이력에 관해 숨겨진 진실을 드러냈다. 트리테미우스의 마술이 거대한 인문주의적 요소를 지니고 있었다면, 그의 인문주의의 핵심에는 똑같이 중대한 마술이 자리잡고 있었다.

실제로 마술의 핵심은 트리테미우스가 왜 그렇게 자신의 편지를 각색했는지를 정확하게 설명하는 데 도움이 될 수 있다. 필로스트라

트리테미우스가 프랑크족과 마구스로서 기예를 이용해 민족을 인도한 그 사제들의 역사를 뷔르츠부르크의 주교 제후 로렌츠에게 바치고 있다.

토스가 쓴 《아폴로니오스의 생애》 라틴어 번역본은 기적을 행한 자를 새로운 인쇄본으로 묘사한 책인데 아폴로니오스가 황제 베스파시아누스와 티투스, 네르바를 포함한 중요한 인물들에게 보낸, 얼핏 보기에 진짜인 편지들과 그들의 답장 여럿이 포함되어 있다.[188] 차노비 아차이우올리의 1502년 판 라틴어 번역본에 인쇄된 방주旁註는 이에 주목했다. 게다가 아폴로니오스는 최소한 편지 한 통(네르바에게 보낸 편지)은 '암호'로 작성했으며, 친구 다미스를 속여 그 편지를 직접 황제에게 가져가게 했다. 그가 늘 권고했듯이 은밀히 그리고 조심스럽게 죽음을 맞이하기 위한 것이었다.[189] 달리 말하자면, 필로스트라토스는 덕망 있는 비기독교도로서는 물론이고 영리한 암호문 작성자로서도 최고의 전거로 보였다.[190] 조반니 난니가 로마 역사가 플라비우스 요세푸스와 그리스 역사가 에우세비오스가 인용한 글을 베로소스 등에 관한 자기 텍스트의 토대로 삼았듯이, 트리테미우스도 필로스트라토스의 인상적인 기록을 자기 편지의 토대로, 편지에 등장하는 군주들의 마술 조언자라는 기적을 행하는 이력의 토대로 삼았을 수도 있다. 만약 그렇다면, 그의 서신은 놀라운 이론언어학 작품이다.

트리테미우스는 많은 것을 이루었다. 그는 마술적인 것에 관해 신성로마제국 황제에게 조언하는 권위자라는 강력한 지위를 얻었다. 그는 선한 것이든 악한 것이든 마술에 관한 전문가로 인정받았다. 그는 역사가이자 위조자로서 능력을 발휘해 자신의 마술에 매력적인 계보를 마련해주었으며, 고대와 중세의 마술 실행 방법을 단일한 표준으로 융합한 마술의 역사를 창안했다. 그는 폭넓은 대중 앞에 방대한 마술적 명칭과 마술적 물건, 마술적 주문을 제시했으며, 그들에게 그 분야의 문헌을 개관하고 암호 기술과 그것과 연관된 주제들에 관해 자신만의 텍스트를 제공했다. 그는 각별히 실용적인 한 가지 마술이 과거에는 대체로 각각 분리되어 있던 강력한 지식들을 통합해 기적적인 효과를 달성할 수 있음을 증명했다. 그리고 단 한 명의 마구스가 어떻게, 상황이 요구하면 악마적 죄인의 역할과 거룩한 예언자의 역할을 동시에 할 수 있는지, 마술이 어떻게 그가 옹호한다고 주장한 교단을 위협하는 도전이자 강화하는 지원이 될 수 있는지 보여주었다. 트리테미우스가 파우스트에게 격분한 것은, 그리고 자신이 그에게 격분했다고 설명한 것은 당연했다. 파우스트가 자신의 주장을 정확하고 세련되게 풍자한 것처럼 보이는 경쟁자였기 때문이다. 마지막으로 가장 중요한 것은 그가 지극히 유용한 형태의 마술을, 신비와 악마성의 모든 매력을 지녔으면서도 유럽의 모든 통치자에게 혜택을 줄 잠재력이 있는 마술을 고안해냈다는 것이다. 그보다 앞서 이를 해낸 사람은 없다. 학구적 마술의 결정판을 내놓은 아그리파가 트리테미우스를 최고의 대장장이il migglior fabbro로 우러러본 것도 놀랄 일은 아니다. 그러나 아그리파는 트리테미우스에게서 전해 받은 마술과 인문주의의 전통을 결정적으로 바꿔놓는다. 이제 그를 보자.

제5장

신비주의 철학의 이론과 실제

하인리히 코르넬리우스 아그리파

베네딕트회 수도사가 불가사의한 책을 읽는다

1550년 하인리히 두덴은 하인리히 코르넬리우스 아그리파의《신비주의 철학De occulta philosophia libri III》을 읽기 시작했다.[1] 동프로이센의 베르덴 대수도원 수도사였던 두덴은 수도원의 식료품 관리자가 되고 이어 16세기 마지막 사분기에 수도원장이 된다. 당대 사람들은 그가 수도원의 심각한 재정 상황을 이해하지 못한다고 조롱했으며, 루터의 영향을 받아 예배에 독일어 찬송가를 들여왔다고 비난했다. 어떤 사람들은 그를 기회주의자라고 생각했다. 그는 확실히 자신의 사제 신분에 대한 비판을 차분히 받아들였다.[2] 앞서 보았듯이, 중세 말의 수도사는 대개 마술의 애호가이자 실행자였다. 베르덴 대수도원은 인쇄술의 신세계와 새로운 성격의 학구적 마술에 그 전통을 들여왔다.

아그리파는 처음부터 그 책이 색다르고 중요하다는 점을 두드러지지게 과시했다. 속표지를 저자의 생생한 초상화로 장식한 것이다. 그는 온갖 방법의 마술을 가르치고 마술을 우주의 비밀을 푸는 열쇠로 취급했을 뿐만 아니라 대담하게 이렇게 진술했다. "수도사를 만나는 것은 일반적으로 나쁜 징조로 여겨진다. 만남이 아침에 이루어진다면 특히 더 그렇다. 독수리가 시체를 먹고살듯이 그러한 부류의 사람은 대개 시체 안치소에서 살기 때문이다."[3] 하인리히 두덴은 이 구절에 이렇게 간명한 방주를 붙였다. "수도사들은, 특히 프란체스코회 수도사들은 언제나 불길한 징조라는 사실에, 그리고 이 문제의 설명에 주목하라." 베네딕트회 수도사인 두덴이 프란체스코회 탁발수도사들을 동료로 설명했기에 더욱 놀라운 발언이다.[4] 두덴이 쓴 다른 방주는 프로테스탄트의 중요한 성직자 하인리히 불링어를 언급한다.[5] 이 책은 실로 어느 정도는 두덴의 종교적 감수성에 호소했을 것이다. 트리테미우스처럼 그도 독일 대수도원들의 부르스펠더 연합회Bursfelder Kongregation에 속한 베네딕트 개혁수도회의 일원이었다. 연합회의 구성원들은 남녀를 가리지 않고 수도원 개혁에 진정으로 관심이 있었다. 그러나 그가 마술에 관심이 있다고 비난한 사람은 없었던 것 같다.[6]

그럼에도 하인리히 두덴은 이 책에 깊이 빠져 열심히 반복해서 읽었고, 베네딕트회 수도사답게 독서의 결과를 신중하게 꼼꼼히 기록했다.[7] 아그리파의 목판 초상화 가장자리 안쪽, 속표지에 적힌 대담한 방주는 책에 숨겨진 보물을 찾고 있다는 두덴의 인식을 분명하게 보여준다. "오, 하인리히, 당신은 알고 있는 것을 다 쓰지 않았군요."[8] 다른 방주는 책을 입수했음을 자랑스럽게 기록했고, 책을 읽으면서 마술을 생명과 우주, 모든 것의 열쇠로 여긴 석학들의 신비로운 협회에 합류했다는 그의 인식을 드러냈다. "나는 베르덴의 수도사 하인리히 두덴 박사의 것이다. 지금 나는 그를 유일한 주인으로 인정한다. 앞선 주인 N.을 떠나보냈기 때문이다. 두덴은 이 철학의 전문가로 필적할 자가 없다. 주후 1550년."[9] 두덴은 아그리파가 머리말 삼아 쓴 편지의 말미에 이렇게 덧붙였다. "독자여, 주의를 기울여 정확하게 읽어라. 그러면 경탄할 것이고 후회가 없을 것이다." 두 문장 모두, 알려주는 것이 많지만 이따금 곤혹스럽게 만든다고 생각한 그 책을 두덴이 경외심을 갖고 읽었음을 보여준다.[10] 앞부분에, 책의 인쇄된 색인 바로 앞에 적힌 마지막 방주는 두덴이 책을 통독하며 일련의 긴 주석을 남기느라 얼마나 애를 썼는지를 보여준다. "나, 베르덴의 수도사 하인리히 두덴이 써넣은 방주와 함께 신중하게, 주의를 집중하여 읽으라."[11] 달리 말하자면 두덴은 르네상스 시대의 많은 독자처럼 눈앞의 인쇄된 텍스트를 개성이 짙게 밴 자전적 기록으로, 텍스트와 그 전거뿐만 아니라 자신의 관심과 경험도 끌어안은 기록으로 변형시켰다.

하인리히 두덴은 기적으로 가득한 아그리파의 인쇄된 텍스트를 샅샅이 조사하면서 자신이 얼마나 매료되었는지 과장하지 않았다. 트리테미우스 시대의 잘 훈련받은 수도사였던 두덴은 서지학과 해석학, 주해에 깊은 관심을 보였다. 그는 여러 계제에 자신이 아그리파가 인용한 것과 비슷한 책들을 보았다고 썼다. 예를 들면 손으로 하는 계산법de arte numerandi per manuum에 관한 가경자 비드 등의 저작인데, 아그리파가 일종의 심오한 수비학으로 본 것이다. "손동작으로써 헤아리는 이 기술에 관해 나는 언젠가 리스보른 수도원에서, 고대의 어느 필사본에서 손과 손가락의 움직임으로 헤아리는 기술에 관한 놀랍고 기묘한 삽화를 보았다."[12] 두덴은 아그리파 저작의 몇몇 단락이 성급한 독자에게는 모호하게 보일 수 있다고 인정했지만, 정말로 어렵다고 생각한 구절도 있었다.[13] 그러나 아그리파가 〈요한계시록〉 13장 18절을 솜씨 좋게 사용한 것은 베네딕트회로부터 "훌륭한 인용"이라는 찬사를 끌어냈다.[14]

하인리히 두덴은 아그리파와 그의 전거가 묘사한 것과 정확히 똑같은 기적적인 '실험experimenta'을 목격했다고 거듭 이야기했다. 아그리파가 거울을 이용해 달 표면에 글자를 투사해서 그러한 장치를 이해하는 다른 사람이 읽을 수 있게 하는 방법을 설명했을 때, 두덴은 이렇게 썼다. "1546년 나는 이러한 기예를 알고 있는 어느 교수가 납판으로 달그림자에 그렇게 하는 것을 보았다."[15] 아그리파가 어떤 사람이, 원하기만 하면 언제라도, 하제下劑를 보기만 해도 변소로 달려갔다는 기욤 도베르뉴의 이야기를 인용한 대목에서, 두덴은 이렇게 회상했다. "1554년에 내가 열이 올랐을 때, 이와 비슷한 일이 내게도 일어났다."[16] 두덴은 나무토막이 불에 타지 않게 하거나 사람이 손을 이용해 벌겋게 달구어진 쇳덩이를 옮기거나 용해된 금속에 손을 집어넣어도 화상을 입지 않게 하는 대비책에 관한 아그리파의 설명을 읽은 후에, 각기 다른 때에 두 차례 방주를 써넣었다. 이로써 그가 그러한 묘기의 수행을 직접 보았으며, 그것이 수백 년 전 교회가 시죄법試罪法을 금한 이유를 설명한다는 점이 분명해졌다. "나는 어떤 사람이 이를 행하는 것을 보았다. 그는 용해된 구리에 손을 찔러 넣었는데도 아무런 해를 입지 않았다." "기독교인에게 달군 쇠의 시죄법을 금한 이유가 여기에 있다. 너의 주 하느님을 시험하지 말라고 하지 않았는가."[17] 신성로마제국의 베네딕트회 수도사는 기적의 세계에 살고 있다고 믿도록 교육받았다. 그들은 대수도원에 수집된 유물을 지상의 일상생활로 신성한 힘을 끌어오는 하늘의 발전소로 보았다. 두덴은 자신의 주변에서 기이한 힘이 작동한다고 믿었기 때문이 아니라 오직 아그리파만이 그러한 힘과 그 힘의 작동을 알려줄 믿을 만한 안내자라고 믿었기 때문에 돋보였다.

신비주의 철학의 발전 과정

그러나 하인리히 두덴이 그렇게 존경심을 품고 읽었으며 그토록 확실하게 깊은 지식과 훌륭한 문장을 갖추었다고 여긴 바로 그 책에 다른 권위자들은 매우 다른 반응을 보였다. 아그리파는 의도적으로 도발적인 태도를 취했으며 대체로 성공했다. 전통적인 신학에 대한 맹공과 무지한 사제와 수사를 조롱하는 농담 때문에, 그가 마술에 관한 자신의 책을 인쇄하려 했던 바로 그 시기에 그의 많은 저작이 비난을 받았고 그는 쓴맛을 보았다.[18] 그러나 《신비주의 철학》은 아그리파와 그의 출판사에 특별히 더 큰 문제로 드러났다. 어떤 점에서는 《스테가노그라피아》가 트리테미우스에게 안겨준 문제보다 더 컸다. 아그리파가 기민하게 쾰른 대주교 헤르만 폰 비트와 시의회에 호소한 덕분에 그의 출판인 고트프리트 히토르프는 가혹한 검열 시도를 극복하고 책을 출간할 수 있었다. 《신비주의 철학》은 시장에 나오자마자 즉각 3쇄를 찍었다. 찾는 사람이 많다는 분명한 증거였다. 16세기와 17세기 내내 이 책은 모든 학구적 마술사들이 늘 책상에 두고 보는 참고서였다. 이론과 기술, 전거를 종합한, 잘 편집되고 색인을 잘 갖춘 단 하나의 참고서였다. 그 책은 또한 모든 색인에 등장했다. 16세기 말부터 그 책을 소지한 자는 종교재판소로부터 의심의 시선을 받았다. 제수이트회의 악마학자 마르틴 안토니오 델 리오는 아그리파를 '대大마구스Archimagus'라고 불렀다.[19] 델 리오가 방대한 자료에서 문구와 일화를 끌어와 정교한 '모자이크'처럼 쓴 《마술 탐구Disquisitiones Magicae》에서 아그리파는 악마적 마술의 권위자이자 실행자로 등장했다.[20] 델 리오의 주장에 따르면, 그가 파우스트와 함께 여행하면서 여인숙에 요금을 지불한 동전은 진짜처럼 보였지만 며칠 지나면 동물의 뿔 쪼가리로 변했다.[21] 아그리파는 최고로 무서운 형태의 악마적 마술을 실행했다. 이는 그가 영혼을 팔았다는 명백한 증거였다.

> [악마와의] 협정 덕분에 마구스는 더 강한 악마를 이용해 약한 악마에게 시신에 들어가 돌아다니면서 살아 있는 것처럼 보이는 데 필요한 모든 것을 행하게 할 수 있다. 코르넬리우스 아그리파는 뢰번에서 이렇게 했다. 그에게는 호기심이 지나치게 많은 동료가 있었다. 언젠가 아그리파는 외출할 때 아내에게 자신의 자료관 열쇠를 주었다(나중에 그는 아내와 이혼한다). 그는 아내에게 누구도 들이지 말라고 당부했다. 그러나 그 경솔한 젊은 남자는 기회를 놓치지 않고 그 모자란 젊은 여인을 끈질기게 졸라 결국 들어가서 원하는 것을 얻었다. 그는 자료관에 들어갔고 우연히 《주문의 책》을 발견하고 읽었다. 그때 갑자기 문을 두드리는 소리가 나서 그를 방해했다. 그는 계속 읽었다. 누군가 다시 문

을 두드렸다. 이러한 일에 무지한 그 젊은이가 대답을 하지 않자 악마가 들어와 물었다. "왜 나를 불렀나? 너의 명령은 무엇인가?" 젊은이는 두려움에 입을 열지 못했고, 악마는 그의 식도를 [찢었다.] 그 불쌍한 인간은 사악한 호기심의 대가를 치렀다. 그사이에 대마구스가 집으로 돌아왔다. 그는 지붕에서 즐거워하는 악마들을 보았고 여느 때처럼 자신의 기예를 이용해 그들을 불렀다. 악마들은 그에게 무슨 일이 있었는지 말했고, 그는 악마들에게 희생자의 몸에 들어가 다른 학자들이 이따금 서로 만나는 마을 광장까지 걸어간 다음 그 몸을 떠나라고 명령했다. 그가 서너 걸음 옮기자 시신을 장악한 악마가 달아나면서 그 몸이 쓰러졌다. 오랫동안 사람들은 그가 갑자기 죽었다고 믿었다. 그러나 질식의 징후 때문에 그 사건에 의혹이 일었고, 결국 시간이 흐르면서 모든 것이 밝혀졌다. 아그리파는 라인란트로 도피했고, 그곳에서 가슴속에 숨겨둔 이단적 주장을 토해냈다.[22]

델 리오가 생생하게 묘사한 일화에서 아그리파는 완벽한 강령술사요 이단자로 나온다. 서재는 위험한 책들로 가득했고, 그 집의 지붕에는 악마들이 앉아 놀고 있었다. 출판인에게는 이보다 더 좋은 광고가 없었지만, 저자의 명성에는 더할 나위 없이 치명적이었다.

나폴리부터 런던까지 여러 곳의 학구적 마술사들은 갖가지 핑계를 대며 고분고분한 인쇄업자와 행상인으로부터 아그리파 저작의 사본을 얻어냈다. 이들은 그것을 이용해 보물을 찾거나 눈에 보이지 않는 투명인간이 되어보려 했지만, 종교재판소의 심문관들은 금서인 줄 몰랐다는 서적상들의 주장에도 불구하고 사제들의 서재에 너무나 자주 등장한 그 사본들을 죄다 몰수하여 불태웠다. 실용적인 비결로 가득한 위서僞書인 네 번째 권이 곧 진짜 책 세 권에 더해져 시장에 나왔고, 이는 모든 강령술사의 스승이라는 아그리파의 평판을 퍼뜨리고 지속시키는 데 일조했다.[23] 그뿐만 아니라 《신비주의 철학》이 등장하면서 아그리파의 경력도 기본적으로 끝났다. 많은 형태의 새로운 학문에 공감한 그의 출판인 요하네스 조테르는 그 책이 불러일으킨 모진 비판 때문에 어쩔 수 없이 다른 직업을 찾아 제지업에 종사하게 되었던 것 같다.[24]

이는 하인리히 코르넬리우스 아그리파의 생애에서 결코 유일한 역설이 아니다. 모험심 많은 사람이었던 아그리파는 전장에서 얻은 경험을 북유럽과 이탈리아의 대학교에서 연구자이자 교사로서 지낸 논쟁적인 삶과 결합했다. 게다가 그는 트리테미우스보다 한층 더 흥미로운 시대에 살았다. 이는 그의 지적 호기심을 자극했지만 출셋길을 방해했다. 1486년 쾰른에서 태어난 아그리파는 그곳에서 공부해 문학 석사학위를 받았다. 20대 중반의 나이에 그는 이미 로이힐린의 새로운 성서 연구법에 매료되었고, 1509년 부르고뉴의 돌대학교 Université de Dole에서 카발라에 관한 로이힐린의 첫 번째 책 《기적을 일으키는 낱말De verbo mirifico》에 관해 강의했다. 그는 자신이 이따금 강의한 대학교들의 안팎에서 몇십 년 동안 이러한 관심사를 계속 추구하려 했다. 그러나 그런 적극적인 활동은 16세기 초 수십 년 동안 무산되었다. 그의 외적 삶은 전쟁의 지배를 받았다. 이탈리아를 장악하려는 발루아 왕가와 합스부르크 왕가 사이의 전쟁과 이를 둘러싸고 벌어진 작은 전쟁들이다. 아그리파는 트리테미우스가 수도원 재산을 빼앗으려는 습격과 자신을 붙잡아 몸값을 받아내려는 시도에 대비해야 했던 곳에서 싸웠다. 그는 젊은 군인으로서 나바라 왕국 아니면 아라곤 왕국에서 농민 반란 진압에 참여했고 간신히 목숨을 구했다. 이후 그는 비서이자 군인으로 신성로마제국 황제 막시밀리안 1세를 섬겼다. 게다가 아그리파가 선택한 학문인 신학은 거의 전투만큼이나 위험했다. 트리테미우스는 종교개혁이 일어나기 전에 사망했다. 반면 아그리파는 에라스뮈스와 자크 르페브르 데타플이 스콜라 신학과 철학에 강력한 도전장을 내밀었을 때 성년에 이르렀다. 그는 성인에 관한 논문 대신 성서에 관한 문헌학적 주해를 썼으며, 이후 스콜라 철학자들과 종교재판관들이 그의 저작을 비난하면서 싸움터에 들어가게 되었다.[25]

마지막으로, 신성로마제국은 학자로서 이력을 쌓기에는 불안정하고 위험한 환경이었다. 앞서 보았듯이, 충분한 이유가 있었다. 신성로마제국은 법적으로나 전통적으로나 국가들의 집합체였고, 각각의 국가는 신분제 국가였다. 여러 신분으로 구성된 이 국가에서는 모든 남녀가 평범한 노동자와 주부에서부터 위로는 교황과 황제까지 이어지는 위계질서 속에서 출생과 직업으로 규정되고 복장과 호칭으로 확인되는 특정한 위치를 차지한다. 이러한 상황은 이론상으로는 견고했지만, 사회적 현실은 서서히 변하고 있었다. 장인들은 길드를 노동자 단체에서 생산자 카르텔로 바꾸었고, 직인들은 한때 수공업 장인의 지위로 올라가는 디딤돌로 여겨졌던 그 지위가 돌연 영구적으로 고착되었음을 알게 되었다. 한편 에라스뮈스 같은 인문주의자들과 마르틴 루터 같은 종교개혁가들은 예를 들면 성서를 교정하고 해석할 권리나 신학 논쟁에 개입할 권리 등 새로운 권리를 주장했다. 그러나 황제가 인문주의자들과 예술가들의 자기주장을 장려했다면, 황실과 궁정의 다른 구성원들은 신학 교수들에게 작가와 인쇄업자를 엄격하게 검열하라고 권고했다.

한편으로는 마술의 수행자이자 궁정 조신이며 다른 한편으로는 학자라는 아그리파의 소명은 둘 다 추구하기 어려운 것으로 드러났고, 이러한 조건에서 두 가지를 결합하기는 한층 더 어려웠다. 1512년에, 그리고 1515년에 다시 프랑스의 롬바르디아 지배력 쇠퇴와 뒤이은 부활은 파비아에서 연구하고 가르치려는 아그리파의 노력을 철저하게 가로막았다. 그래서 아그리파는 사보이아 공국 궁정에서 적당한 자리를 찾는 데 실패한 뒤 고향인 라인란트로 돌아갔다. 그는 다방면에 걸쳐 기술을 습득했고 폭넓은 경험을 했기에 메스에서 대사이자 법률 자문으로, 프라이부르크에서 시 의사로, 리옹에서 프랑스 왕 프랑수아 1세의 모후인 루이즈 드 사부아의 궁정 의사로 일했다. 아그리파는 여정의 각 단계마다 친구를 사귀었는데, 이름을 라틴어로 클라우디우스 칸티운쿨라로 바꾼 바젤의 젊은 인문주의자이자 법률가인 클로드 샹소네트 같은 매우 인상적인 인물도 있었다. 그러나 아그리파는 장기적으로 만족스럽게 일할 자리를 찾지 못했다. 이는 한편으로는 메스 등지에서 그가 교회 당국의 신조나 활동에 성서적 토대가 부족하다고 판단될 때는 의도적으로 도전했기 때문이다. 당국은 똑같이 되갚아주었다. 1528년 아그리파는 네덜란드의 통치자인 마르가레테 폰 외스터라이히의 궁정에 들어갔다. 처음에는 일이 잘 풀렸지만, 그 안트베르펀 시절도 불행하게 끝났다. 역병으로 아내를 잃었고, 그의 저술, 특히 논쟁적 논문《학문과 기예의 불확실성과 무익함을 공격하는 논설De incertitudine et vanitate scientiarum atque artium declamatio invectiva》이 뢰번 등지의 검열관을 격노케 한 것이다. 찰스 지카가 밝혔듯이, 아그리파는《신비주의 철학》의 출간 허가를 받았을 때 일할 곳과 후원자를 찾는 영구 미해결의 과제에 몰두해 있었고, 이는 그의 연구에 깊은 흔적을 남겼다.[26] 그는 또한 과격한 개혁가들의 몇몇 신조에 최소한 유혹을 느끼기는 했다. 어쩌면 물들었는지도 모를 일이다.[27] 그렇지만 그가 가톨릭 신앙을 버리려 한 것 같지는 않다.

탁발 수사들의 무지와 미신을 시종일관 비판한 아그리파는 한번은 놀라운 태도를 취했다. 1519년, 도미니크회 소속 종교재판관인 메스의 '작은 수사' 니콜라스 사비니가 동료 마을 주민들로부터 마술을 했다고 고발당한 부아피의 가난하고 늙은 여인이 분명히 유죄라고 주장하며 법적 규범과 절차에 명백히 위배되는 방식으로 그녀를 재판에 세웠다. 아그리파가 오만하게 기록한 바에 따르면, 사비니는 "《마녀 퇴치 망치》와 스콜라 신학의 핵심"에 의지해 그런 여자는 악마에게 자식을 제물로 바치며 심지어 인쿠부스incubus의 정액을 받아 임신하여 자식이 태어날 때부터 사악한 존재가 되게 한다고 주장했다. 이 탁발 수사는 이러한 주장을 내놓으면서 확실히 궁지에 몰린 것 같았다.《마녀 퇴치 망치》의 설명에 따르면, 악마는 인간의 모습을 하고 있을 뿐 내부의 장기는 하나도 없다. 악마는 수쿠부스succubus로 여자 모습을 취해 남자의 정액을 얻은 다음 인쿠부스로 남자 모습을 취한 뒤 이를 여자의 몸에 집어넣는다.[28] 메스 시장의 법률 자문관으로 임명된 적이 있는 아그리파는 에라스뮈스적인 반어법으로 사비니를 공격했다. 그는 이렇게 물었다. "이것이 오늘날 신학을 하는 방법인가, 이런 헛소리로 가련하고 무고한 여인을 고문대에 올리는 것이?" 어쨌거나 그는 모든 아기는 원죄의 저주를 안고 태어나며, 그래서 사제가 세례 중에 악마를 쫓는 의식을 하는 것이라고 지적했다. 만일 악마가 아기를 떠나지 않았다면, 구마 의식은 분명코 실패한 것이다. 인간의 정액은 언제나 사악했다. 악마의 몸을 통과했다고 해도 특별히 더 사악해질 수는 없었다. 아그리파는 그 종교재판관을 확신을 갖고 비난했다. "신성모독의 이 작은 수사를 역병을 쫓듯이 몰아내든지 그에게서 벗어나든지 하라."[29] 마녀로 고발된 여인이 굴욕을 당하고 잠시 갇혀 있기는 했지만, 아그리파는 그녀의 석방을 이끌어냈으며 적어도 목사 장 로지에나 브렌노니우스 같은 몇몇 친구에게는 자신의 견해를 납득시켰다. 이 경우에서 16세기의 가장 위대한 마구스는 마녀사냥꾼의 사법 관행을 조금도 용납하지 않았다.[30]

마술 연구

학구적 마술에 관한 아그리파의 안내서는 마술사들이 어떻게 우주를 피치노나 다른 선배들보다 더 체계적으로 이해하고 조종했는지 해설했다. 《신비주의 철학》에서 그는 천사와 악마로부터, 별과 행성으로부터 질료의 세계로 내려온 힘들의 관계망 전체를 설명했다. 아그리파는 자신의 연구를 자연 원소의 세계와 점성술의 세계, 천계에 관한 세 권의 책으로 펼쳐 보였다. 그러나 그는 이 모든 것이 거미줄처럼 복잡하게 연결되어 위에서 아래로, 아래에서 위로 서로 영향력을 주고받는다고 보았다. 아그리파는 보르헤스가 상상한 백과사전 편집자의 열정과 학문으로써 영혼과 육체, 동물, 광물, 식물에서 특정한 행성이나 악마의 영향력에 좌우되는 부분을 분류했다. 이어서 그는 독자에게 악한 영향력을 피하고 선한 영향력을 강화하는 방법을 제시했다.[31] 그중 몇몇은 원래 단순한 치료법이었고, 많은 것이 로마 시대 대大플리니우스의 위대한 백과사전적 연구와 그보다 질적으로 약간 떨어지는 전거들에서 나왔으며 학구적 마술과 깊은 연관 관계가 없다. 우리가 살펴본 마술은 대개 힘이 깃든 물건의 사용이 필요했으며, 아그리파의 책도 마술적 힘을 지닌 동물과 식물, 돌의 여러 유형을 준비와 사용에 관한 설명과 함께 대대적으로 제시했다. 아그리파의 책에 따르면 인후염을 앓는 환자는 제명을 채우지 못하고 일찍 죽은 사람의 손을 목에 대면 낫는다. 감기에 걸린 사람은 청개구리의 입 속에 침을 뱉은 뒤 놓아주면 낫는다.[32] 아그리파의 책을 읽는 것은 놀라운 물건으로 가득한 거대한 제후의 방이나 천장과 벽, 선반에 소름 끼치는 기이한 생물이 걸려 있는 약종상의 큰 가게를 둘러보는 것과 비슷했다.

따라서 아그리파 책의 각 장은 서로 연결된 방대한 백과사전적 자료들로 바뀌었다. 일부는 기록에서, 일부는 구전 전승과 일반적으로 실행되고 있는 행위에서 가져온 것으로, 저자는 대단한 독서와 더 대단한 호기심의 성과를 가위로 자르고 풀로 붙였다. 많은 독자가 흔히 하듯이 책을 아무렇게나 펼치면 진기한 것들로 가득한 커다란 상자로 들어가게 된다. 아그리파는 그 내용물을 힘주어, 그렇지만 간략하게 설명했다.

그들은 또한 미친개가 물고 있는 돌멩이를 술에 넣으면 갈등을 유발하는 힘이 있다고 말한다. 개의 혀를 신발에, 엄지발가락 밑에 넣으면, 특히 같은 이름의 약초인 키노글로사cynoglossa[개의 혀]를 추가하면, 그런 사람을 보고는 어떤 개도 짖지 않는다. 개의 태반에서 나온 양막도 같은 효과를 낸다. 개는 개의 심장을 가진 사람을 피할 것이다. 플리니우스는 가시나무로 집을 짓고 온갖 마법을 부리며 불가사의한 일을 행하는 붉은 두꺼비가 있다고 전한다. 그 왼쪽 옆구리에 있는 작은 뼈를 찬물에 집어넣으면 물이 즉시 뜨거워진다. 그러면 개가 공격하지 않는다. 그 뼈를 술에 넣으면 사랑과 반목을 유발하고, 사람에게 동여매면 욕정을 불러일으킨다. 반면 오른쪽 옆구리에 있는 작은 뼈는 뜨거운 물을 차갑게 만들며, 그것을 빼내지 않으면 물은 다시 뜨겁게 되지 않을 것이다. 그 뼈를 갓 태어난 새끼양의 피부에 묶으면 사일열을 치료하고 다른 열병과 사랑과 욕정을 막아준다. 이 두꺼비의 비장과 심장은 그러한 동물들에서 추출한 독을 효과적으로 치료한다. 플리니우스가 이 모든 이야기를 한다.[33]

어떤 독자라도 이렇게 마구 늘어놓은 방법에서 흥미로운 것을 발견할 수 있었다. 대부분은 대大플리니우스의 글에서 직접 가져온 것인데, 실험으로 명확하게 증명된 것은 없다. 아그리파는 적어도 한동안은 독자에게 아주 평범한 일화와 관행의 출처에 불과했다. 그들은 이러한 이야기를 즐기고 짐작컨대 퍼뜨렸을 것이다. 그러나 독자들은 때때로 아그리파와 그가 인용한 고대 전거의 주장을 직접 실험했다고, 또는 강력한 물건을 조종하는 방법을 아는 자들의 실험을 목격했다고 말했다. 예를 들면 두덴은 아그리파의 책에서 두꺼비의 왼쪽 옆구리 뼈가 물을 뜨겁게 데울 수 있다거나 사랑의 감정을 불러일으킨다는 플리니우스의 이야기를 읽고 좋아했다. 그는 예상과 달리 그 이야기를 공책에서 공책으로 이어져 이미 널리 퍼진 근거 없는 사실이 아니라 익히 알려진 작용에 대한 설명으로 취급했다. 그는 서로 연관된 두 문장에 밑줄을 그은 뒤 이렇게 썼다. "나는 실제로 이런 일을 본 적이 있다."[34]

게다가 그 작은 두꺼비와 작은 뼈도 독자를 위로, 밖으로 이끄는 더 큰 설명 체계 안에 자리잡았다. 아그리파는 자연 원소와 체액 기질, 행성, 황도를 유형별로 다룬 장에서 천구의 영향력이 지구상의 모든 존재와 물체를 만들고 각각에 천구의 힘을 부여했다고, 마구스의 숙련된 시선에 이를 드러내는 외적 표시를 부여했다고 분명하게 밝혔다. 달리 말하자면 더 높은 차원의 학문인 천문학과 점성술에 통달하지 않고는 누구도 신비주의 철학의 이치를 터득하기를 바랄 수 없었다. 마구스는 또한 재능이 있고 정식으로 훈련을 받아야만 꿈과 예언을 해석할 수 있으며 수학 지식을 갖추어야만 우주에 체계를 부여하는 피타고라스 수열을 찾아낼 수 있었다. 마지막으로 마구스는 금욕과 자제력이 필요했다. 그 기예의 완성에는 천사와의 소통이 반드시 필요하기 때문이다. 아그리파 저작의 가장 생생한 부분은 특정한 뼈와 행성의 힘에 집중한 장인데, 그는 제2권과 제3권에서 행성과 천사, 악마의 힘을 상세히 설명하면서 계속해서 더 크고 더 추상적인 주제들을 소개할 기회를 가졌다.

게다가 아그리파는 책의 핵심적인 부분 곳곳에 매우 다른 성격의 자료들을 끼워 넣었다. 역시 다양한 마술 영역에서 가져온 것들이다. 아그리파는 교미 중인 암말의 몸에서 나온 액체로 만든 특별한 등잔과 초로 무시무시한 말 머리 형상을 재현했을 때 다시 한번 플리니우스(28.49)를 인용했다. 플리니우스가 다른 전거에서 가져와 인용한 것이다. 그러나 두덴의 방주로 판단하건대 그는 또한 당대에 실행되는 마술도 설명했다. "나는 이것을 직접 경험하고 겁에 질렸다."[35] 아그리파는 마녀가 어떻게 먹잇감의 눈을 사로잡을 수 있는지, '다트'를 던지거나 '일격'을 가함으로써 어떻게 그에게 두려움이나 사랑, 고통을 심어줄 수 있는지 설명할 때 자신이 혐오한 책《마녀 퇴치 망치》에 나오는 마녀의 행동에 대한 묘사와 당대 성직자들의 일반적인 믿음을 떠올렸다. 두덴은 다음과 같은 말로 그런 믿음을 언급했다. "내가 살던 때에 어떤 마녀가 함부르크의 사형 집행인에게 이런 일을 했다."[36]

아그리파가 책에서 제안한 치료법은 대체로 천구의 힘이나 천사의 힘을 불러내야 했다. 조종하고 싶은 마술적인 물건의 감추어진 힘을 잠에서 깨우거나 더 무서운 초자연적 힘으로부터 마구스와 고객들을 보호하기 위해 필요했다. 그러므로 아그리파의 마술은 어김없이 행성의 악마들과 다른 영혼들의 개입을 끌어오려는 직접적인 노력을 수반했다. 특별한 물질에 특별한 기호를 새긴 부적, 숫자의 불가사의한 속성을 보여주는 마방진, 대체와 재조합이라는 기독교 카발라의 방법으로 얻어낸 천사들의 이름. 너무 많아서 열거하기도 힘든 수많은 수단 중에서도 이러한 것들이 아그리파의 독자들에게 자신과 세상을 더 낫게 바꿀 수 있도록 해줄 터였다.[37]

아그리파가 설명한 여러 가지 마술은 성직을 박탈당한 사람들이 수 세대에 걸쳐 행한 마술에서 직접 유래했다. 문제의 사례 하나가 알브레히트 뒤러의 〈멜렌콜리아 I〉로 유명해졌다. 이 판화에 그려진 마방진(열여섯 개 칸이 있는 사각형에 1부터 16까지 적절한 순서로 배열된 숫자들)은 자비로운 행성인 목성의 힘을 불러내 토성의 파괴적인 영향력을 막아준다. 이와 같은 마방진의 기원은 아그리파 시대보다 훨씬 앞선 시절의 아랍 세계에 있다. 아랍인들은 맨 위 칸을 종종 신의 이름에 나오는 글자들이나 쿠란 한 구절의 첫 글자들로, 맨 아래 칸은 그것들의 순열로 채웠다. 아랍 문자는 히브리어처럼 숫자 값을 갖고 있으므로, 모든 마방진은 자동적으로 숫자가 된다. 서양에서 가장 널리 퍼진 마방진이 바로 이와 같은 형태였다.

〈멜렌콜리아 I〉에 나오는 마방진은 반대로 시작한다. 숫자가 문자로 바뀌는 것이다. 마방진을 하나 만들어 1부터 16까지 이런 순서로 기입한다고 해보자.

4 3 2 1

8 7 6 5

12 11 10 9

16 15 14 13

그런 다음 숫자의 절반은 그대로 두고 나머지 절반을 180도 회전하면 목성의 마방진이 만들어진다.

4 14 15 1

9 7 6 12

5 1 10 8

16 2 3 13

아그리파는 이렇게 설명했다. "그들은 이 마방진을 목성이 지배하는 때에 은판에 새기면 인간에게 이익과 부, 은총과 사랑, 평화와 우호를 주고 적의 노여움을 가라앉히며 명예와 존엄을 확실하게 하며 조언을 준다. 이것을 산호에 새기면 사악한 주문을 없앤다."[38] 그는 다른 행성들의 마방진도 그림으로 보여주면서 각각이 만들어낼 수 있는 '글자들'을 설명했으며 그 기능을 얘기했다. 아비 바르부르크의 방법론에 뛰어난 학자 에르빈 파노프스키와 레이먼드 클리반스키, 프리츠 작슬은 1920년대에 아그리파의 텍스트와 뒤러의 판화가 일치함을 알아챘고, 이를 토성과 우울증에 관한 대작 연구의 토대로 삼았다.[39]

그러나 뒤러는 아그리파의 책에서 자신의 마방진을 찾지 못했다. 아그리파의 책은 그가 판화를 찍고 20년이 지나서야 출간되기 때문이다. 뒤러의 마방진은 아그리파보다 몇백 년 전에 마방진을 설명하고 일곱 개 행성에 마방진을 하나씩 연결한 중세의 마술 텍스트 중 하나에서 나온 것이다. 오늘날 케임브리지대학교의 15세기 필사본에 포함되어 보존되고 있는 《천사와 반지, 글자, 행성 형상의 책Liber de angelis annulis karectibus et ymaginibus planetum》은 목성의 힘을 끌어내리는 방법을 설명하고 있는데, 훨씬 더 정확하기는 하지만 아그리파의 방

알브레히트 뒤러, 〈멜렌콜리아 I〉(1514).

법과 비슷하다. "이 도형으로 마술을 실행하고자 한다면 목성의 날(목요일)과 시간에 만든 얇은 은 조각을 가져오고 목성이 좋은 위치에 있게 하라. 그리고 그 은 조각 위에 이 도형을 새기고 침향나무와 돼지풀로 밑을 그슬려 갖고 다녀라. 그러면 누구든 당신을 보면 사랑에 빠질 것이고, 당신이 무엇을 요구하든 다 들어줄 것이다. 만일 당신이 이 도형을 상인들의 발 사이에 두면, 그들의 사업이 번창할 것이다. 그것을 비둘기장이나 꿀벌이 모이는 곳에 두면, 그것들이 번성할 것이다."[40] 이렇게 특정한 한 별의 규칙과 숫자처럼, 아그리파가 모은 유형의 물질은 대부분 어디서나 볼 수 있는 것이었고 실제로 종종 발견되었다. 아그리파는 반지에 그것을 끼고 있는 사람을 질병으로부터 보호해주는 힘을 실어주는 방법을 설명할 때(반지에 형상과 이름, 글자를 새겨 훈증하고 점성술에 따라 실행하기에 좋은 때를 고르는 것이다), 수많은 텍스트에 상세히 묘사된 실행 방법과 신성로마제국 황제를 비롯해 그 아래로 많은 소비자에게 익숙한 마술적 물건들을 거론했다.[41]

그러나 중세 내내 마술을 전해준 수십 개의 필사본 중에는 아그리파의 책에서 볼 수 있는 것과 같은, 마술의 전 영역에 체계를 부여하려는 노력을 찾을 수 없다.[42] 그는 가장 단순한 형태의 마술인 약초 치료법부터 가장 높은 수준의 마술인 천사와의 소통까지 마술의 기술은 세 가지 차원을 갖는 하나의 명쾌한 구조에 들어맞는다는 점을 분명히 했다. 의학과 자연마술이 지배하는 자연 원소의 영역, 즉 지상의 영역, 점성술이 지배하는 천상의 영역, 천사마술이 지배하는 지적 영역이 그것이다.[43] 천상의 마술적 영향력이 긴 덩굴처럼 이 별개의 영역들을 하나의 거대한 존재로 연결했다.

열등한 존재들이 우월한 존재들과 만난 결과로 제1원인인 그들[우월한 존재들]의 머리에서 마치 팽팽하게 당겨진 실처럼 가장 비천한 것들에 이르기까지 감화력이 내려온다. 이 줄의 한쪽 끝에 접촉이 이루어지면, 즉시 실 전체가 흔들리며, 그러한 접촉의 힘은 반대쪽 끝까지 쭉 퍼진다. 열등한 존재의 움직임은 우월한 존재도 움직이게 하며, 마치 잘 조율된 류트의 줄처럼 다른 존재들도 이에 응답한다.[44]

아그리파는 과연 그답게 시간이 지나면서 이 단락을 더욱 발전시켰다. 출간을 위해 마무리 작업을 하면서 마지막 구절을 덧붙인 것이다. 두덴은 그 수사법에 흠뻑 취해 여백에 "아름답고 적절한 비유"라고 감탄하며 써넣었다.[45] 그러나 그 정도가 끝이 아니었다. 아그리파는 마술사가 자연의 힘에 관한 지식을 이용해 자연 원소의 세계를 지배하고 그것보다 더 높은 곳으로 올라간다는 점을 보여주었다. 그는 수학과 점성술에 의지해 천상의 영역으로 뚫고 올라간다. 결국 그는 의식마술을 수행하여 신에 관한 완전하고 참된 지식을 얻는다.

마구스는 위로는 우주의 거대한 천계 힘의 연결망을 따라 이어지고 아래쪽으로는 지상의 모든 신분의 존재로 이어지는 감화력의 계통을 추적할 수 있었다. "모든 별은 고유의 본성과 속성, 조건을 갖고 있으며, 그 광선을 통해 열등한 존재들 안에, 자연 원소와 돌, 식물, 동물과 그 몸의 일부에 기호와 글자를 새겨 넣는다. 그러므로 모든 것은 고유의 조화로운 성질과 그것을 방사하는 별에서 나오는 특정한 기호나 글자를 받는다. 각각에 새겨진 그 기호나 글자는 뚜렷이 구별되게 그 별이나 조화를 가리키며 속屬이나 종種, 숫자에서 기존의 다른 물질과는 다른 힘을 갖는다. 따라서 모든 것은 그 고유의 별이 찍어놓은 표시를 갖고 있으며, 그것은 특별한 효과를 낸다."[46] 달리 말하자면 아그리파는 철도망 전체를 부설한 런던 지하철 계획과 비슷한 우주의 거대한 체계적 계획과 지극히 상세한 영국 측량국 지도의 정보력 둘 다를 제공했다. 그 덕분에 우주의 특정 부분을 향해 할 수 있게 되었다. 한 독자는 아그리파가 제시해야 했던 것을 빠르게 알아보았다. 현재 뮌헨에 있는 《신비주의 철학》의 사본을 소유했던 사람은 유일하게 남긴 주해에서 물리적 형태 안에 존재들의 본성과 그들 간의 관계가 드러나는 우주를 체계적으로 제시한 아그리파를 높이 평가한다는 점을 분명하게 밝혔다. "골상학과 관상술, 수상술, 그리고 인간 신체의 외양과 몸동작으로 점을 보는 기예는 기호를 통해 작동한다."[47] 아그리파의 책은 마술 실행의 **유일한** 교본이 되었을 뿐만 아니라 마술이 당연히 일종의 철학이라고 공식적으로 주장한 **유일한** 책이다.

게다가 아그리파의 독자는 아는 것이 많을수록 그의 책에서 더 많은 것을 찾아낼 수 있었다. 연금술은 《신비주의 철학》에서 두드러진 역할을 하지 않는다. 그리고 아그리파는 《학문과 기예의 불확실성과 무익함을 공격하는 논설》에서 연금술에 반대한다는 점을 밝혔다. 그러나 식견이 있는 독자들은, 예를 들면 엘리자베스 1세 시대의 잉글랜드 점성술사 사이먼 포먼과 자연마술 분야의 저작을 남긴 웨일스의 철학자 토머스 본 같은 사람들은 그를 연금술의 지지자일 뿐만 아니라 실행자로도 보았다.[48] 윌리엄 뉴먼은 현란한 해석의 저작에서 토머스 본을 따라 아그리파의 우주관이 점성술뿐만 아니라 연금술에도 깊이 젖어 있음을 밝혀냈다. 아그리파가 세상의 영혼spiritus mundi을 연금술사의 정수로, 다시 말해 자연 원소의 지구에 "신비로운 속성"을 전달하고 동물과 식물, 광물의 왕국을 만들어낸 것으로 확인했다는 것이다.[49] 다른 많은 경우처럼 이 경우에도 그는 적어도 부분적으로는 트리테미우스로부터 영감을 받은 듯하다.

아그리파 등이 자신만의 특징적인 마술을 단순히 전통적인 부적과 마술적 물체를 모아놓은 것으로만 보지 않았음은 분명하다. 어쨌거나 아그리파의 책은 대단한 권위자인 트리테미우스로부터 인정을 받았다. 인문주의자로서 훈련을 잘 받은 아그리파는 스승이 필요하고 참된 사람을 선택해야 한다는 것을 트리테미우스만큼이나 잘 알았다. 아그리파는 책에 덧붙인 서문격의 편지에서 1509년 그 대수도원장과 뷔르츠부르크의 멋진 서재에서 잠시 시간을 보낸 뒤에 《신비주의 철학》을 썼다고 말했다. 두 사람은 고대의 최고 철학자들이 일찍이 마술을 '존중'했지만 그 기예를 가르치는 최근의 교수들은 안타깝게도 마술을 훼손했다는 데 의견이 일치했다. 아그리파는 그 주제의 충실한 연구를 완성한 뒤 트리테미우스에게 논평과 오류의 교정을 요청했다.[50] 트리테미우스는 1510년 4월 8일자 답장에서 완전히 동의한다는 견해를 표명했다.[51] 학식이 높은 이 대수도원장은 아그리파를 고대 세계의 마구스들이 실행한 것과 같은 마술, 진정으로 학구적이고 타당한 마술의 대가로 인정했다. 그러므로 아그리파는 《신비주의 철학》을 학구적 마술의 권위 있는 개요로서, 그뿐만 아니라 그 기예가 어떤 형태를 취해야 하는지에 관한 결정적인 성명서로서 제시했다.

그러나 이 책은 그토록 범위가 넓고 논리적 일관성을 지녔음에도 초고 형태로는 수많은 난제를 야기했다. 이는 아그리파의 학자 이력에 드러난 하나의 특징이다. 1530년, 아그리파가 《신비주의 철학》의 새로운 텍스트를 임시로 발표하기 한 해 전, 그는 풍자로 가득한 저작 《학문과 기예의 불확실성과 무익함을 공격하는 논설》을 내놓았다. 책에서 아그리파는 자금 지원을 넉넉하게 받는 많은 학문을 거침없이 비판했다. 그는 문법과 시, 역사부터 종교재판관의 기술과 온갖 형태의 스콜라 신학에 이르기까지 전부 모순으로 점철되어 엉망이라고 주장했다.[52] 마술도 그의 집요한 갈고리를 피하지 못했다. 날카롭게 연이은 장들에서 아그리파는 자연마술과 수학적 마술, 마녀의 마법, 강령술, 주술, 카발라, 마술적 환상을 논했다.[53] 그는 이러한 행위 중 일부는 지속적으로 높이 평가했지만 전체적으로는 마술을 비난했다. 이에 관해서는 뒤에서 다시 살펴보겠다. 아그리파는 자연마술의 힘을 믿었지만 그 실행자들이 미신으로 이를 더럽혔다고 비판했다. 그는 주술이 그 실행자를 신에게 인도할 수 없다고, 카발라는 특별히 미신적인 형태의 우화적 해석일 뿐이라고, 환영을 만들어내는 자들은 속임수로써 하느님의 진정한 예언자들과 싸운 시몬 마구스 등과 함께 저주를 받을 것이라고 짧지만 설득력 있게 주장했다. 아그리파는 《신비주의 철학》의 첫 번째 인쇄본의 말미에 이렇게 마술을 신랄하게 비판하는 장들을 덧붙였다. 당대의 몇몇 독자는 그가 지적으로 전환했다고 추론했다. 두덴은 자신이 갖고 있는 사본에 이렇게 썼다. "신비주의 철학이라는 기예는 그 창시자에게서 논박당하고 거부당한다. 그리고 [그 창시자는] 악마의 이름으로 그것에 작별을 고한다. 그리스도여, 우리를 구하소서. 오직 당신만을 믿는 우리를 정화하소서. 아멘."[54] 찰스 나워트 같은 몇몇 역사가는 아그리파의 책을 대체로 두덴과 비슷하게 읽었고, 《학문과 기예의 불확실성과 무익함을 공격하는 논설》과 여타 증거를 토대로 아그리파가 《신비주의 철학》의 출간을 준비하기 전에, 또는 준비하던 중에 대부분의 마술 형태에 대한 믿음을 버렸다고 추론했다. 다른 사람들은 반대로 해석해 《학문과 기예의 불확실성과 무익함을 공격하는 논설》을 진지하게 받아들여질 것이라고는 생각지 못하고 내놓은 수사학적 작품으로 취급했다.[55] 또다른 사람들은, 특히 마이클 키퍼는 아그리파를 파우스트와 매우 비슷한 분열된 인간으로 보았다. 그가 고대인들이 실행한 진정한 형태의 마술은 지식과 힘, 신성함을 가져올 수 있으며 시몬 마구스의 사악한 마술은 저주를 낳을 뿐이라고 믿었지만 어떤 형태의 이론과 실행이 어떤 범주에 속하는지 확신하지 못했다는 것이다.[56]

이러한 문제를 해결하는 한 가지 방법은 전기로 도피하는 것이다. 다시 말해서 방대한 《신비주의 철학》이 단일한 논리적 사고 체계가 아니라 모순으로 가득한 수십 년간의 사색과 생각의 변화를 반영한다고 주장하는 것이다. 비토리아 페로네 콤파니는 이 대단한 책이 당대의 많은 백과사전적 논문과 마찬가지로 시간이 지나면서 지속적으로 방대해졌음을 밝혔다. 중요한 수정이 여러 차례 있었다. 아그리파는 크리스마스트리처럼 화려한 텍스트에 무수히 많은 새로운 장신구뿐만 아니라 새로운 분야까지 추가했다. 그중 몇몇은 나무기둥에 견고하게 접합되어 페로네 콤파니가 분석하기 전까지는 알아챌 수 없었다.[57] 그러나 아그리파의 지적 발전의 계통을 정확하게 추적하고 그의 수수께끼 같은 걸작의 점진적 변화에 연결하기는 놀랍도록 어려운 것으로 드러난다. 아그리파의 편지는 여러 점에서 놀랍도록 많은 것을 알려주지만 그의 초기 이력에 관해 제공하는 정보는 상대적으로 적다. 그의 저작들은, 특히 《신비주의 철학》은 수십 년에 걸쳐 완성되었다. 계속해서 새로운 정보를 얻고 새로운 텍스트를 읽었기 때문이다. 16세기와 17세기에 학술 서적은 여러 자료를 편집한 경우도 많았다. 당시의 독서는 오늘날의 독서와 다른 의미를 지녔다. 그것은 고도로 목표 지향적인 능동적 과정으로 엄격한 절차를 지켜야 했다. 독자는 각각의 새로운 텍스트를 읽고 두드러진 내용을 기록하고 의의가 있는 구절을 발췌해 공책에 흔히 주제별로 정리했다. 그리고 자신만의 새로운 저서를 쓸 때 이 자료들을 살펴보고 자신이 알아낸 것을 새로운 방법으로 조합했다. 디지털 자료의 다양한 정보를 하나로 합치는 오늘날 연구자들의 방법과 대체로 비슷할 것이다. 아그리파로 말하자면 1529년이나 1530년에 광물에 관한 책을 쓰면서 이렇게 설명했다. "나는 아직 그 작업을 하고 있는 중인데 지식이 늘면서 끊임없이 확장하고 수정하고 있다."[58] 모든 중요한 책은 팔림프세스트palimpsest가 된다. 각기 다른 시기에 추가된 여러 겹의 종이인 것이다. 《신비주의 철학》 같은 충실한 참고서는 다른 것들보다 더 두껍다.[59]

게다가 아그리파의 마술에 관한 관심은 화려한 백과사전처럼 넓은 범위를 자랑한다. 생각할 수 있는 모든 문제에 관해 그에게 의견을 구하는 편지들이 날아들었다. 그에 앞서 피코 델라 미란돌라와 피치노에게서 볼 수 있었던 것과 같다. 그들은 물었다. 어린아이 주변에 밝은 후광이 비치거나 이탈리아에서 메뚜기 떼가 곡식을 게걸스럽게 먹어치우면 무슨 뜻이냐고. 몇몇 형태의 마술은 시간이 지나면서 더욱 가치 있는 것으로 여겨지고 다른 형태들은 그에 미치지 못하게 보이는 것은 당연했다. 많은 친구와 후원자가 아그리파에게 점성술로 조언을 해달라고 요청하거나 그와 별점을 주고받았다. 1520년에 그는 카를 5세가 "완벽한 토성 사람"이므로 큰 권력의 행사를 바랄 수 없다고 했다. 장기적인 시각에서 보면 놀랍도록 정확한 예언이다.[60] 그러나 1524년에 아그리파는 르네상스 점성술의 위기를 경험한다. 1500년 이전에 요하네스 스퇴플러 같은 점성술사들은 1524년 2월에 여러 합이 발생할 것이고 그중 열여섯 차례의 합은 물의 황도대〔게자리, 전갈자리, 물병자리〕에서 나타날 것이라고 말했다. 두 번째 대홍수가 일어날 것이라는 예언이 널리 퍼졌다. 1524년 몇몇 지역에 사는 사람들은 도시를 버리고 고지대로 피신했다. 역사가 요하네스 아벤티누스가 자신이 갖고 있던 스퇴플러의 천문력 사본에 무미건조하게 적었듯이 이탈리아와 독일에 폭우가 내리기는 했지만, 그해는 이례적으로 가뭄이 심한 해였고 여러 강의 수위는 낮았다.[61] 1526년에 아그리파는 후원자인 루이즈 드 사부아를 위해 점성술의 혁신을 이끌어내야 했을 때마다 심하게 불평했다. 사실을 말하자면 너무도 심해서 루이즈 드 사부아가 주제넘게 나서기 좋아하는 제3자로부터 그 기예에 관한 아그리파의 논평을 전해 듣고는 크게 화를 냈다. 아그리파는 결국 그녀의 궁정에서 지위를 잃고 떠나야 했다.[62] 아그리파는 1530년에 《학문과 기예의 불확실성과 무익함을 공격하는 논설》을 비난하면서 점성술이 허위이고 미신적이라고 매도했다.[63] 그러나 1531년 그는 혜성의 해석에 관해 새로운 기준을 만들어냈고, 《신비주의 철학》은 점성술의 사고방식과 기술로 가득하다.[64] 아그리파의 편지를 보면 그가 1520년대 말과 1530년대 초 여러 해 동안 《신비주의 철학》을 수정하며 보냈음을 알 수 있다. 그러나 그의 독서와 수정의 상세한 내막은 거의 알 수 없다.

아그리파가 트리테미우스에게 보여준 《신비주의 철학》 초고의 필사본은 현재 뷔르츠부르크에 남아 있다.[65] 이미 세 권으로 정리되어 지식으로 가득한 아그리파의 책은 마술의 실행에 관한 논의에서 비교적 전통적인 자연마술의 여러 형태에 집중했다. 그 책은 각 장의 길이는 짧지만 넓은 범위를 다루어 마술과 점술의 모든 형태를 분류하려 했기에 처음에는 요하네스 하르틀리프의 금지된 일곱 가지 사악한 기예에 대한 고찰처럼 중세 말의 개론서를 닮았다. 책의 제목은 내용을 반영했다. 교감마술sympathetic magic〔인형이나 화상 등 모조품을 이용해 사람이나 그 환경에 영향을 미치려는 마술〕과 점성술부터 꿈의 해석과 예언에 이르기까지 독자가 광물과 식물, 동물, 인간의 '신비한 힘occultae vires'을 풀어놓을 수 있게 해주는 다양한 기술에 관해 마구스에게 가르침을 준 것이다. 이 모든 것은 비교적 전통적이었고, 고대의 시와 산문에서 가져와 책의 초고에 활력을 불어넣은 많은 인용구도 《마녀 퇴치 망치》와 여타 단호히 반근대적인 저술들에서 상응하는 문구를 볼 수 있었다. 반면 최종본, 즉 1533년에 출간된 《신비주의 철학》은 1500년 직후 몇십 년 동안 새롭게 열린 학구적 마술의 세계에 나타난 행위들에 대한 설명으로 가득하다. 그렇지만 초고 필사본과 최종본을 아무리 체계적으로 비교해도 아그리파 사상의 비밀은 풀리지 않았다.

《신비주의 철학》 텍스트의 혼탁하고 어지러운 강으로 흘러들어간 당대 사상의 작은 개울 하나만 생각해보자. 카발라(분명코 유대 카발라가 아니다. 피코 델라 미란돌라와 로이힐린, 프란체스코 초르치가 유대인과 개종자로부터 정보를 얻어 만들어낸 기독교판 카발라다)는 아그리파에게 매우 중요했다. 그는 이를 자신만의 실용적인 방법으로 사용했다. 로이힐린과 초르치가 이론의 문제로 논의한 것을 아그리파는 실제적인 가르침으로 바꿔놓았다. 로이힐린은 《카발라 기예에 관하여》에서 기호가 지닌 힘의 세 가지 사례를 두 개의 별개 단락으로 설명했다. 하나는 유대인의 것이다. 미 카모차 바엘림 아도나이Mi Camocha baelim Adonai("전능하신 주여, 당신과 같은 이가 어디 있겠나이까?")를 나타내는 히브리어의 네 개 문자 מכבי이다. 기원전 167년에서 160년까지 셀레우코스 왕조에 맞서 마카빔 반란을 이끈 예후다 하마카비(유다스 마카바이우스)는 이 말을 군대의 표어로 썼다. 로이힐린은 그 군호의 '요드'가 입으로 말해서는 안 되는 하느님의 이름 야훼יהוה, 즉 "테트라그라마톤을 분명하게 나타냈다"고 조심스럽게 설명했다. 동시에 네 글자의 숫자 값의 합 72는 "숫자의 등가를 통해 72글자의 신의 이름을 나타내는 인상적인 기호를 제공했다." 그 힘 덕분에 유대인은 안티오코스 4세 에피파네스 군대의 1만 4천 명이나 되는 적과 수많은 코끼리를 그 등에 올라탄 자들과 함께 죽일 수 있었다. 예후다 하마카비가 설명했듯이, 그들은 신들린 듯이 약 3만 5천 명을 더 죽였다.[66] 로이힐린의 두 번째 기호는 이교도의 것이었다. 그는 피타고라스학파의 필롤라오스의 입을 빌려 이렇게 설명했다. "히브리 카발리스트뿐만 아니라 최고로 훌륭한 그리스인들도 기호와 인장을 깊이 신뢰했다." 예를 들면 셀레우코스 왕조의 안티오코스 1세 소테르는 전투가 눈앞에 닥치자 거의 절망에 빠졌는데 그때 알렉산드로스 대왕이 자신 앞에 나타나는 꿈을 꾸었다. 알렉산드로스 대왕은 그에게 오각형처럼 보이는 삼각형 세 개의 기호를 사용하라고 명령했다. 그것은 그리스어에서 '건강'을 뜻하는 이기에이아ὑγίεια였다. 안티오코스 1세 소테르는 예후다 하마카비의 방식으로 전투 전에 병사들에게 그것을 인식표로 주었다. 그는 전투에서 승리했고, 필롤라오스는 문제의 기호가 새겨진 안티오코스의 은화를 보았다고 적어, 확실한 물질적 증거 하나와 함께 최고의 고물 연구자다운 방식으로 이야기를 확인했다.[67] 제3의 화자가 기독교에 유사한 것이 있다는 말로 답했다. 그리스도 이름의 첫 두 글자인 그리스어 알파벳 키χ와 로ρ로 이루어진 십자가로 콘스탄티누스 대제와 그의 군대 앞에 나타난 것이다.[68] 이 세 가지 기호는 형태와 기원에서 서로 근본적으로 달랐지만, 로이힐린은 전부 자신이 카발라의 핵심이라고 설명한 '기호와 상징'이 엄청나게 강력함을 증명한 증거로 보았다.[69] 달리 말하자면 로이힐린은 이미 자신이 묘사한 유대인의 기호 하나를 이교도의 기호와 기독교의 기호에 적용하고 그것들이 전부 카발라에 부합한다고 확인하며 설명했던 것이다.

아그리파는 한 걸음 더 나아가 도형을 그려 세 가지 기호 전부 진짜 부적으로 표현했다. 그는 세 가지 기호를 "어떤 신성한 존재의 조화를 내뿜는 신비로운 인장"이요(경건한 자라면 걱정 없이 확신을 갖고 휘두를 수 있는 부적이다. 그 표시가 신의 계시로부터 직접 유래했기 때문이다) 더 나아가 천사의 협약, 즉 인간과 신성한 존재 사이의 협약의 증거라고 유려하게 묘사했다.[70] 동시에 그는 로이힐린의 설명을 극단적으로 축약했다. 하마카비라는 낱말의 출처인 〈출애굽기〉 구절에 관한 설명을 예로 들 수 있다. 로이힐린의 설명에서 예후다는 동포에게 감히 입에 올릴 수 없는 하느님이 글자 מכבי에 거한다고, 그리고 하느님의 말씀으로 열광의 도가니에 빠진 그들이 자신들의 신성한 언어로 기도해 적을 파멸했다고 진지하게 설명했다.[71] 아그리파의 설명에서는 유대인들이 '비르투스virtus', 즉 인장의 힘 덕분에 4만 9천 명의 적을(그리고 많은 코끼리를) 죽였다.[72] 아그리파는 로이힐린이 성전聖戰을 묘사한 대목에서 마술에 의한 전쟁을 떠올렸다. 아그리파는 자료를 가공함으로써 《신비주의 철학》을 후대의 마구스들이 일반적으로 그들의 정보를 전부는 아닐지언정 많이 끌어오는 실제적인 참고서가 되도록, 그리고 텍스트를 작성할 때만이 아니라 카트린 드 메디시스의 부적 같은 마법의 보석을 만들 때에도 참고할 수 있도록 꾸몄다. 카트린 드 메디시스의 부적은 피에르 베아르가 대가다운 저작에서 뛰어난 통찰력으로 풀어냈다. 카트린 드 메디시스는 부적이 행성들과 천사들의 힘을 이용함으로써 왕의 사랑과 고통 없는 출산을 보장할 것으로 기대했으며, 그 보석을 만든 세공인은 대체로 아그리파가 제시한 상징적 언어와 규정을 이용했다.[73] 아그리파의 책을 정독하면 누구라도 이러한 행위가 경건한 것임을 알 수 있었다.

수많은 사학자가, 특히 프랜시스 예이츠와 찰스 지카가 카발라가 아그리파 마술의 최종적인 형태를 지배했다고 주장했다.[74] 아그리파는 트리테미우스에게 보낸 편지의 서두에서 두 사람이 다른 여러 형태의 마술뿐만 아니라 카발라와 연금술도 논했다고 썼다.[75] 그는 히브리어를 "마치 질료와 형상과 영혼 속에 있듯이, 글자와 모음의 점, 강세 표시의 형태로 존재하는 모든 언어 중에서 가장 신성한 언어"라고 찬미했다.[76] 히브리어 문자는 숫자의 신비로 가득한 천지창조 때의 하늘 형태를 토대로 만들어졌기에 힘이 어른거렸다. "그러므로 형상과 글자, 단순함, 조합, 분리, 비틀기, 지시, 생략, 과잉, 크고 작은 숫자, 씌움, 열기, 닫기, 정리, 변형, 결합, 글자와 점과 구두점의 순서 뒤집기를 사용하는 히브리인 메쿠발림Mecubalim〔카발라를 실행하는 자, 즉 카발리스트를 뜻한다〕은 모든 것을 다 설명한다고 장담한다."[77] 아그리파는 카발라를 대단하게 보았다. 지적 세계에 관한 세 번째 권에서 카발라를 다루며 로이힐린과 마찬가지로 만일 기독교도가 감히 입에 올려서는 안 되는 이름 예수를 옳게 JHSVH(예호슈아)로 발음한다면 히브리인 카발리스트보다 훨씬 더 강력한 힘을 낼 수 있다고 썼다. 아그리파가 실제로 보여준 대로 그 저작의 틀을 잡고 힘은 물론 자기변형까지 약속한 종교적이고 의식적인 마술로 책의 마지막을 장식할 수 있었던 것은 카발라의 보물을 입수한 덕이라는 주장은 그럴듯하다.

그러나 볼프디터 뮐러얀케와 피에르 베아르는 시간 순서의 문제를 제기했다.[78] 아그리파가 1509년에서 1510년 사이에 쓴 《신비주의 철학》의 최초 필사본은 현재 뷔르츠부르크에 남아 있다. 그곳에서 발견된 필사본에는 아그리파가 트리테미우스에게 보낸 서문격의 편지가 있는데 카발라에 대해 언급하지 않는다. 아그리파가 나중에 그 자료를 덧붙인 것이 분명하다.[79] 전체 텍스트에는 히브리어 낱말이나 유대인의 행위와 신조에 관한 언급이 거의 없다. 그리스와 로마의 전거나 앞서 고찰한 마방진 같은 라틴-아랍 전통에서 아주 많은 용어와 관행을 가져다 쓰고 있다. 최종본에서도 아그리파가 언급한 히브리어 용어들은 대부분 기독교 세계의 권위 있는 표준인 두 저작에서 가져온 것이다. 하나는 로이힐린의 《카발라 기예에 관하여》(1517)이고, 다른 하나는 프란체스코 초르치의 《세상의 조화에 관하여De harmonia mundi totius》(1525)다. 따라서 최근의 몇몇 작가는 아그리파가 기독교 카발라에 깊이 빠져들기 시작할 때 이미 기본적인 마술 이론과 실천을 확립했다고 주장했다. 로이힐린을 비롯한 카발리스트들은 아그리파에게 기본적인 자료 하나를 제공해 이를 토대로 《신비주의 철학》을 엮어내게 했다. 그러나 아그리파는 동양의 다른 현인들을 염두에 두고 작업을 시작했다. 특히 그가 고대 마술 전통의 타당성과 장점의 주된 증거로 인용한, 예수의 탄생을 예언했던 마구스들과 그가 거듭 이름을 거론한 이집트의 헤르메스 트리스메기스토스나 메르쿠리우스 같은 자들이다.

아그리파는 직업적인 삶의 초기 국면에서 히브리어에 확실하게 매료되었다. 앞서 보았듯이 1509년에 그는 돌대학교에서 《기적을 일으키는 낱말》에 관해 강연했다.[80] 그는 강연 서두에서 지금은 널리 알려진 〈여성의 고귀함과 우수함에 관한 선언Declamatio de nobilitate et praecellentia foeminei sexus〉이라는 제목의 연설을 했다. 신성로마제국 황제 막시밀리안 1세의 딸 마르가레테 폰 외스터라이히에게 헌정한 것이다.[81] 여기서 그는 이렇게 주장했다. 하느님, "우주의 창조주께서는 만물에 이름을 붙여주기 전에 그것들을 전부 알고 계셨다. 그분은 바보가 아니므로 그것들의 본질과 성격, 효용을 드러내도록 이름을 지어 주셨다."[82] 그렇게 아그리파는 히브리어 낱말이 사물의 본성을 표현한다는 일반적인 이론을 받아들였다. 그는 이렇게 설명한다. "여성은 그녀가 받은 이름이 남성의 이름보다 뛰어나듯이 남성보다 뛰어나게 창조되었다. 아담은 땅을 뜻하지만 이브는 생명으로 번역된다."[83] 나중에 그는 "카발리스트들의 신비로운 기호들"을 언급하면서 이브의 이름이 "감히 입에 올려서는 안 되는 전능하고 신성한 테트라그라마톤"과 글자를 공유하지만 아담의 이름은 그렇지 않다고 지적했다.[84] 이 분석은 특별히 카발라적인 분석은 아니었고, 아그리파는 이어서 매우 다른 주장을 내놓았다. 그렇지만 이러한 분석을 했다는 사실 자체가 아그리파가 히브리어와 신의 이름에 특별한 힘이 있다고 생각했음을 보여준다. 부르고뉴의 프란체스코회 수도원 원장 장 카틸리네가 아그리파를 "기독교 학교에 죄스럽고 비난받아 마땅한 금지된 기예인 카발라를 들여온", 그리고 "신성한 글자를 이단적인 기예와 유대인의 탈무드에 굴복시킨", "유대교도가 되어가는 이단자"라고 비난한 것은 옹졸했지만 아그리파의 견해를 정확하게 평가한 것이다. 아그리파는 자신이 독실한 기독교도이며 유대교도가 되거나 이단의 주장에 빠질 의도는 없다고 주장했지만, 동시에 유대 학문의 가치에 대한 믿음을 공언했다. "나는 랍비를 경멸하지 않는다." 그와 같은 시대에 살았던 많은 사람이 진정한 기독교인이라면 그렇게 말할 수 없다고 생각했다.[85]

말의 힘

1510년에 나온《신비주의 철학》필사본에 카발라든 다른 것이든 히브리어 자료는 거의 나오지 않는다. 그러나 이 책은 로이힐린에게서 직접 가져왔음이 분명한 것으로 시작한다. 그리고 아그리파가 사용한 몇 가지 카발라 자료는, 개정판의 형태로도, 후대의 독자들에게 중요한 것으로 드러났다. 편찬과 재활용의 시대에 매개자는 종종 신조의 창시자만큼이나 결정적인 역할을 수행했다. 예를 들면 존 디는 아그리파의 인도를 따라 천사들과의 숭고한 대화를 준비했다. 이 점에서 그는 히브리어 낱말 펠레פלא(기적)에 큰 중요성을 부여했다. 심지어 의식 반지에 그 낱말을 새겨 넣을 정도였다.[86] 존 디는 일기에서 직접 회상했듯이 그 낱말의 의미에 관한 정보를 아그리파에게서 얻었다. 아그리파는 이렇게 썼다.

> 몇몇 신성한 낱말과 이름에는 천상의 큰 힘이 실려 있다. 조로아스터와 오르페우스, 이암블리코스, 시네시오스, 알킨디, 여타 뛰어난 철학자들에 따르면 기적적인 결과를 내는 힘이다. (…) 그리고 주께서는〈판관기〉에서 이렇게 말씀하신다. "나의 이름은 **펠레**다." 우리는 이 낱말을 "기적의 창조자"나 "기적을 일으키는 자"로 번역한다.[87]

여기서 아그리파는 카발라에 관한 로이힐린의 첫 번째 책《기적을 일으키는 낱말》(1496)을 출전을 밝히지 않은 채 인용했다. 1509년 그가 강연의 주제로 삼은 바로 그 텍스트다. 로이힐린은 책에서 하느님이 자신의 이름 테트라그라마톤을 "다른 모든 이름 위의 가장 높은 곳에, 경이롭고 위대하며 굉장한 것으로, 하느님이 인간을 통해 일으킨 기적을 통해 널리 알려진 것으로" 세우셨다고 썼다. 로이힐린은 많은 텍스트 중에서도 라틴어 성서 〈판관기〉 13장 18절 "나의 이름은 비밀이다nomen meum, quod est mirabile"를 인용한 뒤, mirabile(비밀)이 "기적을 일으키는 자"라는 의미의 히브리어 펠레פלא를 나타낸다고 설명했다.[88] 아그리파는 《신비주의 철학》의 첫 번째 필사본에서 이 구절을 그대로 인용했다. 그가 이름과 사물의 마술적 힘에 관해 깊이 생각하기 시작한 때부터 로이힐린의 생각이 그에게 자극을 주었다는 명백한 증거다.[89]

천계의 지식

아그리파는 히브리어 낱말을, 특히 하느님과 천사의 이름을 폭넓게 사용했다. 그로써 로이힐린의 선례를 따랐으며 히브리어 성서 텍스트가 지닌 언외의 의미를 강조했다. 그러나 아그리파는 카발라를 원천적으로 종교적 행위로 여기지 않았으며, 카발라 방식으로 성서를 주해하는 극단적인 방식을 인정하지 않았다. 카발라의 해석 방식에서는 특정 낱말이나 성서 구절에서 무한정으로 많은 의미를 끌어낼 수 있었기 때문이다.[90] 게다가 아그리파는 카발라의 기술이 신뢰할 만하다고 생각하지 않았다. 실제로 그는 자신만의 방법을 제시했다. 예를 들면 로이힐린이 이름을 거론하여 확인한 72개 남짓을 넘어서 더 많은 천사의 이름을 지어내거나 찾아냈다. 때때로 그는 천사들의 히브리어 이름이 지닌 숫자의 의미를 밝히는 대신 숫자를 토대로 이름을 만들어냈다. 카발라의 일반적인 절차를 뒤집은 것으로, 실제의 카발라보다는 트리테미우스가 고안한 암호에 더 가깝게 기운 것이다.[91] 피코 델라 미란돌라와 로이힐린, 초르치가 유대인의 논문과 논평이라는 '제3의 자료'로부터 후대의 마구스들이 사용하는 기술을 뽑아냈다면, 아그리파는 그들이 만들어낸 것을 실행이나 참조를 위해 쉽게 끌어다 쓸 수 있는, 잘 정리된 매력적인 텍스트북으로 바꿔놓았다. 이로써 그는 후대의 마구스들에게 필수적인 자산을 제공했다. 그들이 카발라의 기술이라고 생각한 것을 펼쳐 보인 것이다. 그러나 아그리파는 카발라가 비록 강력하기는 하지만 수많은 천계의 지식 중 하나일 뿐이라고 생각한다는 점을 분명하게 밝혔다. 이로써 존 디 같은 아그리파의 충실하고 지적인 독자가 왜 피코 델라 미란돌라나 로이힐린에게서 찾을 수 있는 것보다 더 높은 차원의 천상계 소통 방법을 발견하기를 바랐는지 어느 정도 설명이 된다.

예이츠가 밝혀냈듯이, 어떤 의미에서 아그리파의 책은 독자를 끝없이 위로, 아랍-라틴 전통에 있는 것 같은 가장 평범한 마술의 추구에서 수학과 카발라를 통해 제3의 더 높은 차원의 마술로, 다시 말해 천사의 도움으로 실행된 천계의 마술로 이끌었다. 그것은 트리테미우스의 천사의 기예를 새롭게 일신한 형태가 되었다. 트리테미우스처럼 아그리파도 마구스에게 외진 곳에서 홀로 지내며 금욕하라고 말했다. "마술의 실행자는 성과를 내기를 바란다면 신비로워야 한다. 자신의 활동과 장소, 시간, 욕망과 의지를 스승이나 조력자, 협력자를 제외하면 누구에게도 드러내지 말아야 한다. 협력자는 충실하고 믿음이 있고 입이 무거운 자여야 하며, 훌륭하게 태어나거나 훈련을 통해 훌륭해져야 한다."[92] 하인리히 두덴은 깊은 인상을 받고 이렇게 썼다. "마구스라면 응당 이래야 한다."[93] 아그리파는 계속해서 신의 여러 이름에 관해, 그리고 이를 이용해 더 높은 존재의 지식을 얻고 그들과 접촉하는 방법에 관해 길게 가르쳤다. 두덴은 아그리파의 몇몇 생각에 충격을 받았다. 어떤 악마들은 구원을 받을 수 있다는 카발라의 관념 같은 것이다.[94] 트리테미우스처럼 아그리파도 지상 세계에서 볼 수 있는 파우누스faunus, 레무레스lemures, 하마드리아스hamadryas부터 그가 정신이 어찔할 정도로 방대한 도표로써 이름과 인장을 열거한 천사들에 이르기까지 모든 수준에서 영혼들이 출몰하는 세계를 설득력 있게 재현했다. 두덴은 그러한 견해의 배경이 될 만한 적절한 풍경을 제시했다. "우리는 폐허가 된 고대의 성과 건축물에서 비슷한 것을 본다."[95] 게다가 아그리파는 한때 자신의 스승이었던 자보다 더 설득력 있게 인간이 이러한 신의 질서의 이미지대로 창조되었음을 분명히 했다. 두덴은 그 장을 읽고는 크나큰 존경심을 품게 되었다. "이 장은 주의 깊게 읽을 가치가 있다."[96]

아그리파는 《신비주의 철학》의 세 번째 권을 끝맺으면서 한층 더 크게 논란이 되는 영역에 몰입했다. 파올라 잠벨리가 밝혔듯이, 1520년대와 1530년대 초 아그리파는 과격한 종교 단체들과 접촉했고 그 안에서 자신처럼 교회의 중요한 관행을 혐오하는 자들을 발견했다.[97] 《학문과 기예의 불확실성과 무익함을 공격하는 논설》에서 그는 각 수도회에 지정된 특정한 복장과 형상의 사용 같은 중요한 표준적 관행을 진지하게 비난했다. 고서 연구의 멋진 풍자가 악마가 그런 것들을 만들어냈음을 밝히는 데 도움이 되었다. 동시에 아그리파는 독자에게 초기 기독교도를 본받으라고 촉구했다. 언어학에 재능이 있는 그의 견해에 따르면, 초기 기독교도는 당대의 이교도와 같은 종류의 마술을 실행했다.

> 초대 교회는 또한 질병과 폭풍을 막기 위해 특정한 성스러운 주문을 사용했다. 우리는 어떤 신적인 존재를 경배할 때 이러한 주문을 외거나 소리 내어 말하거나 글자의 형태로 [몸에] 부착하거나 묶어 다님으로써 그 신적 존재로부터 종종 특정한 힘을 얻는다. 그 힘은 인간을 감탄하게 만든다. 이러한 범주에는 성스러운 이름과 형상, 글자, 인장이 포함된다. 명상하는 자들이 오로지 신을 경배하는 마음으로 이러한 것들을 바치고 축성하여 은밀한 응답을 받았다. 만일 후대에 누가 이러한 주문을 그것이 만들어질 때와 똑같이 순수한 마음으로 말한다면, 그는 그것을 처음 실행한 자가 정한 방법과 규칙을 따르는 한 동일한 방식으로 기적을 일으킬 것이다. 이를 모르는 자는 헛수고를 할 뿐이다. 이렇게 우리는 때때로 야만족의 말은 물론이고 히브리어와 이집트어, 그리스어, 라틴어, 기타 하느님과 그의 본질이나 힘, 활동에 바쳐진 다른 언어들에서 가져온 명사名詞로써도 기적 같은 일을 행한다.[98]

오랫동안 이론상 거부되었기에 남몰래 실행해야 했던 여러 형태의 마술이 아그리파의 솜씨 좋은 손에서 기이한 세례를 받았다.

트리테미우스처럼 아그리파도 독자에게 최고로 정교한 예방조치를 취한 뒤에야 천사와의 접촉이라는 마지막 정점의 목표에 다가가라고 일렀다. 오직 선한 것만 소망하고 신의 이름을 절대로 헛되이 취하지 않는 것이 몸에 배도록 해야 했다. "이러한 기예로써 활동하려는 자는 우선 유일하신 아버지 하느님께 그의 자비를 받을 가치가 있는 사람, 겉과 속이 깨끗한 사람이 되게 해달라고 기도하라. (…) 한 걸음 더 나아가, 숫자의 신비에 부합하게 지정된 날에 정기적으로 몸을 씻어라. 깨끗한 옷을 입고 불결함과 타락, 욕정을 피하라." 트리테미우스는 이른바 사제의 독서 자세를 이야기하며 사제들에게 금욕을 강력히 권고했다. 반면 아그리파는 절대적인 순결이 아니라 도덕적인 행위만을 기대한다는 점을 분명히 했다. 그는 〈레위기〉 19~22장을 따라 이렇게 경고했다. "타락한 여인이나 월경 중인 여인, 질병으로 몸에서 체액을 쏟는 여인과 교접하지 말라."[99] 아그리파는 이와 같은 구절로써 그가 마술을 믿고 행하는 사제의 출현을 희망했다는 강한 인상을 주었다.[100]

아그리파는 《신비주의 철학》의 마지막 부분에서 신중한 독자라면 그 책을 표면적인 의미만으로 읽어서는 안 된다고 강력히 암시했다. 그는 책을 수정하면서 연금술에 관한 유력한 논문에 의지했다. 그가 독자들에게 이와 같이 과거를 돌아보며 가르침을 제시할 때 쓴 말 때문에 자비르 이븐 하이얀의 저술로 여겨지는 책이다. "우리는 이 기예를 현명하고 지적인 사람이라면 이해하지 못할 일이 없도록 가르쳤다. 그러나 그 기예는 사악하고 의심 많은 사람에게는 이러한 비밀의 입수를 허용하지 않을 것이며 그들을 무지와 절망의 그림자 속에 망연자실하게 버려둘 것이다. 그러하니 배움과 지혜의 자녀들이여,

이 책을 읽고 깨달음을 얻으라. 여러 곳에 흩어진 의지를 한곳에 모으라. 우리는 한 구절에 감춘 것을 다른 구절에서 명백하게 밝혀 그대 지혜로운 자들에게 분명하게 드러나도록 했다."[101] 로고이 스페르마티코이(씨앗의 원리)가 물리적 세계 곳곳에 신비로운 효력을 흩뿌려놓아 마구스에게 그 숨겨진 힘과 교감 능력을 깨닫는 과제를 남겨놓았듯이, 아그리파는 자신의 책 속에 주장과 암시를 흩어놓았다. 그것은 완벽함과 복잡함, 끝없는 관계망을 지닌 세상과 꽤나 닮았다. 찰스 지카가 독창적으로 제시했듯이, 아그리파는 어떤 의미에서는 자신의 폭넓은 사회적 환경을 토대로 책을 썼다.[102] 그는 우주를 마치 신성로마제국처럼 상호 중첩되는 관할구역들과 권한들의 집합체로 묘사했다. 그것들은 서로 복잡하게 연결되어 있고, 그 경계는 유동적이며, 그 지위는 때때로 불확실하다. 이 거대한 뱀과 사다리의 게임에서 아그리파의 지위는 그의 책과 그것을 지지하거나 억압한 권력자들의 지위와 마찬가지로 불가피하게 불확실하고 취약했다. 그러한 조건에서, 일종의 공개적인 텍스트를, 다시 말해 무수히 많은 방법으로 해석할 수 있는 책을 만드는 것은 의미가 있었다. 그리고 책에 오래된 지층을 없애지 않고 새로운 지층을 덧붙이는 구성의 과정 자체가 복잡하고 때때로 모순적이라는 인상을 강화했다. 옛 체제의 몇 가지 방식은 받아들이지 않았지만 그것을 버리기가 두렵거나 버리기를 거부한 자들의 종교적 모호함이 여기서 마술 전통의 기술적인 모호함과 합쳐졌다. 다분히 의도적이었다.

그러나 아그리파는 자연의 미궁에 들어갔다 나오기를 바란 자들에게는 적어도 한 가닥의 아리아드네의 실이 지극히 중요하다고 보게 되었다. 그렇게 암시하는 구절이 매우 많다. 그는 장인과 기술자를 각별히 중시했다. 우주를 체계적으로 해석하거나 적합한 말로 높은 차원의 권위에 말을 거는 것이 아니라 자연이 자신의 수학적 장치에 복종하게 만들어 힘을 획득한 자들이다. 이러한 구절들이 아그리파의 거대한 구조에서 유일한 것은 아닐지언정 중심이 되는, 시종일관 확실한 실이 되었다. 이러한 여러 구절에서 아그리파는 자연을 지배하는 힘을 달성하는 방법에 관해 근본적으로 다른 모델을 제시했다. 우주와의 교감과 소통에 맞추어진, 수직적 방향의 마술 세계가 아니라 물질 대상에 계산 가능한 힘을 적용하는 것에 초점을 맞춘 기술자의 수평적 세계에서 나온 모델이다.

아그리파는 스스로 여러 차례 인정했듯이 누가 보아도 르네상스 철학자의 전형적인 이미지가 아니었다. 1515년 파도바에서 가르치기 시작했을 때 그는 많은 이유에서 청중에게 사과했다. 아그리파는 '야만스러운' 독일인이었지만 과감히 이탈리아에서, 게다가 평생을 학문과 철학에 몰두한 사람이 아니라 전직 직업군인의 자격으로 강연을 시도했다. 그는《학문과 기예의 불확실성과 무익함을 공격하는 논설》에서 자신의 직업적 활동에 깃든 다른 측면을 드러냈다. 글에서 그는 "광산에서 채굴한 돌에 불의 밝은 화염을 가해 순수한 금속을 용해하는 방법과 그 금속들이 혼합되었을 때 이를 다시 분리하는 방법을 완벽하게 알려준" 작가는 거의 없다고 불평했다. 아그리파는 채굴과 제련의 기술이 "수공예이자 비천한 직업"이라는 이유로 주목을 받지 못하고 따라서 학자들과 사회적 지위가 높은 사람들로부터 존중받지 못한다고 추정했다. 그리고 그는 몇 년 전 "제국 황제의 몇몇 광산을 담당하고 있을" 때, 다시 말해서 합스부르크 황실의 권력과 권위를 떠받친 광산들, 1543년 광물학자이자 연금술사인 게오르기우스 아그리콜라가 아찔할 정도로 상세하게 그 기술을 해설한 광산들을 담당하고 있을 때, 그 주제에 관한 책을 편찬하기 시작했다고 설명했다.[103] 달리 말하자면 아그리파는 군사 기술자요 광산 기술자로 일했으며, 이러한 직업이 그가 보기에 마땅히 받아야 할 사회적·문화적 인정을 얻지 못했다며 다소간 분노를 느꼈다.

아그리파는 그에 앞서 이탈리아의 선배 기술자들이 그랬듯이 장인들을 알았고 좋아했다. 아그리파의 친구 중에 알코올 중독으로 그의 걱정을 산 티리우스라는 시계 제조공이자 연금술사가 있었는데, 아그리파는 그가 화학의 비결에 관해 쓴 글을 읽고 큰 흥미를 느꼈다. 아그리파가 자신을 고용할 수 있는 군주들에게 제안한 봉사는 천궁도의 작성에 그치지 않았다. 이를 크게 뛰어넘었다. 예를 들면 1526년에 아그리파는 "전투에서 불을 사용하는 일에 관해 글을 쓰기보다는 이를 경험으로 보여주는" 편이었다. "나의 집에는 내가 창안한 건물과 전쟁 기계의 모형들이 있다. 결코 적지 않은 비용을 들여 얻은 것으로 내가 아는 한 이전에는 볼 수 없던 형태다." 두 달 뒤 그는 "속도나 편리함, 간편함에서 경쟁 상대가 없는, 둥그런 불덩어리를 발사하는 기계와 그것과 비슷한 다른 많은 것"을 발명했다고 주장했다.[104] 다른 사람들은 이러한 영역에서 아그리파의 전문지식을 인정했다. 1520년 배움이 깊은 만더샤이트 백작 테오도어는 메스에 "수학적 기계 장치로 만든 방앗간"이 있다는 말을 들었다. 그는 아그리파가 자신을 위해서도 그러한 것을 만들 수 있는 수학자를 알고 있는지 사람을 시켜 물어보게 했다.[105] 다른 친구는 아그리파가 "그림 속의 죽은 부분과 살아 있는 부분을 구분할" 수 있게 해주는 거울을 보여주었다고 말했다. 상상력을 자극하기는 해도 충족시키지는 못하는 설명이다.[106]

아그리파는 종종 자연마술의 일반적인 용어로 마구스가 의지할 수 있는 "비밀스러운 힘"을 강조했다. "그들은 자연마술이 바로 자연과학의 최고 높은 힘이라고 주장한다. 그래서 그들은 자연마술을 자연철학의 정점이자 완성이라고 부른다. 그것은 자연철학의 효력을 발하는 부분으로, 상호작용을 통해 도움을 주는 자연의 힘들에 힘입어 모든 기적을 뛰어넘는 성과를 낸다." 그는 이렇게 설명했다. 자연마술은 "자연의 숨겨진 잠재적 힘을 드러낸다. (…) 그 기예 때문이 아니라 자연 때문이다. 마술이 자연에 봉사하는 동안 자연이 이러한 작용을 일으킨다."[107] 이러한 구절에는 피코 델라 미란돌라와 피치노의 목소리가 울려 퍼졌다. 마구스를 자연이라는 책에 몰입한 독자로, 그 과정을 통해 자연을 지배하는 힘을 획득한 자로 묘사하고 있기 때문이다.

그러나 아그리파는 또한 피치노와 피코 델라 미란돌라에게서는 여전히 분리된 채로 있던 재료들을 한데 합쳤다. 피치노는 아그리파가 인용한 텍스트에서 초자연적 영감이 어떻게 사람을 그 일상의 직업에서 끌어내 철학자와 시인, 사제, 예언자로 바꿀 수 있는지 설명했다.[108] 《신비주의 철학》의 최초 필사본에서 아그리파는 토성의 힘을 불러내서 정신을 내면에 집중시켜 미래와 신비에 관한 최고의 지식을 얻게 했다. 그러나 아그리파는 피치노와 달리 토성의 영감이라는 관념을 수준 높은 공예가 계시를 받아 이루어진 숭고한 일일 수 있다는 믿음과 융합했다. 그는 이렇게 쓴다. "그들은 영혼이 우울한 기분에 사로잡혀 어떤 방법으로도 빠져나오지 못할 때 육체의 고삐와 수족의 사슬에서 벗어나 상상의 영역으로 완전히 이동한다고 말한다. 그다음 영혼은 돌연 작은 악마들의 거처가 되고, 그 작은 악마들은 때로 영혼에 비범한 수공예를 가르친다. 그러므로 우리는 수련을 전혀 받은 적이 없는 자들이 갑자기 걸출한 화가나 건축가, 여타 다른 기예의 거장이 되는 것을 볼 것이다."[109] 아그리파는 시인을 인류의 인정받지 못한 입법자라고 말하지 않았다. 그러나 그는 이탈리아로 가기 전에도 미술가와 기술자를 딱 집어 인정받지는 못했지만 특정한 형태의 강력한 지식을, 세상을 꿰뚫어보는 통찰력뿐만 아니라 세상을 지배하는 힘까지 제공하는 지식을 소유한 자들이라고 말했다.

그러나 1530년대 초 아그리파는 기술자의 힘에 관해 훨씬 더 극단적인 견해에 도달했다. 서로 밀접히 연관된 두 구절에서, 《학문과 기예의 불확실성과 무익함을 공격하는 논설》의 한 구절과 《신비주의 철학》에 새로 덧붙인 한 구절에서 아그리파는 두 번째 구절에서 '건축'이자 '수학적 마술'이라고 부른 것의 힘을 설명했다. 그는 그 두 번째 구절에서 대체로 낙관적인 논조를 취했다.

수학의 신봉자들은 마술에 매우 필수적이고 유기적으로 긴밀히 결합되어 있기에 그들 없이 마술을 실행하는 자는 완전히 길을 잃게 될 것이며 그의 노력은 헛수고가 될 것이다. (…) 그러나 플라톤이 말하듯이 자연의 힘의 도움 없이 수학적 훈련만으로도 자연의 작용과 비슷한 일을 일으킬 수 있다. 진리와 신성의 일부가 아니라 그것과 연관된 어떤 환영이다. 이를테면 동물의 활력이 없는데도 걷고 말하는 신체, 고대에서는 아리스토텔레스가 언급한 다이달로스의 조각상과 자동장치, 호메로스의 글에서 읽을 수 있듯이 자체의 의지로 전투에 참여한 헤파이스토스와 다이달로스의 스스로 움직이는 삼발이 같은 것이다. (…) 말하는 헤르메스의 조각상들과 나무로 만들어져 공중을 날아다닌 아르키타스의 비둘기에 관해서도 읽을 수 있다. (…) 기하학과 광학으로 탄생한 온갖 놀라운 환영이 이러한 범주에 속한다. (…) 사물의 형상을 멀리 떨어진 하늘에 나타나게 하는 오목렌즈와 볼록렌즈의 거울도 이렇게 만들어진다. (…) 그러므로 마구스는 자연철학과 수학에 정통한 대가로서 산수, 음악, 기하학, 광학, 천문학뿐만 아니라 무게와 치수, 비율, 접합의 학문으로도 이루어진 중간지식을 알고 있으며, 이러한 학문들에서 유래한 기계적 기예가 놀랍지 않게도 최고로 신중한 사람들까지도 깜짝 놀라게 할 많은 기적을 행할 수 있음을 알고 있다.[110]

아그리파는 "이 모든 것"이 자연의 질서에 위배되는 것처럼 보인다고 인정했다. 그래서 무지한 사람들은 이를 악마의 소행으로 돌렸다. 그러나 실제로 자연 질서의 이러한 변형은(또는 방해는) 자연과학과 수학을 응용한 결과였으며 인류에 어마어마한 이익을 가져다주었다. 초기 마구스들이 자연의 신비로운 힘을 불러내 교묘하게 결합해 강화하는 일에 관해 글을 쓴 반면, 아그리파는 자연의 유기체에 필적할 기계를 만들고 이를 이용해 자연 세계에 변형을 가할 가능성을 이야기했다. 아그리파에게서 마술은 자기 시대의 기술자를 칭찬한 마네티와 발라의 목소리처럼 적극적으로 나서는 대변자를 찾았다.

이 새로운 강력한 마술이 엄청난 우려를 가져온 것은 사실이다. 《학문과 기예의 불확실성과 무익함을 공격하는 논설》에서 아그리파는 과거에 이러한 일을 극단적으로 추구한 사람들이 "지식을 약속하는 강력한 악마의 지원을 받았으며, 그래서 그[악마]와 마찬가지로 그들도 마치 원숭이처럼 신과 자연을 모방하려 했을지도 모른다"고 인정했다. 마구스, 즉 "최고로 담대한 인간들"은 악마로부터 영감과 도움을 받아 수학의 비밀스러운 힘을 발견했다. 자연마술을 비난한 니콜라우스 폰 쿠스의 견해와 파우스트의 힘에 대한 멜란히톤의 평가와 매우 비슷하다.[111] 게다가 아그리파는 세상의 외관을 바꿀 인간의 힘을 찬미할 때에도 만들기의 강력한 욕구가 "인간의 정신을 사로잡는다fascinare[마법 걸기를 가리키는 전문 용어]"고 유감을 표했다. "이미 집이 잘 지어졌는데도, 할 수만 있다면 집을 증축해 더 크게 만들려는 욕망을 갖지 않은 사람을 거의 볼 수 없을 정도다. 이 만족을 모르는 만들기의 욕구 때문에 일이 한계가 없는 지경에 이르렀다." 그는 허세가 심한 교회를 비난하며 이렇게 지적했다. "요새화한 성채, 전쟁 기계, 총포, 대포, 비행무기, 기타 사람을 죽이는 도구들, 그리고 그들이 정복한 민족들이 이 기예가 때때로 인류에게 초래한 파멸을 증언한다."[112] 그렇다면 공학도 악마적인 결과를 낳을 수 있었다. 그렇지만 아그리파는 수학적 마술의 악마적 영감을 비난하고 다른 모든 형태의 마술을 미신이요 무용지물이라고 거부하면서도 결코 수학적 마술이 약속한 힘이 거짓이라는 뜻은 내비치지 않았다.

아그리파가 말한 것은 대부분 처음부터 독자에게, 특히 많은 사람이 그랬듯이 그와 비슷한 관심과 재주를 갖고 그의 책을 읽은 자들에게는 설득력이 있었던 것 같다. 예를 들면 하인리히 두덴은 아그리파의 수도원 도서관의 멋진 제단 뒤의 장식과 수려한 설계를 알아보았다. 그는 오르간 제작자 고스빈 스타퍼베네를 각별히 칭찬했다. 스타퍼베네는 두덴의 수도원 예배당에 커다란 오르간을 설치했을 뿐만 아니라 두덴의 제안에 따라 남은 납과 다른 재료를 써서 두 번째 작은 오르간도 만들었다.[113] 두덴은 헤라클레스의 기둥을 사람이 만들었다거나 그것이 실제로 존재했다는 아그리파의 견해를 수용하지는 않았지만 아그리파가 묘사한 잉글랜드의 환상열석 같은 거대한 구조물을 본 적이 있으며 아그리파처럼 "보통 사람들"로부터 이것이 악마의 작품이라는 말을 들었다고 썼다.[114] 그리고 아그리파가 고대의 기예와 공예가 소실되었기 때문에 인간이 얼마나 강력한지를 전체적으로 알아볼 수 없게 되었다고 썼을 때, 두덴은 한 가지 사례를 인용하며 동의를 표했다. "포장도로와 고대 성벽에 만들어 넣은 모자이크를 예로 들 수 있다."[115] 아그리파가 오래된 물건과 새로운 물건을 설명하며 기적이라고 칭찬한 것은 이상하지 않다. 놀라운 물건들과 그것을 만든 유명한 사람들, 인문주의자들과 감정가들의 세계에서 기술을 일종의 마술로 보기는 쉽다. 6월 24일 세례 요한 축일에 피렌체에서 실행된 의식처럼 일종의 공개 행사인 것이다.

아그리파는 인간의 노력이 세상의 외관을 바꿀 수 있다고 주장했다.

벼랑을 잘라내고 계곡을 메우며 산을 평평하게 깎고 바위에 터널을 뚫고 해안 절벽에 바다로 이어지는 길을 내고 땅속 깊이 굴을 파고 강줄기를 새로 내고 바다와 바다를 연결하고 호수에서 물을 빼고 습지를 개간하며 대양을 막고 대양 깊은 곳을 탐사하고 새로운 섬을 만들고 다른 섬을 대륙에 붙인다. 자연과 충돌하는 것이지만 이 모든 일, 이보다 더 큰 일들이 세상에 매우 유익한 경우가 종종 있었다.[116]

다른 많은 경우처럼 여기서도 아그리파는 신기술을 얘기하면서 자신만의 비유적 표현을 쓰지 않았다. 대신 그는 공학 전통의 가장 강력하고 유명한 대변인인 알베르티의 글에서 저명한 문구를 가져다 썼다. 알베르티는 앞서 보았듯이 《건축에 관하여》의 서문에서 세상을 바꾸는 건축가의 힘을 이야기했다.

벼랑을 잘라냄으로써, 산에 터널을 뚫고 계곡을 메움으로써, 바다와 호수의 물을 막음으로써, 선박을 건조함으로써, 습지에서 물을 빼냄으로써, 강줄기를 바꾸고 강어귀를 준설함으로써, 항구와 교량을 건설함으로써 건축가는 인간의 세속적인 욕구를 충족했을 뿐만 아니라 세상의 모든 지역에 이르는 새로운 관문도 열었다.[117]

그는 계속해서 역사에 기록된 모든 공성전에서 필수적이었던 정교한 전쟁 기계를 고안해낸 제작자들을 칭찬했다. 이 구절은 많은 독자의 주목을 끌었다. 아우크스부르크의 인문주의자 콘라트 포이팅어는 자신이 갖고 있는 사본의 공성전에 관한 구절에 열정적으로 주석을 달았다.[118] 《학문과 기예의 불확실성과 무익함을 공격하는 논설》에서 아그리파는 알베르티와 뒤러를 건축에 관한 근대의 기본적인 권위자로 인용했다.[119] 분명코 그가 두 사람에게서 단지 기술적인 정보만을 발견한 것은 아니다. 아그리파가 보기에 두 사람은 그의 소명에 관한 근본적인 진실을 드러냈다. 아그리파는 인간의 힘을 매우 감동적으로 표현하면서 고대 말기의 마구스와 점성술사, 그리고 그들을 찬양한 근대인은 물론 이탈리아의 기술자들에게도 의지했다. 아그리파는 로저 베이컨처럼, 어쩌면 그보다 한층 더 일관되게, 그렇게 놀라운 일을 가능하게 만든 기술이 고대에서 비롯했다고 보았다. 그는 중세의 전설과 알베르티의 증언(아그리파는 그를 "신뢰할 수 있는 역사가"라고 말했다), 자신의 고서 수집 여행을 통해 그러한 기술의 존재를 확신하게 되었다.

> 어쨌거나 이러한 고대 작품들의 흔적은 오늘날까지도 남아 있다. 그렇지 않은가? 예를 들면 헤라클레스의 기둥과 알렉산드로스의 기둥, 청동으로 만들고 어떤 장치나 기술로도 무너뜨릴 수 없도록 쇠 들보로 고정한 카스피해 관문(알렉산드로스 관문) 같은 것이다. 바티칸 옆에 건조한 율리우스 카이사르의 피라미드[오벨리스크]와 대양 한가운데 세운 산, 요새, 내가 브리타니아에서 본 것과 같이 믿기 어려운 기술로 쌓아놓은 돌덩이들도 있다.[120]

알베르티처럼 아그리파도 무지한 사람들이 바티칸의 오벨리스크를(그리고 잉글랜드의 환상열석을) 악마의 작품으로 여긴다고 불평했다.

이들은 "자연과학이나 수학"의 힘을 이해하지 못하기 때문에 사실상 범주의 오류를 범했다.[121] "수학적 기예"는 강력한 힘을 지닌 특별한 형태의 자연마술이었다.

자동장치

그러나 아그리파가 가장 역점을 두어 강조한 것은 특별한 형태의 공학이었다. 수학적 마술이 고유의 기적을 행할 수 있다는 증거로 그는 수많은 장치를 열거했다. 그러나 그는 자동장치를 각별히 중요시했고 많은 자동화 기계를 논의했다. 대부분은 E. R. 트루이트가 초기 형태들을 훌륭하게 추적한 "중세 로봇"이다. 예를 들면 이런 것들이다. 헤파이스토스와 다이달로스의 움직이는 삼발이, 타렌툼의 아르키타스가 나무로 만든 날아다니는 비둘기, 티아나의 아폴로니오스에게 음식과 음료를 가져다준 삼발이, 카시오도루스가 언급한 보이티우스의 자동 음악 장치, 기욤 도베르뉴가 묘사한 말하는 머리.[122] 아그리파가 아르키메데스의 불타는 거울을 언급하기도 했지만, 그의 이야기에서 핵심적인 역할을 한 것은 자동장치다. 나중에 수학자이자 천문학자인 레기오몬타누스(요하네스 뮐러)가 고안했다는 인조 파리와 독수리를 추가해 그 이야기를 다시 할 때도 역시 자동장치가 핵심이었다.[123] 아그리파는 마구스를 장인이요 화려한 현상을 만들어내는 창조자로 다시 정의했다. 이 정의가 17세기 중반까지 수십 년 동안 이어진다.

아그리파가 자동장치를 강조한 것은 우연이 아니다.[124] 앞서 보았듯이 헤르메스의 저술에서 일반적인 독자를 가장 크게 당황하게 만든 것은 이집트인들이 자신들의 우상이 말을 하게 만들려고 악령을 집어넣은 조각상을 묘사한 대목이다.[125] 가장행렬과 결혼식을 위한 자동장치를 묘사한 폰타나 같은 기술자는 말하는 악마의 기이하고 무서운 형상을 기계 장치로써 복제하겠다고 대담하게 제안했다. 피치노는 그러한 제안에 큰 관심을 가졌던 듯하다. 그는《플라톤주의 신학》에서 이집트인들의 움직이는 조각상과 그리스인들의 자동장치 사이에서 본질적인 연관관계를 보았다고 분명하게 밝혔다. 그는 이렇게 쓴다. "가장 놀라운 것은 인간의 기예가, 마치 우리가 자연의 노예가 아니라 자연의 경쟁자인 듯이, 자연이 만들어내는 것은 무엇이든 스스로의 힘으로 만들어낸다는 사실이다. (…) 타렌툼의 아르키타스는 수학을 이용해 비둘기를 만들어 균형을 잡고 공기를 불어넣어 하늘을 날게 했다. 헤르메스 트리스메기스토스에 따르면, 이집트인들은 신들의 상을 만들어 말하고 걷게 했다. (…) 결국 인간은 신성한 자연의 모든 작품을 모방하며 저차원 자연의 작품들을 수정하고 교정하여 완벽하게 한다."[126] 피치노는 확실히 기술자의 작품이 어떻게 이집트인들의 성취를 설명할 수 있는지 전혀 언급하지 않았다. 그러나 그가 둘을 병치하여 설명했다는 사실은 매우 많은 것을 암시한다.

약 30년 뒤, 이론과 실제를 결합한 다른 이탈리아인 사상가가 이러한 여러 갈래를 한데 합쳐 약간 다른 견해를 내놓았다.《세상의 조화에 관하여》에서 신비로운 우주를 길고도 설득력 있게 설명한 베네치아의 프란체스코회 수사 프란체스코 초르치는 1554년 산 프란체스코 델라 비냐 성당이 개축되었을 때 균형과 음향 효과, 시선에 관해 조언한 전문 건축가이기도 했다.[127] 책에서 그는 움직이는 조각상과 여타 인간의 손에서 탄생한 경이로운 일을 새롭게 설명했다. "오직 하느님만이 기적을 일으킬 수 있지만, 그럼에도 조로아스터의 말대로 가장 대담한 성격의 피조물이요 무슨 일이든 할 정도로 대담한 인간은, 특히 늘 창조주를 흉내내려고 한 강력한 악마의 도움 덕분에, 인간이 하느님과 자연의 모방자로 나타나는 많은 일을 시도했다. 타렌툼의 아르키타스는 목재로 공중을 날아다니는 비둘기를 만들었다고 한다. 어떤 사람들은 우리 시대에 자신도 똑같이 했다고 자랑한다. 헤르메스에 따르면, 이집트인들은 말하는 신들의 조각상을 만들었다고 한다. 알베르투스 마그누스도 비슷하게 청동으로 말하는 머리를 만들었다고 한다."[128] 초르치는 로저 베이컨이 '실험과학'을 옹호하기 위해 한 이론적 주장을 가져와 자연마술에 적용함으로써 이와 같은 자동장치에 관한 고대와 중세의 이야기를 해설했다. 그는 베이컨이 "순수한 자연마술"을 이용해 대기에 천둥과 구름, 비를 만들고 몇몇 물질을 바꾸었다고 말했다.[129] 그리고 뒤이어 아그리파의 손을 통해 수학적 마술의 모범적인 사례가 된 것들이 있다고 말했다. 초르치는 또한 아그리파가 《학문과 기예의 불확실성과 무익함을 공격하는 논설》에서 말했듯이, 이러한 종류의 마술이 기술적으로 순수하기는 해도 여전히 악마의 조언이나 영향에서 비롯한다고 암시했다.

초르치는 이러한 형태의 마술이 정확히 무엇을 대표했는지 명확히 하는 문제에서는 주저했다. 어쩌면 신중했다고 할 수 있다. 그는 어떤 사람들은 실제로 진짜 생물의 환영을 "만들어냈다"고, 반면 다른 사람들은 "수동적인 것에 능동적인 것"을 작용하게 하여 사물을 자연적인 조건을 뛰어넘어 완전한 존재로 만들었다고 썼다. 초르치는 피코 델라 미란돌라나 피치노와 매우 비슷한 말로써 이러한 위업이 부당하게 마술에 나쁜 평판을 가져다주었지만 실제로는 자연의 신비로운 힘에 관한 심오한 지식에서 비롯한다고 주장했다. "평범한 사람은 그것들이 기적을 행한다고 생각했지만, 그것들은 사실상 세월의 흐름 속에서 밀려날 때만 변화하는 자연의 작품이었다. 그러한 일을 하는 데 익숙한 자들을 마구스라고 불렀다. 지금은 많은 사람이 강령술사를 가리키는 말로 잘못 쓰고 있지만 페르시아어로 '현자'라는 뜻이다. 그들은 현명한 사람이었고 감추어진 일에 관한 전문가였기 때문이다. 인류의 구원자가 탄생할 때 그 별을 보았던 사람들도 그 안에 포함된다. 그 별은 자연의 일반적인 질서에서 벗어난 것인데, 그들은 이를 매우 잘 알고 있었다. 이로부터 그들은 자연의 질서와 한계를 초월하는 자가 태어났다고 옳게 예언했다."[130] 그렇지만 동시에 초르치는 이러한 현상을 다르게 설명할 수도 있다고 썼다. "나는 움직이고 말할 수 있는 동체를 만들었다고 자랑하는 사람들을 보았지만, 그것들은 동물의 기능을 갖지 못했고 오래 존속하지도 못했다. 그들은 하늘의 성위星位를 관찰하고 하늘의 힘을 불러내 이것들을 만들었다고 말한다. 그러나 어쩌면 무엇인가 다른 것이 근원인지도 모른다."[131] 여기서 초르치는 아그리파가 수학적 마술이라는 새로운 개념을 채워 넣는 지적 공간을 열었다.

1500년 직전과 직후 몇십 년 동안 자동장치에 다소간 기계적이면서도 영적인 것으로 볼 수 있는 특별한 힘을 부여한 영역이 자연철학과 자연마술만은 아니었다. 토머스 크롬웰이 잉글랜드 수도원을 해산했을 때, 그와 동료들은 수도사를 오랫동안 순진한 잉글랜드인의 신앙심을 이용해먹은 사기꾼으로 그리기 위해 남김없이 증거를 찾아냈다. 가장 돋보이는 것으로는 복슬리 십자고상이 있다. 켄트주 메이드스톤 외곽에 있는 복슬리 대수도원의 이 십자고상은 눈동자를 움직이고 눈물을 흘리며 고개를 돌리는 예수의 초상을 보여준다.[132] 십자고상을 벽에서 떼어냈을 때, 복슬리 대수도원의 처리를 담당한 감독관 제프리 체임버는 "그 뒤에서 오래되어 썩은 막대기들"을 발견했다. "그것들이 그 눈을 움직이게 하고 그 머리를 마치 살아 있는 것처럼 돌리게 했다. 그 아래쪽 입술도 마찬가지로 마치 말하는 것처럼 움직이게 했다."[133] 로체스터 주교 존 힐지는 1538년 2월 24일 런던의 사도 바울 강단에서 설교할 때 그 장치를 보여주며 비난했다. 그것의 정체가 밝혀졌다는 소식이 여러 종파의 프로테스탄트 신도들 사이에 급속히 퍼졌는데, 그들은 다곤(고대 페니키아에서 숭배된 신)의 몰락을 열정적으로 증언했다. 그러나 복슬리 수도원의 수도사들이 십자고상에 관해 어떤 주장을 했는지, 무슨 생각을 했는지는 분명하지 않다. 소수의 수도사만 그 비밀을 알고 지켰나? 아니면 방문객이 그것이 기계적인 장치임을 알면서도 그 형상의 움직임에 놀라 의심을 버리기를 기대했나?[134] 켄트의 고대 유물을(더불어 그곳의 오래된 교회의 악습을) 매우 상세히 조사한 골동품 연구자 윌리엄 램바드는 잉글랜드의 어느 숙련된 장인이 프랑스에 포로로 잡혀 있을 때 그 십자고상을 만들었다는 전승을 기록으로 남겼다. "그래서 지금 그것이 살아 있는 사람처럼 보이게 하는 데에는 프로메테우스의 불이 필요하지 않다. 그것을 신격화해 하느님으로 받아들여지게 하는 데에는 종을 든 탐욕스러운 사제들의 도움이나 교활한 수도사 무리의 지원으로 충분하다."[135] 이 일에서 놀라운 점은 그 십자고상이 만들어진 과정이 아니라 그것이 복슬리 대수도원에 도착한 것, 그곳을 떠나기를 거부한 것(일단 대수도원에 도착한 후로는 이동이 불가능한 것으로 판명되었다), 그곳에서 기적을 행할 능력을 보여준 것이었다.[136]

형상이 움직인 다른 십자고상의 이야기가 이러한 해석을 뒷받침한다. 부르고스의 십자고상이다. 보헤미아의 귀족으로 군인이자 외교관이었던 레프 즈 로주미탈루가 산티아고 데 콤포스텔라로 가는 길에 부르고스에 도착했을 때, 그와 집사 게르하르트 테첼은 도시 외곽의 아우구스티누스회 수녀원에서 십자고상을 보고 강한 인상을 받았다. 예수 조각상의 팔꿈치와 무릎, 손목, 손가락, 기타 관절이 전부 가죽 덮개로 가려져 있었는데 움직인 것이다.[137] 조각상의 옆구리를 찌르면 측면에 부착된 장치에서(극적인 효과의 증거였다) 피가 흘러나왔다. 남아 있는 동물 피의 흔적이 오래도록 보존된 그 신상이 십자가의 고난이라는 공연에 참여했음을 보여준다.[138] 레프 즈 로주미탈루와 테첼은 이것이 인간의 노력, 즉 아리마테아의 요셉을 도와 예수의 시신을 염한 바리사이파 사람 니코데모스의 노력이 낳은 결과물이라고 생각했다. 니코데모스가 하느님께 십자고상의 제작을 허락해 달라고 기도했다는 것이다. 그러나 테첼은 그 조각상에 거의 초자연적인 속성을 부여했다. "그것은 나무나 돌로 만들어지지 않았다. 몸통은 죽은 사람의 몸처럼 만들어졌다. 머리카락과 손발톱이 자라며, 수족을 건드리면 움직인다. 피부를 만지면 마치 사람의 피부처럼 느껴진다. 얼굴 표정은 무섭고도 엄숙하다."[139] 조각상을 관리한 사제들

부르고스의 십자고상.

은 외국인 방문객만큼이나 경외심을 갖고 그것을 바라본 듯하다. 레프 즈 로주미탈루는 이렇게 기록했다. "그들은 경건한 마음으로 노래를 부르고 요란한 종소리를 울리며 그 수족을 하나씩 조심스럽게 다루었다."[140] 두 여행객이 십자고상을 본 날, "두 가지 큰 기적이 일어났다." 죽은 어린아이가 살아났으며, 남자 한 명과 어린아이 한 명이 병이 나았다.[141] 그 조각상이 부르고스에 도착한 이야기는 이렇다. 유대교에서 기독교로 개종해 1415년부터 1435년까지 부르고스 대주교로 봉직한 유명한 유대인 개종자 파블로 데 산타 마리아(부르고스의 파울)가 기적적으로 그것을 발견해 그 자리로 가져왔다. 그의 아들 알폰소 데 카르타헤나는 말년에 신심이 매우 깊어져 "그 십자고상이 그에게 말을 걸고 고개를 숙였다."[142] 부르고스의 시민들과 방문객들은 그 십자고상을 주의 깊게 관찰하고 그 운동 능력에 감탄했으면서도 속지 않았다. 복슬리로 떼 지어 몰려든 순례자보다는 확실히 그렇지 않았다. 그들은 십자고상을 인간의 공예품인 동시에 신비로운 힘을 얻은 물체로 보았다. 알렉산더 마는 르네상스 말기의 자동장치에 관한 고전적인 논문에서 이렇게 말했다. "스스로 움직이는 기계는 많은 사람에게 여러 가지 의미일 수 있다. 보는 사람의 생각에 따라 근대인이 고대인보다 기술적으로 뛰어나다는 상징일 수 있고 위험한 마술일 수도 있으며 무해한 기적일 수도 있다."[143] 이 초기 물건들은 태엽 장치나 다른 형태의 기계로 작동되지 않았지만, 역시 많은 사람에게 많은 것을 의미할 수 있었다. 위험한 마술부터 성스러운 손재주까지 무엇이든 될 수 있었다. 그 존재와 그것들이 이루어낸 놀라운 일은 공예의 힘에 관한 상상의 여지를 넓혀주었다.

이탈리아로 간 아그리파

아그리파가 이러한 텍스트와 관념의 매력에 민감하게 반응했던 것은, 다시 말해서 알베르티와 초르치의 글에서 읽은 것을 취해 발전시키고 이를 토대로 마술을 강력히 옹호한 것은 부분적으로는 책을 출간하기 위해 한층 더 엄격해진 검열에 맞서 싸워야 했기 때문이다. '수학적 마술'이라는 개념은 어느 정도는 영리하고 효과적인 회피 행동의 표현이었다.[144] 그러나 아그리파 자신의 경험도 독서와 글쓰기 방식의 변화에서 매우 중요한 역할을 했다. 1511년 아니면 1512년 초, 그는 이탈리아로 갔고 1512년 봄부터 초가을까지 파도바와 밀라노에서 지냈다.[145] 앞서 보았듯이 아그리파는 군인이자 기술자로서 이탈리아 북부에 도착했다. 이미 그는 최고 수준에 도달한 실용적인 기예는 신의 영감을 드러낸다고 믿고 있었다. 《신비주의 철학》의 중요한 한 장을 보면, 아그리파가 이탈리아에서 만난 기술자들에게서 그러한 기대의 구체적인 사례를 보았음을 알 수 있다. 이탈리아의 수많은 건축가와 기술자가 로마의 건축가 비트루비우스에게서 영감을 받아 완벽한 인체를 고집했다. 알베르티 이후로 그들은 완벽한 비율을 찾으려는 바람에서 여러 개별 신체의 비율을 연구했다. 타콜라를 비롯해 많은 사람이 완벽한 인체가 어떻게 완벽한 원 안에 완벽하게 들어맞는지 보여주고자 다양한 방법을 시도했다. 가장 유명한 사람은 레오나르도 다빈치다. 그들은 자신이 그린 인체를 말 그대로 건축 형태의 이상적인 모델로 여겼다. 그것을 기준으로 삼아 기둥과 벽기둥, 기둥머리를 스케치했다. 아그리파는 그들이 내놓은 자료 일부를 읽거나 보았으며 그들의 시각에 동의했고 그들의 주장을 새로운 방식으로 발전시켰다. 아그리파는 《신비주의 철학》에서 초르치를 따라 인체가 우주의 축소판이라고 주장했다. "하느님은 노아에게 인체의 치수에 따라 방주를 지으라고 명령하셨다. 하느님이 우주라는 기계를 인체와 대칭되게 만드셨기 때문이다. 따라서 전자는 대우주, 후자는 소우주라고 부른다."[146]

역시 초르치를 따라 아그리파는 인체의 아름다움에 대한 이 긍정적인 견해를 자신의 텍스트는 물론 제2권에 나오는 일련의 도형에도 집어넣었다.[147] 점성술 도형이 수백 년 동안 그러했듯이, 이 도형들은 황도대와 행성들의 특정한 징후가 인체의 각 부분과 기관을 통제함을 암시했다. 그러나 이 도형들은 또한 인체의 비율을 이해하는 새로운 방법을 그림으로 표현했다. 아그리파는 이렇게 말했다. "두 발을 좌우 양쪽으로 뻗고 뒤꿈치를 움직이지 않은 채 두 손을 정수리 높이까지 올렸을 때, 손과 발의 가장 긴 곳을 연결하면 변의 길이가 같은 정사각형이 되고, 그 중앙은 몸의 허리 부분 배꼽 위쪽이 된다."[148] 프랑크 죌너가 밝혔듯이, 이 설명은 하위헌스 사본Codex Huygens•에 기록된 레오나르도 다빈치의 견해와 일치한다. 하위헌스 사본은 레오나르도 다빈치의 작품을 기반으로 편찬된 것으로 현재 피어폰트 모건 라이브러리에 보관되어 있다.[149] 이 목판화에서 인체를 이용해 별꼴 오각형(펜타그램)을 그리고 손과 발을 표현한 것처럼 아그리파의 그

• 1672년 잉글랜드 왕 윌리엄 3세가 되는 빌럼 판 오라녀가 네덜란드 공화국의 국가수반이 되었을 때 비서로 일한 콘스탄테인 하위헌스가 1690년에 이 필사본을 입수해 그의 이름이 붙었다.

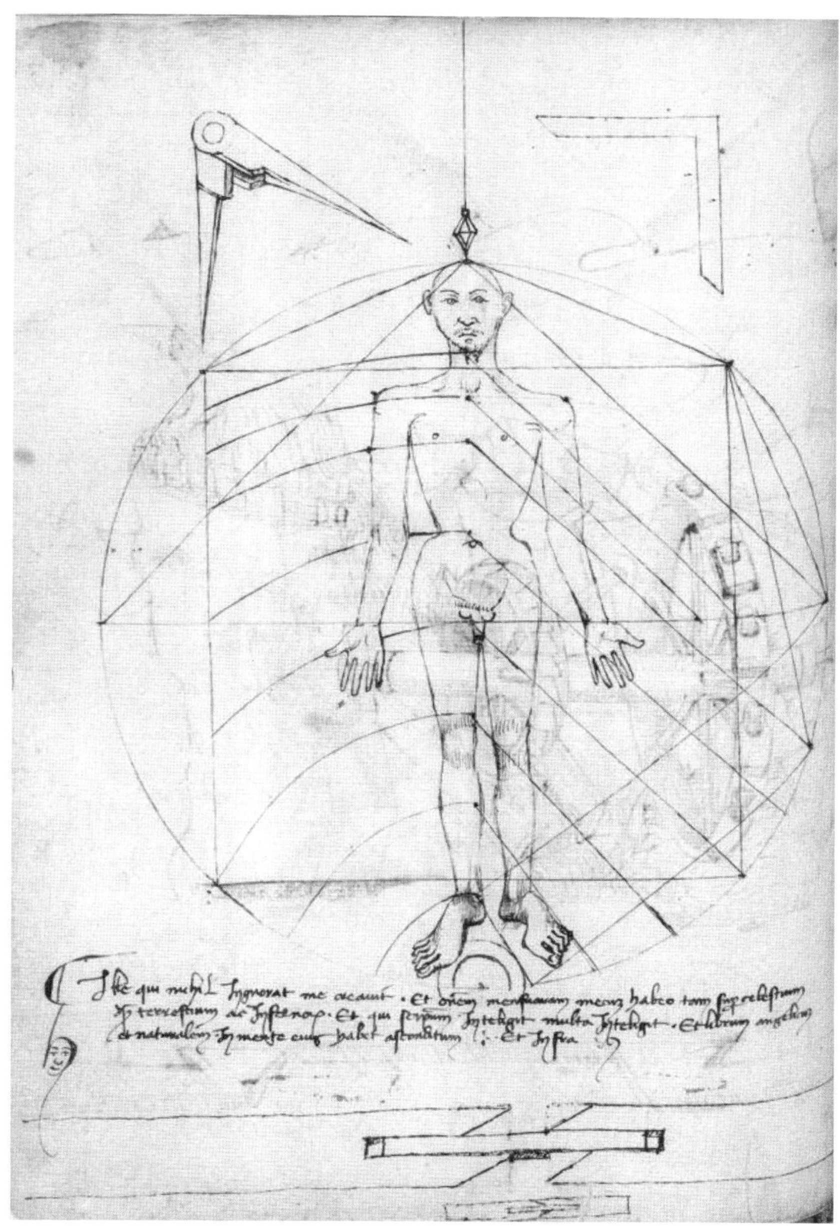

타콜라, 인체의 비율을 표현한 도형.

림에 나오는 다른 인체 모습들도 레오나르도 다빈치의 도형에서 가져온 것으로 보인다. 손과 발의 경우에는 베네치아의 아카데미아 미술관에 보관된 것에서 따온 것이다.[150] 그러나 가장 중요한 것은 아그리파가 미술가이자 기술자인 사람들의 작품에서 인체 비율의 그림을 보고 깊이 생각했다는 명백한 증거다. 달리 말해서 아그리파는 인체의 조화를 강력히 요구했을 때 단지 초르치를 인용하기만 한 것이 아니었다. 그는 당대의 미술가이자 기술자들의 인체 분석 능력에 대한 신뢰를 표현했다.[151]

초르치가 쓴 책에는 그가 레오나르도에게서 영감을 받았음을 암시하는 대목이 있다. 그는 이렇게 썼다. "다이달로스는 인조 날개로 날았다고 한다. 우리 시대에 어떤 이는 같은 방식으로 그리 멀지 않은 거리를 날았다."[152] 15세기의 기술자들은 인간이 날 수 있게 하는 기계, 적어도 높은 곳에서 천천히 떨어지게 하는 기계를 꿈꾸었다. 그러나 레오나르도 다빈치는 다른 많은 기술 분야에서도 그랬거니와 비행에 관한 이전의 어설픈 발상들을 연결해 완벽하게 만들었다.[153] 그는 새와 박쥐의 날개와 비행경로를 늘 그랬듯이 손에 펜을 들고 세심하게 검토했다. 인간의 창의력이 살아 있는 유기체의 "솜씨와 힘"을 모방할 수 있다고 확신한 그는 대단히 독창적인 비행 기계의 설계도를 그려냈다. 어떤 재료를 사용할지, 준비에 어떤 기술이 필요한지, 지상에서 그 양력을 시험할 최선의 방법까지 일일이 검토했다.[154] 초르치가 익명의 당대인이 공중을 날았다고 썼을 때 레오나르도 다빈치를(그리고 그를 둘러싼 이야기를) 염두에 두었을 가능성이 매우 크다.

레오나르도는 아그리파에게도 영감을 주었을 것이다. 그 예술가는

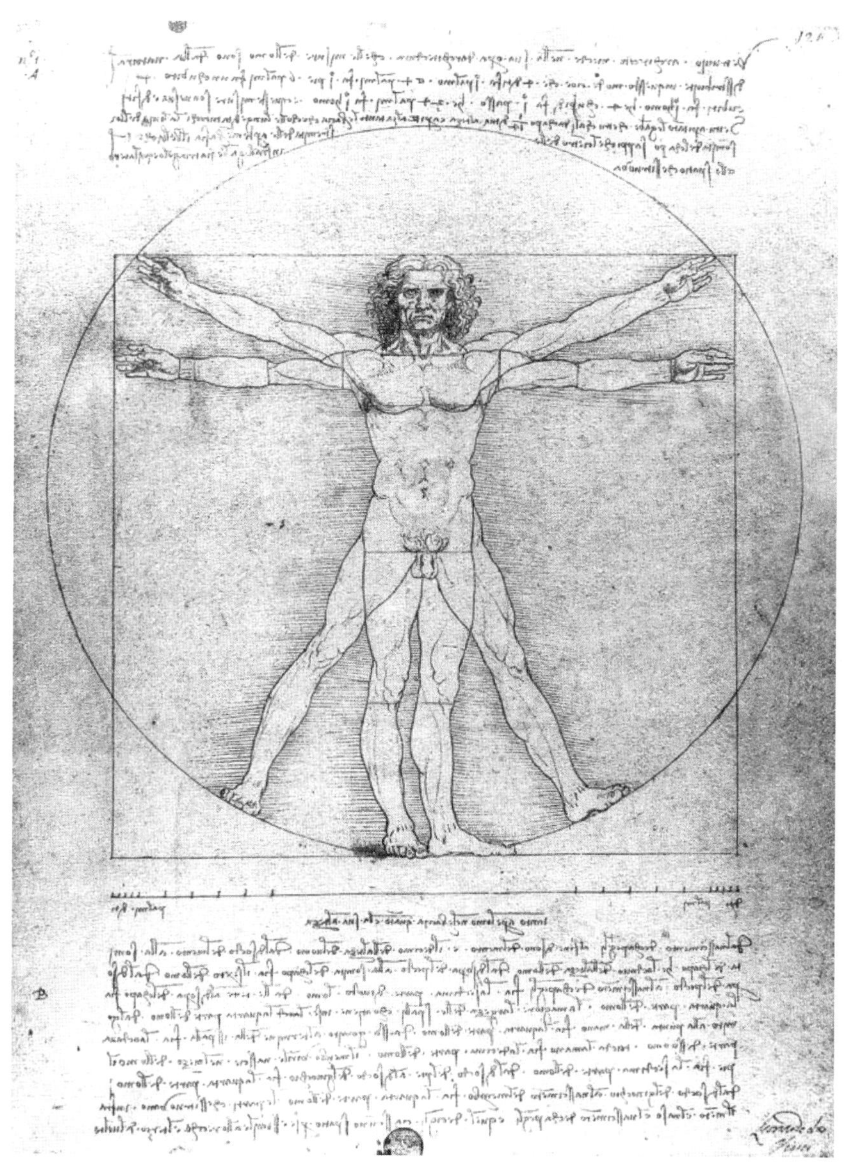

레오나르도 다빈치, 비트루비우스 인간.

1506년부터 1512년 9월까지 밀라노에서 많은 시간을 보냈기에, 그곳에서 두 사람이 만났을 가능성이 아주 높다.[155] 게다가 레오나르도 다빈치는 실제로 자동장치를 만들었다. 초르치와 아그리파가 상기시킨 고대의 자동장치들에 비할 만한 것이었다. 밀라노의 미술가 잔 파올로 로마초는 《회화와 조각, 건축의 기법에 관한 논문Trattato dell'arte della pittura, scoltura et architettura》에 이렇게 썼다. 레오나르도 다빈치는 "특정 재료를 써서 공중을 나는 새를 만들곤 했다. 한번은 프랑스 국왕 프랑수아 1세가 보는 가운데 놀라운 솜씨로 사자를 만들어 방 안에 놓아둔 자리에서 걷다가 멈추어 가슴을 열게 했다. 그 안은 백합을 비롯해 많은 꽃으로 가득했다. 이는 국왕과 그곳에 있던 모든 사람들에게 너무나 놀라운 일인 것 같았다. 그래서 그들은 타렌툼의 아르키타스가 만든 나무 비둘기가 그들 앞에서 공중을 날고 있다고 쉽게 상상할 수 있었다."[156] 알렉산더 마는 이렇게 주장한다. "문헌에 언급된 놀라운 위업들은 진짜 자동장치를 경험한 후에야 지어낸 이야기가 아니라 실제로 가능한 일이라고 믿어졌다."[157] 아그리파는 레오나르도 다빈치의 작업실과 비슷한 곳에서, 아마도 다빈치의 음험한 영감을 받아, 자연을 지배하는 '수학적' 형태의 새로운 힘을 진정으로 믿게 되었다. 그리고 스스로 하늘로부터 신비로운 영향을 받지 않고도 움직여 불가사의하게 보이는 힘을 구현한 조각상의 새로운 예언자로 변했다.

아그리파가 레오나르도 다빈치를 토성의 기술자의 모델로 염두에 두었을 가능성도 있다. 아그리파가 《신비주의 철학》을 쓰고 60년이 지났을 때, 로마초는 회화에 관한 자신의 논문에서 그 책을 길게 베끼면서 회화 자체를 마술적 기예로 보고 분석했다. 화가가 점성술로 선택한 물감을 써서 행성의 상이한 성격을 표현한다면, 그의 작품은 그림을 보는 사람을 정말로 '매료시킬' 수 있으리라고 생각되었다. 로마초는 또한 레오나르도 다빈치가 기술자로서 이룬 업적과 고대의 그 선례들을 강조했다. 마치 그것들이 두 종류의 마술, 즉 자연마술과 수학적 마술에 관한 아그리파의 관념을 지지한다고 믿은 것 같다. 로마초가 아그리파가 자료들을 합쳐 새로운 시각의 마술을 만들어냈다고 짐작한 것도 무리는 아니다. 기술이 가져온 경이로운 신세계를 두 눈으로 직접 목격했기 때문이다.

아그리파가 카발라에, 그리고 자연마술과 공학의 세계에서 최근에 발견된 다른 것들에 다가갔다는 사실이 많은 것을 설명해준다. 첫째, 카발라와 기타 여러 가지 복잡한 전통의 사용을 강력히 강조한 것이 설명된다. 아그리파는 친구에게 카발라를 옹호하면서 그것을 "완전히 성스러운 신의 기예요 의심의 여지없이 효과적인 기예"라고 묘사했다.[158] 아그리파는 기술자로서 지식의 원천보다는 힘의 원천을 갈구했다. 따라서 그가 카발라를 그 원래의 맥락에서 피코 델라 미란돌라와 로이힐린보다도 한층 더 멀리 끌어낸 것도, 그리고 그들이 해야 했던 것보다 훨씬 더 자유롭게 여러 형태의 유대 전통과 여타 기예와 학문과 비교하고 결합한 것도 전혀 놀랍지 않다. 그에게는 우주 전체의 구조와 우주를 탄생시킨 언어가 중요했다. 그러나 이것이 그의 이중의 목적보다 중요하지는 않았다. 우주를 지배하는 힘을 획득하고 주문을 써서 우주로 올라가는 것이다. 유대의 마술은 그것을 가능하게 할 것 같았다. 이 맥락에서 카발라는 자연을 지배하는 힘이라는 꿈을 실현해주겠다고 약속했다. 근본적으로 새로운 방법을 통해서 얻을 수 있는 것으로서 양수기와 폭약을 만든 자까지도 매료시킨 힘이다.

게다가 기술자로서 아그리파는 마술사가 자기 시대에 흔히 지위에 입곤 했던 숨겨진 상처를 알아볼 수 있었다. 적어도 그가 텍스트에서 마주친 바로는, 고대 세계에서 마구스와 기술자들은 높은 위신을 누렸다. 근대 초 대학교의 학문 세계나 혈통에 집착한 근대 초 독일 사회에서 누린 것보다 훨씬 큰 명망이었다. 아그리파는 카발리스트를 선구자이자 권위자로 여김으로써 마술사로서나 기술자로서나 에스라를 거쳐 시나이산의 모세까지 이어지는 다른 전통만큼이나 유서 깊고 숭고한 전통 속에 자리를 잡았다. 게다가 아그리파는 기술자로서 자연마술과 카발라 마술(기술과 주술)이 같은 성격의 문제를 해결하고 같은 부류의 과제를 수행하며 같은 종류의 힘을 제공한다고 믿을 준비가 되어 있었다. 아그리파가 이탈리아 북부에서 알게 되었고 그 실행을 지켜보았던 기술은 사람을 놀라게 하고 외경심을 불러일으키며 당황하게 했기 때문이다. 정확히 마술이 했던 것과 똑같다.

기술과 기타 힘을 얻는 방법 간의 연관성에 관한, 이와 같이 모호한 인식은 아그리파가 '수학적 마술'을 왜 그런 식으로 논의했는지 설명해줄 수 있다. 책의 말미에서 그는 "몇몇 불가사의한 광경"을 기적이라거나 악마의 짓이라고 마구잡이로 설명한 사람들을 자석의 힘을 이해하지 못하는 자에 비유했다. 반면 자석의 신비로운 힘을 이해하는 사람은 무엇을 보아도, 심지어 트리어의 헤르메스 신전 중앙 공중에 쇠로 만든 그 우상이 떠 있는 것을 보아도 놀라지 않았다.[159] 그는 이렇게 설명한다. 자연마술이 사물의 신비로운 힘으로 작동하듯이, "우리는 추상적인 것, 즉 수학적인 것과 성스러운 것을 이용해 운동과 생명, 감각, 말하기, 예언, 점 같은 천상의 힘을 받아들일 수 있다. 심지어 문제의 재료에 그러한 성질이 많지 않을 때에도 가능하다. 그것은 자연이 아니라 기예로써 만들어졌기 때문이다. 그리고 말을 하고 미래를 예언하는 조각상을 이런 방식으로 만들 수 있다는 얘기가 있다." 예를 들면 기욤 도베르뉴는 "토성이 떠오를 때 만든, 인간의 목소리로 말할 수 있는 놋쇠 머리"를 묘사했다.[160] 게다가 마구스는 높은 차원의 힘을 받아들일 수 있는 재료를 이용해 한층 더 강력한 효과를 얻을 수 있었다.[161] 달리 말해서 아그리파가 오로지 인간의 지성에만 의존하는 수학적 마술을 실행했을 때, 이는 다음으로 착수할 한층 더 높은 차원의 수학적 마술이 타당하다는 점을 알리고 그것을 선보이기 위한 것이었다.[162]

《신비주의 철학》을 읽은 사람이 전부 아그리파가 가장 절실히 전달하고자 했던 교훈을 정확히 받아들인 것은 아니었다. 앞서 보았듯이 두덴은 아그리파 책의 나머지 부분을 읽을 때와 마찬가지로 수학적 마술과 인체 비율에 관한 장들을 손에 펜을 든 채 읽었다. 그러나 아그리파가 그린 인체의 도형을 보았을 때 그는 그 그림들이 인체의 완벽함에 관해 무엇인가 말해주기 위한 것임을 알았지만, 그로부터 받은 감흥의 주된 결과는 죄수들의 몸을 부러뜨린 바퀴에 관해, 그로써 그들 수족의 조화로운 형태가 어떻게 망가졌는지에 관해 생각한 것이었다. 두덴은 또한 예언자들처럼 시인도 더는 직접적인 영감을 받아 시를 쓰지 않는다고 지적했다.[163] 그러나 두덴은 책을 구입하고 오랜 시간이 지난 뒤 다시 읽으면서 한 가지 점에 대해서는 아그리파에 동의한다고 적었다. 토성의 흑담즙은 평범한 장인의 상상력을 "하급 악마들의 거처"로 바꿀 수 있었다. "그 상상력은 그 악마들부터 종종 수공예의 놀라운 방법을 전해 받는다." 1567년에 두덴은 이렇게 썼다. "우리 시대에 어떤 수도사에게 정확히 이런 일이 일어났다."[164]

다른 사람들은 아그리파의 책을 한층 더 철저하게, 더 공감하는 태도로 읽었다. 1546년 존 디는 케임브리지 트리니티 칼리지에서 아리스토파네스의 희극 〈평화Eirene〉를 상연했다. 나중에 쓴 바에 따르면, 그는 연극에서 "제우스의 궁으로 날아가는 풍뎅이와 등에 식량 바구니를 멘 남자"를 보여주었다. 새를(이 경우에는 곤충을) 날게 하는 것은 아그리파가 설명한 대로 수학적 마술의 주된 경이로운 효과 중 하나였다. 존 디는 자신의 장치가 "크게 경탄"을 불러일으켰다고, "그런 일이 어떻게 일어났는지 그 방법에 관한 쓸데없는 이야기가 많이 퍼졌다"고 말하면서, 아그리파가 높이 평가한 것과 같은 엄격히 자연적인 수단, 다시 말해 수학적인 수단을 썼음을 분명히 했다. 그는 또한 보통 사람들뿐만 아니라 케임브리지대학교도 수학이 할 수 있는 일을 믿기가 거의 불가능하다고 판단했다고 말했다.[165] 존 디는 25년 후 《메가라의 에우클레이데스의 기하학 원론에 대한 수학적 서문The Mathematicall Praeface to the Elements of Geometrie of Euclid of Megara》에서 여전히 그가 '타우마투르기케Thaumaturgike'(마술)라고 부르고 "기이한 일을 하라고 명령하는 수학적 기예"라고 정의한 것의 가능성을, "감각이 인지되고 사람들이 크게 놀랄" 가능성을 축하했다. 문제의 기계들이 공기역학이나 무게나 줄로 작동하든 그렇지 않든 모두 불가사의한 일에 영감을 주었다. 당연했다. 존 디는 1551년 생드니에서 친구인 수학자 오롱스 피네와 함께 본 자동장치를 직접 언급했다. "기이하게 스스로 움직이는 것 (…) 너무 이상해서 말하기 어려울 정도였다." 존 디는 아그리파로부터 많은 이야기를 가져와 아르키타스의 나무 비둘기와 레기오몬타누스의 인조 독수리와 파리, 기타 "기술과 의지, 노력, 능력"의 작품들을 칭송했다.[166] 프랜시스 예이츠가 설명했듯이, 존 디는 그러한 기계의 작동 방법을 설명할 수 있었지만 그것들은 여전히 "그를 일종의 경외심으로 채웠다." 그리고 그 기계들은, 존 디가 보기에는, 그가 "자연의 카발라"를 연구하여 얻은, 그리고 자신의 수정구슬에 나타난 천사들과의 대화를 통해 얻은 여러 형태의 지식과 힘에 자연스럽게 대응했다.[167]

게다가 존 디는 아그리파가 말한 것의 핵심을 이해한 유일한 사람이 결코 아니었다. 몇십 년 뒤 나폴리에서 도미니크회 수사인 점성술사 토마소 캄파넬라는 《신학Theologicorum libri》 제14권에서 다양한 마술을 검토했다. 그는 이렇게 설명했다. 인공마술은 "원인이 잘 알려지지 않은 이례적인 효과를 내려고 기예로써 만들어진 것이나 자연이 만든 것을 교묘하게 이용한다."[168] 불가사의한 일을 일으키고 보는 사람들이 그 작동 방법을 모르는 장치는 무엇이든 "인위적인 기적"으로 여겨졌다. "시간을 알리는 시계는 당시에 그 두 가지 이유에서 중국인에게는 기적이지만 이탈리아인에게는 그렇지 않다. 이탈리아인은 시계에 익숙하고 그 작동 원리를 이해하기 때문이다. 습관 때문에, 시계는 그 작동 방법을 이해하지 못하는 우리 농민에게도 그다지 놀랍지 않았다."[169] 캄파넬라는 이탈리아 최초의 대포가 비록 시간이 흐르면서 그 특징이 사라졌지만 마술적 효과를 냈다고 주장했다. 에스파냐인들이 아메리카에서 사용한 최초의 대포도 마찬가지였다. 원주민들은 그들을 신으로 여겼다.[170] 캄파넬라는 이러한 종류의 마술이 두 가지 형태 중 하나를 띨 수 있다고 설명했다. '속임수' 마술과 '진짜' 마술이다. 캄파넬라의 표현으로 "진짜 인공마술"은 정확히 아그리파와 존 디가 그것이 시작되었다고 말한 영역에서, 즉 자동장치와 화경火鏡(볼록렌즈)의 세계에서 시작했다. "진짜 인공마술은 아르키타스가 나무로 비둘기를 만들어 날게 했을 때처럼 실질적인 효과를 낸다. 보테로를 신뢰할 수 있다면, 최근에 뉘른베르크에서 그들이 그렇게 독수리와 파리를 만들었다. 아르키메데스는 거울을 조합해 멀리 떨어져 있는 선단을 불태웠다. 다이달로스는 추나 수은으로 움직이는 조각상을 만들었다."[171] 캄파넬라는 이러한 종류의 마술을 설명한 뒤에야 자연 원소나 유기체를 변형시킨 마술로, 부적과 문자를 이용해 효과를 내는 마술로 넘어갔다. 수학적 마술은 이제 학구적 마술이라는 체계의 대부분이 의존하는 견고한 토대였다. 다른 경우와 마찬가지로 이 점에서도 캄파넬라와 존 디는 아그리파의 완전한 계승자는 아닐지언정 진정한 계승자였고, 아그리파를 통해 알베르티와 폰타나, 트리테미우스의 뒤를 이은 진정한 계승자였다. 수학적 마술은 마구스와 그 기예에 도전한 학문에서 출발해 마술의 핵심 부분이 되었으며, 박식한 자연철학자들에게 기계가 주된 경이로움의 원천이 되었을 때에도 그 지위를 계속해서 유지한다.[172]

감사의 말

프린스턴대학교와 앤드루멜론재단의 재정적 지원에 대해 감사할 수 있어서 무척 기쁘다. 그 지원 덕분에 이 연구가 가능했다. 로마의 미국예술원과 뮌헨 루트비히-막시밀리안대학교의 르네상스 사상사·철학 세미나, 볼펜뷔텔의 아우구스트 공작 도서관 연구 분과에도 감사한다. 이 기관들의 환대로 오랫동안 머물며 필사본과 희귀본의 장서를 살필 수 있었다. 희귀한 자료를 직접 볼 수 있게 해주거나 팩시밀리로 디지털 자료를 제공해준 여러 도서관에도 진심으로 감사한 마음을 전한다. 열거하자면 다음과 같다. 바티칸도서관, 카사나테도서관, 보들리도서관, 볼펜뷔텔의 아우구스트 공작 도서관, 뮌헨의 바이에른주립도서관, 웁살라대학교 도서관. 펜실베이니아대학교 도서관 키슬락 특수자료·희귀도서·필사본연구소의 엄청난 자료로 암호기술을 연구할 때 존 폴락과 그 동료들은 친절을 베풀어주었다. 나는 1975년 가을부터 펜실베이니아대학교 도서관의 '붙박이'가 된 이래로 사서들의 큰 지원을 받았다.

뮌헨의 고故 에크하르트 케슬러가 조직한 활기찬 독자들과 케임브리지대학교의 사이먼 골드힐이 모은 비판적 독자들에게도 감사드린다. 그들은 이 책이 완성되기 전 초기 원고를 읽고 유익한 논평을 해주었다. 앤 블레어, 브라이언 코펜헤이버, 로런 카셀, 질 크레이, 패멀라 O. 롱, 필립 노새프트, 메리 퀸란맥그래스, 잉그리드 롤런드, 대럴 러트킨은 오랫동안 이 책에서 다룬 주제들에 관해 자신들의 연구 사례뿐만 아니라 정보와 조언, 비평을 제시했다. 고故 노엘 스워들로는 내게 많은 것을 가르쳐주었다. 사이먼 윈더는 초고를 읽고 세세히 의견을 주었다. 로런 카셀과 여타 익명의 독자들은 원고를 읽어주어 하버드대학교 출판부에서 책이 나올 수 있게 해주었다. 이들 모두에게 감사한다. 때로 신랄하기도 했지만 언제나 건설적이었던 이들의 예리한 논평이 원고 수정의 길잡이가 되었다. 하버드대학교 출판부의 린지 워터스의 격려 덕분에 이 기획을 시작할 수 있었다. 여러 해 동안 유익한 조언과 따뜻한 격려를 보내주었다. 린지의 후임자인 에밀리 실크와 질리언 키글리의 도움으로 이 책은 빛을 보게 되었다.

루이즈 그래프턴은 여러 해 동안 나와 공동으로 소유한 공간에서 잊을 수 없는 마술을 보여주었다. 그녀는 이제 이승을 하직했지만, 그녀가 만든 폰타나의 악녀의 모형과 그녀의 손에서 나온 다른 많은 작품은 날마다 내게 큰 영감을 주었다. 모두에게 감사드린다. 오류는 전적으로 나의 책임이다.

옮긴이의 말

이 책은 15세기 말 이후 출현한 새로운 기예, 당대에 그러한 기예를 실행한 자들이 일반적으로 자연마술이라고 부른 기예가 어떻게 탄생했는지 대표적인 몇몇 인물을 중심으로 추적한다. 책에서는 이 마술사들을 학구적인 마구스라고 부른다. 이들이 보여준 마술은 다양한 기술을 포괄한다. 그들이 책으로 써내고 실행으로 보여준 기예는 별자리를 해독하여 개인의 미래와 중요한 역사적 사건의 전조를 읽어내는 점성술부터 연인의 마음을 얻을 수 있는 사랑의 묘약, 질병과 마음의 상처를 치료하는 비법, 남에게 들키지 않고 은밀한 메시지를 주고받을 수 있는 암호 기술, 등잔불과 그림자를 이용하여 형상을 투사하는 광학, 기계학을 바탕으로 만들어낸 자동장치 등에 이르기까지 다방면에 걸쳐 있다.

르네상스 시대의 이 새로운 마구스들이 모든 점에서 의견이 같지는 않았지만, 이들의 공통된 특징이 있다. 그들의 기예가 자연마술이라는 이름을 얻은 것에서 알 수 있듯이, 그 마술의 핵심은 자연에 대한 이해를 바탕으로 자연을 지배하는 힘을 얻는 것이었다. 이들은 동식물과 사물의 신비로운 속성에 주목하여 보통 사람의 눈에는 신비롭게만 보이는 현상들을 이해했다. 자연사와 별자리표에 관한 지식을 갖추었으며 동시에 역학의 발전에 매료되어 자동장치와 유압장치, 강력한 무기를 개발했다. 마구스는 고대의 라틴-아랍 전통, 유대 전통과 스콜라 철학자 로저 베이컨의 '실험과학'을 이어받아 우주와 그 안에서 인간이 차지하는 위치를 이해하고 자연세계를 조종하려는 욕망을 표현했다. 비판자들은 이들이 악마의 힘을 빌려 불가사의한 일을 행한다고 주장했다. 자연의 원리에 대한 이해가 없는 무지한 자들은 마구스가 악마와의 거래를 통해 그러한 일을 벌였다고 생각했다. 그러나 초자연적인 영향력이 개입되었다고 여겨진 많은 현상이 마구스에게는 인간의 창의성이 낳은 결과물이었을 뿐이다. 트리테미우스는 이렇게 말한다. "그들은 자연의 원리를 모르기 때문에 스스로 이해하지 못하는 것은 모조리 악마의 짓으로 돌립니다. (…) 그들은 마치 앞을 보지 못하는 사람처럼 철저하게 속임을 당합니다." "내가 아는 것은 철학적 사색과 노력의 결과물이지 악마와 연합하여 그 도움을 받은 결과물이 아니다." 그들은 자연의 힘을 관리하는 '농부'이자 자연에 순응하는 '산파'였다. 저자가 그 시대 마술을 종합한 자라고 일컬은 하인리히 아그리파에게 마구스는 "자연철학과 수학에 정통한 대가"로 많은 사람을 놀라게 할 기적을 행할 수 있었다. 그 모든 일은 "자연과학과 수학을 응용한 결과"였지 악마의 소행이 아니었다. 이들이 과학적 방법의 선구자로서 이른바 과학혁명의 길을 닦았다는 것이 근자의 연구 결과로 보인다.

그런데 이들의 마술은 복잡한 성격을 지녔다. 그들의 이론 체계가 반드시 합리적이지만은 않았다. 마구스들은 놀랍도록 독창적인 발상을 내놓았으면서도 명백한 헛소리처럼 들리는 이야기도 했다. 별자리가, 별과 행성이 지상의 인간과 동식물에 영향을 준다는 점성술의 성격이 원래 그렇거니와 학구적 마구스들이 자신의 연구가 기독교와 양립할 수 있다고 생각했다는 것도 이 점에서 중요하다. 이들은 초자연적인 것에 대한 믿음은 오로지 기독교 신앙 안에서만 가능하다고 보았고, 자연에 대한 이해를 통해서 신의 은총을 느끼고 신에게로 다가가려 했다. 그렇지만 유대인의 카발라를 변용한 기독교 카발라나 천사마술은 오늘날의 상식적인 기준으로는 이해하기 어렵다. 자연이 신의 창조물이라는 가정에서 이들이 이해한 마술이 신의 창조를 존중하며 자연의 완벽한 실현을 약속한다는 주장은 납득할 수 있다. 그렇지만 주문과 부적을 수단으로 기적을 일으킨다는 것을 어떻게 믿겠는가? 조각상을 만들어 천계의 힘을 끌어와 집어넣어 초자연적 힘을 발휘하게 할 수 있다고 믿는 것이 가능한가? 성당이 수집한 성유물은 지상으로 천상의 힘을 끌어오는 신성한 물질로 생각되었다. 성체와 십자가, 신의 이름을 나타내는 히브리어 낱말이 특별한 힘을 지녔다는 생각은 자연에 대한 이해에서 비롯한 것인가? 요컨대 당대의 마술은 미신과 과학의 경계 위에서 아슬아슬한 행보를 보였다. 마구스들은 모르는 것을 모조리 악마와의 거래를 통해 나타난 일로 여긴 자들을 어리석다고 비판했지만, 그들 스스로도 합리적으로 설명하기 어렵고 믿음의 차원에 머무는 이야기를 했다. 그런 점에서 합리적인 것과 비합리적인 것, 추측과 확신, 믿음과 사실 사이에 뚜렷한 경계는 없었던 것 같다. 마술과 과학, 종교는 뚜렷이 구분되지 않았다. 이런 문제를 두고 마구스들 사이에서도 서로에 대한 비판이 있었다는 점은 이러한 판단의 증거가 될 수 있다. 다른 마구스를 비난하지만 정작 자신도 비슷한 마구스였기에 자신이 다른 마구스를 비난할 때와 같은 이유로 다른 마구스로부터 비난을 받기도 했다. 트리테미우스는 저자가 마구스의 전형적인 인물로 제시한 파우스트를 사기꾼이라고 비난했지만, 자신도 다른 이들에게 비슷한 의심과 비판을 받았다.

마구스들은 마술을 언급할 때 모호하고 이중적인 태도를 보였다. 자연의 힘을 이용하는 '좋은' 마술과 악마의 힘에 의존하는 '나쁜' 마술, '저차원'의 사악한 마술과 '고차원'의 마술을 구분하기도 했지만, 그 구분이 모호했을 뿐만 아니라, 우주로부터 생명과 영혼을 끌어와 기적을 행할 수 있다는 고차원 마술의 성격도 애매했다. 또한 그들은 한편으로 악마적 마술을 부정하고 비난하면서도 자신의 마술과 악마와의 연관성을 넌지시 언급하며 이를 즐기기도 했다. 악마도 자연의 힘을 이용해 불가사의한 일을 할 수 있다는 것이었다. 트리테미우스는 자신의 암호 기술을 설명할 때 악마의 도움이 필요하다고 말했다. 제수이트회의 어느 수사는 이 책의 저자가 르네상스 시대 마술을 종합하여 교과서적인 책을 써냈다고 말하는 아그리파를 '대大마구스'라고 부르며 그가 악마에게 어느 사람의 몸에 들어가 그를 죽이라고 명령했다는 일화를 기록으로 남겼다. '저차원'의 마술을 부정한 것은 기독교 세계에서 억압을 두려워했기 때문일까? 그럴 수도 있겠다. 이른바 마녀사냥이 시작되어 수많은 사람이, 특히 여성이 단순히 점술을 행했다는 이유만으로 죽음에 이른 시대가 아닌가? 사기꾼으로 드러나 교수대에서 생을 마감한 마구스도 여럿이었다. 아니면 아무나 그 기예를 입수하지 못하게 하려는, 오용을 막기 위한 일종의 예방책이었을까? '지적재산권'을 안전하게 지키기 위한 것이었나?

마구스는 또한 대중적인 지식인이면서 천계의 힘을 이용하려는 유력한 후원자들에게 조언자 역할을 했다. 신성로마제국 황제 막시밀리안 1세, 교황 클레멘스 4세, 프랑스 국왕 프랑수아 1세의 모후 루이즈 드 사부아 등이 거론된다. 특히 막시밀리안 1세는 점성술에 깊은 관심을 보였고 '악마'라고 부른 마술 반지를 죽을 때까지 끼고 있었다고 한다. 학구적인 마구스를 합리적인 사고방식을 추구한 인문주의자로 본다면 이들에 대한 후원은 곧 그러한 정신적 태도를 지지한 것으로서 긍정적으로 볼 수 있지만, 내심 그들의 힘을 이용하여 권력을 키우고 유지하려는 마음이 있었을 것이다. 반대로 마술의 실행자 중에는 권력과 지위를 얻기를 열망한 성직자와 학자가 많았다고 하니 마술이 출세의 수단으로 쓰인 것도 분명해 보인다. 또한 마술은 그 도움을 받으려는 보통 사람들에게도 의미가 있었을 것이다. 신앙과 믿음은, 아무런 근거 없는 비합리적인 믿음이라고 하더라도 그것을 지닌 자에게는 어떤 효과가 있을 것이다. 작금의 한국 사회에도 점술에 의지하여 미래의 운명을 내다보려는 자들이 없다고는 말할 수 없을 것이다. 그 목표가 개인과 가족의 평안이든 권력을 휘두를 기회이든.

독서가 약간은 어려울 수 있다. 책은 당대의 사상에 어느 정도 익숙한 독자들에 어울리는 학술 연구서에 가깝다. 사전 지식이 있다면 더 쉽게 읽을 것이다. 그렇지만 정신을 집중하여 읽어야 함에도 한 가지 분명하게 드러나는 것은 있다. 합리적인 탐구가 물질세계의 원리를 밝혀주리라는 것이다. 그런데 르네상스 시대의 학구적 마구스들이 보여준 합리적인 사고방식이 과학의 발전을 이루어냈다면, 그 장기적인 귀결을 인류는 잘 관리할 수 있었나? 아그리파는 인간의 노력이 유익을 가져다준다고 말하면서도 그 부정적인 효과를 빼놓지 않았다. "요새화한 성채, 전쟁 기계, 총포, 대포, 비행무기, 기타 사람을 죽이는 도구들, 그리고 그들이 정복한 민족들이 이 기예가 때때로 인류에게 초래한 파멸을 증언한다." 그가 살아서, 아니면 마법을 통해서 미래를 볼 수 있었다면 충격에 휩싸여 입을 다물 수 없었을 것이다. 아그리파의 《신비주의 철학》에서 인체의 비율을 그린 도형을 본 하인리히 두덴은 "죄수들의 몸을 부러뜨린 바퀴"를 떠올렸다. 새로운 기술이 놀라운 속도로 발전하여 윤리적 문제에 대한 고려를 피할 수 없고 인간의 지식과 능력의 한계에 대한 두려움이 일고 있는 이 시대에, 근대 초의 마구스는 흥미로운 주제라고 할 수 있다. 자연에 힘을 행사하여 그것을 변형시킨 인류의 오랜 역사는, 자연에 대한 이해를 바탕으로 마술처럼 신기한 온갖 장치를 만들어낸 인류는 과연 앞으로 어떤 길을 걸을 것인가? 전쟁은 아직도 사라지지 않았고, 기후변화는 전에 없던 파괴적인 영향을 미치고 있다. AI는 과연 안전할 것인가? 인문학적 숙고가 필요한 때다.

조행복

주

서론

1. Gadi Algazi, "Scholars in Households: Refiguring the Learned Habitus," *Science in Context* 16, no. 1-2 (2003): 9-42.
2. Gabriele Jancke, *Gastfreundschaft in der frühmodernen Gesellschaft: Praktiken, Normen und Perspektiven von Gelehrten* (Göttingen: V & R unipress, 2013); Richard Calis, "Reconstructing the Ottoman Greek World: Early Modern Ethnography in the Household of Martin Crusius," *Renaissance Quarterly* 72, no. 1 (2019): 148-193.
3. Augustin Lercheimer, *Christlich bedencken und erinnerung von Zauberey,* 3rd ed. (Heidelberg, 1585; Speyer, 1597), in Philip Palmer and Robert More, *The Sources of the Faust Tradition: from Simon Magus to Lessing* (New York: Oxford University Press, 1936), 122. Palmer와 More의 번역에서 이 부분을 포함하여 몇 군데 수정을 가했다.
4. Frank Baron, *Faustus: Geschichte, Sage, Dichtung* (Munich: Winkler, 1982), esp. 84, 86-87.
5. 멜란히톤이 역사적 실존 인물 파우스트를 결코 만난 적이 없다는 것은 완전히 가능한 얘기다. 위의 책을 보라.
6. Gustav Milchsack, *Gesammelte Aufsätze* (Wolfenbüttel: Zwissler, 1922); Baron, *Faustus.*
7. 비슷한 내용은 다음을 보라. Karl Hartfelder, *Melanchthoniana paedagogica. Eine Ergänzung zu den Werken Melanchthons im Corpus reformatorum* (Leipzig: Teubner, 1892), 182.
8. 독일어권에서 이러한 종류의 대중적인 책자와 인쇄물이 유통된 상황에 관해서는 다음을 참조하라. Robert Scribner, *For the Sake of Simple Folk: Popular Propaganda for the German Reformation* (Oxford: Clarendon Press, 1981; repr. with new introduction 1994); David Sabean, *Power in the Blood: Popular Culture and Village Discourse in Early Modern Germany* (Cambridge: Cambridge University Press, 1984); Franz Mauelshagen, *Wunderkammer auf Papier: die "Wickiana" zwischen Reformation und Volksglaube* (Epfendorf: Bibliotheca Academica, 2011).
9. 이 이야기는 멜란히톤이 1549년에서 1560년 사이에 성서에 관해 한 강연을 기록한 *Explicationes Melanchtonianae*에 나와 있다. Palmer and More, *Sources,* 99-100. 이 또한 나중에 나온 증언이다.

10. 다음의 고전적인 연구를 보라. Aby Warburg, "Pagan-Antique Prophecy in Words and Imagery in the Age of Luther (1920)," in *The Renewal of Pagan Antiquity: Contributions to the Cultural History of the European Renaissance,* trans. David Britt, intro. Kurt Forster (Los Angeles: Getty Research Institute for the History of Art and the Humanities, 1999), 597-698, 760-774; 또한 다음도 보라. Claudia Brosseder, *Im Bann der Sterne: Caspar Peucer, Philipp Melanchthon und andere Wittenberger Astrologen* (Berlin: Akademie Verlag, 2004); and Robin Bruce Barnes, *Astrology and Reformation* (New York: Oxford University Press, 2015).
11. Caspar Waser to Jacob Zwinger, Rome, March 25, 1593; Basel, Öffentliche Bibliothek, MS Fr Gr I 11, fol. 15 recto-verso.
12. Ibid., fol. 15 recto: "quam vere illud Imperatore dignum Imperati Musaeum, quod cum stupore intuitus sum. Vir optimus et humanissimus ille, et revera ΦΙΛΟΞΕΝΟΤΑΤΟΣ." 임페라토의 자료관과 그것이 방문객들에게 미친 영향에 관해서는 다음을 보라. Paula Findlen, "Why Put a Museum in a Book? Ferrante Imperato and the Image of Natural History in Sixteenth-Century Naples," *Journal of the History of Collections* 33, no. 3 (2021): 419-433.
13. Basel, Öffentliche Bibliothek, MS Fr Gr I 11, fol. 15 recto: "Portam et Imperatum ex vobis salutavi: quos iterum atque iterum conveni. De steganografia Trithemii ille mecum collocutus erat, ex qua ille suam Ziferorum inventionem sine dubio: Nam quae litteris Alphabeti Trithemius; ille notis Arithmeticis designavit. Meteororum non multam mentionem fecerat; quorum quaedam duntaxat; non omnia se demonstrare posse dixit. At, ut mihi demonstraret, obtinere non potui propter ejus quendam processum judiciarium, quo singulis dieb. nunc occupatur horis pomeridianis. Matutinis horis missam adit, conciones audit; ut nec eo tempore potuerim [sign of sun]." 델라 포르타에 관해서는 다음을 보라. *Stanford Encyclopedia of Philosophy,* s.v. Giambattista della Porta, by Sergius Kodera (https://plato.stanford.edu/entries/della-porta/).
14. Giambattista della Porta, *Natural Magick* (London: Young & Speed, 1658; repr. New York: Basic, 1957), 2.
15. Craig Martin, *Renaissance Meteorology: Pomponazzi to Descartes* (Baltimore: Johns Hopkins University Press, 2011), 92-98.
16. Giambattista della Porta, *De aeris transmutationibus libri IIII* (Rome: Mascardi, 1614), 114-115.
17. Gimabattista della Porta, *Magiae naturalis sive de miraculis rerum naturalium libri IIII* (Lyon: Rouillé, 1561), fols. 8 verso-9 recto.
18. Ibid., fols. 280 verso-283 verso.
19. Paola Zambelli, *White Magic, Black Magic in the European Renaissance* (Leiden: Brill, 2007); 다음을 보라. Kodera in *Stanford Encyclopedia of Philosophy,* s.v. della Porta.

20. 연금술의 역사를 훌륭하게 고찰한 연구로는 다음을 보라. Lawrence Principe, *The Secrets of Alchemy* (Chicago and London: University of Chicago Press, 2013). 르네상스 시대의 연금술과 그 연관 분야들에 관한 최근의 매우 중요한 연구로는 다음을 들 수 있다. William Newman, *Promethean Ambitions: Alchemy and the Quest to Perfect Nature* (Chicago and London: University of Chicago Press, 2004); Tara Nummedal, *Alchemy and Authority in the Holy Roman Empire* (Chicago: University of Chicago Press, 2007); Meredith Kay, *Daughters of Alchemy: Women and Scientific Culture in Early Modern Italy* (Cambridge, MA: Harvard University Press, 2015); Jennifer Rampling, *The Experimental Fire: Inventing English Alchemy, 1300-1700* (Chicago: University of Chicago Press, 2020); and Alisha Rankin, *The Poison Trials: Wonder Drugs, Experiment, and the Battle for Authority in Renaissance Science* (Chicago and London: University of Chicago Press, 2021). 또한 다음을 보라. *Secrets of Nature: Astrology and Alchemy in Early Modern Europe,* ed. Anthony Grafton and William Newman (Cambridge, MA: MIT Press, 2001).
21. 파우스트의 생애에 관한 간략한 소개와 가장 이른 설명에 관해서는 다음을 보라. Ian Watt, *Myths of Modern Individualism. Faust, Don Quixote, Don Juan, Robinson Crusoe* (Cambridge: Cambridge University Press, 1996), 3-26. 주된 1차 사료는 알렉산더 틸레가 모은 것인데 Palmer and More, *Sources*에 번역되어 있다.
22. 파우스트의 생애를 사회적 배경 속에서 복원하려는 최초의 학문적 노력은 다음을 보라. Carl Christian Kirchner and Johann Georg Neumann, *Vom Scharlatan Faust. Die erste akademische Schrift der Faust-Tradition* (1683), trans. Nicola Kaminski, ed. Günther Mahal, Publikationen des Faust-Archivs, 3 (Maulbronn: Verlag Am Klostertor, 1996). 독일 대학교에서 이 같은 논문은 대개 공개 구술시험에서 실제로 방어한 학생보다는 시험을 주재한 교수들이 썼고 거의 언제나 교수들이 저자로 알려졌다. 이와 같은 경우처럼, 누가 저자인지 확정하는 것은 많은 경우에 불가능하다. 다음을 보라. Kirchner and Neumann, *Vom Scharlatan Faust,* 103-106.
23. 초기의 논의에 관해서는 다음을 보라. Robert Petsch, "Der historische Faust," *Deutsche Zeitschrift für Geschichtswissenschaft,* neue Folge, 1 (1896-1897): 298-350, 그리고 Georg Witkowski, "Der historische Doctor Faust," *Germanisch-romanische Monatsschrift* 2 (1910): 99-115는 아직도 중요하다; 다른 시각의 논의를 제대로 보려면 다음을 참조하라. Hans Henning, "Faust als historische Gestalt," *Goethe* 21 (1959): 107-139; Günther Mahal, *Faust, der Mann aus Knittlingen, 1480/1980: Dokumente, Erläuterungen, Informationen* (Pforzheim: Dettling, 1980) and *Faust. Und Faust. Der Teufelsbündler in Knittligen und Maulbronn* (Tübingen: Attempto, 1997); Leonard Forster, *The Man Who Wanted to Know Everything,* The 1980 Bithell Memorial Lecture (London: Institute of Germanic Studies, University of London, 1981); and Frank Baron, *Doctor Faustus from History to Legend* (Munich: Fink, 1978) and *Faustus.* Willi Jasper, *Faust und die Deutschen* (Berlin: Rowohlt, 1998)는 독일의 작가와 예술가, 학자 들에게 파우스트가 어떤 의미였는지 풍부한 해석의

역사를 제공한다.

24. 예를 들면 다음을 보라. Baron, *Doctor Faustus; Faustus*; "Trithemius und Faustus: Begegnungen in Geschichte und Sage," in *War Dr. Faustus in Kreuznach? Realität und Fiktion im Faust-Bild des Abtes Johannes Trithemius,* ed. Frank Baron and Richard Auernheimer (Alzey: Verlag der Rheinhessischen Druckwerkstätte Alzey, 2003), 39-60; "Der historische Faustus im Spiegel der Quellen des 16. Jahrhunderts. Von der Astrologie zum Teufelspakt," ibid., 83-107; and Mahal, *Faust. Und Faust, und Faust: Untersuchungen zu einem zeitlosen Thema* (Neuried: Ars Una, 1998).
25. 초기의 자료들은 그의 이름을 게오르크로 제시하며 헬름슈타트나 하이델베르크에서부터 그의 이야기를 시작한다. 이후의 자료들은 그를 '요하네스'라고 부르며 그의 출생지를 크니틀링엔으로 본다.
26. 귄터 마할은 파우스트가 1478년 4월 23일에 태어났음을 입증하기 위해 독창적인 노력을 보여주었지만, 그의 가설은 추가 증거가 없는 상황에서 전적으로 신뢰하기에는 너무 많은 가정에 의존하고 있다. 다음을 보라. *Faust: Untersuchungen.*
27. Baron, *Faustus,* 18-21.
28. Joannes Trithemius to Joannes Virdung, August 20, 1507, in Biblioteca Apostolica Vaticana MS Pal. lat. 730, fol. 175 recto=Johannes Trithemius, *Epistolarum familiarium libri duo* (Hanau: Brubach, 1536), fol. 312 verso. 이 이야기의 신빙성에 대한 공격은 다음을 보라. Mahal, *Faust. Und Faust.*
29. Stadtarchiv Bamberg, Hofkammerrechnungen des Kreisarchivs Bamberg, pro diversis (H 231, 1741), in Palmer and More, *Sources,* 89; *Baron, Faustus,* 34. 이 액수의 가치를 평가하려는 기발한 노력에 관해서는 다음을 보라. Baron, *Doctor Faustus.*
30. Palmer and More, *Sources,* 90; Henning, "Faust," 108; Baron, *Faustus,* 38.
31. Staatsarchiv, Nürnberger Ratsverlässe, 870, 12 recto, in Palmer and More, *Sources,* 90; Henning, "Faust," 109-110; Baron, *Faustus,* 40: "Doctor Fausto dem groszen Sodomiten und Nigromantico zu furr [Baron reads furt] glait ablainen." 'zu furr'의 의미가 불확실하지만, 문장의 전체적인 뜻은 분명해 보인다.
32. 남색의 혐의에 관해서는 다음을 보라. Robert Deam Tobin, "Faust's Transgressions: Male-Male Desire in Early Modern Germany," in *Queer Masculinities, 1550-1800: Siting Same-Sex Desire in the Early Modern World,* ed. Katherine O'Donnell and Michael O'Rourke (New York: Palgrave Macmillan, 2006), 17-36.
33. Palmer and More, *Sources,* 90; Baron, *Faustus,* 38.
34. Trithemius to Johannes Virdung, 20 August 1507, BAV MS Pal. lat. 730, fol. 174 recto; Trithemius, *Epistolae,* fol. 312 verso; Palmer and More, *Sources,* 83-84; Baron, *Faustus,* 127; Mahal, *Faust: Untersuchungen,* 14.
35. Palmer and More, *Sources,* 85. 에스라에 관한 언급은 아래 4장을 보라.
36. Ibid., 83, 86.
37. Ibid., 84. 주 28에 인용한 글에서 트리테미우스는 파우스트가 "강령술사의 제왕"을 자처했

다고 말한다. *War Dr. Faust in Kreuznach?*, ed. Baron and Aurenherimer는 그의 텍스트에 관한 상세한 연구를 보여준다. 아래 5장도 참조하라.

38. 루터와 악마에 관해서는 특히 다음을 보라. Heiko Oberman, *Luther: Man Between God and the Devil* (New Haven: Yale University Press, 1989).
39. Luther, *Tischreden*, in Palmer and More, *Sources*, 93.
40. Johannes Gast, *Sermones convivales* (1548), in Palmer and More, *Sources*, 96–98.
41. Gast, in Palmer and More, *Sources*, 98. 다른 전언도 비슷했다: Joannes Manlius, *Locorum communium collectanea* (1563), 43, in Palmer and More, *Sources*, 102.
42. Johannes Wier, *De praestigiis daemonum*, in Palmer and More, *Sources*, 106.
43. Joachim Camerarius to Daniel Stibar, August 13, 1536, *Libellus novus* (Leipzig, Rambau, 1568), fol. X recto=Palmer and More, *Sources*, 92.
44. Wier, *De praestigiis daemonum*, in Palmer and More, *Sources*, 105.
45. *Explicationes Melanchthonianae* (1595), 442, in Palmer and More, *Sources*, 99.
46. Zacharias Hogel, *Chronica von Thüringen und der Stadt Erffürth*, in Palmer and More, *Sources*, 108–110.
47. Anthony Grafton, *Leon Battista Alberti: Master Builder of the Italian Renaissance* (New York: Hill & Wang; London: Penguin, 2001).
48. Munich, Staatsbibliothek, MS icon. 242, fol. 70 recto; 다음을 보라. Eugenio Battisti and Giuseppa Saccaro Battisti, *Le macchine cifrate di Giovanni Fontana* (Milan: Arcadia, 1984), 99–100. 폰타나는 그 장치에 '구경꾼들을 위협하는 밤의 환영'(apparentia nocturna, ad terrorem videntium)이라는 이름을 붙였다. Battisti and Saccaro Battisti는 그림에 붙인 그의 제목을 이렇게 해석했다. "Habes modum cum lanterna quam propriis oculis vidisti ex mea manu fabricatam et proprio ingenio." 파론키(Parronchi)가 파올로 토스카넬리(Paolo Toscanelli)가 쓴 것이라고 한, 원근법에 관한 익명의 논문에서 묘사된 비슷한 장치에 관해서는 다음을 보라. ibid., 100.
49. 이러한 형태의 학습에 관한 소개는 다음을 보라. L. D. Reynolds and N. G. Wilson, *Scribes and Scholars: A Guide to the Transmission of Greek and Latin Literature*, 3rd ed. (Oxford: Clarendon Press, 1991); and Christopher Celenza, *The Italian Renaissance and the Origins of the Modern Humanities: An Intellectual History, 1400–1800* (Cambridge: Cambridge University Press, 2021).
50. 특히 다음을 보라. Baron, *Faustus*.
51. Roberto Weiss, *The Renaissance Discovery of Classical Antiquity*, 2nd ed. (Oxford: Blackwell, 1988); Christopher Wood, *Forgery, Replica, Fiction: Temporalities of German Renaissance Art* (Chicago: University of Chicago Press, 2008).
52. Trithemius to Virdung, BAV, MS Pal. lat. 730, fol. 174 verso=Palmer and More, *Sources*, 85.
53. Baron, *Faustus*.
54. Desiderius Erasmus, *Opus epistolarum Des. Erasmi Roterodami*, ed. P. S. Allen, H. M. Allen, and H. W. Garrod, 12 vols. (Oxford: Clarendon, 1906–1958), 2:323.

55. Poggio to Ermolao Barbaro, 1417 or 1418, in Silvia Rizzo, *Il lessico filologico degli umanisti* (Rome: Storia e letteratura, 1973), 173; cf. 290-291.
56. Hogel, *Chronica,* in Palmer and More, *Sources,* 110-111.
57. 전반적인 내용은 다음을 보라. Thomas Lahr, *Was nach der Sintflut wirklich geschah: die Antiquitates des Annius von Viterbo und ihre Rezeption in Deutschland im 16. Jahrhundert* Frankfurt and New York: Peter Lang, 2012).
58. Anthony Grafton, *Worlds Made by Words: Scholarship and Community in the Modern World* (Cambridge, MA: Harvard University Press, 2009), chap. 3.
59. Francis Yates, *Giordano Bruno and the Hermetic Tradition* (Chicago: University of Chicago Press, 1964). Guido Giglioni는 다음 글에서 예이츠의 책이 지닌 불후의 가치를 강조한다. "Who Is Afraid of Frances Yates: *Giordano Bruno and the Hermetic Tradition* (1964) Fifty Years After," *Bruniana & Campanelliana* 20, no. 2 (2014): 421-432. 피코 델라 미란돌라에 관한 연구를 강조하는, 르네상스 마술에 대한 연구의 최근 개관은 다음을 보라. Flavia Buzzetta, *Magia naturalis e scientia cabalae in Giovanni Pico della Mirandola* (Florence: Olschki, 2019), 17-40.
60. 예를 들어 다음의 대표적인 세 연구를 보라. Eugenio Garin, *Interpretazioni del Rinascimento,* II (Rome: Storia e letteratura, 2009), 3-44; Paolo Rossi, *Francesco Bacone: dalla magia alla scienza* (Bari: Laterza, 1957; Turin: Einaudi, 1974); Rossi, *Francis Bacon: From Magic to Science,* trans. Sacha Rabinovich (London: Routledge & K. Paul, 1968; London: Routledge, 2009).
61. 헤르메스 체계와 과학에 관한 예이츠의 이론은 그녀의 더 큰 논지에서 작은 부분을 차지할 뿐이다. 다음을 보라. Giglioni, "Who Is Afraid?"
62. Charles Burnett, Richard Kieckhefer, Frank Klassen, Philipp Nothaft, Sophie Page, David Pingree, Darrel Rutkin, E. R. Truitt, 여타 중세 마술과 그 여파에 관한 전문 연구자들의 저작에 대해서는 아래 2장, 4장, 5장을 참조하라.
63. E. G. Ashworth, Eugenio Battisti, Giuseppe Saccaro Battisti, Pamela O. Long, Frank Prager, Giustina Scaglia, Hélène Vérin 등의 기술사가들의 저작에 대해서는 특히 3장을 참조하라.
64. 르네상스 마구스들과 그들이 의존한 자료에 관한 Klaus Arnold, John Clark, Vittoria Perrone Compagni, Brian Copenhaver, Carol Kaske, Mary Quinlan-McGrath, Nicolaus Staubach, Paola Zambelli 등의 저작에 관해서는 특히 4장에서 6장을 참조하라.
65. 연금술 분야에서 허풍의 의미를 추적한 뛰어난 사례 연구로는 다음을 보라. Tara Nummedal, *Anna Zieglerin and the Lion's Blood: Alchemy and End Times in Reformation Germany* (Philadelphia: University of Pennsylvania Press, 2019).
66. Klaus Arnold, "Additamenta Trithemiana. Nachträge zu Leben und Werk des Johannes Trithemius, insbesondere zur Schrift *De demonibus,*" *Würzburger DiözesanGeschichtsblätter*: 37/38 (1975): 239-267 at 258-259.
67. 막시밀리안 1세의 후원에 관해서는 다음을 보라. Darin Hayton, *Crown and Cosmos: Astrology and the Politics of Maximilian I* (Pittsburgh: University of Pittsburgh

Press, 2015).

68. Hermann Wiesflecker, *Kaiser Maximilian I. Das Reich, Oesterreich und Europa an der Wende zur Neuzeit,* 5 vols. (Vienna: Verlag für Geschichte und Politik, 1971-1986), 1:161-162; 1:405, 528 n. 2; 4:431; 5:332-336.

69. Alwin Schultz, ed., *Der Weisskunig, Jahrbuch der kunsthistorischen Sammlungen des allerhöchsten Kaiserhauses* 6 (1888): 425: "Volens etiam percunctari secreta mundi didicit artem Nigromantiae, quam tamen nunquam voluit persequi, eo quod ab ecclesia prohibita est et homini multum periculosa in corpore et anima. Et ex patris thesauris habuit libros in orbe non similes." Müller가 밝혔듯이, 《흰색 왕》 속 이야기의 해석은 막시밀리안 1세가 '군주의 거울(Speculum principis)'에 묘사된 대로 이상적인 군주의 모든 자질을 지녔음을 분명히 하려고 계획된 것으로 프리드리히 3세가 아들 막시밀리안 1세에게 마술을 공부하지 말라고 경고했으며 그 기예가 사악함을 드러내기 위해서만 마술을 공부한 그 젊은 군주는 자신이 스승으로 삼은 학구적 마술사가 실상은 그 반대임을 납득시키려고 노력했음에도 아버지의 견해에 강력히 동의했음을 매우 단호하게 강조한다.

70. 다음을 보라. *Kaiser Maximilians I. Weisskunig,* ed. H. Th. Musper with Rudolf Buchner, Heinz Otto Burger, and Erwin Petermann, 2 vols. (Stuttgart: Kohlhammer, 1956), 1:224-225; 2:25; Müller, *Gedechtnus,* 144-146, and *Neues vom Weisskunig: Geschichte und Selbstdarstellung Kaiser Maximilians I. in Holzschnitten,* ed. Hans-Martin Kaulbach (Stuttgart: Graphische Sammlung Staatsgalerie Stuttgart, 1994).

71. 다음을 보라. Nummedal, *Anna Zieglerin.*

72. 특히 다음을 보라. Lyndal Roper, *Oedipus and the Devil* (London: Routledge, 1994); Stuart Clark, *Thinking with Demons* (Oxford: Clarendon Press, 1997); and Walter Stephens, *Demon Lovers* (Chicago: University of Chicago Press, 2001).

73. Deborah Harkness, "Managing an Experimental Household: The Dees of Mortlake and the Practice of Natural Philosophy," *Isis* 88, no. 2 (1997): 247-262.

74. Erwin Panofsky, "Artist, Scientist, Genius: Notes on the Renaissance-Dämmerung," in *The Renaissance: Six Essays* (New York: Harper & Row, 1962), 121-182.

1장 비판과 실험

1. Nicholas of Cusa, *Sermo II (Ibant magi),* January 6, 1431; Nicolaus of Cusa, *Sermones I (1430-1441),* ed. Rudolf Haubst, Martin Bodewig, Werner Krämer, and Heinrich Pauli, *Nicolai de Cusa Opera omnia* 16 (Hamburg: Meiners, 1991). 이 설교는 독일 남서부의 트리어 주교구에서 행해졌다. 번역문은 다음에서 가져와 약간 수정했다. *Hymns Ancient and Modern,* Louis Courtier Biggs (Melbourne, Robertson, 1867), 74.

2. Rab Hatfield, "The Compagnia de' Magi," *Journal of the Warburg and Courtauld Institutes* 33 (1970), 107-161; Hatfield, *Botticelli's Uffizi "Adoration": A Study*

in Pictorial Content (Princeton, NJ: Princeton University Press, 1976); Richard Trexler, *Public Life in Renaissance Florence* (Ithaca, NY: Cornell University Press, 1991), 240-263; Richard Trexler, *The Journey of the Magi: Meanings in History of a Christian Story* (Princeton, NJ: Princeton University Press, 1997).

3. Nicholas of Cusa, *Sermo* II, 20.
4. 다음을 보라. *Stanford Encyclopedia of Philosophy,* s.v. Cusanus, Nicolaus (Nicholas of Cusa), by Clyde Lee Miller, https://plato.stanford.edu/cgi-bin/encyclopedia/archinfo.cgi?entry =cusanus.
5. Nicholas of Cusa, *Sermo* II, 21.
6. Ibid., 26.
7. Pseudo-Chrysostom, *Opus imperfectum in Mattheum, Patrologia Graeca* 56, col. 638: "Apparuit stella eis descendens super montem illum victorialem habens in se formam quasi pueri parvuli et super se similitudinem crucis." 이 텍스트는 〈마태복음〉에 관한 5세기 주석서로 중세에 매우 중요하게 여겨졌다. 이오안네스 크리소스토모스(Ioannes Chrysostomos)가 쓴 것이 아니라고 처음으로 지적한 사람은 에라스뮈스다.
8. Nicholas of Cusa, *Sermo* II, 33. 이 시기의 귀신들림에 관해서는 다음을 보라. Sari KatajalaPeltomaa, *Demonic Possession and Lived Religion in Later Medieval Europe* (Oxford: Oxford University Press, 2020).
9. 기욤 도베르뉴의 견해에 관해서는 다음을 보라. Stephen Marrone, "Magic and the Physical World in ThirteenthCentury Scholasticism," *Early Science and Medicine* 14, no. 1-3 (2009): 158-185.
10. Nicholas of Cusa, *Sermo* 2:37.
11. Charles Burnett, "Talismans: Magic as Science? Necromancy among the Seven Liberal Arts," in Burnett, *Magic and Divination in the Middle Ages: Texts and Techniques in the Islamic and Christian Worlds* (Burlington, VT: Ashgate Variorum, 2010), article I.
12. Darrel Rutkin, *Sapientia astrologica: Asttrology, Magic, and Natural Knowledge, ca. 1250-1800,* volume 1 (Cham: Springer, 2019): 304-312; Neil Tarrant, *Defining Nature's Limits: The Roman Inquisition and the Boundaries of Science* (Chicago: University of Chicago Press, 2022), 60, 67. 또한 다음을 보라. Nicolas Weill-Parot, *Les 'images astrologiques' au Moyen Âge et à la Renaissance: Spéculations intellectuelles et pratiques magiques (XIIe-XVe siècle)* (Paris: Champion, 2002) and Mary Quinlan-McGrath, *Influences: Art, Optics and Astrology in the Italian Renaissance* (Chicago: University of Chicago Press, 2013).
13. Nicholas of Cusa, *Sermo* 2.
14. Nicole Oresme, *De causis mirabilium, prologue, in Nicole Oresme and The Marvels of Nature: A Study of His De causis mirabilium with Critical Edition, Translation, and Commentary,* ed. Bert Hansen (Toronto: Pontifical Institute of Medieval Studies, 1985), 137; original on 136.

15. Nicholas of Cusa, *Sermo* 2:33.

16. Klaus Schreiner, "Laienfrömmigkeit-Frömmigkeit der Eliten oder Frömmigkeit des Volkes? Zur sozialen Verfasstheit laikaler Frömmigkeitspraxis im späten Mittelalter," in *Laienfrömmigkeit im späten Mittelalter,* ed. Klaus Schreiner and Elisabeth Müller-Luckner (Munich: Oldenbourg, 1992), 1-78 at 36-40; Richard Kieckhefer, *Magic in the Middle Ages* (Cambridge: Cambridge University Press, 1989).

17. Fritz Graf, *Magic in the Ancient World,* tr. Franklin Philip (Cambridge, MA: Harvard University Press, 1997), 1-19; Matthew Dickie, *Magic and Magicians in the Greco-Roman World* (London and New York: Routledge, 2001).

18. Stanley Tambiah, *Magic, Science, Religion and the Scope of Rationality* (Cambridge: Cambridge University Press, 1990), 19; Brian Copenhaver, *Magic in Western Culture from Antiquity to the Enlightenment* (Cambridge: Cambridge University Press, 2015). 마술에 관한 연구의 발달을 짧지만 폭넓게 연구한 것으로는 다음을 보라. Owen Davies, *Magic: A Very Short Introduction* (Oxford: Oxford University Press, 2012), 32-48.

19. 예를 들어 다음을 보라. John Bossy, *Christianity in the West, 1400-1700* (Oxford and New York: Oxford University Press, 1985); Eamon Duffy, *The Stripping of the Altars: Traditional Religion in England, c.1400-c.1580* (New Haven, CT: Yale University Press, 1992), and Duffy, *The Voices of Morebath: Reformation and Rebellion in an English Village* (New Haven, CT: Yale University Press, 2001).

20. Gabriele Zarri, *Le sante vive: Profezie di corte e devozione femminile tra '400 e '500* (Turin: Rosenberg & Sellier, 1990); Zarri의 책의 핵심적인 부분은 다른 중요한 논문들과 함께 다음에 번역되어 있다. *Women and Religion in Medieval and Renaissance Italy,* ed. Daniel Bornstein and Roberto Rusconi, trans. Marjorie Schneider (Chicago and London: University of Chicago Press, 1996); Jenni Kuuliala, "The Saint as Medicator: Medicine and the Miraculous in Fifteenth-and Sixteenth-Century Italy," *Social History of Medicine* 34, no. 3 (2021): 703-722.

21. Robert Bartlett, *Why Can Saints Do Such Great Things? Saints and Worshippers from the Martyrs to the Reformation* (Princeton, NJ: Princeton University Press, 2013); Cynthia Hahn, *The Reliquary Effect: Enshrining the Sacred Object* (London: Reaktion, 2017).

22. Livia Cárdenas, *Friedrich der Weise und das Wittenberger Heiltumsbuch: mediale Repräsentation zwischen Mittelalter und Neuzeit* (Berlin: Lukas, 2002), 20-24.

23. *Treasures of Heaven: Saints, Relics, and Devotion in Medieval Europe,* ed. Martina Bagnoli, Holger Klein, C. Griffith Mann, and James Robinson (New Haven, CT: Yale University Press, 2010).

24. Cárdenas, *Friedrich der Weise;* Cárdenas, *Die Textur des Bildes: das Heiltumsbuch im Kontext religiöser Mentalität des Spätmittelalters* (Berlin: Lukas, 2013). 다음은

디지털로 변환되어 있다. The Bamberg Book of Relics, British Library Add MS 15689. (https://www.bl.uk/manuscripts/ FullDisplay.aspx?ref=Add_MS_15689); 다음을 보라. Clarck Drieshen, "The Bamberg Book of Relics," Medieval Manuscripts Blog, October 3, 2020, https://blogs.bl.uk/digitisedmanuscripts /2020/10/the-bamberg-book-of-relics.html.

25. *Dye zaigung des hochlobwirdigen hailigthumbs der Stifftkirchen aller hailigen zu wittenburg* (Wittenberg: Symphorian Reinhart, 1509); Livia Cárdenas, *Friedrich der Weise.*

26. 예를 들어 모레아(Morea)의 전제군주 토마스 팔라이올로고스(Thomas Palaiologos)가 로마 교회에 기증한 사도 안드레아의 유골의 영접과 안치에 관해서는 다음을 보라. Maya Maskarinec, "Mobilizing Sanctity: Pius II and the Head of Andrew in Rome," in *Authority and Spectacle in Medieval and Early Modern Europe: Essays in Honor of Teofilo F. Ruiz,* ed. Yuen-Gen Liand and Jarbel Rodriguez (London: Routledge, 2017), 186-202.

27. 베조와 모니카 숭배에 관해서는 다음을 보라. Ian Holgate, "The Cult of Saint Monica in Quattrocento Italy: Her Place in Augustinian Iconography," *Papers of the British School at Rome* 71 (2003): 181-206. 안치에 관한 베조의 설명은 다음을 보라. Biblioteca Apostolica Vaticana MS Urb. Lat. 59, fol. 314 recto-verso: "Quum venissent fratres magna cum celebritate magnoque et solempni cum apparatu et honore deducturi in urbem sanctum corpus mirum quanta ibi confluxerit omnis sexus omnisque etatis hominum multitudo. Tantus erat affectus: tantum studium: tam incensa omnibus videndi contingendique vel digito sacrum sarcophagum. Vnde et quosdam a demonis liberatos: nonnullos a lepra mundatos: alios varijs a langoribus sanatos fuisse omnibus manifestissime constitit. Quo magis etiam auctus est cunctorum amor et devotio factusque maior est undique concursus et exultantium clamor."

28. *É. Bougaud, Histoire de Sainte Monique* (Paris, 1873), 594: "Quid dicam sterilem illam uxorem fabri, qui Sepulcri ejus ferramenta confecerat, expresso ad Sepulcrum voto, paullo post concepisse? Quid eumdem fabrum pene caecum, consimili voto splendidum lumen accepisse?"

29. Nicholas of Cusa, *Sermo* 2:32.

30. Ibid., 23. 가짜 오비디우스의 《마녀에 관하여*De vetula*》와 점성술에 관해서는 예를 들어 다음을 보라. Cecilia Panti, "An Astrological Path to Wisdom. Richard de Fournival, Roger Bacon and the Attribution of the Pseudo-Ovidian *De vetula,*" in *Richard de Fournival et les sciences au XIIIe siècle,* ed. Joëlle Ducos and Christopher Lucken (Florence: SISMEL Edizioni del Galluzzo, 2018), 363-400.

31. Valerie Flint, *The Rise of Magic in Early Medieval Europe* (Princeton, NJ: Princeton University Press, 1992).

32. 이 이야기에 관해서는 다음을 보라. Charles Burnett, *The Introduction of Arabic*

Learning into England (London: British Library, 1997); "The Translating Activity in Medieval Spain," in *Magic and Divination,* article IV; Sophie Page, *Astrology in Medieval Manuscripts* (Toronto: University of Toronto Press, 2002); Rutkin, *Sapientia astrologica,* volume 1.

33. Burnett, "Talismans," 15.
34. 이 책의 원작자 문제와 텍스트에 관해서는 다음을 보라. Paola Zambelli, *The Speculum astronomiae and Its Enigma: Astrology, Theology, and Science in Albertus Magnus and His Contemporaries* (Berlin: Springer, 2013).
35. Albertus Magnus, *Speculum astronomiae* xi, in Zambelli, *The Speculum astronomiae.* Cf. Burnett, "Talismans," 3–4.
36. Steven Williams, "The Scholarly Career of the Pseudo-Aristotelian *Secretum Secretorum* in the Thirteenth and Early Fourteenth Century," PhD diss., Northwestern University, 1991.
37. Roger Bacon, "Epistola de secretis operibus artis et naturae, et de nullitate magiae," in *Opera quaedam hactenus inedita,* ed. J. S. Brewer (London: Longman, Green, Longman, and Roberts, 1859), 526.
38. Scott Hendrix, "Albertus Magnus and Rational Astrology," *Religions* 11, no. 10 (2020): 481.
39. Nicholas of Cusa, *Sermo* II, 31. 니콜라우스가 인용한 구절의 출처와 의미, 용법에 관해서는 다음을 보라. Justin Niermeier-Dohoney, "*Sapiens dominabitur astris:* A Diachronic Survey of a Ubiquitous Astrological Phrase," *Humanities* 10, no. 4 (2021): 117–141.
40. 베이컨과 점성술에 관해서는 다음을 보라. C. Philipp E. Nothaft, *Dating the Passion: The Life of Jesus and the Birth of Scientific Chronology (200–1600)* (Leiden: Brill, 2012). 그는 아래에 인용한 논문들에서 수정하고 보완했다.
41. Roger Bacon, *Opus maius,* ed. John Bridges, 2 vols. (Oxford: Clarendon Press, 1897), 1:242.
42. Ibid.
43. Stephen Gersh, "Nicholas of Cusa," in *Interpreting Proclus from Antiquity to the Renaissance* (Cambridge: Cambridge University Press, 2014), 318–350; Thomas Burman, *Reading the Qu'ran in Latin Christendom, 1140–1560* (Philadelphia: University of Pennsylvania Press, 2007), 179–180.
44. 다음을 보라. Stephan Heilen, "Ancient Scholars on the Horoscope of Rome," *Culture and Cosmos* 11, nos. 1–2 (2007): 43–68.
45. Jean-Patrice Boudet, "From Baghdad to 'Civitas Solis': Horoscopes of Foundation of Cities," in From *Masha'allah to Kepler: Theory and Practice in Medieval and Renaissance Astrology,* ed. Charles Burnett and Dorian Gieseler Greenbaum (Lampeter: Sophia Centre Press, 2015), 49–76.
46. Laura Smoller, "*Teste Albumasare cum Sibylla*: Astrology and the Sibyls in Medieval

Europe," *Studies in History and Philosophy of Biological and Biomedical Sciences* 41 (2010): 76–89.

47. Friedrich von Bezold, "Astrologische Geschichtskonstruktion im Mittelalter," in *Aus Mittelalter und Renaissance: Kulturgeschichtliche Studien* (Munich and Berlin: Oldenbourg,1918), 165–195; Margaret Aston, "The Fiery Trigon Conjunction: An Elizabethan Astrological Prediction," *Isis* 61, no. 2 (1970): 159–187; Laura Smoller, *History, Prophecy, and the Stars: The Christian Astrology of Pierre d'Ailly, 1350–1420* (Princeton, NJ: Princeton University Press, 1994).
48. Bacon, *Opus maius,* 1: 256–257.
49. C. Philipp E. Nothaft는 일련의 매우 중요한 논문에서 베이컨의 자료를 확인했다. 다음을 보라. "Climate, Astrology and the Age of the World in Thirteenth-Century Thought: Giles de Lessines and Roger Bacon on the Precession of the Solar Apogee," *Journal of the Warburg and Courtauld Institutes* 77 (2014): 35–60, and "'With Utmost Certainty': Two Thirteenth-Century Pioneers of Technical Chronology," *Journal of Medieval History* 46, no.3 (2020): 335–349.
50. Bacon, *Opus maius,* 1:389.
51. Nothaft, *Dating the Passion,* chap. 6.
52. Bacon, *Opus tertium,* xi:, Bacon, *Opera quaedam,* 36.
53. Ibid.
54. Jeremiah Hackett, "Roger Bacon on Astronomy and Astrology: The Sources of the *Scientia experimentalis,*" in *Roger Bacon and the Sciences: Commemorative Essays,* ed. Jeremiah Hackett (Leiden: Brill, 1997), 175–198.
55. 다음을 보라. Smoller, *History, Prophecy and the Stars.*
56. Pierre d'Ailly, *Concordantia astronomie cum theologia. Concordantia astronomie cum hystorica narratione. Et elucidarium duorum praecedentium* (Augsburg: Ratdolt, 1490), sig. b verso.
57. Frank Fürbeth, *Johannes Hartlieb: Untersuchungen zu Leben und Werk* (Tübingen: Niemeyer, 1992).
58. Bacon, *Opus maius,* 1:395.
59. Maslamah ibn Aḥmad Majrīṭī, *Picatrix: The Latin Version of the Ghāyat al-ḥakīm,* ed. David Pingree (London: Warburg Institute, 1986), 106.
60. Ibid.
61. Bacon, *Opus maius,* 1:240.
62. Ibid., 1:241–242.
63. Ibid., 1:240.
64. Williams, "The Scholarly Career"; "Roger Bacon and his Edition of the Pseudo-Aristotelian *Secretum Secretorum,*" *Speculum* 69 (1994): 57–73; "Roger Bacon and the Secret of Secrets," in *Roger Bacon and the Sciences,* ed. Hackett, 365–393; William Eamon, *Science and the Secrets of Nature: Books of Secrets in Medieval and*

Early Modern Culture (Princeton, NJ: Princeton University Press, 1994), 46–53. 아리스토텔레스가 제자였던 알렉산드로스 대왕에게 보낸 편지라는 이 논문은 10세기 말 이전에 쓰인 아랍어 텍스트로 12세기와 13세기에 두 가지 판본으로 라틴어로 번역되었다.

65. Paris, Bibliothèque de l'Arsenal, MS 2872, digitized on Gallica, https://gallica.bnf.fr/ark:/12148/btv1b60002894.
66. Bacon, Commentary on the *Secretum secretorum,* in Bacon, *Opera hactenus inedita, fasc. v: Secretum secretorum cum glossis et notulis. Tractatus brevis et utilis ad declarandum quedam obscure dicta fratris Rogeri,* ed. Robert Steele (Oxford: Clarendon Press, 1920), 38–39 n. 4, quoted by Williams, "The Scholarly Career," 216–217 n.77.
67. Bacon, Commentary on the *Secretum secretorum,* in *Opera hactenus inedita,* v, 39 n 4.
68. Amanda Power, *Roger Bacon and the Defence of Christendom* (Cambridge: Cambridge University Press, 2013).
69. Bacon, *Opus maius,* 1:401. Cf. Williams, "The Scholarly Career," 87.
70. 다음을 보라. Malcolm Barber, "The Crusades of the Shepherds in 1251," in *Proceedings of the Tenth Annual Meeting of the Western Society for French History, 1982* (Lawrence: University of Kansas Press, 1982).
71. Matthew Paris, quoted by Bridges in Bacon, *Opus maius,* 1:401n1.
72. Ibid., 1:401.
73. Ibid.
74. Ibid.
75. Michael Ryan, *A Kingdom of Stargazers: Astrology and Authority in the Late Medieval Crown of Aragon* (Ithaca, NY: Cornell University Press, 2011); Monica Azzolini, *The Duke and the Stars: Astrology and Politics in Renaissance Milan* (Cambridge, MA: Harvard University Press, 2013); Lauren Kassell, *Medicine and Magic in Elizabethan London: Simon Forman, Astrologer, Alchemist and Physician* (Oxford: Clarendon Press, 2005), 그리고 Kassell이 세워 지휘한 놀라운 프로젝트 (https://casebooks.lib.cam.ac.uk/).
76. Nicholas of Cusa, *Sermo* 2:32.
77. Johannes Hartlieb, *Das Buch der verbotenen Künste: Aberglaube und Zauberei des Mittelalters,* ed. Falk Eisermann and Eckhard Graf with Christian Rätsch (Ahlerstedt: Param Verlag, Günter Koch, 1989), 이에 관해서는 다음의 신중하고 상세한 연구를 보라. Fürbeth, *Johannes Hartlieb. In Forbidden Rites: A Necromancer's Manual of the Fifteenth Century* (University Park: Pennsylvania State University Press, 1998), Richard Kieckhefer는 더 넓은 맥락을 상세히 조명한다. 그는 또한 다음 책으로 하르틀리프의 금단의 기예에 관한 책을 번역했다. *Hazards of the Dark Arts: Advice for Medieval Princes on Witchcraft and Magic* (University Park: Pennsylvania State University Press, 2017).

78. Hartlieb, *Buch,* 170–173; Kieckhefer, *Hazards,* 78.
79. Fürbeth, *Johannes Hartlieb.*
80. Hartlieb, *Buch,* 78–80; Kieckhefer, *Hazards,* 38.
81. Hartlieb, *Buch,* 68–78.
82. Kieckhefer, *Hazards,* 42. 마구스도 악마처럼 성서를 인용할 수 있었다. 다음을 보라. Hartlieb, *Buch,* 114–116.
83. Hartlieb, *Buch,* 162.
84. Ibid., 192; Kieckhefer, *Hazards,* 87.
85. Ibid., 91–92, 202–204.
86. Ibid., 43–44, 92.
87. Hartlieb, *Hazards,* 36.
88. *Conjuring Spirits: Texts and Traditions of Medieval Ritual Magic,* ed. Clare Fanger (University Park: Pennsylvania State University Press, 1998).
89. Kieckhefer, *Forbidden Rites.*
90. Munich, Bayerische Staatsbibliothek, clm 849, fols. 25 verso–27 verso=Kieckhefer, *Forbidden Rites,* 221–224.
91. Kieckhefer, *Magic.*
92. Sophie Page, *Magic in the Cloister: Pious Motives, Illicit Interests, and Occult Approaches to the Medieval Universe* (University Park: Pennsylvania State University Press, 2013), 85–98.
93. Ibid., 1–2.
94. Raimundus de Puteo, quoted in Lothar Kolmer, "Papst Clemens IV beim Wahrsager," *Deutsches Archiv für Erforschung des Mittelalters* 38 (1982): 141–165 at 160n63.
95. Francis Young이 쓴 다음 책의 서문을 보라. Paul Foreman (attrib.), *The Cambridge Book of Magic: A Tudor Necromancer's Manual,* ed. Francis Young (Cambridge: Texts in Early Modern Magic, 2015), xi–xxxvii. 전반적인 내용에 대해서는 다음 책이 폭넓게 다루었다. Frank Klaassen, *The Transformations of Magic: Illicit Learned Magic in the Later Middle Ages and Renaissance* (University Park: Pennsylvania State University Press, 2013).
96. Paul Foreman (attrib.), *The Cambridge Book of Magic,* 17, 31.
97. Katelyn Mesler, "The Latin Encounter with Hebrew Magic," in *The Routledge History of Medieval Magic,* ed. Sophie Page and Catherine Rider (Abingdon and New York: Routledge, 2019).
98. R. Po-chia Hsia, *The Myth of Ritual Murder: Jews and Magic in Reformation Germany* (New Haven, CT: Yale University Press, 1988); Hsia, *Trent 1475: Stories of a Ritual Murder Trial* (New Haven, CT: Published in cooperation with Yeshiva University Press, Yale University Press, 2002); Caroline Walker Bynum, *Wonderful Blood: Theology and Practice in Late Medieval Northern Germany and Beyond*

(Philadelphia: University of Pennsylvania Press, 2007); Magda Teter, *Blood Libel: On the Trail of an Antisemitic Myth* (Cambridge, MA: Harvard University Press, 2020).

99. Martin Luther, "Vom Schem Hamphoras und vom Geschlecht Christi," *D. Martin Luthers Werke: kritische Gesamtausgabe,* 53: 573-648.

100. Ibid., 614; 그의 다음 책에 다른 해석이 있다. *Tischreden, D. Martin Luthers Werke: kritische Gesamtausgabe* 5, 246, no. 5567; ibid., 247-248.

101. Kolmer, "Papst Klemens IV." 마술과 요술에 관한 공식적인 견해의 발전에 관해서는 다음을 보라. Rainer Decker, *Witchcraft and the Papacy: An Account Drawing on the Formerly Secret Records of the Roman Inquisition,* trans. H. C. Erik Midelfort (Charlottesville: University of Virginia Press, 2008), 1-74; Tarrant, *Defining Nature's Limits,* 1-130.

102. 다음을 보라. Montserrat Moli Frigola, *"Iakobo,"* in *Scrittura biblioteche e stampa a Roma nel Quattrocento: Aspetti e problemi.* Atti del seminario 1-2 giugno 1979, ed. Concetta Bianca et al. (Vatican City: Scuola Vaticana di Paleografia, Diplomatica e Archivistica, 1980), 183-203; Anna Modigliani, "Testamenti di Gaspare da Verona," in *Scrittura biblioteche e stampa a Roma nel Quattrocento: Aspetti e problemi.* Atti del 2° seminario 6-8 maggio 1982, ed. Massimo Miglio et al. (Vatican City: Scuola Vaticana di Paleografia, Diplomatica e Archivistica, 1983), 611-627.

103. Rome, Biblioteca Casanatense, MS lat. 397, fol. 77 recto: "[de sortilegiis multa dicta sunt in iure diuino. quae quidem sunt prohibita sicut et pleraeque species presagiendi ut necromantia chiromantia auguria extispitia pyromantia auspicia [et sic de singulis recte tractauit."

104. Ibid., fol. 77 recto-verso: "[comburi autem iussit quandam veneficam et necromanticam mulierem observandissimus d. Cardinalis firmanus quae in agro perusino eam detestabilem artem exercebat [nichil melius nichil iustius facere potuisset [ipse etiam est a vertice ad plantas iustissimus et prudentissimus simul et doctissimus altissimique consilii princeps: cuius verba aurea sunt quotienscunque legitur: quem nil ob aliud amo colo et obseruo." 다음을 보라. Modigliani, "Testamenti," 619.

105. Rome, Biblioteca Casanatense, MS lat. 397, fol. 26 verso: "[carmina nunc sunt incantationes verborum [quomodo coquatur venenum illis relinquo quae faciunt. et ex medicina aliquid scio in hoc. quod tamen silentio penitus praeteribo."

106. Ibid., fol. 77 verso: "[et ego vidi quosdam seniores in territorio seu agro patriae meae hoc est veronae, rusticos quidem qui siquis amisisset asinum vel equum praesagiebant et videbant statim ubi esset res amissa. et dictis verbis et sacris suis perfectis, videbatur cadere stella quaedam certo loco in quo certa res quaerebatur et tandem inveniebatur [semel ex his quidam dum essent turbulentissima tempora, tonitrua, fulgura, imbres, pronosticatus est fulmen fore de subito, et casurum in

cacumen cuiusdam montis [atque ita fuit ut praedixerat [agebat homo octogesimum annum illiteratus et indoctus."

107. Modigliani, "Testamenti," 618.

108. Ibid.

109. David Collins, "Albertus, Magnus or Magus? Magic, Natural Philosophy, and Religious Reform in the Late Middle Ages," *Renaissance Quarterly* 63, no. 1 (2010): 1–44 at 3 (translation slightly altered).

110. Ibid., 30–35. 전반적인 내용은 다음을 보라. Michael Bailey, "From Sorcery to Witchcraft: Clerical Conceptions of Magic in the Later Middle Ages," *Speculum* 76 (2001): 960–990.

111. Carlo Ginzburg, "Un letterato e una strega al principio del '500: Panfilo Sasso e Anastasia la Frappona," in *Studi in memoria di Carlo Ascheri, Differenze* 9 (1970): 129–137.

112. Ibid.

113. Biblioteca Apostolica Vaticana, MS Vat. lat. 3917, fols. 166 recto-verso, in Angelo Mercati, *Il Sommario del processo di Giordano Bruno: con appendice di documenti sull'eresia e l'Inquisizione a Modena nel secolo XVI* (Vatican City: Biblioteca Apostolica Vaticana, 1942), 132.

114. Tarrant, *Defining Nature's Limits,* 151–152; Matteo Duni, *Under the Devil's Spell: Witches, Sorcerers and the Inquisition in Renaissance Italy* (Syracuse: Syracuse University Press, 2007), esp. 48: "1499년 성모 마리아 시종회 수사들로부터 빌려 연인인 사제 안토니오 몬타냐나(Antonio Montagnana)와 공유한 문서로부터 악마를 불러내는 주문을 읽고 복사하여 '마법사요 요술사, 알선자'로 고발당한 여인 베르나르디나 스타데라(Bernardina Stadera)의 텍스트처럼 일견 어울릴 것 같지 않은 자의 수중에 들어간 텍스트를 보는 것이 드물지 않았다."

115. Frank Klaassen, "Learning and Masculinity in Manuscripts of Ritual Magic of the Later Middle Ages and Renaissance," *Sixteenth Century Journal* 38, no. 1 (2007): 49–76.

116. Nicholas of Cusa, *Sermo* 2:37.

2장 자연을 지배하는 힘

1. 이 텍스트의 현대어 판본은 두 가지가 있다. Giannozzo Manetti, *De dignitate et excellentia hominis,* ed. Elizabeth Leonard (Padua: Antenore, 1975), and Manetti, *On Human Worth and Excellence,* ed. and trans. Brian Copenhaver (Cambridge, MA: Harvard University Press, 2018). 마네티에 관한 상세한 연구는 다음을 보라. David Marsh, *Giannozzo Manetti: The Life of a Florentine Humanist* (Cambridge, MA: Harvard University Press, 2019).

2. Vespasiano da Bisticci, *Vite di uomini illustri del secolo xv* (Florence: Rinascimento del Libro, 1938), 71–72; *Renaissance Princes, Popes, and Prelates: The Vespasiano*

Memoirs, intro. Myron Gilmore (New York: Harper & Row, 1963), 72-74. 이 일화에 관해서는 다음을 보라. Michael Baxandall, *Painting and Experience in Fifteenth-Century Italy: A Primer in the Social History of Pictorial Style* (Oxford: Oxford University Press, 1972; repr. 1974), 14. 여기서 인용한 그 사건의 설명은 이 책에서 가져왔다.

3. 이 '책의 시간'과 시합에 보여준 그들의 열의에 관해서는 다음을 보라. Damiele Miano, "The Two Tarquins from Livy to Lorenzo Valla: History, Rhetoric and Embodiment," *Intellectual History Review* 32, no. 3 (2022): 359-386.
4. Manetti, *De dignitate,* 2-3; *On Human Worth,* 2-5.
5. Ibid., 57-58, 102-105.
6. Ibid., 58, 104-105.
7. Ibid., 59, 104-107.
8. Ibid., 59-60, 106-107.
9. Ottavio Besomi, "*Dai Gesta Ferdinandi Regis* Aragonum del Valla al *De Orthographia* del Tortelli," *Italia medioevale e umanistica* 9 (1966): 75-121 at 113-124; Lorenzo Valla, *Gesta Ferdinandi regis Aragonum,* ed. Ottavio Besomi (Padua: Antenore, 1973), 194. 본론에서 잠시 벗어나 말과 사물에 관해 이야기한 이 뛰어난 대목은 발라의 텍스트에서 제거되었고, 다른 인문주의자인 조반니 토르텔리가 자신의 사전에 일부를 포함하여 공개했다. *De orthographia* (printed in 1471), s.v. Horologium. 다음을 보라. Besomi, *"Dai Gesta Ferdinandi,"* and Alex Keller, "A Renaissance Humanist Looks at 'New' Inventions: The Artricle 'Horologium' in Giovanni Tortelli's *'De orthographia',*" *Technology and Culture* 11, no. 3 (1970): 345-365. 여전히 토르텔리의 글로 여겨지는 텍스트의 핵심적인 부분이 여기에 번역되어 있다.
10. Besomi, *"Dai Gesta Ferdinandi,"* 114; Valla, *Gesta Ferdinandi,* 194.
11. Besomi, *"Dai Gesta Ferdinandi,"* 114-115; Valla, *Gesta Ferdinandi,* 194.
12. Horace *Ars Poetica,* 343-344: "Omne tulit punctum qui miscuit utile dulci, lectorem delectando pariterque monendo" (효용과 즐거움을 결합할 수 있는 자가 모든 표를 가져갔다. 독자에게 즐거움과 가르침을 동시에 주는 것이다). 실제로 발라는 *utilitatis*와 *iocunditatis*라는 낱말을 썼다.
13. Lodi Nauta가 밝혔듯이, 라틴어의 본질에 관한 발라의 시각은 맥락에 따라 달랐다. 다음을 보라. "Latin as a Common Language: The Coherence of Lorenzo Valla's Humanist Program," *Renaissance Quarterly* 71, no. 1 (2018): 1-32.
14. Michael Baxandall은 다음 책에서 이러한 텍스트들을 제시하고 논했다. *Giotto and the Orators: Humanist Observers of Painting in Italy and the Discovery of Pictorial Composition* (Oxford: Clarendon Press, 1971), 99-111.
15. 훌륭한 번역과 논평이 담긴 다음을 참조하라. Christine Smith and Joseph O'Connor, *Building the Kingdom: Giannozzo Manetti on the Material and Spiritual Edifice* (Tempe: Arizona Center for Medieval and Renaissance Studies, 2007).
16. *Della Pittura*에 붙인 알베르티의 헌사의 편지, in Alberti, *On Painting and on*

Sculpture. The Latin Texts of De pictura and De statua, ed. Cecil Grayson (London: Phaidon 1972), 33: 약간 수정했다. 원문은 32쪽.

17. 다음을 보라. Mary Ann Quinlan-McGrath, *Influences: Art, Optics, and Astrology in the Italian Renaissance* (Chicago and London: University of Chicago Press, 2013), chap. 6, and Maren Elisabeth Schwab, "Rome as 'Part of the Heavens': Leon Battista Alberti's *Descriptio Urbis Romae* (ca. 1450) and Ptolemy's *Almagest,*" *Journal of the History of Ideas* 84, no. 1 (2023), 1-27.
18. Alberti, *On Painting,* ed. Grayson, 63: original 62.
19. 다음을 보라. Anthony Grafton, *Leon Battista Alberti: Master Builder of the Italian Renaissance* (London: Penguin, 2001).
20. Alberti, *De commodis litterarum atque incommodis,* ed. Laura Goggi Carotti (Florence: Olschki, 1976), 39.
21. Ibid.
22. 다음을 보라. Copenhaver's introduction to Manetti, *On Human Worth,* and Marsh, Manetti, chap. 4.
23. Roger Bacon, *Opus tertium,* in Bacon, *Opera quaedam hactenus inedita,* ed. J. S. Brewer (London: Longman, Green, Longman, and Roberts, 1859), 39.
24. Ibid., 40.
25. Bacon, *Epistola de secretis operibus artis et naturae,* ibid., 534-535.
26. Ibid., 535. Cf. *Opus tertium,* ibid., 46: "…sed valerent [sc. specula sufficientia] plus quam unus exercitus contra Tartaros et Saracenos."
27. Bacon, *Opus tertium,* ibid., 43.
28. Ibid., 44.
29. Elly Rachel Truitt, "Knowledge and Power: Courtly Science and Political Utility in the Work of Roger Bacon," *Revista española de filosofía medieval* 28, no. 1 (2021): 99-123.
30. 다음을 보라. *Dictionary of Scientific Biography,* s.v. Petrus Peregrinus, by Edward Grant.
31. Peter of Maricourt, *Opera,* ed. Loris Sturlese (Pisa: Scuola Normale Superiore, 1995), 65-66.
32. Ibid., 69.
33. Bacon, *Opus tertium, Opera quaedam,* 46.
34. Ibid., 46-47.
35. Bacon, *Epistola de secretis operibus artis et naturae*: ibid., 537.
36. 다음을 보라. William Newman, *The Summa perfectionis of Pseudo-Geber: A Critical Edition, Translation, and Study* (Leiden and New York: Brill, 1991).
37. Ibid., 538.
38. Ibid., 537.
39. Ibid., 532-533.

40. Truitt, "Knowledge and Power," 118-123.
41. Newman, *The Summa perfectionis,* 542.
42. Ibid., 536.
43. 다음을 보라. Lynn White, "Medical Astrologers and Late Medieval Technology," *Viator* 6 (1975); Pamela Long, "Power, Patronage and the Authorship of 'Ars': From Mechanical Know-How to Mechanical Knowledge in the Last Scribal Age," *Isis* 88 (1998): 1-41; Long, *Artisan-Practitioners and the Rise of the New Science, 1400-1600* (Corvallis: Oregon State University Press, 2011); Long, *Engineering the Eternal City: Infrastructure, Topography and the Culture of Knowledge in Late Sixteenth-Century Rome* (Chicago: University of Chicago Press, 2018). 역사적 개관은 다음을 보라. Hélène Vérin, *La gloire des ingénieurs: l'intelligence technique du XVIe au XVIIIe siècle* (Paris: Albin Michel, 1993), and cf. James Ackerman, *Distance Points: Essays in Theory and Renaissance Art and Architecture* (Cambridge, MA: MIT Press, 1991), 211-268.
44. *Prima di Leonardo: cultura delle macchine a Siena nel Rinascimento,* ed. Paolo Galluzzi (Milan: Electa, 1991); Jörg Jochen Berns, *Die Herkunft des Automobils aus Himmelstrionfo und Höllenmaschine* (Berlin: Wagenbach, 1996).
45. Julia Martines, trans., *Two Memoirs of Renaissance Florence: The Diaries of Buonaccorso Pitti and Gregorio Dati,* ed. Gene Brucker (New York: Harper & Row, 1967), 78-79; 원문은 다음을 보라. Vittore Branca, *Mercanti scrittori: Ricordi nella Firenze tra Medioevo e Rinascimento* (Milan: Rusconi, 1986), 434-435, 여기에 도메니코가 밀라노 공작을 위해 일했다고 쓰여 있다. 다음의 훌륭한 사례 연구도 참조하라. Nicholas Adams, "Architecture for Fish: The Sienese Dam on the Bruna River-Structures and Designs, 1468-ca. 1530," *Technology and Culture* 25 (1984): 768-797.
46. Christine Smith, *Architecture in the Culture of Early Humanism: Ethics, Aesthetics, and Eloquence, 1400-1470* (New York: Oxford University Press, 1992); Vérin, *La Gloire.*
47. White, "Medical Astrologers."
48. Göttingen, Niedersächsische Staats- und Universitätsbibliothek, MS philos. 63, 4 verso-11 recto, transcribed in Conrad Kyeser, *Bellifortis,* ed. Götz Quarg, 2 vols. (Düsseldorf: VDI-Verlag, 1967), 2:7-15. Cf. Mariano di Jacopo detto il Taccola, *De machinis,* ed. Eberhard Knobloch (Baden-Baden: V. Koerner, 1984), 62-63.
49. 다음을 보라. Pamela Smith, *From Lived Experience to the Written Word: Reconstructing Practical Knowledge in the Early Modern World* (Chicago: University of Chicago Press, 2022).
50. Erwin Panofsky, "Artist, Scientist, Genius: Notes on the Renaissance-Dämmerung," *The Renaissance: Six Essays* (New York: Harper & Row, 1962).
51. 특히 다음을 보라. *Prima di Leonardo,* ed. Galluzzi.

52. 다음을 보라. Smith, *From Lived Experience,* and Pamela O. Long, "Power, Patronage, and the Authorship of Ars: From Mechanical Know-How to Mechanical Knowledge in the Last Scribal Age," *Isis* 88 (1997): 1-41.
53. 전반적인 내용은 다음을 보라. William Eamon, *Science and the Secrets of Nature: Books of Secrets in Medieval and Early Modern Culture* (Princeton, NJ: Princeton University Press, 1994); Long, "Power, Patronage," and *Openness, Secrecy, Authorship: Technical Arts and the Culture of Knowledge from Antiquity to the Renaissance* (Baltimore: Johns Hopkins University Press, 2001).
54. Taccola, *De machinis,* 53; Frank Prager and Giustina Scaglia, *Mariano Taccola and His Book De ingeneis* (Cambridge, MA: MIT Press, 1972), 17.
55. Taccola, *De machinis,* 138-139: "plus valet ingenium quam bubalorum vires."
56. 타콜라의 생애에 관해서는 다음을 보라. Beck, introduction, in Taccola, *Liber tertius de ingeneis ac edifitiis non usitatis,* ed. James Beck (Milan: il Polifilo, 1969), 11-22; Prager and Scaglia, *Taccola,* 3-21; Bernhard Degenhart and Annegrit Schmitt, with Hans-Joachim Eberhardt, *Corpus der italienischen Zeichnungen, 1300-1450,* Vol. 2: *Venedig. Addenda zu Süd-und Mittelitalien, 4: Katalog 717-719. Mariano Taccola* (Berlin: Gebr. Mann, 1982). 그의 활동의 더 넓은 배경은 다음을 보라. *Prima di Leonardo,* ed. Galluzzi, and Long, *Artisan-Practitioners.*
57. Taccola, *De machinis,* 96-97.
58. Johannes Hartlieb, *Das Buch der verbotenen Künste: Aberglaube und Zauberei des Mittelalters,* ed. Falk Eisermann and Eckhard Graf with Christian Rätsch (Ahlerstedt: Param Verlag, Günter Koch, 1989), chap. 54, 114-117; *Hazards of the Dark Arts: Advice for Medieval Princes on Witchcraft and Magic,* trans. Richard Kieckhefer (University Park: The Pennsylvania State University Press, 2017), 54. 또한 다음을 보라. Hartlieb, *Das Buch,* chap. 58, 120-121, and Eamon, *Science and the Secrets of Nature,* 68-71.
59. Mariano di Jacopo detto il Taccola, *De ingeneis: liber primus leonis, liber secundus draconis, addenda,* ed. Gustina Scaglia, Frank Prager, and Ulrich Montag, 2 vols. (Wiesbaden: Reichert, 1984).
60. Ibid., 1:53; 2:fol. 16 recto=31.
61. 이 필사본의 텍스트와 논의에 관해서는 다음을 보라. Antonio Manetti, *Vita di Filippo Brunelleschi preceduta da La novella del Grasso,* ed. Domenico De Robertis, intro. Giuliano Tanturli (Milan: il Polifilo, 1976); 영어 번역본은 다음을 보라. Manetti, *The Fat Woodworker,* trans. Robert Martone and Valerie Martone (New York: Italica, 1991).
62. Taccola, *De machinis,* 94-95; color plate in *Prima di Leonardo,* ed. Galluzzi, III. b.15.
63. Munich, Bayerische Staatsbibliothek, clm 849, fols. 20 verso-21 recto, ed. in Richard Kieckhefer, *Forbidden Rites: A Necromancer's Manual of the Fifteenth*

Century (University Park: Pennsylvania State University Press, 1998), 215.

64. Munich, Bayerische Staatsbibliothek, clm 849, fol. 21 recto, ed. Kieckhefer, *Forbidden Rites,* 215-216.
65. Munich, Bayerische Staatsbibliothek, clm 849, fol. 21 recto, ed. Kieckhefer, *Forbidden Rites,* 216.
66. Munich, Bayerische Staatsbibliothek, clm 849, fol. 21 recto, ed. Kieckhefer, *Forbidden Rites,* 216.
67. 조반니 폰타나에 관해서는 특히 다음을 보라. Eugenio Battisti and Giuseppa Saccaro Battisti, *Le macchine cifrate di Giovanni Fontana* (Milan: Arcadia, 1984), 7-34. 두 사람은 그의 저작과(ibid., 39~41) 2차 문헌에(ibid., 166~167)에 관한 서지사항을 제공한다. 다음도 중요하다. Lynn Thorndike, *History of Magic and Experimental Science,* 8 vols. (New York: Macmillan, 1923-1958), 4:150-182; and Marshall Clagett, "The Life and Works of Giovanni Fontana," *Annali dell'Istituto e Museo di Storia della Scienza di Firenze* 1 (1976): 5-28.
68. Munich, Bayerische Staatsbibliothek, MS Icon. 242, fols. 59 verso-60 recto; Battisti and Saccaro Battisti, *Le macchine,* 94, 134-135.
69. Munich, Bayerische Staatsbibliothek, MS Icon. 242, fol. 51 recto; Battisti and Saccaro Battisti, *Le macchine,* 88, 131은 매우 유익한 설명을 제공한다.
70. Giovanni Fontana, *Liber Pomponii Azali de omnibus rebus naturalibus quae continentur in mundo videlicet coelestibus et terrestribus necnon mathematicis et de angelis motoribus quae* [!] *coelorum* (Venice: O. Scotus, 1544), 3:10, fol. 73 verso (misnumbered 72).
71. Fontana, Secretum *de Thesauro,* I.3, Battisti and Saccaro Battisti, *Le macchine,* 144. Fontana, *Liber,* I.17, fols. 18 verso-19 verso; I.27, fol. 26 recto-26 verso; II.44 (misnumbered 46), fols. 66 recto-73 recto; for example, 66 verso.
72. Fontana, quoted in Thorndike, *History,* 4:175.
73. Fontana, *Liber,* vol. 9, fols. 110 verso-111 verso.
74. Roberto Valturio, *De re militari* (Paris: Christian Wechel, 1536), bk. 10, 261.
75. Bert Hall, *The Technological Illustrations of the So-Called 'Anonymous of the Hussite Wars': Codex Latinus Monacensis 117, part 1* (Wiesbaden: Reichert, 1979); Smith, *Architecture.*
76. Manetti, *Vita di Brunelleschi,* 98.
77. Valturio, *De re militari,* bk. 10, 267.
78. Long, *Openness, Secrecy,* 96-101.
79. Manetti, *Vita di Brunelleschi,* 97-98.
80. 번역은 다음에서 가져와 약간 수정했다. Prager and Scaglia, *Taccola,* 11; 원문은 다음을 보라. Munich, Bayerische Staatsbibliothek, MS L 197, fol. 107 [228] verso, printed in Taccola, *Liber tertius,* 15; Degenhart and Schmitt, with Eberhardt, *Mariano Taccola,* 121 n.14.

81. 상세한 논의는 다음을 보라. Long, *Openness, Secrecy.*

82. 다음을 보라. Prager and Scaglia, *Taccola.*

83. Biblioteca Apostolica Vaticana, MS Urb. lat. 899, fol. 1 recto-verso.

84. Ibid., fol. 124 verso: "Scripto di mano di Lionardo da Colle seruitore desso illustrissimo Signor Meser Constantino anni domini Mcccclxxx." 이 텍스트의 저자에 관해서는 다음을 보라. Claudia Cieri Via, "L'ordine delle nozze di Costanzo Sforza e Camilla d'Aragona del ms. Urb.Lat. 899," in *La città dei segreti. Magia, astrologia e cultura esoterica a Roma (XV-XVIII secolo),* ed. Fabio Troncarelli (Milan: F. Angeli, 1985), 185-197. 좋은 개관과 완벽한 서지사항은 다음을 보라. Nicoletta Guidobadi, "Musique et danse dans une fête 'humaniste': les noces de Costanzo Sforza et Camilla d'Aragona (Pesaro 1475)," in *Musique et humanisme à la Renaissance* (Paris: Presses de l'Ecole Normale Supérieure, 1993).

85. Patrizia Castelli, "Cronache dei loro tempi II: Le 'allegrezze' degli Sforza di Pesaro, 1440-1512," in *Pesaro tra Medioevo e Rinascimento,* ed. Maria Rosaria Valazzi (Venice: Marsilio, 1989), 223-254 at 232-241; Maria Grazia Ciardi Dupré Dal Poggetto, "Un problema di coerenza: memoria e realizzazione nella pittura di Giovanni Santi. Nuove proposte cronologiche e attributive," ibid., 105-114 at 109-110 and 114 n.18.

86. Biblioteca Apostolica Vaticana, MS Urb. lat. 899, fol. 1 recto.

87. Ibid., fol. 6 recto-verso: "Ad uno quarto di miglio presso la terra incontro li prefati Signori sposi circa xl mercatanti & borghisani di pesaro: li quali uennero tutti in una naue condotta da homini cum grandissima facilita & mirabile ingegno di rote. E era detta naue grande & superba colla vela sconfiata dal uento tutta dipinta a dui solari cum colonne lauorata in forma di Buccinthoro & di sopra nella gabbia & in cima del primo solaro chariche di bandiere & di scoppetti tamburini trombetti & altri stormenti diuersi."

88. Ibid., fols. 12 verso-13 recto; fol. 52 verso; fol. 53 verso; fols. 66 verso-67 recto; fol. 67.

89. Ibid., fols. 82 verso-83 recto.

90. Ibid., fols. 86 recto-91 recto.

91. Ibid., fol. 113 recto-verso.

92. Ibid., fol. 117 recto-verso.

93. 코스탄초가 로렌초 부오닌콘트리(Lorenzo Buonincontri)와 카밀로 레오나르디(Camillo Leonardi) 같은 점성술사에게 보인 관심은 다음을 보라. Benedetto Soldati, *La poesia astrologica nel Quattrocento* (Florence: Sansoni, 1906), 127, and Castelli, "Cronache."

94. Biblioteca Apostolica Vaticana, MS Urb. lat. 899, fol. 6 verso: "Ne si uedea chi menasse decta naue per li artifici di Legname: et tela cogengnato a questo che quasi non si cognosceua dalle uere naue."

95. Ibid., fol. 86 verso: "Poi ueniua uno Elephante maggiore assai che uno grande boue col muso & colli denti si ben contrafatto che quasi pareua uerone si uedea chil portasse ançi dasi medesimo siuidea cominare si bene erano compertite le gambe delli homini che erano dentro cum quelle dello elephante che inpossibile saria a scriuere chi non lauesse ueduto el mirabile arteficio desso."
96. Ibid., fol. 106 recto: "si ben contrafatto & cum tanta arte che parea uiuo & era grande & apriua la boccha & distendeua el collo & colcauasi in terra como fanni li ueri Camelli."
97. Ibid., fol. 124 recto: "Constantio … non ha lassato che fare in dimostrare la diligentia & la pelligrineça del suo ingegno."
98. Giovanni Dondi dall'Orologio, *Tractatus astrarii,* ed. and tr. Emmanuel Poulle (Geneva: Droz, 2003), 38.
99. Ibid., 40.
100. Giovanni Dondi dall'Orologio to Fra' Guglielmo Centueri, in Neal Gilbert, "A Letter of Giovanni Dondi dall'Orologio to Fra Guglielmo Centueri: A Fourteenth Century Episode in the Quarrel of the Ancients and the Moderns," *Viator* 7 (1976):299-346, translation at 344-345, original at 366.
101. Elizabeth Gilmore Holt, *A Documentary History of Art: The Middle Ages and the Renaissance* (Princeton, NJ: Princeton University Press, 1981), 1:161; Lorenzo Ghiberti, *I commentarii,* ed. Lorenzo Bartoli (Florence: Giunti, 1998), 95. 101) 대표적인 연구는 다음을 보라. E. H. Gombrich, *Norm and Form: Studies in the Art of the Renaissance* (London: Phaidon, 1966), 1-10.
102. Alberti, *On Painting,* 98-99.
103. 전반적인 내용은 다음을 보라. Charles Mendelsohn, "Blaise de Vigenère and the 'Chiffre carré,'" *Proceedings of the American Philosophical Society* 82 (1940), 103-129; 다음의 훌륭한 연구도 보라.David Kahn, *The Codebreakers: The Story of Secret Writing* (New York: Macmillan, 1967; New York: Scribner, 1996); and Arielle Saiber, *Measured Words: Computation and Writing in Renaissance Italy* (Toronto: University of Toronto Press, 2017), 26-48.
104. Leon Battista Alberti, *A Treatise on Ciphers* (Turin: Galimberti, 1997), 4; original ibid., 28.
105. Ibid., 4 (slightly altered); original ibid., 28.
106. Aloys Meister, *Die Geheimschrift im Dienste der päpstlichen Kurie von ihren Anfängen bis zum Ende des 16. Jahrhunderts* (Paderborn: Schöning, 1906).
107. Marcello Simonetta, *Rinascimento segreto. Il modo del Segretario da Petrarca a Machiavelli* (Milan: Franco Angeli, 2004); 더 전반적인 내용은 다음을 보라. Paul Dover, *The Information Revolution in Early Modern Europe* (Cambridge: Cambridge University Press, 2021), chap. 4. 밀라노 문서국에 관해서는 다음도 보라. P.-Michel Perret, "Les règles de Cicco Simonetta pour le déchiffrement des écritures

secrètes (4 juillet 1474)," *Bibliothèque de l'Ecole des Chartes* 51 (1890), 516–525; Marcello Simonetta, *The Montefeltro Conspiracy: A Renaissance Mystery Decoded* (New York: Doubleday, 2008); and Walter Höflechner's introduction in Francesco Tranchedino, *Diplomatische Geheimschriften. Codex Vindobonensis 2398 der Österreichischen Nationalbibliothek. Faksimileausgabe* (Graz: Akademische Druck- u. Verlagsanstalt, 1970), 13–16.

108. Michele Zopello, *Litterarum simulationis liber,* University of Pennsylvania Library, Kislak Center for Special Collections, MS LJS 225. 다음을 보라. Nicholas Herman, "Who Was Michele Zopello?," Schoenberg Institute for Manuscript Studies, November 22, 2019, https://schoenberginstitute.org/2019/11/22/who-was-michele-zopello/. 필사본은 다음에 디지털로 변환되어 있다: https://openn.library.upenn.edu/Data/0001/html/ljs225.html.
109. Zopello, *Litterarum simulationis liber,* fols. 19 verso–20 recto.
110. 트란케디노의 공책은 현재 빈의 오스트리아 국립도서관에 있고, 다음에 실려 있다. Tranchedino, *Diplomatische Geheimschriften.*
111. Vienna, Österreichische Nationalbibliothek, MS 2398, fol. 6 recto.
112. Ibid., fol. 7 verso.
113. Alberti, *Treatise on Ciphers,* 5; original 29.
114. Ibid., 6–7; original 30–31.
115. Ibid., 7–13; original 31–38.
116. Ibid., 18; original 42.
117. 초펠로는 *k*가 아니라 *h*를 포함시켰다: *Litterarum simulationis liber,* fol. 19 verso.
118. Alberti, *On Ciphers,* 19; original 43.
119. Ibid., 19: original 43.
120. Ibid., 17; original 41.
121. Ibid., 17; original 41.
122. Ibid., 14; original 38–39.
123. Ibid., 4; original 29.
124. 다음의 독창적인 논문을 보라. David Kahn, "On the Origins of Polyalphabetic Substitution," *Isis* 71 (1980): 122–127; 볼벨의 폭넓은 역사는 다음의 매력적인 연구를 보라. Suzanne Karr, "Constructions Both Sacred and Profane: Serpents, Angels, and Pointing Fingers in Renaissance Books with Moving Parts," *Yale University Library Gazette* 78 (2004): 101–127.
125. Giorgio Vasari, *Vasari on Technique,* trans. Louise Maclehose, ed. G. Baldwin Brown (London: Dent, 1907; repr. New York: Dover, 1960), 29–31.
126. Leon Battista Alberti, *Descriptio urbis Romae,* ed. Mario Carpo (Geneva: Droz, 2000).
127. Alberti, *On Sculpture* 8, in Alberti, *On Painting and on Sculpture,* ed. and trans. Cecil Grayson (London: Phaidon, 1972), 129; original text on 128.

128. Albert, *On Sculpture,* 12, ibid., 133; original on 132.

129. Alberti, *On Sculpture,* 11, ibid., 133; original on 132.

130. 다음을 보라. Battisti and Saccaro Battisti, *Le macchine,* 35-38.

131. Biblioteca Riccardiana MS 927, fol. 67 recto; *Trivia senatoria,* ed. Stefano Cartei (Florence: Polistampa, 2008), plate 6, 240. 이 필사본은 또한 알베르티의 암호에 관한 연구도 포함한다(ibid., 67). Bibliothèque Nationale, Paris, Lat. MS 8754, fol. 27 recto에 들어 있는 필사본도 암호를 포함하고 있는데 역시 움직이는 원반을 갖춘 장치를 보여준다(ibid., 77 and plate 9, 243). 베네치아에서 인쇄된 것으로 보이는 날짜 미상의 판본에도 나와 있다(ibid., 86 and plate 17, 251).

132. Alberti, "Trivia senatoria," in *Opera,* ed. Girolamo Massaini (Florence: Bartolomeo de' Libri, c. 1499), sig. [e6 recto]; *Trivia senatoria,* ed. Cartei, 174.

133. Flavio Biondo, *Italia illustrata,* quoted in Howard Burns, "Quattrocento Architecture and the Antique: Some Problems," *Classical Influences on European Culture A.D. 500-1500,* ed. R. R. Bolgar (Cambridge: Cambridge University Press, 1971), 273.

134. Alberti, *De re aedificatoria* VI.8; *On the Art of Building in Ten Books,* trans. Joseph Rykwert, Neil Leach, and Robert Tavernor (Cambridge, MA: MIT Press, 1988), 175; *L'architettura (De re aedificatoria),* ed. and. trans. Giovanni Orlandi, 2 vols. (Milan: Il Polifilo, 1966), 2:497.

135. Fontana, *Liber,* 3:13 (misnumbered 14), fol. 76 recto (misnumbered 75).

136. Ibid.

137. Ibid.

138. Niccoli, *Prophecy and People.*

139. Fontana, *Liber,* 3:13 (misnumbered 14), fol. 76 recto (misnumbered 75).

140. 폰타나가 의지한 전통에 관해서는 다음을 보라. Elly Rachel Truitt, *Medieval Robots: Mechanism, Magic, Nature, and Art* (Philadelphia: University of Pennsylvania Press, 2015).

141. 그 시기의 관행에 관해서는 다음의 훌륭한 사례 연구를 보라. *Picturing Machines 1400-1700,* ed. Wolfgang Lefèvre (Cambridge, MA: MIT Press, 2004).

142. Munich, Bayerische Staatsbibliothek, MS Icon. 242, fol. 63 verso; Battisti and Saccaro Battisti, *Le macchine,* 96-97, 137.

143. Ibid., 97.

144. Brian Curran and Anthony Grafton, "A Sixteenth-Century Site Report on the Vatican Obelisk," *Journal of the Warburg and Courtauld Institutes* 58 (1995): 234-248 at 244-245; original text at 247-248.

145. John Webster Spargo, *Virgil the Necromancer* (Cambridge, MA: Harvard University Press, 1934).

146. Curran and Grafton, "A Site Report," 244; original text at 247.

147. Ibid., 237-238. 바티칸의 오벨리스크와 로마의 다른 오벨리스크에 관해서는 다음을 보

라. Brian Curran, Anthony Grafton, Pamela Long, and Benjamin Weiss, *Obelisk: A History* (Cambridge, MA: MIT Press, 2009). 또한 다음의 고전적 연구도 보라. Cesare D'Onofrio, *Gli obelischi di Roma: storia e urbanistica di una città dall'età antica al xx secolo* (Rome: Bulzoni, 1967; 3d ed., Rome: Romana società editrice 1992), and Erik Iversen, *Obelisks in Exile,* vol. 1: *The Obelisks of Rome* (Copenhagen: Gad, 1968).

148. Curran and Grafton, "Site Report," 245; original text at 248.
149. Sallust, *Bellum Catilinae,* 13.1.
150. Alberti, *On the Art, 3; Dell'Architettura,* 1: 9–11.
151. Manetti, *De dignitate,* 77–78.

3장 학구적인 마구스

1. Baptista Mantuanus to Gianfranesco Pico, in Giovanni Pico della Mirandola, *Opera omnia,* ed. Eugenio Garin, 2 vols. (Turin: Bottega d'Erasmo, 1972), 1:387–388.
2. Ficino to Sixtus IV, in Ficino, *Epistolae* (Venice: Blondus, 1495), fol. CXIV verso. 피치노는 또한 1478~1479년에 피렌체를 덮친 전염병의 원인을 이 합에 돌렸다. 다음을 보라. Remi Chiu, *Plague and Music in the Renaissance* (Cambridge: Cambridge University Press, 2017), 57.
3. Ficino, *Epistolae,* fol. CXV recto.
4. Ibid.
5. Laura Smoller, *History, Prophecy and the Stars: The Christian Astrology of Pierre d'Ailly, 1350–1420* (Princeton, NJ: Princeton University Press, 1994); Dietrich Kurze, "Johannes Lichtenberger–Leben und Werk eines spätmittelalterlichen Propheten und Astrologen," *Archiv für Kulturgeschichte* 38, no. 1 (1956), 328–343; Kurze, "Prophecy and History: Lichtenberger's Forecasts of Events to Come (from the Fifteenth to the Twentieth Century): Their Reception and Diffusion," *Journal of the Warburg and Courtauld Institutes* 21, no. 1–2 (1958): 63–85; Kurze, "Popular Astrology and Prophecy in the Fifteenth and Sixteenth Centuries," in *'Astrologi hallucinati': Stars and the End of the World in Luther's Time,* ed. Paola Zambelli (Berlin: De Gruyter, 1986; repr. 2014), 177–194; 더 넓은 배경에 관해서는 다음을 보라. Jonathan Green, *Printing and Prophecy: Prognostication and Media Change, 1450–1500* (Ann Arbor: University of Michigan Press, 2012).
6. James Hankins, *Plato in the Italian Renaissance,* 2 vols. (Leiden: Brill, 1990), 1:302–304.
7. Donald Weinstein, *Savonarola: The Rise and Fall of a Renaissance Prophet* (New Haven, CT: Yale University Press, 2011), chap. 24.
8. 전체적인 설명과 참고문헌은 다음이 좋다. *Stanford Encyclopedia of Philosophy,* s.v. Marsilio Ficino, by Christopher Celenza, https://plato.stanford.edu/entries/ficino/.
9. 다음을 보라. Brian Cophenhaver, *Pico della Mirandola on Trial: Heresy, Freedom,*

and Philosophy (Oxford: Oxford University Press, 2022), esp. 7–10.

10. 전체적인 설명과 참고문헌은 다음이 좋다. *Stanford Encyclopedia of Philosophy*, s.v. Giovanni Pico della Mirandola, by Brian Copenhaver, https://plato.stanford.edu/entries/pico-della-mirandola/; 훌륭하지만 이론의 여지가 있는 다음의 연구를 보라. Brian Copenhaver, *Magic and the Dignity of Man: Pico della Mirandola and His Oration in Modern Memory* (Cambridge, MA: Belknap Press of Harvard University Press, 2019).
11. Marsilio Ficino, *Three Books on Life*, ed. and trans. Carol V. Kaske and John R. Clark (Tempe, AZ: Medieval and Renaissance Texts & Studies, 1998), 110–111.
12. 다음의 서문을 보라. ibid.; D. P. Walker, *Spiritual and Demonic Magic from Ficino to Campanella* (London: Warburg Institute, 1958); Mary Quinlan-McGrath, *Influences: Art, Optics,and Astrology in the Italian Renaissance* (Chicago: University of Chicago Press, 2013); Brian Copenhaver, *Magic in Western Culture from Antiquity to the Enlightenment* (Cambridge: Cambridge University Press, 2015).
13. Anthony Grafton, *Commerce with the Classics: Ancient Books and Renaissance Readers* (Ann Arbor: University of Michigan Press, 1997), chap. 3.
14. 피코의 자료와 그 저작의 수용뿐만 아니라《예언점성술에 대한 반론》도, 비록 아직 할 일은 많지만, 마침내 체계적인 연구의 대상이 되고 있다. Darrel Rutkin's studies (e.g., "Giovanni Pico della Mirandola's Early Reform of Astrology: An Interpretation of *Vera Astrologia* in the Cabalistic Conclusions," *Bruniana & Campanelliana* 10 (2004): 495–498). 다음을 보라. Ovanes Akopyan, *Debating the Stars in the Italian Renaissance: Giovanni Pico della Mirandola's Disputationes Adversus Astrologiam Divinatricem and Its Reception* (Leiden and Boston: Brill, 2021). 더불어 다음의 날카로운 논평도 보라. Jean-Marc Mandosio, *Kritikon Litterarum* 49, no. 1–2 (2022): 7–25.
15. Grafton, *Commerce*, 113.
16. Ficino, *Three Books on Life*, 330–333.
17. 다음의 상세한 분석을 보라. Copenhaver, *Magic in Western Culture*.
18. Ibid.
19. Giovanni Fontana, *Liber Pomponii Azali de omnibus rebus naturalibus quae continentur in mundo videlicet coelestibus et terrestribus necnon mathematicis et de angelis motoribus quae* [!] *coelorum* (Venice: O. Scotus, 1544), 26–27.
20. Giovanni Pico della Mirandola, *Omnia opera* (Reggio Emilia: Lodovico Mazzali, 1506), sig. [T iv recto].
21. Ibid., sig. I iii recto.
22. Ibid., sig. [T v recto].
23. 의료 행위와 의학적 글쓰기의 이러한 추세에 관해서는 다음을 보라. Giana Pomata, "Sharing Cases: The *Observationes* in Early Modern Medicine," *Early Science and*

Medicine 15 (2010): 193–236; Pomata, "Observation Rising: Birth of an Epistemic Genre, ca. 1500–1650," in *Histories of Scientific Observation,* ed. Lorraine Daston and Elizabeth Lunbeck (Chicago: University of Chicago Press, 2011), 45–80.

24. Antonio Benivieni, *De abditis nonnullis ac mirandis morborum et sanationum causis,* tr. Charles Singer (Springfield: Thomas, 1954), 70–71.
25. Pico 1506, sig. [T v recto–verso]. 영어 번역은 다음에서 가져왔다. Copenhaver, *Magic and the Dignity of Man,* 477–478.
26. Ficino, *Three Books on Life,* 397–399; original 396–398.
27. Giambattista della Porta, *Magiae naturalis sive de miraculis rerum naturalium libri IIII* (Lyon: Rouillé, 1561), fols. 8 verso–9 verso.
28. Benito Pereira, *De magia, de observatione somniorum et de divinatione astrologica, libri tres* (Cologne: Gymnicus, 1612), 25–26, 33. 성 아우구스티누스의 이 일화는 다음에서 가져왔다. *City of God* 14.24.
29. Pico, *Omnia opera,* sig. [T v recto]; translation from Copenhaver, *Magic and the Dignity of Man,* 477.
30. Pico, *Omnia opera,* sig. [T v recto]; translation from Copenhaver, *Magic and the Dignity of Man,* 478.
31. Ficino, *Three Books on Life,* 112–115.
32. Ibid., 182–183.
33. 다음을 보라. Walker, *Spiritual and Demonic Magic.*
34. Ficino, *Three Books on Life,* 196–197.
35. Ibid., 196–199.
36. 독서를 좋아하여 파고든 카이우스의 성향에 관해서는(그는 사냥꾼과 어부, 기타 숙련 장인들이 자연사에 관해 들려준 이야기에도 진지하게 관심을 보였다) 다음을 보라. Anthony Grafton, "Philological and Artisanal Knowledge Making in Renaissance Natural History: A Study in Cultures of Knowledge," *History of Humanities* 3, no. 1 (2018): 39–55.
37. Thomas Muffett, *Health's Improvement: or, Rules Comprizing and Discovering the Nature, Method, and Manner of Preparing All Sorts of Food Used in This Nation,* corrected and enlarged by Christopher Bennett (London: Thomson, 1655), 123.
38. Constantinus Africanus, quoted in Raymond Klibansky, Erwin Panofsky, and Fritz Saxl, *Saturn and Melancholy: Studies in the History of Natural Philosophy, Religion, and Art* (London: Nelson, 2019), 85 n.47.
39. 이러한 범주들의 기원에 관해서는 다음을 보라. Saul Jarcho, "Galen's Six Non-Naturals: A Bibliographic Note and Translation," *Bulletin of the History of Medicine* 44, no. 4 (1970): 372–377; and Jerome Bylebyl, "Galen on the Non-natural Causes of Variation in the Pulse," ibid., 45, no. 5 (1971): 482–485.
40. Ficino, *Three Books on Life,* 290–291.
41. 예를 들어 다음을 보라. Walker, *Spiritual and Demonic Magic*; Frances Yates,

Giordano Bruno and the Hermetic Tradition (Chicago: University of Chicago Press, 1964).

42. Nancy Siraisi, *Medieval and Early Renaissance Medicine: An Introduction to Theory and Practice* (Chicago: University of Chicago Press, 1990; repr. 2009); Katharine Park, "Natural Particulars: Epistemology, Practice, and the Literature of Healing Springs," in *Natural Particulars: Nature and the Disciplines in Renaissance Europe,* ed. Anthony Grafton and Nancy G. Siraisi (Cambridge, MA: MIT Press, 1999), 347-367.
43. Proclus, *De sacrificio et magia,* in *Opera quae hactenus extitere et quae in lucem nunc primum prodiere omnia,* by Marsilio Ficino, 2 vols. (Basel: Henricpetri 1576; repr. Turin: Bottega d'Erasmo, 1972), 1928.
44. Ibid.
45. Aquinas, *Summa contra gentiles,* 104.
46. Denis Robichaud, "Ficino on Force, Magic, and Prayers," *Renaissance Quarterly* 70, no. 1 (2017): 44-87.
47. Ficino, *Three Books on Life,* 388-389.
48. Robichaud, "Ficino on Force, Magic, and Prayers."
49. Fontana, *Liber,* 19.
50. Ibid.
51. Girolamo Aliotti, *Epistolae et opuscula,* 2 vols. (Arezzo: Bellotti, 1769), 1:180-187 at 180-181.
52. Ibid., 184-185.
53. Ibid., 183-184.
54. Ibid., 187. 환상을 보는 여인들에 관해서는 다음을 보라. Chiara Frugoni,"Female Mystics, Visions and Iconography," in *Women and Religion in Medieval and Renaissance Italy,* ed. Daniel Bornstein and Roberto Rusconi, trans. Marjorie Schneider (Chicago: University of Chicago Press, 1996), 130-164. 프란체스카 로마나와 조반니 마티오티에 관해서는 다음을 보라. Anna Esposito, "S. Francesca Romana and the Female Religious Community in Fifteenth-Century Rome," ibid., 197-218 at 199-200.
55. Chaim Wirszubski, *Pico della Mirandola's Encounter with Jewish Mysticism* (Cambridge, MA: Harvard University Press, 1989).
56. 다음에 실린 논문들을 보라. Flavius Mithridates, *Sermo de passione Domini,* ed. Chaim Wirszubski (Jerusalem: Magnes, 1963); Wirszubksi, *Pico's Encounter;* and the articles collected in *Flavio Mitridate mediatore fra culture nel contesto dell'ebraismo siciliano del XV secolo: atti del convegno internazionale di studi, Caltabellotta, 30 giugno-1 luglio 2008,* ed. Mauro Perani and Giacomo Corazzol (Palermo: Officina di studi medievali, 2012).
57. Mithridates, *Sermo,* 13-25.

58. 예를 들어 다음을 보라. Miriam Rothman, *The Dragoman Renaissance: Diplomatic Interpreters and the Routes of Orientalism* (Ithaca and London: Cornell University Press, 2021).

59. Giovanni Pico della Mirandola, *Oeuvres philosophiques,* ed. Olivier Boulnois and Giuseppe Tognon (Paris: Les Belles Lettres, 1993), 60–62; 영어 번역문은 다음에서 가져왔다. *Magic and the Dignity of Man,* 478.

60. Pico, *Oeuvres,* 64; Copenhaver, *Magic and the Dignity of Man,* 479.

61. Pico, *Oeuvres,* 64–66; Copenhaver, *Magic and the Dignity of Man,* 480.

62. Pico, *Oeuvres,* 66; Copenhaver, *Magic and the Dignity of Man,* 480.

63. Ibid., 480–481.

64. 전반적인 내용은 다음을 보라. Fabrizio Lelli, "Un collaboratore ebreo di Giovanni Pico della Mirandola," *Vivens Homo* 5 (1994): 401–430. 미트리다테스가 내놓은 텍스트의 편집과 번역 프로젝트는 다음을 보라. http://www.pico-kabbalah.eu/ (accessed March 18, 2011).

65. 자세한 내용은 다음을 보라. Wirszubski, *Pico's Encounter,* Saverio Campanini는 새로운 자료를 추가했다. *The Book of Bahir: Flavius Mithridates' Latin Translation, the Hebrew Text, and an English Version,* ed. Saverio Campanini (Turin: Nino Aragno, 2005); Campanini, "Guglielmo Moncada (alias Flavio Mitridate). Un ebreo converso siciliano," in *Guglielmo Moncada alias Flavio Mitridate. Un ebreo converso siciliano* (Palermo: Studi medievali, 2008), 49–88 at 54–58; *The Gate of Heaven,* trans. Flavius Mithridates, ed. Susanne Jurgan and Saverio Campoanini (Turin: Nino Aragno, 2012); Gersonides, *Commento al Cantico dei Cantici nella traduzione ebraico-latina di Flavio Mitridate,* ed. Michaela Andreatta (Florence: Olschki, 2009); 다음에 포함된 연구 *Giovanni Pico e la cabbalà,* ed. Fabrizio Lelli (Florence: Olschki, 2014).

66. Mithridates, *Sermo,* 37–39.

67. Campanini, "Guglielmo Moncada," 79, 87.

68. Ibid., 67–68.

69. Biblioteca Apostolica Vaticana MS Ebr. 190, fol. 81 recto: "nemo a mithridate intellexisset hoc in heb."; fol. 210 verso: "nemo a mithridate hoc recte potuisset traducere ex hebraico adeo obscurum est." 다음은 이것과 다른 구절을 매우 깊은 지식으로 명료하게 설명한다. Campanini, "Guglielmo Moncada."

70. Copenhaver, *Magic and the Dignity of Man,* explicates this and other passages with great erudition and clarity. I follow him here.

71. 이 점에서 Brian Copenhaver에게 깊이 감사한다. 또한 다음 책에 있는 Campanini의 말도 보라. "피코가 미트리다테스의 실질적인 도움으로 '발견한' 텍스트는 정녕 유대 텍스트여야 했다. 그렇지 않다면 그의 발견은 쓸모없었을 것이다. 그러나 동시에 그것들은 기독교의 유대 신비주의 해석과 양립해야만 한다. 이렇게 위험하지만 날카로운 행간 읽기는 정확히 미트리다테스가 전하려던 것이다."

72. Pico, *Conclusiones nongentae,* ed. Albano Biondi (Florence: Olschki, 1995), 56.

73. Ibid., 38.

74. Ibid., 140.

75. Ibid., 118.

76. Brian Copenhaver, "Number, Shape, and Meaning in Pico's Christian Cabala: The Upright Tzade, the Closed Mem, and the Gaping Jaws of Azazel," in *Natural Particulars,* 25-76.

77. Pico, *Omnia opera,* sig. [I v ro].

78. 다음을 보라. Copenhaver, "Number, Shape, and Meaning."

79. 다음을 보라. R. Po-chia Hsia, *Trent 1475: Stories of a Ritual Murder Trial* (New Haven: Published in cooperation with Yeshiva University Press, Yale University Press, 2002); Magda Teter, *Blood Libel: On the Trail of an Antisemitic Myth* (Cambridge, MA: Harvard University Press, 2020). 더 넓은 배경에 관해서는 다음을 보라. Miri Rubin, *Gentile Tales* (New Haven and London: Yale University Press, 1999).

80. *Processi contro gli ebrei di Trento (1475-1478),* ed. Anna Esposito and Diego Quaglione, 2 vols. (Padua: CEDAM, 1990-2008), 2:196-197.

81. Ibid., 165-166.

82. Daniela Rando, *Dai margini la memoria: Johannes Hinderbach (1418-1486)* (Bologna: Il Mulino, 2003), 484; *Processi,* ed. Esposito and Quaglione, 2:44 n. 46.

83. Ibid. 브루네타 이야기의 설명은 다음을 보라. *Processi,* ed. Esposito and Quaglione, 2:42-47.

84. 랑에에 관해서는 다음을 보라. Nancy Siraisi, *History, Medicine and the Traditions of Renaissance Learning* (Ann Arbor: University of Michigan Press, 2007), esp. 68.

85. Johann Lange, *Medicinalium epistolarum miscellanea* (Basel: Oporinus, 1554-60), 1:312-18.

86. Ibid., 318.

87. Ibid., 319: "Nam amare sanguinem daemones dicuntur."

88. Biblioteca Apostolica Vaticana MS Urb. Lat. 1384. 이 필사본과 그 배경에 관해서는 다음을 보라. Kristin Lippincott and David Pingree, "Ibn al Hatim on the Talismans of the Lunar Mansions," *Journal of the Warburg and Courtauld Institutes* 50 (1987).

89. Biblioteca Apostolica Vaticana MS Urb. Lat. 1384, fol. 1 verso: "haec est illa scientia divina quae felices homines reddit et ut dij inter mortales videantur edocet. haec est quae cum astris loquitur: et si maius dicere fas est: cum deo ipso: cuius nutu quicquid in mundo est gubernatur."

90. Ibid., fol. 3 recto: "Petrus patavinus ad fontem aponi natus, ponit, quod sole existente in corde Leonis iove aut venere aspiciente, et infortuniis cadentibus si imprimeretur imago Leonis, in Lamina aurea, valeret ad omnes infirmitates renum: quod Nicolaus ariminensis medicus expertus est. Ego quoque vidi caput

tantum Leonis in Lamina aurea sculptum manu patris mei Rabi nissim abuilfaragh involutum in bombice odorifera musco et nuce muscata: et a tergo hi characteres erant. quod facilem partum mulieribus dedit collo parientium alligatum."

91. Ibid., fol. 2 recto: "Moyses vero experientia reliquit posteris Astrologiam esse ex omni parte veram: quemadmodum in Talmud legitur. Rabi tan huma super textu exo. Et accepit Moyses ossa ioseph cum eo. Vnde scivit moyses ubi Iosephus sepultus erat. ex quo aegyptii quando decessit fecerunt ei arcam aeneam et proiecerunt in Nilum"

92. Ibid.: "ita enim fiebat omnibus aliquam virtutem singularem habentibus. Venit Moyses et stetit super nilum: accepit Laminam gemmae in quas sculpsit imaginem Tauri: et in circuitu has literas: שרו עלה i. ascende Taure: et precante populo proiecit in Nilum et clamavit Ioseph Ioseph venit hora qua deus sanctus et benedictus redimat filios suos, hic deitas et israel et nubes glorie expectant te: si vis revelare te: bene quidem: sin autem sumus liberi a iuramento tibi facto. Mox apparuit Arca, et emersit: et in summa aqua enatavit: donec pervenit ad populum cum imagine illa."

93. Samuel Berman, *Midrash Tanhuma-Yelammedenu: An English Translation of Genesis and Exodus from the Printed Version of Tanhuma-Yelammedenu* (Hoboken: Ktav, 1995), 411.

94. Pico, *Omnia opera,* sig. K verso.

95. Flavia Buzzetta, *Magia naturalis e Scientia cabalae in Giovanni Pico della Mirandola* (Florence: Olschki, 2019), 247.

96. Pico, *Omnia opera,* sig. [I iv recto]: "Mirabilia artis magicae non sunt nisi per unionem et actuationem eorum quae seminaliter et separate sunt in natura."

97. Ibid.: "Nulla potest esse operatio magica alicuius efficaciae nisi annexum habeat opus cabalae, explicitum vel implicitum."

98. Leonardo Dati on the inspiration of Palmieri's *City of Life,* Matteo Palmieri, *Libro del Poema chiamato Citta di Vita,* ed. M. Rooke, Smith College Studies in Modern Languages 8: 1-2; 9:1-4 (Northampton and Paris: Smith College, 1926-1928), 2:261-262: "Dicebat circumagitari planetas aeterna lege et cursu perpetuo et stare stellas fixas terminis suis, et omne id spatium suo cursu circumagi et plenum esse angelis atque animabus bonis. Quae cum dixisset interrogavit Mattheus ubi sibi locus contigisset. cui ille respondit paululum supra lunam. Mattheus tunc illi: ergo in mercurio … Interrogavit tunc Matthaeus. possentne ad nos venire. Ille vero subridens possumus inquit ipse venio ut libet."

99. Fontana, *Liber,* fol. 66 verso.

100. Stéphane Toussaint, "Ficino, Archimedes and the Celestial Arts," in *Marsilio Ficino: His Theology, His Philosophy, His Legacy* (Leiden: Brill, 2002), 307-326.

101. Marsilio Ficino, *Platonic Theology,* ed. James Hankins with William Bowen, trans.

Michael Allen with John Warden (Cambridge, MA: Harvard University Press, 2001), 1:200-201.

102. Ficino, *Three Books on Life,* 346-347. 다음을 보라. Toussaint, "Ficino, Archimedes."

103. Yates, *Giordano Bruno.*

104. Pico, *Oeuvres philosophiques,* 54-57; Copenhaver, *Magic and the Dignity of Man,* 476.

105. Augustine, *De civitate Dei* 10.9.

106. Ibid.

107. Ibid.

108. Petrus Garsias, *Determinationes magistrales contra conclusiones apologales Johannis Pici Mirandulani Concordie Comitis* (Rome: Eucharius Silber, 1489), sig. m iii recto, quoting Aquinas, *Secunda secundae* qu. 96, art. 2.

109. Ficino, *Apologia, Three Books on Life,* 398-399.

110. Butzbach, *Macrostoma,* quoted by Paola Zambelli, "Scholastiker und Humanisten. Agrippa und Trithemius zur Hexerei. Die natürliche Magie und die Entstehung kritischen Denkens," *Archiv für Kulturgeschichte* 67 (1985): 41-79 at 58.

111. Della Porta, *Magiae naturalis libri,* I.1, fols. 8 verso-9 recto.

112. Gabriel du Puy-Herbaut, *Theotimus, sive de tollendis et expungendis malis libris* (Paris: Roigny, 1549), 9-11, 180-183.

113. Giovanni Francesco Pico della Mirandola, *Opera omnia,* Vol. 1, 668: "cum Magiam dicimus artem faciendorum mirabilium intelligimus, nec ope naturae nec Dei, sed daemonis." 아폴로니오스의 만년에 관해서는 다음을 보라. Maria Dzielska, *Apollonius of Tyana in Legend and History,* Problemi e ricerche di storia antica (Rome: L'Erma di Bretschneider, 1986); 이 일화에 관해서는 다음을 보라. 194-197.

114. Conrad Mutian, *Der Briefwechsel des Mutianus Rufus,* ed. Carl Krause (Kassel: Im Commissionsverlage von A. Freyschmidt, Hof-Buchhandlung, 1885), 93-94.

115. 다음을 보라. Francis Young, introduction to Paul Foreman (attrib.), *The Cambridge Book of Magic: A Tudor Necromancer's Manual,* ed. Francis Young (Cambridge: Texts in Early Modern Magic, 2015), xi-xxxvii.

4장 요하네스 트리테미우스

1. 트리테미우스의 초기 성서 해석학에 관해서는 다음을 보라. Johannes Trithemius, *In Praise of Scribes. De laude scriptorum,* trans. Roland Behrendt, ed. Klaus Arnold (Lawrence, KS: Coronado, 1974); James O'Donnell, *Avatars of the Word: From Papyrus to Cyberspace* (Cambridge, MA: Harvard University Press, 1998); 그리고 특히 다음을 보라. Karlheinz Froelich, "Johannes Trithemius on the Fourfold Sense of Scripture: *The Tractatus de Investigatione Scripturae* (1486)," *Biblical Interpretation in the Era of the Reformation: Essays Presented to David C. Steinmetz in Honor of His Sixtieth Birthday,* ed. Richard Miller and John Thompson (Grand

Rapids, MI, and Cambridge: Eerdmans, 1996), 23-60.

2. Rutger Sicamber de Venray to Conrad Celtis, June 30, 1494, in Conrad Celtis, *Der Briefwechsel des Conrad Celtis,* ed. Hans Rupprich (Munich: Beck, 1934), 129.

3. 역사가로서의 트리테미우스에 관해서는 특히 다음을 보라. Frank Borchardt, *German Antiquity in Renaissance Myth* (Baltimore: Johns Hopkins University Press, 1971); Borchardt, "Wie falsch war der Fälscher Trithemius?," in *Das Faustbuch von 1587: Provokation und Wirkung,* ed. Richard Auernheimer and Frank Baron (Munich and Vienna: Profil, 1991), 29-37.

4. 다음을 보라. Klaus Arnold, *Johannes Trithemius (1462-1516)* (Würzburg: Schöningh, 1971;new ed. 1991) and Paola Zambelli, "Scholastiker und Humanisten. Agrippa und Trithemius zur Hexerei. Die natürliche Magie und die Entstehung kritischen Denkens," *Archiv für Kulturgeschichte* 67 (1985): 41-79.

5. 전반적인 내용은 다음을 보라. Arnold, *Johannes Trithemius.* 이 책은 트리테미우스의 생애와 저작을 증거에 입각하여 비판적으로 멋지게 설명했다; Noel Brann, *The Abbot Trithemius (1462-1516): The Renaissance of Monastic Humanism* (Leiden: Brill, 1981) and *Trithemius and Magical Theology* (Albany: State University of New York Press, 1999)도 매우 유용하다. 그의 역사적 저술에 대한 공격은 다음을 보라. *Urkunden, Briefe und Aktenstücke zur Geschichte Maximilians I. und seiner Zeit,* ed. Josef Chmel (Stuttgart: Literarischer Verein, 1845).

6. Joel F. Harrington, *Dangerous Mystic: Meister Eckhart's Path to the God Within* (New York: Penguin, 2018); *Mysticism and Reform, 1400-1700,* ed. Sara S. Poor and Nigel Smith (Notre Dame: University of Notre Dame Press, 2015).

7. Caroline Walker Bynum, "Bleeding Hosts and Their Contact Relics in Late Medieval Northern Germany," *The Medieval History Journal* 7, no. 2 (2004): 227-241 at 236; Bynum, *Wonderful Blood: Theology and Practice in Late Medieval Northern Germany and Beyond* (Philadelphia: University of Pennsylvania Press, 2007).

8. Caroline Walker Bynum, *Christian Materiality: An Essay on Religion in Late Medieval Europe* (New York: Zone; Cambridge, MA: MIT Press, 2011); Bynum, *Dissimilar Similitudes: Devotion Objects in Late Medieval Europe* (New York: Zone, 2020).

9. Livia Cárdenas, *Friedrich der Weise und das Wittenberger Heiltumsbuch: mediale Repräsentation zwischen Mittelalter und Neuzeit* (Berlin: Lukas, 2002); Cárdenas, *Die Textur des Bildes: das Heiltumsbuch im Kontext religiöser Mentalität des Spätmittelalters* (Berlin: Lukas, 2013).

10. Johannes Trithenius, *Opera pia et spiritualia* (Mainz: Albinus, 1605), 1083-1085 at 1084.

11. Ibid.

12. Ibid.

13. Ibid.

14. Ibid.

15. Ibid.
16. 다음을 보라. Helmut Flachenecker, "Karmeliten in Franken: Ein Mendikantenorden am Rande der Erinnerung?," in *Historiography and Identity: Responses to Medieval Carmelite Culture,* ed. J. Röhrkasten and C. Zermatten (Zurich: LIT, 2017), 169–182 at 180.
17. Trithemius, *Opera pia,* 1133.
18. Ibid.
19. Ibid.: "Cavillanti respondeo, scriptum est. *in ore duorum vel trium testium stabit omne verbum.* [2 Cor 13:1: ecce tertio hoc venio ad vos in ore duorum vel trium testium stabit omne verbum]."
20. Ibid., 1133.
21. Ibid., 1134.
22. Richard Serjeantson, "Testimony and Proof in Early-Modern England," *Studies in History and Philosophy of Science* 30 (1999): 195–236.
23. Trithemius, *Opera pia,* 1134.
24. Ibid., 1080.
25. Ibid.
26. Ibid., 928.
27. Ibid., 923.
28. Ibid., 927.
29. Ibid., 930.
30. Ibid., 927–928.
31. Trithemius to Richmodes de Horst, 24 June 1505, Biblioteca Apostolica Vaticana, MS Pal. lat. 730, fol. 12 recto=Johannes Trithemius, *Epistolarum familiarium libri duo* (Hanau: Brubach, 1536), letter 1.11, 22.
32. Albrecht Dürer, *Schriftlicher Nachlass,* ed. Hans Rupprich (Berlin: Deutscher Verein für Kunstwissenschaft, 1956–1969), 1:38; translation from Peter Parshall, "Albrecht Dürer's *Gedenkbuch* and the Rain of Crosses," *Word & Image* 22, no. 3: 202–210 at 205.
33. Dürer, *Schriftlicher Nachlass,* ed. Rupprich, 1:38 n10.
34. Pirckheimer to Trithemius, June 13, 1515; Willibald Pirckheimer, *Briefwechsel,* ed. Emil Reicke et al. (Munich: Beck, 1940), 2:555.
35. Terence Cave, *Thomas More's Utopia in Early Modern Europe: Paratexts and Contexts* (Manchester and New York: Manchester University Press, 2008); Emmanouli Aretoulakis, "The Prefatory/Postscript Letters to St. Thomas More's Utopia: The Culture of 'Seeing' as a Reality-Conferring Strategy," *Journal of Early Modern Studies* 3 (2014): 91–113.
36. Erasmus to Aldus Manutius, October 28, 1507, in Desiderius Erasmus, *Opus epistolarum Des. Erasmi Roterodami,* ed. P. S. Allen, H. M. Allen, and H. W.

Garrod, 12 vols. (Oxford: Clarendon Press, 1906–1958), 437–439 at 439.

37. Zambelli, "Scholastiker und Humanisten," 1985.
38. Johannes Trithemius, *Liber octo quaestionum* (Cologne: Novesianus,1534), Cambridge University Library H* 15.9 (F), sig. C2 verso–C3 recto: "Quemadmodum pueri in abdito latitantes aut discurrentes larvati, subito erumpentes de latibulis suis, coaevos nil tale suspicantes ex inopinato terrore concutiunt, et rursus ne cognoscantur se iterum abscondunt: qui cum nescientes territos considerant, quasi magnum ex hoc videantur assecuti honorem, gloriantur." 디는 이 구절의 첫 부분에 십자가 표시를, 끝에는 별표 표시를 했다. 이 다음 미주에 인용한 주해의 사용을 표시하기 위한 것이다.
39. Dee, marginal note, ibid., sig. C2 verso: "+similitudo bona ad quam possis tuas meditationes dirigere: cum altera nota * in alia pagina confer. pudeat igitur nos terrritos esse vel machinis vel laqueis daemonum."
40. Ibid., sig. [F6 recto] (Trithemius): "Vnde habemus compertum, quod simpliciores hominum quosdam nunnunquam in sua latibula montium duxerunt, stupenda mirantibus ostendentes spectacula"; (Dee): "Nota, 1561 mihi quoque comperta."
41. Ibid., sig. C6 verso.
42. Ibid., sig. E4 verso (Dee): "Nota horrendum facinus."
43. Uppsala Universitetsbibliotek MS C IV, fols. 135 recto–verso: "Tercio homines miracula faciunt cooperacione demoniace pravitatis: quod fit tripliciter. Invocacione manifesta: implicacione occulta: supposicione fraudulenta. Miranda faciunt homines invocacione demonum manifesta: sicuti mulieres malefice que malignorum se spirituum potestati submiserunt: fidemque abnegantes catholicam homagium fidelitatis in reprobum sensum averse demonibus prestiterunt. His permittente deo semper in malum rogati demones cooperantur aliquando visibiliter aliquando invisibiliter apparentes. aerem turbant, suscitant tempestates: choruscaciones et grandines inducunt: ledunt fruges: et queque nascencia terre suis maleficiis devastant. Denique homines infirmant et bestias: et quicquid in perniciem excogitare generis humani possunt summo studio exequuntur. Agunt cum demonibus feda commercia spurcissime voluptatis: et eos quociens voluerint suum provocant in aspectum. Harum facta non miracula, sed maleficia sunt: sevi exustione ignis punienda." Trithemius, *Liber octo quaestionum,* sig. [C6 recto]: "Maleficae quodam professionis genere subiiciuntur daemonibus, quorum ministerio aerem turbant, tempestates suscitant, fruges devastant, homines et iumenta infirmant. Agunt cum daemonibus spurcissimae voluptatis foeda commertia, et eos pernitiosis carminibus quos voluerint ab inferis revocant in aspectum. Harum facta non miracula sed potius maleficia dicenda sunt, et extremo supplicio merito punienda." 비슷한 논증은 다음을 보라. Trithemius, *Opera pia,* 291–292.

44. Trithemius *Opera pia,* 288, on fascinatio: "Nam hoc genere maleficii nimis implicantur mulieres, et in ultimam plure dementiam adduxerunt. Est itaque fascinare maleficarum, inferre alicui perniciem." Cf. Heinrich Kramer, *Malleus Maleficarum,* ed. and trans. Christopher Mackay, 2 vols. (Cambridge: Cambridge University Press, 2006), 1:503-504; 2:621-622.

45. Uppsala Universitetsbibliotek MS C IV, fol. 135 verso: "Est et aliud hominum genus manifesta demonum utens invocacione: quos improprie vulgo necromanticos appellant homines perniciosos. deo inimicos hostes et adversarios. hoc ipso nomine demonstrantes. Horum infinita sunt scelera: et licet non omnes inveniantur opere pares: voluntate tamen optate curiositatis in sui sunt perniciem concordes." Cf. Trithemius to Jodocus Beiselius, August 16, 1507, Biblioteca Apostolica Vaticana MS Pal. lat. 730, fols. 175 verso-176 recto=Trithemius, *Epistolae,* 2.49, 315-317. 여기서 그는 악마의 대리자가 점성술의 예측이 타당하다는 인상을 주었다는 뜻으로 말한다.

46. Upsala Universitetsbibliotek MS C IV, fol. 135 verso: "Multi sunt inter eos reprobi circa fidem. incantatores atque malefici. qui manifestos cum demonibus iniere contractus. Quorum si quando videntur miracula: non vera sed illusoria sunt iudicanda."

47. Trithemius, *Liber octo quaestionum,* sig. [C6 recto]. Cf. Zambelli, "Scholastiker und Humanisten."

48. Trithemius, *Liber octo quaestionum,* sig. E5 recto-verso.

49. Uppsala Universitetsbibliotek MS C IV, fol. 134 verso: "Omnia enim miracula demonum phantasmata sunt que nullam penitus continent veritatem: ut pote qui sanctorum spirituum vera et manifesta cupiunt gestiuntque imitari signa: quemadmodum symiorum curiositas facta hominum queque viderit in similitudine solum imitatur."

50. Trithemius to Theodoric, Bishop of Lübeck, April 16, 1507, Biblioteca Apostolica Vaticana, MS Pal. lat. 730, fol. 139 recto-verso=*Epistolae,* 2.22, 250.

51. P. O. Kristeller, "The Scholar and His Public in the Late Middle Ages and the Renaissance," in his *Medieval Aspects of Renaissance Learning: Three Essays* (Durham, NC: Duke University Press, 1974; New York: Columbia University Press, 1992), 3-28.

52. Trithemius to Beiselius, August 26, 1507, Biblioteca Apostolica Vaticana, MS Pal. lat. 730, fols. 175 verso-176 recto=*Epistolae,* 2.49, 315. 아우구스티누스의 견해에 관해서는 예를 들어 다음을 보라. *Confessions* 7.6.8-10.

53. 이 텍스트에 관해서는 다음을 보라. Klaus Arnold, "Additamenta Trithemiana. Nachträge zu Leben und Werk des Johannes Trithemius, insbesondere zur Schrift *De demonibus," Würzburger DiözesanGeschichtsblätter:* 37/38 (1975), 239-267 at 258: "Factum demonis adtende magistri et imitacio patebit discipuli."

54. Ibid., 261-264, esp. 261 from the projected Book IV: "Quod demones multos ex

curiositate decipiant 1. Quemadmodum artes magicas tradiderint hominibus 2. De illis qui primi artes magicas acceperunt a demonibus 3. Qui posteris reliquerint libros magicarum arcium 4. Quod multi falso inscribantur libri auctoribus. 5 …" 아르놀트의 논평도 보라. Ibid., 252-256, and Zambelli, "Scholastiker und Humanisten."

55. Michael Mattaire, *Annales Typographici ab anno MD ad annum MDXXXVI continuati,* 2:1 (The Hague: Vaillant & Prevost, 1722), 210-211.
56. Ibid., 210.
57. Ibid., 211.
58. Ibid.
59. Ibid.
60. Klaus Arnold, "Warum schrieben und sammelten Humanisten ihre Briefe? Beobachtungen zum Briefwechsel des Benediktinerabtes Johannes Trithemius (1462-1516)," in *Adel—Geistlichkeit—Militär. Festschrift für Eckhardt Opitz xum 60. Geburtstag,* ed. M. Busch and J. Hillmann (Bochum: Winkler, 1999), 97-100 and 275-276 n. 12. 이 글은 보벨이 정말로 1506년에 그 편지를 보냈음을 암시한다. 트리테미우스가 1508년 《폴리그라피아》에 부친 서문에서 이에 반응했기 때문이다. 다음도 보라. Arnold, *Trithemius,* 181-184, and Joseph Victor, *Charles de Bovelles, 1479-1553: An Intellectual Biography* (Geneva: Droz, 1978), 31-36. 트리테미우스의 서간집에 1505년 8월 22일자 보벨에게 보낸 우호적인 편지가 있다. 1507년 10월 5일자 리바니우스 갈루스(Libanius Gallus)에게 보낸 편지에서는 그를 우호적으로 언급한다. Ibid., fol. 190 recto-verso—. 그러나 서간집의 전체적인 역사성과 특히 이와 같은 편지들에 관해서는 아래를 보라.
61. Pirckheimer, *Briefwechsel,* 2:555-556, esp. 556.
62. 전반적인 내용은 다음을 보라. Brann, *Abbot Trithemius.*
63. Johannes Trithemius, *Steganographia,* ed. Wolfgang Ernst Heidel (Mainz: Zubrodt, 1676), 147-148.
64. Ibid., 146, 159, 168.
65. John Bailey, "Dee and Trithemius's *'Steganography',*" *Notes & Queries,* 5th ser., 11 (May 24, 1879), 401-402; (May 31, 1879), 422-423 at 402.
66. National Library of Wales, Peniarth MS 423, 3: "Admirandum & inestimabile opus Steganographiae A Joanne Tritemio Abbate Spanheymensi Anno Christi 1500 conscriptum nunc demum de tenebris & pulveribus, in quibus sepultum hactenus iacuit, erutum diligentia et studio Jacobi Casteluitrei. Londini 1591."
67. Umberto Eco, *The Search for the Perfect Language,* trans. James Fentress (Oxford: Blackwell, 1995).
68. Jim Reeds, "Solved: The Ciphers in Book III of Trithemius's *Steganographia,*" *Cryptologia* 22, no. 4 (1998): 291-317; Thomas Ernst, "Schwarzweisse Magie. Der Schlüssel zum dritten Buch der *Steganographia* des Trithemius," *Daphnis* 25 (1996): 1-205.

69. D. P. Walker, *Spiritual and Demonic Magic from Ficino to Campanella* (London: Warburg Institute, 1958).
70. Ernst, "Schwarzweisse Magie."
71. Johannes Trithemius, *Polygraphiae libri sex* ([Reichenau], Haselberger, 1518), sigs. b v recto-Q v recto; cf. Gerhard Strasser, *Lingua universalis: Kryptologie und Theorie der Universalsprachen im 16. und 17. Jahrhundert* (Wiesbaden: Harrassowitz, 1988).
72. Trithemius, *Polygraphia,* sig. b iv verso.
73. Michele Zopello, *Litterarum simulationis liber,* University of Pennsylvania Library, Kislak Center for Special Collections, Rare Books and Manuscripts, MS LJS 225, fols. 11 recto, 18 recto.
74. Richard Oosterhoff, "Finding a Voice for Humility in Google Books," *Notre Dame Institute for Advanced Study Quarterly* 3 (2014): 6-11.
75. Jacques Lefèvre d'Étaples, *Quincuplex Psalterium* (Paris: Henri Estienne, 1509), fol. 210 recto.
76. 베아투스 레나누스가 르페브르 데타플의 사본에 남긴 논평. Lefèvre d'Étaples 1509, Vienna, Österreichische Nationalbibliothek 2.R.3, fol. 210 recto: "Tritemius abbas homo audaculus hoc polliceri ausus est. Taxatur ille suppresso tamen nomine." 나중에 같은 쪽에서 르페브르는 "qui circea administrant pocula."라고 공격한다. 그리고 베아투스는 이렇게 쓴다. "Latenter taxat P.B."
77. Girolamo Cardano, *Opera,* ed. Charles Spon (Lyons: Huguetan & Ravaud, 1663) vol. 3: 234, entered in MS in Trithemius, *Polygraphia,* Princeton University Library 2014-0879Q, sig. A recto.
78. Ibid.
79. Giambattista della Porta, *De occultis literarum notis* (Naples: Scotus, 1563).
80. Trithemius, *Polygraphia,* sig. o verso.
81. Ibid., sig. r v recto.
82. Gerhard Strasser, "Ninth-Century Figural Poetry and Medieval Easter Tables—Possible Inspirations for the Square Tables of Trithemius and Vigènere?" *Cryptologia* 34 (2010): 22-26.
83. Terence Cave, *The Cornucopian Text: Problems of Writing in the French Renaissance* (Oxford: Clarendon Press, 1979); Ann Moss, *Printed Commonplace-Books and the Structuring of Renaissance Thought* (Oxford: Clarendon, 1996); Kathy Eden, *Friends Hold All Things in Common: Tradition, Intellectual Property, and the Adages of Erasmus* (New Haven, CT: Yale University Press, 2001).
84. Arnold, "Warum schrieben und sammelten Humanisten ihre Briefe?"는 트리테미우스의 편지를 상세하게 분석하면서 동시에 이를 더 넓은 배경 속에서 멋지게 설명한다.
85. Desiderius Erasmus, *Opus epistolarum Des. Erasmi Roterodami,* ed. P. S. Allen, H. M. Allen, and H. W. Garrod, 12 vols. (Oxford: Clarendon, 1906-1958), 4:290; cf.

Ernst, "Schwarzweisse Magie," 106.

86. Conrad Mutian, *Der Briefwechsel des Mutianus Rufus,* ed. Carl Krause (Kassel: Im Commissionsverlage von A. Freyschmidt, Hof-Buchhandlung, 1885), 392.

87. Trithemius to Jacob Trithemius, December 28, 1506, Biblioteca Apostolica Vaticana, MS Pal. 730, fol. 95 recto-verso: "Congessimus autem in hoc ipso volumine sexaginta sex epistolas nostras et duodecim alienas ad nos missas coniunximus: que omnes cum ista quidem ad te simul faciunt novem et septuaginta: in quibus more nostro familiari nobis scribendi genere sumus usi: non pro admiracione nostri sequentes eloquenciam que in nobis nulla fuit umquam: sed scholastico sermone quo facile intelligamur."

88. Trithemius to Libanius, October 5, 1507, ibid, fol. 189 verso=*Epistolae,* 2.58, 340: "Erunt mihi litere he tue quo ad vixero memoriale sempiternum." 널리 인정되다시피 *De copia*는 1512년에 나왔다. 그러나 트리테미우스가 이 편지들과 선집 전체에 부여한 날짜는 의심스럽다. 아래를 보라.

89. Maximilian I, autobiography, ed. Alois Schultz, *Jahrbücher der kunsthistorischen Sammlungen des allerhöchsten Kaiserhauses* 6 (1888): 425.

90. Trithemius, "De tribus naturalis magiae principiis," in Trithemius, *De septem secundaeis* (Cologne: Birckmann, 1567), 89-90.

91. Trithemius, "De rebus convenientibus vero mago," ibid., 105.

92. Trithemius, "De tribus principiis," 90.

93. 다음을 보라. David Collins, "Albertus, Magnus or Magus? Magic, Natural Philosophy, and Religious Reform in the Late Middle Ages," *Renaissance Quarterly* 63, no. 1 (2010): 1-44.

94. Trithemius, "De rebus convenientibus," 106-107.

95. Trithemius to Joachim of Brandenburg, November 25, 1506, Biblioteca Apostolica Vaticana, MS Pal. lat. 730, fol. 119 recto=*Epistolae* letter 2.9, 213-214.

96. 이 사건들에 관해서는 다음을 보라. Ludovico Lazzarelli (1955), "Epistola Enoch," *Testi umanistici du l'Ermetismo,* ed. Eugenio Garin et al. (Rome: Bocca, 1955), 다른 자료와 상세한 논평을 곁들인 영어 번역본도 있다. Wouter Hanegraaff and Ruud Bouthoorn, *Ludovico Lazzarelli (1447-1500): The Hermetic Writings and Related Texts* (Tempe: Arizona Center for Medieval and Renaissance Studies, 2005).

97. Trithemius, *Annalium Hirsaugiensium opus,* 2 vols. (St. Gallen: Schlegel, 1690), 2:584-585.

98. Trithemius to Chapelier, 16 August 1507, Biblioteca Apostolica Vaticana, MS Pal. lat. 730, fol. 169 verso=*Epistolae* letter 2.43, 303.

99. Johannes Trithemius, *Antipalus maleficiorum* (Mainz: Lippius, 1605).

100. Quoted by Paul Lehmann, *Merwürdigkeiten des Abtes Johannes Trithemius.* Sitzungsberichte der Bayerischen Akademie der Wissenschaften, phil.-hist. Klasse, 1961, Heft 2, 24: "Meum de magicis experimentis codicem quem habes mihi oro

quantocius curato remittere …"; 25: "Ficini varias translationes nuper vidi Latinas. Pici Mirandulani excellentissimi viri, multa volumina fulgentissima legi."

101. Trithemius to Jacobus Kymolanus, 16 August 1507, Biblioteca Apostolica Vaticana, MS Pal. lat. 730, 170 ro=*Epistolae,* letter 2.44, 304.

102. 특히 다음을 보라. R. Po-chia Hsia, *The Myth of Ritual Murder: Jews and Magic in Reformation Germany* (New Haven, CT: Yale University Press, 1988), and *Revealing the Secrets of the Jews: Johannes Pfefferkorn and Christian Writings about Jewish Life and Literature in Early Modern Europe,* ed. Jonathan Adams and Cordelia Heß (Berlin: De Gruyter, 2017).

103. 다음을 보라. David Price, *Johannes Reuchlin and the Campaign to Destroy Jewish Books* (Oxford and New York: Oxford University Press, 2011).

104. Johannes Reuchlin, *Recommendation Whether to Confiscate, Destroy, and Burn All Jewish Books: A Classic Treatise against Anti-Semitism,* trans. and ed. Peter Wortsman; critical introduction by Elisheva Carlebach (New York: Paulist, 2000); Erika Rummel, *The Case against Johann Reuchlin: Religious and Social Controversy in Sixteenth-Century Germany* (Toronto and Buffalo: University of Toronto Press, 2002).

105. Trithemius, *Liber octo quaestionum,* sig. B4 recto-verso; sigs. B 5 verso-[B 6 recto]; sig. [B6 verso].

106. Trithemius, *Liber octo quaestionum,* sig. D verso.

107. Munich, Bayerische Staatsbibliothek, MS hebr. 234; 다음을 보라. Lehmann, *Merwürdigkeiten,* 33.

108. Mutian, *Briefwechsel,* 348: "Cordi est huic hebraica disciplina atque adeo tuam pietatem et Janum Reuchlin sive Capnionem, nihil tamen minus quam Capnionem, salutare constituit. Delectatur etiam magorum honestioribus mysteriis, quae tibi penitus perspecta sunt et cognita." 로이힐린의 이름에 관한 무티안의 재미없는 농담(카프니온(Capnion)은 로이힐라인(Räuchlein)의 그리스어로 '내뿜은 연기'라는 뜻이다. 그리고 그는 로이힐린이 그리스어로 카프니온이라고, 하지만 한 차례 내뿜은 연기나 다름없다고 말한다)은 이보다 더 간결하게 말하기 어렵다.

109. Brann, *Abbot Trithemius,* xiii, 94.

110. Uppsala Universitetsbibliotek MS C IV, fol. 134 verso: "Omnia enim miracula demonum phantasmata sunt que nullam penitus continent veritatem: ut pote qui sanctorum spirituum vera et manifesta cupiunt gestiuntque imitari signa: quemadmodum symiorum curiositas facta hominum queque viderit in similitudine solum imitatur."

111. Trithemius, *Liber octo quaestionum,* sig. C4 recto: "Omnia daemonum miracula aut sunt fantasmata, aut naturali quadam industria facta. Nam si homines in occultioribus naturae mysteriis experti, quadam abstrusa caeteris applicatione materiae ad formam inconsuetos et mirandos producunt effectus: sicuti ex

rore coeli naturales formare anguilas, ex vitulinis carnibus apes, ex quibusdam radicibus herbarum serpentes, et his multa similia, ne dicam maiora, sicut nos in plerisque probatio fecit expertos: quis neget daemones subtilioris naturae et maioris experientiae plura posse operari naturaliter miranda, quae nulli hominum sunt manifesta."

112. Ficino, *Three Books on Life,* 386-389. 이는 세세한 부분에서는 아니더라도 전체적으로는 다음에 나오는 동물을 만드는 것에 관한 구절과 비슷하다. *Picatrix* 4.9 (*Picatrix,* ed. Pingree, 226-227).

113. Johannes Trithemius, *Nepiachus, in War Dr. Faustus in Kreuznach? Realität und Fiktion im Faust-Bild des Abtes Johannes Trithemius* (Alzey: Verlag der Rheinhessischen Druckwerkstätte Alzey, 2003), 47-68 at 54.

114. Ibid., 54-55.

115. Ibid., 56.

116. Ibid., 57.

117. Ibid.

118. Trithemius to Jean Chapelier, July 8, 1505, Biblioteca Apostolica Vaticana, MS Pal. lat. 730, fol. 19 recto=*Epistolae,* letter 1.15, 35-36; Libanius to Trithemius, June 6, 1505, Biblioteca Apostolica Vaticana, MS Pal. lat. fol. 53 verso=*Epistolae,* letter 1.37, 98.

119. Biblioteca Apostolica Vaticana MS Pal.lat. 730, fol. 141 recto=*Epistolae,* letter 2.22, 253: "Vt ergo summatim universa thianei miracula concludam: si fecit ea que sui miranda in eius laude scripserunt: magus profecto et demonum larvarumque infernalium excantator fuit. Si non fecit, ut mea sentencia habet, nulli dubium esse potest, quin omnia per damidem ceterosque discipulos eius sint excogitata conficta et ementita: ut falsis magistrum exornarent laudibus: quo et ipsi gloriam inter mortales consequerentur eternam."

120. Trithemius, *Nepiachus,* 57-58.

121. Ibid., 63-64.

122. Trithemius, *De septem secundaeis,* 105.

123. Ibid.

124. Trithemius to Jacob Trithemius, Biblioteca Apostolica Vaticana, MS Pal. Lat. 730, fol. 2 verso=*Epistolae,* letter 1.3, 4.

125. Trithemius to Jacob Trithemius, 31 April 1505, Biblioteca Apostolica Vaticana, MS Pal. Lat. 730, fol. 4 recto=*Epistolae,* letter 1.5, 7.

126. Trithemius to Rutger Sycamber de Verday, 12 July 1505, Biblioteca Apostolica Vaticana, MS Pal. Lat. 730, fol. 24 recto=*Epistolae,* letter 1.20. 44-46.

127. Joachim of Brandenburg to Trithemius, 28 May 1507, Biblioteca Apostolica Vaticana, MS Pal. Lat. 730, fol. 142 recto=*Epistolae,* letter 2.23, 265: "Reliqua vero secretiora que ore ferenda commisi penes te maneant donec eum [the archbishop

elector of Cologne] personaliter accedere potueris"; Trithemius to Hermann, archbishop of Cologne, June 5, 1507, ibid., fol. 142 verso=*Epistolae,* letter 2.24, 255–256.

128. Trithemius to Libanius, 20 August 1505, Biblioteca Apostolica Vaticana, MS Pal. Lat. 730, fol. 54 recto=*Epistolae,* letter 1.38, 99: "Melancius totum cum suis in nos malum suscitavit: quem non dubitamus casurum in foveam quam paravit"; Wolfgang Hopylius to Trithemius, July 29, 1505, ibid., fol. 51 recto; Trithemius to Hopylius, 24 August 1505, ibid., fols. 52 verso–53 recto.

129. Trithemius to de Ganay, August 24, 1505, Biblioteca Apostolica Vaticana, MS Pal. Lat. 730, fol. 50 verso=*Epistolae,* letter 1.34, 93–94.

130. Trithemius, "De rebus convenientibus," 111–112.

131. Uppsala Universitetsbibliotek C IV, fols. 137 verso–138 recto: "Sunt autem qui dicant mentem sive spiritum qui est in ipso homine miranda posse producere spectacula. sicuti sunt futura predicere. occulta reserare. curare morbos. hominumque subito mutare affectiones. Sed iste miraculorum modus sicuti est subtilis et multum difficilis: sic et paucissimis omnino comprehensibilis. Tria enim huius ferunt rei principia: quibus cognitis magna posse fieri per hominem existimant. primum in unitate consistens per binarium in quaternarium consurgit. Vnitas vero in quaternarium rite deducta numerum facit omnibus perfectum. Monadis ignarus principii nihil in ternario proficiet: et ad sacrum pyctagore quaternarium non pertinget. Secundum vero principium ordine non dignitate per binarium operatur in uno: et est unum et non est unum: est simplex et in quaternario componitur: quo igne purgato solari. perfectum rursus in suam simplicitatem revertitur. Hic est centrum sapiencie chaldeorum. qui miraculis claruerunt: quod nostre puritas religionis particulariter habet suspectum: que animam in corpore morantem operari ad extra sine mediatore non concedit: quod tamen physicus admittit: experiencia multorum possibilitatem facti demonstrante. Principium vero tercium per se quidem non est principium: sed in binario constat. Compositum et varium est: et per septenarium in ternarium octies multiplicatum consurgens fixum manet: et in nullo facilius quam in ipso error negligencie contingit. Vtrum vero se quispiam exterarum potestatum intermisceat his principiis operanti. difficile prorsus est iudicare: quandoquidem mente in summitatis vertice constituta libera et semipar angelis facta. sensibus iam non utitur: nec mole corporis gravatur."

132. 더 넓은 배경의 전반적인 내용은 다음을 보라. Walter Burkert, *Lore and Science in Ancient Pythagoreanism,* trans. Edwin Minar (Cambridge, MA: Harvard University Press, 1972); S. K. Heninger Jr., *Touches of Sweet Harmony: Pythagorean Cosmology and Renaissance Poetics* (San Marino: Huntington Library, 1974), and Michael Allen, *Nuptial Arithmetic: Marsilio Ficino's Commentary on the Fatal Number in Book VIII of Plato's Republic* (Berkeley: University of California Press,

1994).

133. Trithemius to Germain de Ganay, 1505; Biblioteca Apostolica Vaticana MS Pal.lat. 730, fol. 48 verso=*Epistolae*, 89–90.

134. 예를 들어 다음을 보라. Jacques Gohory, *De usu et mysteriis notarum liber* (Paris: apud V. Sertanas, 1550), sig. Hiij verso, summarized in the margins by John Dee (Cambridge University Library LE 19.8 (2).

135. Trithemius, *Liber octo quaestionum*, Cambridge University Library H* 15.9 (F), sigs. D 2 verso–D 3 recto: "Cum prosequerer adolescens studia literarum, in uno lecto quatuor eramus nocte quadam dormientes. Surrexit e latere meo coaevus & dormiens, ut solebat, in somnis, domum oculis clausis et luna introlucente quinta decima quasi vigil circumambulabat, Ascendit muros, et aelurum agilitate sua vincebat, lectum quoque secundo et tertio sopitus transcendit, calcavit nos pedibus omnes, nec magis sensimus pondus, quam si mus nos contigisset exiguus. Quocunque dormiens corpus movebatur, subito ianuarum omnes ultra aperiebantur clausurae. Altiora domus aedificia velocissime penetravit et more passeris haerebat in tectis. Visa loquor non vaga relatione audita." John Dee comments: "Mirandum."

136. Ibid., sig. C5 recto (Dee): "Hoc nobis det Deus aliquando."

137. 존 디와 천사들에 관해서는 다음을 보라. Deborah Harkness, *John Dee's Conversations with Angels: Cabala, Alchemy and the End of Nature* (Cambridge: Cambridge University Press, 1999); and Stephen Clucas, "John Dee's Angelic Conversations and the Ars Notoria: Renaissance Magic and Medieval Theurgy," in *John Dee: Interdisciplinary Studies in Renaissance Thought*, ed. Stephen Clucas (Dordrecht: Springer, 2006), 231–273.

138. Trithemius, *In Praise of Scribes*, 61–63; original text ibid., 60. 그는 카이사리우스 폰 하이스터바흐(Caesarius von Heisterbach)에게서 이야기를 가져왔음을 밝히지 않았다.

139. Jean Dupèbe, "Curiosité et magie chez Johannes Trithemius," in *La curiosité à la Renaissance*, ed. Jean Céard (Paris: Société d'édition d'enseignement supérieur, 1986), 71–97; 트리테미우스 저작의 이 측면을 놀랍도록 훌륭히 분석하고 있다.

140. Ibid., 86–88; Peter of Blois and Trithemius, *Paralipomena opusculorum*, ed. Joannes Busaeus SJ (Cologne: Wulffraht, 1624), 391–392.

141. 전반적인 내용은 다음을 보라. *Das Buch als magisches und als Repräsentationsobjekt*, Wolfenbütteler Mittelalter-Studien, 5, ed. Peter Ganz (Wiesbaden: In Kommission bei Otto Harrassowitz, 1992); *The Use of Sacred Books in the Ancient World*, Contributions to Biblical Exegesis and Theology, 22, ed. L. V. Rutgers, P. W. van der Horst, H. W. Havelaar and L. Teugels (Leuven: Peeters, 1998); Don Skemer, *Binding Words: Textual Amulets in the Middle Ages* (University Park: Pennsylvania State University Press, 2006).

142. Lisa Jardine, *Erasmus, Man of Letters: The Construction of Charisma in Print*

(Princeton, NJ: Princeton University Press, 1993; repr. with a new preface, 2015).

143. Trithemius to Conrad Celtis, July 1, 1507, Biblioteca Apostolica Vaticana, MS Pal. lat. 730, fol. 155 verso=*Epistolae,* letter 2.33, 279.

144. Trithemius to Joachim of Brandenburg, 26 June 1503, Trithemius, *De septem secundaeis,* 110-111.

145. Barbara Stollberg-Rilinger, *Des Kaisers alte Kleider: Verfassungsgeschichte und Symbolsprache des Alten Reiches* (Munich: Beck, 2008), translated as *The Emperor's Old Clothes: Constitutional History and the Symbolic Language of the Holy Roman Empire,* trans. Thomas Dunlap (New York: Berghahn, 2015).

146. Trithemius, *Nepiachus,* 55-56.

147. Trithemius to Libanius, October 5, 1507; Biblioteca Apostolica Vaticana, MS Pal. lat. 730, fol. 189 verso=*Epistolae,* letter 2.58, 340: "Magnis mirandisque in philosophia scatent archanis: que meo iudicio nullius capiet mortalis intellectus: qui tuo prius non fuerit magisterio imbutus."

148. 날짜에 관해서는 다음의 표제 기록을 보라. Biblioteca Apostolica Vaticana MS Pal. lat. 730. 그 기록은 1536년 판에서는 편집자 야코프 슈피겔(Jacob Spiegel)이 포함시키지 않았다. : (fol. 95 verso) "Ioannis tritemii abbatis spanhemensis ac postea sancti iacobi herbipolensis liber epistolarum spanheimensium ultimus explicit. scriptus manu eius propria et completus Anno christianorum Mill. D. vi. decembris. xxviii. die"; (fol. 191 verso) "Ioannis tritemii abbatis monasterii sancti iacobi apostoli in suburbano herbipolensi quondam spanhemensis liber epistolarum herbipolensium primus finit scriptus manu eius propria et completus xvi. die mensis octobris Anno christianorum Millesimo D. septimo."

149. Joachim of Brandenburg to Trithenius, Saint Burchard's day 1505, Biblioteca Apostolica Vaticana, MS Pal. lat. 730, fol. 117 recto-verso; Trithemius to Joachim, November 25, 1506, ibid., fol. 118 verso; Joachim to Trithemius, March 6, 1507, ibid., fol. 127 recto-verso; Trithemius to Joachim, April 9, 1507, ibid., fol. 134 verso; Joachim to Trithemius, May 19, 1507, ibid., fol. 135 verso.

150. Trithemius to Chapelain, August 16, 1507, Biblioteca Apostolica Vaticana MS Pal. lat. 730, fol. 169 verso=*Epistolae,* letter 2.43, 303.

151. Trithemius to Kymolanus, August 16, 1507, Biblioteca Apostolica Vaticana MS Pal. lat. 730, fol. 170 recto=*Epistolae,* letter 2.44, 304.

152. Trithemius to Libanius, October 5, 1507, Biblioteca Apostolica Vaticana MS Pal. lat. 730, fol. 189 verso=*Epistolae,* letter 2.58, 340.

153. 다음에 편집된 논문들을 보라. *Conjuring Spirits: Texts and Traditions of Medieval Ritual Magic,* ed. Claire Fanger (University Park: Pennsylvania State University Press, 1998), and Dupèbe, "Curiosité et Magie."

154. Pirckherimer, *Briefwechsel,* 2: 555: "De peculiari tua oratione ad proprium Angelum quid senseris … aut scripseris … [the letter is unfortunately preserved in

an incomplete copy]."

155. "De arte crucifixi Pelagii Solitarii. Doctrina non vulgaris," British Library MS Harl. 181, fols. 75 recto–81 recto at 75 recto: "Omnia bona in mundi scibilia, huius artis misterio hominis recte operantis intellectui sese miraculose offerunt: et subito ex idiota et imperitissimo in omni scientia, doctissimus redditur."

156. Ibid.

157. Ibid., fol. 75 verso: "Tunc fac tibi fieri per manus sculptoris ymaginem Domini nostri in cruce bracchiis expansis, de more pendentis, de ligno novo et mundo quercino, aut olivarum, aut lauri ligno: quod in nullo alio ante usu fuerit manuali, neque in loco fetido et immundo fuit proiectum, in feria sexta. Et quanto ymago ipsa Crucifixi fuerit pulchrior, et ad similitudinem patientis vicinior, tanto erit ad operationes efficatior."

158. Ibid.: "Completa ergo ymagine atque perfecta, facias ex corio rubri coloris fieri capsulam unam tante capacitatis ut ymaginem panniculo perlucido involutam possit recipere. In qua etiam omni tempore, cum non opereris per eam: tunc eam mundissime servabis …"

159. Ibid., fols. 75 verso–76 recto: "deinde habens ad manum sacerdotem fidelem tuis operationibus congruentem, honeste conversationis, bonum, castum, atque devotum, et huic ymaginem istam Crucifixi offerens, consecrandam cum peticione humili, et fiat sub una missa de passione Domini in sexta feria quacunque per annum."

160. Ibid., fol. 76 recto: "Atque iste est modus operandi in hac arte. Qui tamen in parvis et non urgentibus rebus nullatenus debet exerceri: sed tantum in re ardua et magna."

161. Ibid.: "si⟨s⟩ mundus a peccato originali, nec pollutus mulieribus, neque alio quovis genere pollutionum: sis sobrius, non nimium cibo et potu repletus, sine turbatione mentis, sine pollutione, per triduum, absque melancholia, seu occupatione fixa aliarum cogitationum."

162. Ibid.: "et cameram habeas secretam, nitidam, mundam, ab immunditiis aranearum, et pulveris, et clausam: sisque solus dormiens in ea: sit etiam stratus mundus …"

163. Ibid., fol. 75 recto–verso: "et in ea in modum altaris mensula mundis lintheis cooperta, et super eam duo candelabra cum cereis benedictis in Purificatione ardentes. Et omnibus ita dispositis, tandem proferas crucem extra capsulam, super mensulam locando dices devote …"

164. Ibid., fol. 80 recto: "Tandem surgens aspergas aqua benedicta lectum, crucem, cameram, per circuitum, ac te ipsum, et extinctis luminaribus te dormitum reponas, nil aliud orando, aut loquendo, intras In nomine Patris et filii et spiritus sancti lectum tuum. Interim autem dum non potes dormire, revolve ea verba: Ihesu veritas aeterna ostende veritatem."

165. Ibid.: "Si hoc cum puritate operatus fueris: apparebit tibi dormienti in sompnis veritas ipsa personaliter: et respondebit tibi ad omnia interrogata, quae non sunt divine maiestati contraria, aliquando clare et manifeste: aliquando in similitudine enigmatis …"

166. Ibid., fol. 80 verso: "Et si bene in operacione processeris: ipsamque in consuetudinem duxeris: apparebit tibi Crucifixus interdum etiam non rogatus: loqueturque tecum ore ad os, sicut amicus ad amicum: docens in pluribus veritatem, a qua poteris scire omnis questionis dubie veritatem, vel pro te, vel pro alio."

167. Ibid.: "Etiam scire poterimus occultas cogitaciones, et earum actiones, eventum futurorum, thesaurum absconditum, funem, lationem, valetudinem amici et inimici, complementum artium, Alkimiam, medicinam, theologiam, reliquasque scientias vel artes, mineras, vires, virtutes, lapidum vim, et colligationes verborum, officia et nomina spirituum, atque characteres bonorum et malorum, proprietatesque creaturarum, caeteraque in mundo scibilia per istud experimentum leviter consequeris …"

168. Trithemius to Masseeu, August 16, 1507, Biblioteca Apostolica Vaticana, MS Pal. lat. 730, fol. 172 recto=*Epistolae,* letter 2.45, 308-309.

169. Trithemius to Veldicus, August 12, 1507, Biblioteca Apostolica Vaticana, MS Pal. lat. 730, fol. 165 verso=*Epistolae,* letter 2.41, 296-297.

170. Trithemius to Theodoricus Mosellanus, 1 September 1507, Biblioteca Apostolica Vaticana, MS Pal. lat. 730, fol. 186 recto=*Epistolae,* letter 2.54, 334.

171. Trithemius, *Liber octo quaestionum,* Cambridge University Library H* 15.9 (F), sig. D2 recto: "Sunt autem qui praescriptis tribus modis adijciunt quartum, dicentes mentem sive spiritum ipsius hominis posse naturaliter miranda facere: modo sciat se ab omni adventitio in sepipsam supra sensum in unitatem revocare."

172. Trithemius, *Vita Rabani Mauri,* Biblioteca Apostolica Vaticana, MS Pal. lat. 850, fol. 93 recto-verso: "Meditacionem dominice passionis in corde suo singulari devocione quotidie solebat revolvere: et pro morte salvatoris innocentissima lachrimans et gemens gracias referre. Fertur enim sanctam in consuetudinem duxisse, ut numquam cibum sumeret: nisi prius gracias agens, vitam, actus, et passionem domini et salvatoris nostri iesu christi, ab incarnacione incipiens usque ad ascensum eius in celum, per singulos articulos meditando, gemendo et orando percurrisset. In argumentum est veritatis opus illud de laudibus sancti [!] crucis, in quo summa diligencia et devocione mysteria dominice passionis enodavit. Nisi enim christo pacienti magnopere fuisset compassus: tanta laudum preconia nunquam in eius passionis memoriam scribere potuisset. Verum quia mentem christo compacientem habuit: vires quas negavit infirmitas, pietas ministravit. Omnium namque spiritualium exerciciorum dominice passionis est maximum:

in quo monachus qui recto et sapido modo fuerit assiduus: cito magnum inveniet conversacionis interne profectum. Monachum in hac sancta meditacione homini mundano preposui: propterea quod exutus negociis secularibus. ad meditacionem dominice passionis. vite. et mortis. aptior iure censetur. Rhabani autem conversacio multum segregata fuit a mundo: propterea factus est deo proximus: et sibi per binarium in ternario monostice unitus. Huius sanctissime conversionis ad monadem ternarii mysterium nemo utiliter intelligit: qui adhuc viciorum pulvere sordescit. Quisquis enim purgatus a voluptatibus carnis. et segregatus a vanis mundi sollicitudinibus in domo domini secum solus habitat: iam oculos mentis apertos habere laudabiliter incipit: et nihil preter deum solum vel amat vel metuit."

173. London, British Library Add. MS 15, 102, fol. 1 recto: "Hec eadem virgo beata ab infancia sua divinis semper revelacionibus visitata multa scripsit non sensu humano sed quemadmodum in vera visione illa didicit … In omnibus autem opusculis suis beata hildegardis mistice valde et obscure procedit: unde nisi a religiosis et devotis vix eius scripta intelliguntur … Nec mirum. Omnia enim que scripsit per revelacionem didicit et sensum et verba que mistica sunt et preciosa nec ante porcos i. carnales homines ponenda ne quod non intelligent irridere incipient et spernere. Animalis siquidem homo ea que spiritus sunt percipere non valet quod licet audiat vento spiritus quo vult spirante non tamen scit unde veniat vel quo vadet. Spirituali autem homini eciam innotescunt spiritualia quoniam qui acquiescunt deo intelligent veritatem. Amen."

174. Pelagius eremita, *Liber anacriseon,* Bibliothèque Nationale Paris MS Lat. 7456: "Vnitas et Monas frequenter ponuntur pro mente Divina, et principio totius. Binarius aliquando pro intellectu Angelico ⟨aliquando⟩ pro mente humana, praesertim quando ternarius non sequitur. Ternarius pro Anima sive mente humana semper accipitur, nisi quoties de sancta trinitate sermo proprie habetur. Quaternarius in hoc volumine pro operatione mentis ponitur, quamvis alias philosophia saepius, pro humano corpore accipiat, ut Deus, Angelus, Anima, corpus."

175. William Newman, "Thomas Vaughan as an Interpreter of Agrippa von Nettesheim," *Ambix* 29, no. 3 (1982): 125–140 at 129–130.

176. A. Goldmann, *Zwei unedierte Briefe des Abtes Johannes Trithemius* (Brünn: Druck der Raigerner Benedictiner in Brünn, 1883), 5–6.

177. 다음을 보라. John Monfasani, *Fernando of Cordoba: A Biographical and Intellectual Profile,* Transactions of the American Philosophical Society 82, pt. 6 (1992). 그는 참벨리 교수도 자신처럼 펠라기우스나 리바니우스의 존재에 대해 의심을 표한다고 썼다.

178. 예를 들면 리바니우스가 트리테미우스에게 보낸 편지와 트리테미우스가 리바니우스에게 보낸 편지, 게르벨리우스가 트리테미우스에게 보낸 편지를 트리테미우스의 《친구들 간

의 편지》와 비교해보라. Libanius to Trithemius, June 6, 1505, Biblioteca Apostolica Vaticana, MS Pal. lat.730, fol. 53 recto, with Trithemius, *Epistolae,* sig. a2 recto and 97; Trithemius to Libanius, August 20, 1505, ibid., fol. 54 recto, with Trithemius, *Epistolae,* sig. a 2 recto and 99; Gerbelius to Trithemius, May 12, 1507, ibid., fol. 152 recto, with Trithemius, *Epistolae,* sig. a4 recto and 272.

179. Rutger Sycamber to Trithemius, December 1, 1506, Bibliotheca Apostolica Vaticana, MS Pal. lat. 730, fols. 122 verso-124 recto; Ioannes de Woesbrouck to Trithemius, March 4, 1507, ibid., fols. 150 recto-151 recto.

180. 예를 들면, 악마에 의지하면서도 성인이 자신의 돼지들을 보호하고 있다고 생각한 목부에 관한 트리테미우스의 두 가지 판본의 이야기를 비교해보라. Trithemius, *Liber octo quaestionum,* sigs. [C8 verso]-D recto: "Erat homo quidam custos porcorum, qui schedulam bacillo intercluserat nomen divi martyris Blasii continentem: cui tantum fidei detulit, ut baculo in medio gregis terrae affixo lupum ab accessu prohibitum crederet omnem. Hac stulta confidentia per longam experientiam tandem roborata, ibat homo securus quocunque volebat, dimittens sine periculo in nemore porcos cum luporum iam nullus haberet accessum. Contigit pertransire videntem absente pastore, qui cernens daemonem custodiam habere gregis, dixit ad eum: Quid miser hic agis? Qui respondit: Istos custodio porcos. At ille: Quis tibi curam porcorum commisit? Iterum respondit: Stulta confidentia pastoris. Nam schedulam quandam bacillo inclusam magnae putat esse virtutis, qua Blasii cuiusdam meritis lupi arceantur a porcis: suam peccavit in legem, et nostras sequitur vanitates. Verum quia invocatus non comparet, ego ne homo confidentiam suam amitteret, porcos eius custodio: et me pro Blasio libens suppono. Ita, inquit, mortales vanis coniurationibus nos molestant, ut nisi velimus aestimationem nostri et honorem apud eos perdere omnem, necesse sit ut eorum invocationibus stultis plerumque occurramus" and Upsala Universitetsbibliotek MS C IV, fols. 136 verso-137 recto: "Erat in vvestrasiorum territorio paucos ante annos homo simplex custos porcorum. qui oracionem de sancto blasio martyre in summitate baculi portabat inclusam. cui plurimum confidebat. Nam quociens volebat ire ad tabernam vel ad oppidum vico proximum. gregem porcorum tercio cum baculo circuiens postea illum fixit in terram. nullasque iam luporum incursiones metuens. quorsum voluisset abibat securus. Mira res. Circundabant porci fixum interea bacillum, et nusquam discurrebant donec pastor rediret: neque luporum quisquam accessit. Tandem vero contigit quendam preterire hominem cuius deus aperuit oculos. et vidit manifeste demonem porcos ne diffugerent custodientem, cui dixit. Quid hic facis miser? Ille respondit. Istos quos cernis porcellos rusticorum custodio. Cui homo. Quis tibi hanc tradidit curam? Ad quem diabolus. Homo inquit iste fatuellus deo et cuidam blasio porcellos oracione baculo inclusa pascendos committens abijt in tabernam. Ego autem quia nec deus illum exaudire dignatur nec blasius.

cum essem ociosus accessi, satisfacturus peticionibus eius: ne tanta confidentia quam habet in baculo cupito frustretur effectu. Ita inquit fatui homines suis coniuracionibus nos molestant: ut nisi velimus spem nostram et honorem penitus negligere: eorum votis aliquociens compellimur subvenire."

181. 국가와 지역의 과거에 관한 독일 인문주의의 시각에서 공상이 수행한 역할에 관해서는 다음을 보라. Borchardt, *German Antiquity,* and Christopher Wood, *Forgery, Replica, Fiction: Temporalities of German Renaissance Art* (Chicago: University of Chicago Press, 2008).

182. Walter Stephens, "Berosus Chaldaeus: Counterfeit and Fictive Editors of the Early Sixteenth Century," PhD diss., Cornell University, 1979; Anthony Grafton, *Forgers and Critics: Creativity and Duplicity in Western Scholarship* (Princeton, NJ: Princeton University Press, 1990; new ed. 2019); Stephens, *Giants in Those Days* (Lincoln: University of Nebraska Press, 1991); Ingrid Rowland, "Annius of Viterbo and the Beginning of Etruscan Studies," in *A Companion to the Etruscans,* ed. Sinclair Bell (Chichester, UK: Wiley, 2015), 431-445; *Literary Forgery in Early Modern Europe, 1450-1800,* ed. Earle Havens and Walter Stephens (Baltimore: Johns Hopkins University Press, 2018).

183. Anthony Grafton, *Defenders of the Text: The Traditions of Scholarship in an Age of Science, 1450-1800* (Cambridge, MA: Harvard University Press, 1991; repr. with corrections, 1994), 93.

184. Marie Tanner, *The Last Descendant of Aeneas: The Hapsburgs and the Mythic Image of the Emperor* (New Haven, CT: Yale University Press, 1993).

185. Trithemius, *Compendium sive breviarium primi voluminis annalium sive historiarum, de origine regum et gentis Francorum* (Paris: Christian Wechel, 1539), 4.

186. Ibid., 12-13.

187. 다음의 훌륭한 논문을 보라. Nikolaus Staubach, "Auf der Suche nach der verlorenen Zeit: Die historiographischen Fiktionen des Johannes Trithemius im Licht seines wissenschaftlichen Selbstverständnisses," in *Fälschungen im Mittelalter,* 5 vols. (Hanover: Hahn, 1988), 1:263-316. 더 넓은 배경에 관해서는 다음의 종합적인 연구를 보라. Alastair Hamilton, *The Apocryphal Apocalypse: The Reception of the Second Book of Esdras (4 Ezra) from the Renaissance to the Enlightenment* (Oxford: Clarendon, 1999).

188. Philostratus, *Life of Apollonius of Tyana* 5.41, 6.29, 6.31, 6. 33, 8.27.

189. Philostratus, *Life of Apollonius of Tyana* 8.28.

190. 필로스트라토스의 생애를 다룬 1501~1504년 알디네(Aldine) 판도 1502년 볼로냐(Bologna) 판의 라틴어 번역본도 고대의 아폴로니오스가 쓴 것이라는 97통의 편지를 포함하지 않았으며, 앞선 학자들도 그것을 언급한 것 같지 않다.

1. Heinrich Cornelius Agrippa, *De occulta philosophia libri tres (Cologne: Soter, 1533); Wolfenbüttel, Herzog August Bibliothek, Hr 4°* 1, owned by Heinrich Duden OSB (hereafter "Duden,"). 이 책에는 두 개의 주가 들어 있다. 하나가 다른 것보다 더 낫다. 그러나 모든 주는 두덴이 적은 것 같다. 1.54, 68의 노트 하나만 예외로 보인다. ("Aranea a superioribus filum ducens, spem venturae pecuniae nunciare dicitur"): "probatum est, 23. Febr. A°*. 1626."
2. 두덴에 관해서는 다음을 보라. Walter Ziegler, *Die Bursfelder Kongregation in der Reformationszeit, dargestellt an Hand der Generalkapitelsrezesse der Bursfelder Kongregation* (Münster Westfalen: Aschendorff, 1968). 카롤링거 시대에 설립된 그의 대수도원은 루르강 가의 에센-베르덴(Essen-Werden)에 있었다.
3. Agrippa, *De occulta philosophia libri tres,* ed. V. Perrone Compagni (Leiden, New York and Cologne: Brill, 1992), 1.54,196: "Ipse etiam monachorum occursus vulgo ominosus habetur, magis autem si matutinus fuerit: quia id hominum genus plurimum e mortuario veluti vultures ex morticiniis victitat."
4. Duden, ibid: "Nota bene. Monachi semper infausti, praecipue Franciscani, et ratio de hac re." 반면 아그리파가 니콜라우스 데 삭소(Nicholaus de Saxo)라는 자의 업적을 설명한 I.58에서 두덴은 이렇게 말한다. "quem in eremo duobus et viginti annis, quousque vita excessit, sine omni cibo vixisse constat" (77), Duden remarked: "Vltra naturam admiranda de ciborum ac potus abstinentia." 베네딕트회 수도사의 건전한 감수성을 반영하는 듯한 외침이다. 아그리파가 브라그마니 인도룸(Bragmani Indorum)의 복장을 묘사한 대목도 참조하라. 3.54, 324: "Hunc ritum modo sequuntur Episcopi ac prelati."
5. Duden on 2.3, *De occulta philosophia,* 1533, 102: "Lege Bullengerii commentaria in Apocalipsin." 〈요한계시록〉에 관한 하인리히 불링어의 *Centum conciones*는 1557년 바젤에서 오포리누스(Oporinus)가 출간했다. 개인에게 나타난 계시에 관한 흥미로운 방주도 참조하라. 3.61, 335 and 336: "pontificum de hac materia diversa ac optime cum verbo dei coniuncta"; "Lege et Iacob. Stapulensem de quodam sacerdote in hispania suo tempore miranda facienti." In a note on 3.30, 276, Duden cites another Protestant writer, Sebastian Münster: "Vide Munsterum in historiis cesarum" (on the Roman and Holy Roman emperors' use of seals in their letters, a relatively neutral topic). 두덴은 또한 아그리파가 인용한 것을 보았을 때, 그리고 스스로 알아냈을 때 더 정통적인 자료에도 관심을 보였다. 예를 들면 별의 힘에 관한 토마스 아퀴나스의 견해에 대해 논평하는 다음을 보라. 2.35, 179 "Observa Aquinatis sentent: In eadem opinione est et Beda"; Duden on 3.19, 247: "Augustini de Daemone sententia."
6. Ziegler, *Die Bursfelder Kongregation,* 63, 104, 120.
7. 이 책의 입수 과정에 관해서는 아래 주 9를 보라. 1554년 일자의 방주는 아래 주 16을 보라. 1557년에 출간된 책이 위의 주 5에 인용된 방주에 언급되어 있으며, 1567년 일자의 방주는 아래 주 164를 보라. 아그리파에 대한 두덴의 관심은 확실히 꽤 오랜 기간 동안 확장

되었다.

8. Duden, note on title page, *De occulta philosophia,* 1533: "O hinrice plus scivisti quam scripsisti"; cf. ibid. where he quotes Persius 1.27: "Scire tuum nihil est, nisi te scire hoc sciat alter?"
9. Ibid.: "D. Hinricho dudeno coenobitae Werdenensi attineo eumque (relicto priore scilicet N. philosophiae huius unico cultore) nunc meum agnosco herum. anno a nativitate filii dei altissimi Iesu. 1550."
10. Ibid., sig. aa ii verso: "Scientia non habet inimicum nisi ignorantem"; "Lege et miraberis"; sig. aa v recto: "Lege cum observatione diligenti: chare Lector, et miraberis minimeque poenitebit."
11. Ibid., sig. [aa v verso]: "Cum sedula lectione ac observatione ac in marginibus annotatiunculis per me hinrichum duden Werdenensem Coenobitam asscriptis."
12. Ibid., on 2.16, 138: "hac in arte praecipue excelluit Beda Anglicus, doctus vir"; 139: "De hac numerandi mannum gesticulatione vidi aliquando in Monasterio Leisbonnensi in quodam antiquo libro manuscripto mirabilem et artificiosam picturam de arte numerandi per manuum ac digitorum demonstrationem." Cf. ibid., 2.19, 142: "Similem numerandi formam habeo apud me in antiquissimo quodam codice conscriptam." 리스보른(Liesborn) 또는 라이스보른(Leisborn) 수도원은 베르덴 수도원처럼 카롤루스 왕국 시대에 설립된 것으로 뮌스터란트(Münsterland)의 바데르슬로(Wadersloh)에 있었다. 아그리파와 두덴이 언급한 전통적인 방법에 관해서는 다음을 보라. Alexander Murray, *Reason and Society in the Middle Ages* (Oxford: Clarendon Press; New York: Oxford University Press, 1978) and Clare Richter Sherman et al., *Writing on Hands: Memory and Knowledge in Early Modern Europe* (Carlisle, PA: The Trout Gallery, Dickinson College, with the participation of The Folger Shakespeare Library; Seattle: Distributed by University of Washington Press, 2000).
13. Duden, note on 1.49, *De occulta philosophia,* 1533, 57: "Valde obscurum legenti, nisi qui priora penitus [non] introspexerit"; 2.22, 153 (misnumbered 253): "hoc valde obscurum et non facile, ingeniosus pervestigare potest"; 새의 몸짓을 보고 치는 점에 관해서는 다음을 참조하라. 1.48, 66: "Observatu dignum. Hoc plane non est refellendum, nam hoc nostra aetate exploratum habemus."
14. Ibid., on 2.3, 102: "bona allegatio."
15. Ibid., 1.6, 9: "Anno 1546 ego idem fieri vidi a quodam artis huius professore in lunae umbra ac lamina plumbea."
16. Ibid. 1.64, 85: "Simile contigit et mihi febricitanti anno 1554" (생각나는 대로 막 한 말이 아니다. 두덴이 질병과 질병에 관한 논문에 관심이 있었기 때문이다. 이는 그가 다음에 붙인 방주에서 분명하게 드러난다. 3.11, 230: "Similia lege apud Michaelem Savonarolam. de febribus"); 1.65, 86 (흰 공작새의 둥지 둘레에 흰색 천을 감싸 그 새를 등장하게 하는 것에 관해 쓴 방주): "Hoc vidi aliquandum fieri, et est verum."
17. Ibid., 1.9, 14: "Idem fieri vidi a quodam qui manum in liquefactum cuprum misit,

nihilque detrimenti passus"; cf. Duden on 361 (*De vanitate*의 De praestigiis 장에 나온, 거울에 피로 글을 쓰는 것에 대한 설명에 관해 쓴 방주): "Consimile ego vidi a quodam fieri in lamina plumbea graphio quodam inscripta. anno 1546"; Duden on 14: "Propterea interdicta est candentis ferri probatio apud Christianos. Nam scriptum est, non temptabis dominum deum tuum."

18. 다음을 보라. Charles Zika, "Agrippa of Nettesheim and His Appeal to the Cologne Council in 1533: The Politics of Knowledge in Early Sixteenth-Century Germany," in *Humanism in Cologne,* ed. James Mehl (Cologne, Weimar, and Vienna: Böhlau, 1991), 119-174.
19. Martín Del Rio SJ, *Disquisitionum magicarum libri sex* (Cologne: Hermann Demen, 1679), bk.II, qu. ii, 108; qu. 3, 110.
20. 박식한 문헌학자 델 리오에 관해서는 다음을 보라. Roland Mayer, "*Personata Stoa:* Neostoicism and Senecan Tragedy," *Journal of the Warburg and Courtauld Institutes* 57 (1994): 151-174; Stuart Clark, *Thinking with Demons* (Oxford: Clarendon Press, 1997); P. G. Maxwell-Stuart's introduction to Martín Del Rio SJ, *Investigations into Magic,* trans. and ed. P. G. MaxwellStuart (Manchester and New York: Manchester University Press, 2000); Paola Aretini, *I fantasmi degli antichi tra Riforma e Controriforma: Il soprannaturale greco-latino nella trattatistica teologica del Cinquecento* (Bari: Levante, 2000), 219-225, 237-238. 이 책에서 나는 '모자이크'라는 매우 적절한 용어를 빌려왔다. 그리고 다음의 놀랍도록 종합적인 설명을 보라. Jan Machielsen, *Martin Delrio: Scholarship and Demonology in the Counter-Reformation* (Oxford: Oxford University Press for the British Academy, 2015).
21. Del Rio, *Disquisitiones,* bk. II, qu. xii, sec. 10, 164.
22. Ibid., bk. II, qu. xxix, sec. 1, 339-340.
23. Pasquale Lopez, *Inquisizione, stampa e censura nel Regno di Napoli tra '500 e '600* (Naples: Edizioni del delfino, 1974), 70-71, 73-4, 77, 179-182, 187-189, 216; Ruth Martin, *Witchcraft and the Inquisition in Venice, 1560-1650* (Oxford: Blackwell, 1989), 89, 96, 120; David Gentilcore, *From Bishop to Witch: The System of the Sacred in Early Modern Terra d'Otranto* (Manchester and New York: Manchester University Press, 1992), 229.
24. Wolfgang Schmitz, "Das humanistische Verlagsprogramm Johannes Soters," in *Humanismus in Köln,* ed. Mehl, 77-117; Zika, "Agrippa and His Appeal."
25. Charles Zika의 전기 *Agrippa and the Crisis of Renaissance Thought* (Urbana: University of Illinois Press, 1965)는 지금도 매우 유용하다. 아그리파의 생애와 마술 저작에 관한 지식을 가장 중요하게 채워주는 것은 파올라 참벨리의 많은 개척적인 연구에서 볼 수 있다. 전부 간행되지 않고 연구되지 않은 자료들에 관한 대대적인 탐구를 통해 나온 것이다. 예를 들면 다음을 보라. "Cornelio Agrippa: scritti inediti e dispersi," *Rinascimento* 16 (1965): 195-316; "Agrippa von Nettesheim in den neueren kritischen Studien und Handschriften," *Archiv für Kulturgeschichte* 51 (1969): 264-

295; "Corneille Agrippa, Erasme et la théologie humaniste," *Colloquia Erasmiana Turonensia,* 2 vols. (Paris: Vrin, 1972), 1:113–159; "Magic and Radical Reformation in Agrippa of Nettesheim," *Journal of the Warburg and Courtauld Institutes* 39 (1976): 69–103; *Di un'opera sconosciuta di Cornelio Agrippa. Il* Dialogus de vanitate scientiarum et ruina christianae religionis (Castrocaro Terme: Zauli, 1982); "Scholastiker und Humanisten. Agrippa und Trithemius zur Hexerei. Die natürliche Magie und die Entstehung kritischen Denkens," *Archiv für Kulturgeschichte* 67 (1985): 41–79; *L'ambigua natura della magia: filosofi, streghe, riti nel Rinascimento* (Milan: Il Saggiatore, 1992; 3d ed. Venice: Marsilio, 1996); "Cornelius Agrippa, ein kritischer Magus," in *Die okkulten Wissenschaften in der Renaissance,* ed. August Buck (Wiesbaden: In Kommission bei Otto Harrassowitz, 1992), 65–89. Zika, "Agrippa and His Appeal,"는 아그리파의 활동이 펼쳐진 상황을 훌륭하게 연구했으며, 반면 *Cornelius Agrippa, the Humanist Theologian and His Declamations* (Leiden, New York, and Cologne: Brill, 1997)에서 더 넓은 인문주의 운동 안에서 그가 차지한 위치를 처음으로 철저하게 연구했다. 페로네 콤파니(Perrone Compagni)가 편집한 《신비주의 철학》은 텍스트의 소개와 그 전거와 발전의 예리한 분석 측면에서 모범적이다.

26. Zika, "Agrippa and His Appeal."
27. Zambelli, "Magic and Radical Reformation."
28. Heinrich Kramer, *Malleus maleficarum,* ed. Christopher Mackay, 2 vols. (Cambridge: Cambridge University Press, 2006), pt. II, qu. i, chap. 4. 《마녀 퇴치 망치》의 이러한 측면에 관해서는 다음을 보라. Walter Stephens, *Demon Lovers* (Chicago: University of Chicago Press, 2001).
29. Agrippa to Officialis at Metz, 1519; Agrippa, *Opera in duos tomos concinne digesta,* 2 vols. (Lyon: per Beringos fratres, n.d.), vol. 2, pt. 2, 80–81.
30. 특히 다음을 보라. Zambelli, "Scholastiker und Humnaisten"; Wolfgang Ziegeler, *Möglichkeiten der Kritik am Hexen-und Zauberwesen im ausgehenden Mittelalter: Zeitgenössische Stimmen und ihre soziale Zugehörigkeit* (Cologne and Vienna: Böhlau, 1973); Zika, "Agrippa and His Appeal"; van der Poel, *Agrippa the Theologian,* 36–37. Vera Hoorens and Hans Renders, "Heinrich Cornelius Agrippa and Witchcraft: A Reappraisal," *Sixteenth Century Journal* 43, no. 1 (2012): 3–18는 아그리파가 마법의 존재를 인정하고 유죄판결을 받은 마녀의 사형을 받아들였음을 보여준다. 메스 사건의 처리는 다음을 보라. ibid., 7–9, emphasizes his concentration on procedural issues and his distaste for the inquisitor.
31. 특히 다음을 참조하라. Wolf-Dieter Müller-Jahncke ,"Therapeutische Vorstellungen bei Agrippa von Nettesheim (1486–1535)," *Deutsche Apotheker-Zeitung* 51/52 (1972): 2070–2073.
32. Agrippa, *De occulta philosophia* 1.51; ed. Perrone Compagni, 183.
33. Agrippa, *De occulta philosophia* 1.42; ibid., 164–165. 아그리파의 전거에 관해서는 Perone Compani가 편집한 책의 주를 보라.

34. Duden, on 1.42, Agrippa, *De occulta philosophia,* 1533, 49.
35. Ibid., 1.49, 1533, 57: "Hoc ipse magno cum pavore expertus."
36. Ibid., 1.50, 1533, 59: "a quadam venefica meo tempore Hammone carnifici factum";1.20, 26: "Hoc factum est annis paucis praeterlapsis Hammone a venefica quae carnificem tali aspectu infecerat." 3.19, 248에서 두덴은 인쿠부스와 수쿠부스에 관한 아그리파의 논의를 언급한다: "Veneficarum praestigia"; "Plus de Incubis quam Succubis legimus: quare de foemineo sexu demonum multi dubitant"; and, at the very end of the chapter, "Ita Sage imaginantur."
37. 전반적인 내용은 다음을 보라. Pierre Béhar, *Les langues occultes de la Renaissance: essai sur la crise intellectuelle de l'Europe au XVIe siècle* (Paris: Editions Desjonquères, 1996). 그리고 초기에 나온 대표적인 연구는 다음을 보라. I. R. F. Calder, "A Note on Magic Squares in the Philosophy of Agrippa of Nettesheim," *Journal of the Warburg and Courtauld Institutes* 12 (1949): 196-199, and Karl Anton Nowotny, "The Construction of Certain Seals and Characters in the Work of Agrippa of Nettesheim," *Journal of the Warburg and Courtauld Institutes* 12 (1949): 46-57.
38. Agrippa, *De occulta philosophia,* II.22, ed. Perrone Compagni, 311.
39. Raymond Klibansky, Erwin Panofsky, and Fritz Saxl, *Saturn and Melancholy: Studies in the History of Natural Philosophy, Religion, and Art* (London: Nelson, 1964); cf. Nowotny, "Construction of Certain Seals."
40. Juris Lidaka, "The Book of Angels, Rings, Characters and Images of the Planets: Attributed to Osbern Bokenham," in *Conjuring Spirits: Texts and Traditions of Medieval Ritual Magic,* ed. Claire Fanger (University Park: Pennsylvania State University Press, 1998), 65; original text, ibid., 64.
41. Agrippa, *De occulta philosophia,* 1533, I.47, 55; 두덴은 '주목하라'는 논평과 함께 반지 하나를 깨끗하게 그려 덧붙였다.
42. 예를 들면 다음을 보라. Frank Klaasen, *The Transformations of Magic: Illicit Learned Magic in the Later Middle Ages and Renaissance* (University Park: Pennsylvania State University Press, 2012).
43. 아그리파 저작의 체계적인 측면에 대해서는 다음에 잘 설명되어 있다. Frances Yates, *Giordano Bruno and the Hermetic Tradition* (Chicago: University of Chicago Press, 1964).
44. Agrippa, *De occulta philosophia,* 1.37, ed. Perrone Compagni, 155: "Sic enim inferiora ad superiora invicem connexa sunt, ut influxus ab eorum capite prima causa, tanquam chorda quaedam tensa, usque ad infima procedat, cuius si unum extremum tangatur, tota subito tremat et tactus eiusmodi usque ad alterum extremum resonet ac moto uno inferiori moveatur et superius, cui illud correspondet, sicut nervi in cythara bene concordata." 마지막 구절의 추가에 관해서는 페로네 콤파니가 편집한 텍스트와 그 안의 해설 주를 보라.

45. Duden on 1.37, Agrippa, *De occulta philosophia,* 1533, 44: "Pulchrum et aptissimum simile."
46. Agrippa, *De occulta philosophia,* I.33, ed. Perrone Compagni, 147–148.
47. Agrippa, *De occulta philosophia* (n.p., 1541), Munich, Bayerische Staatsbibliothek, 4° Phys.m. 7., front inside cover: "Physiognomia, Metoposcopia, et Chiromantia, et Divinationum artes ex figuris ac gestibus corporis humani per signa dependent."
48. William Newman, "Thomas Vaughan as an Interpreter of Agrippa von Nettesheim," Ambix 29, no. 3 (1982): 125–140; Lauren Kassell, *Medicine and Magic in Elizabethan London: Simon Forman, Astrologer, Alchemist, and Physician* (Oxford: Clarendon Press, 2007), 197.
49. Newman, "Thomas Vaughan."
50. Agrippa to Trithemius, n.d., in Agrippa, *De occulta philosophia,* ed. Perrone Compagni, 68–71.
51. Trithemius to Agrippa, April 8, 1510, ibid., 72–73.
52. 이 점에 관한 본격적인 연구는 다음을 보라. van der Poel, *Agrippa the Theologian.*
53. Agrippa, *De incertitudine et vanitate scientiarum atque artium,* chs. 41 ("De magia in genere"), 42 ("De magia naturali"), 43 ("De magia mathematica"), 44 ("De magia venefica"), 45 ("De goetia et necromantica"), 46 ("De theurgia"), 47 ("De cabala"), and 48 ("De praestigiis"); Agrippa, *Opera,* 2, pt. 1:68–80. 아그리파는 이 장들을 《신비주의 철학》에 다시 실었다. 1533, ccclii–ccclxii.
54. Duden on Agrippa, *De occulta philosophia,* 1533, 362: "Ars Occulte philosophie a suo proprio autore explosa ac reiecta. Ergo valeat in nomine diabolorum. Tu Christe salva nos defende nos iustifica nos in te solos confidentes."
55. Nauert, *Agrippa.* Van der Poel, *Agrippa the Theologian,* 1997는 그러한 견해를 효과적으로 논박했다.
56. 다음을 보라. Michael Keefer, "Agrippa's Dilemma: Hermetic Rebirth and the Ambivalences of *De vanitate* and *De occulta philosophia.*" *Renaissance Quarterly* 41 (1988): 614–653; cf. Van der Poel, *Agrippa the Theologian,* and Perrone Compagni, "Introduction," in Agrippa, *De occulta philosophia,* ed. Perrone Compagni.
57. Perrone Compagni, "Introduction," ibid., 15–50.
58. Agrippa, *De vanitate et incertitudine scientiarum declamatio invectiva,* chap. 29 ("De metallaria"), Agrippa, *Opera,* 2, pt. 1:50–51.
59. 모범적인 사례 연구는 Ann Blair, *The Theater of Nature: Jean Bodin and Renaissance Science* (Princeton: Princeton University Press, 1997)와 책을 토대로 지식을 확립하는 관행에 관한 그녀의 필수적인 연구 *Too Much to Know: Managing Scholarly Information before the Modern Age* (New Haven, CT: Yale University Press, 2011)를 보라.
60. Agrippa to Brennonius, June 16, 1520, Agrippa, *Opera,* 2, pt. 2:99–100.

61. 다음을 보라. *'Astrologi hallucinati,'* ed. Zambelli and Ottavia Niccoli, *Prophecy and People in Renaissance Italy,* trans. Lydia Cochrane (Princeton, NJ: Princeton University Press, 1990). Elide Casali, *Le spie del cielo: oroscopi, lunari e almanacchi nell'Italia moderna* (Turin: Einaudi, 2003)는 점성술사들의 믿음과 실행이, 심지어 이탈리아에서도 이러한 위기를 극복했음을 매우 상세히 보여준다. 다음도 보라. Brendan Dooley, *Morandi's Last Prophecy and the End of Renaissance Politics* (Princeton, NJ: Princeton University Press, 2002).

62. 어느 친구가 아그리파에게 보낸 편지와 이에 대한 그의 답장을 보라. August 28, 1526, in Agrippa, *Opera,* 2, pt.2:187-188, and Agrippa's reply, September 26, 1526, ibid., 192-193.

63. Agrippa, *De vanitate atque incertitudine scientiarum et artium,* chap. 31, "De astrologia iudiciaria," Agrippa, *Opera,* 2, pt. 1:56-62.

64. Agrippa to a friend, n.d. (1531), in Agrippa, *Opera,* 2, pt. 2:311-312. 내용과 논조 둘 다 많은 것을 알려준다: "perquirendae sunt Principum nativitates & intronizationes revolutionesque, ut sciatur, si in alicuius eorum nativitatis intronizationis revolutionisve ceciderit horoscopum: … Illud autem dicere non verebor, quod, quemadmodum corpus Cometae est significator eventus futuri, ita cauda est ostensor regionis, ubi haec potissimum futura sunt."

65. 다음을 보라. Agrippa, *De occulta philosophia,* ed. Perrone Compagni, 51-52. 뷔르츠부르크대학교 도서관의 필사본은 칼 노보트니(Karl Nowotny)가 다음에 전재했다. *De occulta philosophia,* 1967, App. 1, 519-586. 한스 마이어(Hans Meyer)가 교정판을 준비하면서 필사본을 복사했고, 그 교정지는 바르부르크 연구소(Warburg Institute)에 보관되어 있다. 페로네 콤파니의 편집본 덕분에 독자들은 이 원본과 최종 인쇄본을 줄마다 비교할 수 있다.

66. Johannes Reuchlin, *De arte cabalistica* (Hagenau: Thomas Anselm, 1517; repr. Stuttgart and Bad Canstatt: Frommann-Holzboog, 1964), fol. lxviii recto-verso.

67. Ibid., fol. lxxviii verso. 다음을 보라. Lucian *Zeuxis or Antiochus* 8 and *Pro lapsu inter saltandum* 5.

68. Ibid.

69. Ibid.: "Quantum igitur valuerunt sigilla et signacula testes erunt summi viri, Iudaeis Machabaeus, Graecis Antiochus, Romanis Constantinus."

70. Agrippa, *De occulta philosophia,* 3.31, ed. Perrone Compagni, 495.

71. Reuchlin, *De arte cabalistica,* fol. lxviii verso.

72. Agrippa, *De occulta philosophia,* 3.31, ed. Perrone Compagni, 496.

73. Béhar, *Les langues occultes.*

74. Yates, *Bruno;* Zika, "Reuchlin's *De verbo mirifico* and the Magic Debate of the Late Fifteenth Century," *Journal of the Warburg and Courtauld Institutes* 39 (1976): 104- 138; Zika, *Reuchlin und die okkulte Tradition der Renaissance* (Sigmaringen: Thorbecke, 1998).

75. Agrippa to Trithemius, n.d., Agrippa, *De occulta philosophia,* ed. Perrone Compagni, 68.
76. Agrippa, *De occulta philosophia,* 1.73, ed. Perrone Compagni, 241.
77. Agrippa, *De occulta philosophia,* 1.73, ed. Perrone Compagni, 241-242.
78. Wolf-Dieter Müller-Jahncke, "Agrippa von Nettesheim et la Kabbale" in *Kabbalistes chrétiens* (Paris: A. Michel, 1979) 197-209; Béhar, *Les langues occultes.*
79. Agrippa to Trithemius, n.d., in Agrippa, *De occulta philosophia,* ed. Perrone Compagni, 68-69 in the critical apparatus.
80. Agrippa to Maximilianus Transylvanus, Antwerp, April 16, 1529, Agrippa, *Opera,* 2, pt. 1:375.
81. Ibid., 379-402; 교정본과 프랑스어 번역본은 다음을 보라. Agrippa, *De nobilitate et praecellentia foeminei sexus: édition critique d'après le texte d'Anvers 1529,* ed. Ch. Béné, tr. O. Sauvage, ed. R. Antonioli (Geneva: Droz, 1990); 영어 번역본은 다음을 보라. Agrippa, *Declamation on the Nobility and Preeminence of the Female Sex,* trans. and ed. Albert Rabil (Chicago: University of Chicago Press, 1996).
82. Agrippa, *Opera,* 2, pt.1:379.
83. Ibid., 379.
84. Ibid., 380.
85. Agrippa, *Expostulatio super expositione sua in librum de verbo Mirifico,* ibid., 370-374, at 371-372.
86. Deborah Harkness, *John Dee's Conversations with Angels: Cabala, Alchemy and the End of Nature* (Cambridge: Cambridge University Press, 1999).
87. Agrippa, *De occulta philosophia,* III.11, ed. Perrone Compagni, 434.
88. Johannes Reuchlin, *De verbo mirifico, Sämtliche Werke,* ed. W.-W. Ehlers et al., I, 1 (Stuttgart-Bad Canstatt: Frommann-Holzboog, 1996), 248.
89. Agrippa, *De occulta philosophia,* III.11, ed. Perrone Compagni, 434, apparatus: "Peli quod apud nos interpretatur." 최종본에서는 그가 형용사 *peli* 대신에 구두점이 다른 명사 *pele*를 썼음에 주목하라.
90. 다음을 보라. Josef Dan,"The Kabbalah of Johannes Reuchlin and Its Historical Significance," in *The Christian Kabbalah,* ed. Josef Dan (Cambridge, MA: Houghton Library, 1997), 55-95.
91. Béhar, *Les langues occultes.*
92. Agrippa, *De occulta philosophia,* III.2, 1533, 213.
93. Duden, ibid.: "Magus qualis debet esse."
94. Duden on Agrippa, *De occulta philosophia,* III.18, 1533, 246 ("Hinc Cabalistae etiam daemones nonnullos salvandos putant, quod etiam sensisse constat Origenem"): "Cabalistarum somnia de salute demonum"; "Ideo Origines a doctis suspectus habitus."
95. Duden on Agrippa, *De occulta philosophia,* III.32, 1533, 279에서 지상의 영혼들에

관하여 적은 내용을 참조하라: "Nota. Similia observamus in desolatis antiquisque castris et aedificiis."

96. Duden on Agrippa, *De occulta philosophia,* III.36, 1533, 284: "hoc Caput est dignum ut legatur cum observatione."
97. Zambelli, "Magic and Radical Reformation."
98. Agrippa, *De occulta philosophia,* III. 63, 1533, 340; ed. Perrone Compagni, 1992, 591. 두덴은 여백에 수직으로 매우 큰 글씨로 평을 써넣었다: "OBSERVA."
99. Agrippa, *De occulta philosophia,* III.64, 1533, 345; ed. Perrone Compagni, 593. 두덴은 이렇게 평한다. : "Scopus."
100. 아그리파 마술의 종교적 측면을 명쾌하게 다룬 것으로는 다음을 보라. Frank Klaassen, *The Transformations of Magic: Illicit Learned Magic in the Later Middle Ages and Renaissance* (University Park: Pennsylvania State University Press, 2012), chap. 7.
101. Agrippa, *De occulta philosophia,* III.65, ed. Perrone Compagni, 599.
102. Zika, "Agrippa and His Appeal."
103. 다음을 보라. Isabel Barton, "Georgius Agricola's *De re metallica* in Early Modern Scholarship," *Earth Sciences* 35, no. 2 (2016): 265-282.
104. Agrippa to a friend, 16 September 1526, Agrippa, *Opera,* 2, pt. 2:189: "Verum scribo nunc pyromachiam, et non tam scribo, quam ipsa experientia ostendo, jamque habeo apud me non modicis sumptibus paratos architecturae et bellicarum machinarum meae inventionis Modulos admodum utiles simul et perniciosos, & quales hactenus (quod sciam) nostra non viderit aetas. Haec fortassis Regi ipsi et cognitione gratiora, et usu adversus hostes multo utiliora futura essent." Agrippa to a friend, November 19, 1526, ibid., 214: "Inveni tandem proijciendorum igneorum globorum machinam, cui in velocitate, in facilitate, et in compendio non est par: quin et alia his similia plura."
105. Amicus to Agrippa, 1520, ibid., 108-109.
106. A friend to Agrippa, December 28, 1532, ibid., 354-356 at 356.
107. Agrippa, *De vanitate et incertitudine scientiarum et artium,* chap. 42 ("De magia naturali"), ibid., 68-69.
108. Marsilio Ficino, *Theologia Platonica* XIII.2, *Théologie Platonicienne de l'immortalité des âmes,* ed. and trans. Raymond Marcel, 3 vols. (Paris: Les Belles Lettres, 1964-70), II, 202-206.
109. Agrippa, *De occulta philosophia,* I.60, ed. Perrone Compagni, 212-214.
110. Agrippa, *De occulta philosophia,* II.1, ed. Perrone Compagni, 249-251.
111. Agrippa, *De vanitate et incertitudine scientiarum et artium,* chap. 43 ("De magia mathematica," Agrippa n.d., II, 71). 이 구절과 *De occulta philosophia* II.1 사이의 관계는 다음이 제각각 주목했다. Frank Zöllner, *Vitruvs Proportionsfigur* (Worms: Werner, 1987), Zambelli, "Agrippa, ein kritischer Magus," and Minsoo Kang, *Sublime Dreams of Living Machines: The Automaton in the European Imagination*

(Cambridge, MA: Harvard University Press, 2011). 여기에 제시한 결론은 필자의 것이지만, 필자는 이들 모두에게 빚을 졌다. 여기서 아그리파는 프란체스코 초르치의 저작에 의존했다(아래 주 128에 인용된 문장을 보라).

112. Agrippa, *De vanitate et incertitudine scientiarum et artium,* chap. 28 ("De architectura," Agrippa, *OpeOra,* 2, pt. 1:49: "disciplina alioqui pernecessaria & honesta, si non admodum fascinaret mortalium animos, ut nemo ferme reperiatur, modo facultates non desint, qui non totus cupiat etiam bene constructis semper aliquid coaedificare. Quod insatiabili aedificandi studio desiderioque effectum est, ut huius rei nullus staturus sit modus, neque finis: …" 50: "Caeterum vero quantam perniciem haec ars saepissime adferat hominibus, ipsae hostiles arces, bellorumque machinae, cataphrattae, scorpiones, basilistae, caeteraque subvertendae mortalium vitae instrumenta, devicti horum ingenio populi testes sunt."

113. Heinrich Duden, *Historia monasterii Werthinensis,* in *Werdener Geschichtsquellen,* ed. Otto Schantz, 2 vols. (Bonn: Kommissions-Verlag von P. Hanstein, 1912-19), 1: 3-38 at 35, 37, 38.

114. Duden on Agrippa, *De occulta philosophia,* II.1, 1533, 100: "Columnas Herculis extare, minime crediderim. Nam duo montes sunt apud fretum Herculeum in Gaditano dicti Calpe et Abila"; "Similia et ego vidi in Comitatu Lingensi miro artificio elevata ingentia saxa";"Idem vulgus eo loci referebant."

115. Duden, ibid.: "Vt est crustatio pavimentorum, et antiquorum murorum." Cf. his remark on Agrippa's description of his "duo specula reciproca, in quibus sole lucente omnia quaecunque illius radiis illustrantur, per remota plurium milliarium spatia evidentissime cernuntur": "observa. Tale dicitur olim fuisse specul: in arce Cliviensi."

116. Agrippa, *De vanitate et incertitudine scientiarum et artium,* cap. 28 ("De architectura"), Agrippa, *Opera,* 2:49: "hinc abscissae rupes, completae valles, acti in planum montes, perfossa saxa et adaperta maris promontoria, excavata terrae viscera, deducta flumina, iuncta maribus maria, exhausti lacus, exiccatae paludes, coercita aequora, scrutataque maris profunda, factae novae insulae, rursusque aliae restitutae continenti: quae omnia et his plura, quamquam cum natura ipsa pugnent, saepe tamen non modicam universo orbi commoditatem attulerunt."

117. L. B. Alberti, *De re aedificatoria,* prologus, Alberti, *L'architettura (De re aedificatoria),* ed. and trans. Giovanni Orlandi, int. and notes Paolo Portoghesi, 2 vols. (Milan: Il Polifilo, 1966), 1:9-11: "Daedalum sua probarunt tempora vel maxime, quod apud Selinuntios antrum aedificarit, ex quo tepens lenisque vapor ita efflaret ac collieretur, ut sudores gratissimos eliceret corporaque curaret summa cum voluptate. Quid alii? Quam multa istiusmodi excogitarunt, quae ad bonam valitudinem faciant, gestationes natationes thermas et huiusmodi! … Quid demum, quod abscissis rupibus, perfossis montibus, completis convallibus, coercitis lacu

marique, expurgata palude, coaedificatis navibus, directis fluminibus, expeditis hostiis, constitutis pontibus portuque non solum temporariis hominum commodis providit, verum et aditus ad omnes orbis provinicias patefecit?"

118. Conrad Peutinger가 소유한 《건축에 관하여》 사본에 적은 방주. Munich, Bayerische Staatsbibliothek 2 Inc. c. a. 1540 m, sig. aii recto: "Debellatae atque subactae urbes non nisi ab architecto."

119. Agrippa, *De vanitate atque incertitudine artium et scientiarum,* chap. 28 ("De architectura"), Agrippa, *Opera,* 2, pt. 1:50.

120. Agrippa, *De occulta philosophia,* 2.1, ed. Perrone Compagni, 250. 카스피해 관문은 알렉산드로스 대왕이 세운 것으로 추정되는 철문이었다. 중세의 사례는 다음을 보라. ibid., 251.

121. 이러한 논지는 존 윌킨스(John Wilkins)가 더 개진했다. 다음을 보라. Mark Thomas Young, "Enchanting Automata: Wilkins and the Wonder of Workmanship," *Intellectual History Review* 27, no. 4 (2017): 453–471.

122. E. R. Truitt, *Medieval Robots: Mechanism, Magic, Nature, and Art* (Philadelphia: University of Pennsylvania Press, 2015).

123. 나중에 다시 한 이야기에 관해서는 특히 다음을 보라. Kang, *Sublime Dreams.*

124. 다른 견해는 다음을 보라. A. George Molland, "Cornelius Agrippa's Mathematical Magic," in *Mathematics from Manuscript to Print, 1300–1600,* ed. Cynthia Hay (Oxford: Clarendon Press, 1988), 209–219.

125. 이 점에 관한 논의는 다음을 보라. D. P. Walker, *Spiritual and Demonic Magic from Ficino to Campanella* (London: Warburg Institute, 1958); Yates, *Giordano Bruno;* Carol Kaske와 John Clark가 편집한 다음 책에서 한 논평, Ficino, *Three Books on Life* (Tempe, AZ: Medieval and Renaissance Texts and Studies, 1998); Wouter Hanegraaf, "Sympathy for the Devil: Renaissance Magic and the Ambivalence of Idols," *Esoterica* 2 (2000): 1–44; Brian Copenhaver, *Magic in Western Culture from Antiquity to the Enlightenment* (Cambridge: Cambridge University Press, 2015).

126. Ficino, *Théologie platonicienne,* XIII.3, II, 223. Cf. Ficino, *Three Books,* III.13, 304–306, and Stéphane Toussaint, "Ficino, Archimedes and the Celestial Arts," in *Marsilio Ficino: His Theology, His Philosophy, His Legacy,* ed. Michael Allen and Valery Rees with Martin Davies (Leiden: Brill, 2002), 307–326.

127. 다음을 보라. Frances Yates, *Theatre of the World* (Chicago: University of Chicago Press, 1969); *Elizabethan Neoplatonism Reconsidered: Spenser and Francesco Giorgi* (London: Society for Renaissance Studies, 1977); *The Occult Philosophy in the Elizabethan Age* (London: Routledge, 1979); Rudolf Wittkower, *Architectural Principles in the Age of Humanism,* 5th ed. (Chichester: Academy Editions, 1998); Wilhelm Schmidt-Biggemann, *Philosophie perennis: Historische Umrisse abendländischer Spiritualität in Antike, Mittelalter und Früher Neuzeit* (Frankfurt: Suhrkamp, 1998).

128. Francesco Zorzi, *De harmonia mundi totius cantica tria,* 2nd ed. (Paris: Berthelin, 1546), III.iv, 9, fol. 379 recto-verso; *L'armonia del mondo,* ed. and trans. Saverio Campanini (Milan: Bompiani, 2010), 2088-2090. 캄파니니는 텍스트의 "igneam"(불의)을 "ligneam"(나무의)으로 교정해야 한다고 지적한다. ibid., 2761 n. 211.

129. Ibid., III.iiv, 9, fol. 379 verso; 2090.

130. Ibid.

131. Ibid.

132. Philip Butterworth, *Magic on the Early English Stage* (Cambridge: Cambridge University Press, 2005), chap. 6; Leanne Groeneveld, "A Theatrical Miracle: The Boxley Rood of Grace as Puppet," *Early Theatre* 10, no. 2 (2007): Article 2.

133. *Original Letters Illustrative of English History,* ser. 3, 3, ed. Sir Henry Ellis (London: Bentley, 1846), 168.

134. G. W. Bernard, *The Late Medieval English Church: Vitality and Vulnerability before the Break with Rome* (New Haven, CT: Yale University Press, 2012), 145-146; 또한 다음을 보라. Peter Marshall, "The Rood of Boxley, the Blood of Hailes and the Defence of the Henrician Church," *Journal of Ecclesiastical History* 46, no. 4 (1995): 689-696.

135. William Lambarde, *A Perambulation of Kent* (London: Ralph Newberie, 1576), 183.

136. Ibid., 182-189; Groeneveld, "A Theatrical Miracle," 40-42.

137. 다음 연구는 최근의 십자고상 복원을 토대로 훌륭하게 설명했다. Felipe Pereda, *Images of Discord: Poetics and Politics of the Sacred Image in Fifteenth-Century Spain* (London and Turnhout: Harvey Miller, 2018), 63-67; 이 여행을 기록한 텍스트에 관해서는 다음을 보라. Werner Paravicini, "Bericht und Dokument Leo von Rožmitál unterwegs zu den Höfen Europas (1465-1466)," *Archiv für Kulturgeschichte* 92 (2010): 253-308.

138. Pereda, *Images of Discord,* 63-64.

139. Leo von Rožmitál, *Des Böhmischen Herrn Leo's von Rozmital Ritter-, Hof-und PilgerReise durch die Abendlande 1465-1467* (Stuttgart: Gedruckt auf Kosten des Literarischen Vereins, 1844), 168; translation from Leo of Rožmitál, *Travels through Germany, Flanders, England, France, Spain, Portugal and Italy, 1465-1467,* trans. and ed. Malcolm Letts (Cambridge: Cambridge University Press, 1957).

140. Leo von Rožmitál, *Reise,* 165: "Ejus imaginis singula membra magna cum reverentia, canentes et omnibus campanis insonantes, sacerdotes attrectabant."

141. Ibid., 168.

142. Ibid., 169.

143. Alexander Marr, "Understanding Automata in the Late Renaissance," *Journal de la Renaissance* 2 (2004): 205-221 at 221.

144. Zambelli, "Agrippa, ein kritischer Magus"; Kang, *Sublime Dreams of Living Machines;* Marr, "Understanding Automata"; Young, "Enchanting Automata."

145. Nauert, *Agrippa,* 35-39.

146. Agrippa, *De occulta philosophia,* II.27, ed. Perrone Compagni, 329: "Quin et ipse Deus docuit Noë fabricare arcam ad humani coporis mensuram, ut qui ipse totam mundi machinam humano corpori symmetram fabricavit: unde ille magnus, hic vero minor mundus nuncupatur."

147. 초르치의 원 안에 그린 인체 도형은 다음을 보라. Zorzi, *De harmonia mundi,* I.vi.2, fol. 100 verso; *L'armonia del mondo,* ed. and tr. Campanini, 588; 아그리파의 일련의 도형은 다음을 보라. Agrippa, *De occulta philosophia,* II.27, ed. Perrone Compagni, 328-339.

148. Agrippa, *De occulta philosophia,* II.27, ed. Perrone Compagni, 332: "Quod si immotis talis, pedes dextrorsum sinistrorsumque in utrunque latus protendantur et manus ad capitis lineam eleventur, ipsi tunc extremi pedum manuumque digiti aequilaterum quadratum dabunt, cuius centrum supra umbilicum est in cinctura corporis."

149. 다음의 고전적인 연구를 보라. Erwin Panofsky, *The Codex Huygens and Leonardo da Vinci's Art Theory. The Pierpont Morgan Library, Codex M.A. 1139* (London: Warburg Institute, 1940).

150. Frank Zöllner, "Agrippa, Leonardo and the Codex Huygens," *Journal of the Warburg and Courtauld Institutes* 48 (1985): 229-234; *Vitruvs Proportionsfigur.*

151. Zöllner, "Die Bedeutung von Codex Huygens und Codex Urbinas für die Proportions- und Bewegungsstudien Leonardos da Vinci," *Zeitschrift für Kunstgeschichte* 52 (1989): 334-352.

152. Zorzi, *De harmonia mundi,* III.iv, 9, fol. 379 verso; *L'armonia del mondo,* ed. and trans. Campanini, 2090.

153. Augusto Marinoni, "Leonardo's Impossible Machines," in *Leonardo da Vinci: Engineer and Architect* (Montreal: Montreal Museum of Fine Arts, 1987), 111-130 at 118-119.

154. Martin Kemp, "The Inventions of Nature and the Nature of Invention," ibid., 131-144 at 138-142; Jean Paul Richter, *The Notebooks of Leonardo da Vinci,* 2 vols. (London: Sampson Low, Marston, Searle & Rivington, 1883; repr. New York: Dover, 1970), II, 278-279, #1122-#1125.

155. 레오나르도 다빈치의 이동에 관해서는 다음을 보라. A. Richard Turner, *Inventing Leonardo* (Berkeley and Los Angeles: University of California Press, 1994), 49-50.

156. Giovanni Paolo Lomazzo, *Trattato dell'arte de la pittura, scoltura et architettura, in Lomazzo, Scritti sulle arti,* ed. Roberto Ciardi, 2 vols. (Florence: Marchi & Bertolli, 1973-1974), II, 96. 레오나르도 다빈치의 사자의 의미와 효용에 관해서는 다음을 보라. Jill Burke, "Meaning and Crisis in the Early Sixteenth Century: Interpreting Leonardo's Lion," *Oxford Art Journal* 29, no. 1 (2006): 77-91; and cf. Mark Elling Rosheim, *Leonardo's Lost Robots* (Berlin, Heidelberg and New York: Springer, 2006).

157. Marr, "Understanding Automata," 219.

158. Agrippa to Chrysostomus, April 31, 1512, *Opera* 2, pt. 2: 30: "Est siquidem ars haec tota sancta atque divina, ac sine dubio efficax."

159. Agrippa, *De occulta philosophia,* 2.1, ed. Perrone Compagni, 251.

160. Ibid. Note that William of Auvergne in fact denied that statues could speak: *De legibus* 26, William of Paris (1674). *Opera omnia,* 2 vols. (Paris: Billaine, 1674), 2:86.

161. Agrippa, *De occulta philosophia,* 2.1, ed. Perrone Compani, 251.

162. Cf. Molland, "Agrippa's Mathematical Magic."

163. Duden on Agrippa, *De occulta philosphia,* I.60, 1533, 78 ("··· etiam quae ipsimet vix intelligant"): "Id hodie non fit".

164. Duden on Agrippa, *De occulta philosophia,* I.60, 1533, 79: "Anno 1567. Idem contigit meo tempore in quodam monacho."

165. Dee, *Compendious Rehearsal,* quoted in Lily Bess Campbell, *Scenes and Machines in the English Stage during the Renaissance* (Chicago: University of Chicago Press, 1923), 87.

166. John Dee, *The Mathematical Preface to the Elements of Geometrie of Euclid of Megara,* ed. Allen Debus (New York: Science History Publications, 1975), sig. Ai ro-vo.

167. Yates, *Theatre of the World,* 31; 또한 다음을 보라. Yates, *Giordano Bruno,* 147-149.

168. Tommaso Campanella, *Magia e grazia, Inediti. Theologicorum liber XIV,* ed. Romano Americo (Rome: Bocca, 1957), 178.

169. Ibid.

170. Ibid.

171. Ibid., 180.

172. Young, "Enchanting Automata."

도판 출처

13쪽 Wikimedia Commons.

26쪽 *Bellicorum instrumentorum liber*, fol. recto. Bayerische Staatsbibliothek Cod. Icon. 242 (CC BY-NC-SA 4.0).

47쪽 Art Institute of Chicago.

50쪽 Albertus Magnus, *Speculum astronomiae* (Nuremberg, 1493-1496), sig. b recto; Bayerische Staatsbibliothek, 4 Inc.s.a. 79 (CC BY-NC-SA 4.0).

56쪽 Masha'allah, *De scientia motus orbis* (Nuremberg, 1504), title page. Bayerische Staatsbibliothek, 4 Math 384 (CC BY-NC-SA 4.0).

74쪽 Chiromantia (ca. 1488-1490); Bayerische Staatsbibliothek, Xylogr. 36 (CC BY-NC-SA 4.0).

110쪽 De ingeneis, fol. 60 recto; Bayerische Staatsbibliothek, clm 197,2 (CC BY-NC-SA 4.0).

119쪽 Valturio, *De re militari libri xii*, Bayerische Staatsbibliothek, clm 23467 (CC BY-NC-SA 4.0).

137쪽 Leon Battista Alberti, *Della architettura, della pittura e della statua*, tr. Cosimo Bartoli (Bologna, 1782). Universitatsbibliothek Heidelberg.

143쪽 *Bellicorum instrumentorum liber*, fol. 63 verso. Bayerische Staatsbibliothek Cod. Icon. 242 (CC BY-NC-SA 4.0).

145쪽 Giovanni Marcanova, *Sylloge*, fol. 6 verso. Department of Rare Books and Special Collections, Princeton University Library, Garrett MS 158.

147쪽 Leon Battista Alberti, *De re aedificatoria* (Florence, 1495), sig. a ii recto, Bayerische Staatsbibliothek 2 Inc.c.a. 1540 m. (CC BY-NC-SA 4.0).

189쪽 Pico, *Opera omnia* (Basel, 1557), 104. Bayerische Staatsbibliothek. 2 P.lat. 1227 (CC BY-NC-SA 4.0).

231쪽 *Polygraphiae libri sex* (Reichenau, 1518), title page. Department of Rare Books and Special Collections, Princeton University Library, 2014-0879Q.

233쪽 *Polygraphiae libri sex* (Reichenau, 1518), sig. A recto. Department of Rare Books and Special Collections, Princeton University Library, 2014-0879Q.

278쪽 Trithemius, *Compendium sive breviarium primi voluminis Annalium sive historiarum de origine regum et gentis Francorum* (Mainz, 1515), title page. Department of Rare Books and Special Collections, Princeton University

Library, Q-000274.

299쪽 Metropolitan Museum.

337쪽 Photograph by Paul Meyvaert. Bildarchiv Monheim GmbH/Alamy Stock Photo.

341쪽 *De ingeneis*, fol. 36 verso; Bayerische Staatsbibliothek, clm 197,2 (CC BY-NC-SA 4.0).

343쪽 Wikimedia commons.

찾아보기